CORRESPONDANCE

DE L'EMPEREUR

MAXIMILIEN Ier

ET DE

MARGUERITE D'AUTRICHE.

TOME I.

A PARIS,

DE L'IMPRIMERIE DE CRAPELET,

RUE DE VAUGIRARD, N° 9.

M DCCC XXXIX.

CORRESPONDANCE

DE L'EMPEREUR

MAXIMILIEN IER

ET DE

MARGUERITE D'AUTRICHE,

SA FILLE, GOUVERNANTE DES PAYS-BAS,

DE 1507 A 1519,

Publiée d'après les Manuscrits originaux

PAR M. LE GLAY,

ARCHIVISTE GÉNÉRAL DU DÉPARTEMENT DU NORD,
CORRESPONDANT DE L'INSTITUT.

TOME PREMIER.

A PARIS,

CHEZ JULES RENOUARD ET CIE,

LIBRAIRES DE LA SOCIÉTÉ DE L'HISTOIRE DE FRANCE,

RUE DE TOURNON, N° 6.

1839.

Le Commissaire responsable soussigné déclare que la CORRESPONDANCE DE MAXIMILIEN Ier ET DE MARGUERITE SA FILLE *lui a semblé, tant par l'intérêt des documents que par les éclaircissements qu'y a joints* M. LE GLAY, *tout à fait digne d'être publiée par la Société de l'Histoire de France.*

Fait à Paris, le 1er août 1839.

Signé MAGNIN,
Membre de l'Institut.

Certifié,

Le Secrétaire de la Société de l'Histoire de France,

J. DESNOYERS.

AVERTISSEMENT.

En fait de documents historiques, rien de mieux assurément que les Mémoires contemporains. On écoute et l'on croit volontiers les gens qui vous disent : *J'étais là, telle chose m'advint.* Or, ces Mémoires, rédigés toujours après coup, à loisir et souvent avec une intention préalable ou dans un système arrêté, peuvent bien quelquefois manquer d'impartialité et de désintéressement. Si le narrateur a rempli lui-même un rôle dans l'action qu'il raconte, ou s'il a tenu à ses héros par des liens quelconques, n'est-il pas à craindre que, sciemment ou non, il ne fasse à quelqu'un la part trop belle et n'arrange un peu ses récits, soit au bénéfice d'une renommée, soit au gré de ses opinions personnelles? Nous savons aujourd'hui, pour ne parler que de ces deux-là, avec quelle précaution doivent être lus Froissart et Comines, nos admirables conteurs. Il faudrait donc que les relations contemporaines fussent écrites par des hommes dégagés de tout intérêt privé, comme de tout esprit de parti, en un mot par des observateurs tout à la fois éclairés et impassibles. Mais où les trouver ces témoins qui ont vu les choses d'assez près pour les saisir, les apprécier, et d'assez loin pour n'y prendre aucune part même indirecte? « Ceste recherche de la vérité, dit Montaigne, est tellement « délicate, qu'on ne se puisse pas fier d'un combat à la science « de celuy qui a commandé, ny aux soldats de ce qui s'est « passé près d'eux, si, à la mode d'une information judiciaire, « on ne confronte les témoins et reçoit les objets sur la preuve « des poinctilles de chaque accident. » (*Essais*, l. II, c. 10.)

Pour compléter, pour redresser au besoin les récits contemporains et autres, il existe parfois des documents d'une nature plus spontanée, et par conséquent moins suspects : ce sont les correspondances, surtout les correspondances familières. Là, les personnages se prennent sur le fait, avant, pendant et après l'action. On démêle ce qu'ils pensent, on apprend ce qu'ils veulent, on voit ce qu'ils font. Si les lettres missives ne peuvent pas toujours suppléer aux relations suivies et coordonnées, tels que sont les mémoires proprement dits, elles servent du moins grandement à en vérifier le contenu et à les contrôler. A défaut d'autre mérite, on devrait encore les accueillir comme ces *poinctilles* de confrontation dont parle Montaigne.

A l'une des époques les plus agitées de notre histoire, supposez un prince puissant, actif, laborieux, qui, régnant à la fois sur deux États éloignés l'un de l'autre, a confié à sa propre fille, femme de tête et de cœur, le gouvernement de la contrée qu'il n'habite pas. Établissez entre eux, au sujet des affaires publiques, un commerce épistolaire non interrompu; et vous aurez rencontré, avec des conditions très favorables à la vérité historique, une source de révélations importantes et variées.

Telle est, si nous ne sommes dans l'erreur, la correspondance que nous publions aujourd'hui, à la demande et sous les auspices de la Société de l'Histoire de France. Commencée en 1507, époque où Marguerite d'Autriche prit le gouvernement des Pays-Bas, elle finit avec 1518, à la mort de l'empereur Maximilien. C'est là une période fort courte dans l'histoire de l'Europe; mais ces douze années ont vu briller des noms bien célèbres et se débattre de bien grands intérêts.

En France, Louis XII et François Ier, Anne de Bretagne et Louise de Savoie, le cardinal d'Amboise, Gaston de Foix, Bayard; en Espagne, Ferdinand, Gonzalve de Cordoue, Ximénès; en Angleterre, Henri VII, Henri VIII, Wolsey; à Rome, Jules II, Léon X; en Allemagne enfin et aux Pays-Bas, Maximilien lui-même et sa fille avec leurs conseillers, et leur pupille, le jeune archiduc qui grandit pour devenir Charles-Quint : tels sont les acteurs que l'histoire met en scène durant ce bref espace de temps; tels sont les hommes dont les démarches, les projets, les pensées sécrètes se révèlent plus d'une fois dans ces lettres restées jusqu'ici à peu près totalement inconnues.

A ce terme si passager, les faits n'ont pas manqué plus que les hommes. Dès 1508, une ligue se forme à Cambrai, moins pour traiter avec le duc de Gueldre, que pour humilier l'orgueil vénitien et reprendre sur la république une portion de ses conquêtes. De là invasion du nord de l'Italie. Victoire d'Agnadel. Concile convoqué à Pise par cinq cardinaux opposés au pape, qui déjà s'était détaché de la ligue ainsi que Ferdinand-le-Catholique. Le jeune Gaston de Foix se signale par la prise de Boulogne et de Brescia. A Ravenne, il triomphe encore et meurt. Dès lors la fortune change; défaite de Novare. Les Français abandonnent le duché de Milan. Maximilien et Henri VIII font la guerre à Louis XII. Négociation avec les Vénitiens. Le roi d'Aragon, sous un frivole prétexte, se rend maître de la Navarre, que le faible Jean d'Albret lui laisse occuper sans coup férir. Jules II meurt; Jean de Médicis lui succède, nonobstant les prétentions de Maximilien, qui naguères signait : *futur pape*. Les Suisses pénètrent en France par la Bourgogne, et le roi d'Angleterre, ayant l'Empereur à sa solde, y descend par la côte de Picardie. Journée *des Éperons* à Guinegate, où déjà, trente-quatre ans plus tôt, Louis XI avait essuyé un échec, et prise de Térouane, qui devait être effacée du sol quarante ans plus tard. Mort de la vertueuse Anne de Bretagne; mort de Louis XII, après trois mois de mariage avec Marie d'Angleterre, que le duc de Suffolk ramène à Londres pour l'épouser. Glorieux débuts de François Ier, victoire de Marignan sur les Suisses. Reprise du Milanais. Tentative infructueuse de Maximilien sur ce duché. Entrevue de François Ier et de Léon X à Bologne. Abolition de la Pragmatique. Avénement de Charles-Quint au trône d'Espagne par la mort de Ferdinand dit le Catholique. Le nom de Luther, qui, du reste, n'est pas mentionné une fois dans nos lettres, commence à retentir. Cité à la diète d'Augsbourg, le novateur y paraît devant l'Empereur et le cardinal Cajetan; puis, saisi de terreur, il s'évade durant la nuit. Au moment où cette étincelle devient un incendie, Maximilien meurt à cinquante-neuf ans, le plus âgé des souverains de l'Europe.

Les lettres de Maximilien et de Marguerite reposent en original ou en minute aux archives générales du département du Nord, fonds de l'ancienne chambre des comptes de Lille. Elles sont inédites, à l'exception de cinquante-cinq environ qui ont été publiées, soit par Jean Godefroy dans les *Lettres de Louis XII et du cardinal d'Amboise* [1], 4 vol. in-12, Bruxelles, Foppens, 1712, soit par M. Mone, dans son journal historico-philologique intitulé : *Anzeiger für Kunde der teutchen Vorzeit, in-4°, Karlsruhe*, 1835 [2].

Leur authenticité n'est point contestable, bien que les auteurs du *Journal des Savants* (mars 1713) aient paru élever quelques doutes [3] au sujet du recueil de Jean Godefroy qui, ayant gardé l'anonyme, n'a pas cru devoir indiquer le dépôt d'où il avait extrait ces documents précieux. Fontette s'est montré moins défiant ou mieux instruit que le journaliste : *Les originaux de ces lettres*, dit-il, *subsistent encore avec beaucoup d'autres qui pourraient leur servir de suite.* (Bibl. hist. de France, III, n° 29866.)

M. Mone, dans le préambule allemand des lettres qu'il a imprimées, fascicules de 1835, col. 287, déclare que, pendant

[1] Il est à remarquer que dans ces quatre volumes, d'ailleurs fort intéressants, il n'y a que seize lettres de Louis XII.

[2] Les lettres de Maximilien et de Marguerite, imprimées dans le recueil de Jean Godefroy, sont au nombre de vingt-trois. M. Mone en a publié trente-cinq, sans compter les lettres antérieures ou postérieures à l'époque qui nous occupe. Notre collection en contient six cent soixante-sept.

[3] L'auteur de l'article sur les *Lettres de Louis XII* s'exprime ainsi : « On a toujours été soigneux de recueillir les lettres des princes dont « les règnes ont été fertiles en événements remarquables, mais il est « difficile de faire ces sortes de recueils ; et c'est pour cela qu'on peut « avoir quelque doute sur la fidélité de ceux qui ont été donnés en « divers temps au public. Ce qui paroît aujourd'hui sous le titre de « *Lettres de Louis XII et du cardinal d'Amboise*, n'a pas une forme « plus authentique. On ne sait par quel canal tant de différentes lettres, « écrites pour des affaires d'État, et sous le secret du ministère, se « sont comme rassemblées pour tomber entre les mains d'un libraire « de Bruxelles. La préface qui est à la tête n'offre aucun éclaircissement « sur cela.... Ces lettres sont du moins écrites d'un style à faire croire « qu'elles sont de ce temps-là. » (*Journal du lundi* 20 *mars* 1713.)

son séjour à Lille, il n'a pu copier que quelques pièces prises au hasard, et qu'il s'est attaché surtout à celles que Maximilien a écrites de sa propre main. Quant aux minutes de l'archiduchesse Marguerite, il les a trouvées, dit-il, presque toutes sans date et indéchiffrables. Le savant philologue, en regrettant de ne pouvoir donner que de courts fragments de cette correspondance, convient que la collection complète répandrait beaucoup de lumière sur les faits historiques. Pour cette époque, en effet, les documents n'abondent pas encore, et il est assez rare de rencontrer une pareille série de lettres avant la seconde moitié du seizième siècle [1].

Toutefois, en livrant ce recueil à l'impression, nos prétentions d'éditeur n'ont pas été jusqu'à nous persuader que tout y soit d'un égal intérêt. On y trouvera, nous l'avouons, beaucoup de noms obscurs et beaucoup de faits peu significatifs. Fallait-il écarter tout ce qui, étranger aux grands événements et aux personnages vraiment historiques, semble rentrer dans la catégorie des choses privées, comme les collations d'offices subalternes, les accommodements entre particuliers, les discussions pour une terre, un château, un canonicat? Nous ne l'avons pas cru; et d'accord avec le judicieux académicien qui remplit *ad hoc* les fonctions de commissaire responsable, nous avons pensé que ces sortes d'analectes, pour être réellement utiles, doivent être complets ou à peu près. Destinés à fournir des matériaux, non-seulement à l'histoire politique des empires, mais aussi à la statistique, à la chronologie, à l'histoire particulière des provinces, des communes, des familles, ils doivent, si on ose le dire, fourmiller d'indications. Ils ne suffisent qu'à force de surabonder. Il a donc été fait très peu de retranchements. D'un autre côté, des notes succinctes viennent de temps à autre faciliter l'intelligence du texte; mais nous avons dû éviter de les multiplier. La table alphabétique suppléera quelquefois à leur brièveté [2]. Enfin, deux Notices assez

[1] Nos Archives possèdent aussi une grande quantité de lettres écrites par les personnages les plus influents durant l'époque des guerres de religion et de la Ligue. Nous comptons en publier l'inventaire.

[2] Pour la rédaction de cette table, comme pour la transcription des

détaillées offriront la biographie de Maximilien et de Marguerite, et achèveront de compléter les données historiques que doit fournir un tel recueil.

Bien que nous ayons dû adopter, pour le classement général de cette correspondance, le style de Cambrai, qui commençait l'année à Pâques, on trouvera cependant plusieurs lettres de l'Empereur datées suivant le style de Rome. C'est une irrégularité que nous constatons, mais que l'on ne pouvait éviter.

Il est inutile de dire que l'on a respecté scrupuleusement le style et l'orthographe des originaux. Si d'une lettre à l'autre, le lecteur remarque parfois des différences dans la manière d'orthographier, il voudra bien se souvenir que ces variantes tiennent aux diverses façons d'écrire des secrétaires, et ne pas les attribuer à l'incurie soit de l'imprimeur, soit de l'éditeur. Les lettres autographes de Maximilien sont d'une bizarrerie frappante. Marguerite, élevée en France, n'avait aucune connaissance de l'allemand, de sorte que son père, qui savait très peu et très mal le français, était pourtant obligé d'employer cette langue pour correspondre avec elle. Cela forme une espèce de jargon franco-germain assez grotesque, mais pourtant intelligible et même d'une singularité agréable par le tour naïvement original qu'il donne souvent à l'expression.

Chargé de cette publication par un témoignage de confiance qui l'honore beaucoup, mais qu'il n'avait pas sollicité, l'éditeur a tâché d'y répondre à force de soins et d'activité. Si néanmoins, comme il n'en doute pas et malgré l'application qu'il y a mise, son travail est encore jugé bien imparfait, il se confie en l'équité bienveillante des habiles qui, appréciant les difficultés vaincues, seront tolérants pour celles qui resteraient à vaincre.

LE GLAY.

Lille, novembre 1839.

pièces, nous avons trouvé un auxiliaire zélé et intelligent dans M. Jules Deligne, bachelier ès lettres, employé aux Archives départementales du Nord.

LETTRES

DE L'EMPEREUR

MAXIMILIEN IER

ET DE

MARGUERITE SA FILLE,

GOUVERNANTE DES PAYS-BAS.

1507

Commençant le jour de Pâques 4 avril, finissant le 22 avril.

1. — MAXIMILIEN A MARGUERITE.

L'Empereur recommande à sa fille et aux gens de son conseil le seigneur d'Aymeries, à qui il est dû de fortes sommes pour entretien des gens de guerre. Il requiert aussi qu'il soit écrit à l'évêque de Liége pour que l'on fasse bonne et brève justice audit d'Aymeries dans le procès qu'il soutient contre la demoiselle de Landilly. — (*Original.*)

(Constance, le 27 mai.)

Maximilian, par la grâce de Dieu, roi des Romains, toujours Auguste.

Haulte et puissante princesse, très chière et très amée fille, et très chiers et féaux. Pour ce que nostre amé et féal chevalier conseillier et chambellan, le sieur Daymeries [1], par vostre ordonnance et commandement, a par longue espace entretenu grand nombre de gens de guerre à pied et à cheval, tant pour la garde et sceureté de ses maisons et places que des frontières de nostre pays de Haynaut, lesquels il a toujours et jusques à présent payé de son propre, sans jamais en avoir receu ung denier de payement. A cause de quoy luy est deu grande somme de deniers, et ne luy seroit possible de plus avant pouvoir furnir au payement et entretenement desdits gens de guerre, mais luy conviendroit leur donner congié et les laisser aler quérir leur parti; parquoi sesdites places et toute ladite frontière demouroit impourveue, laquelle chose ne voulons souffrir ne permettre; mais est plus nécessaire que n'a encore esté de les bien garder, veu la disposition des affaires, qu'est telle que vous sçavez. A ceste cause, nous à vous requérons, et néantmoins ordonnons bien expressément que incontinent vous faites bailler et délivrer audit sieur Daymeries aucune somme d'argent comptant, le plus avant que pourrez faire et furnir, sur ce que luy peut estre deu pour le passé, et aussy pour la continuation de l'entretenement desdits gens de guerre, jusques après l'accord des nouveaulx aydes, et que besongnerons au fait de la gendarmerie et autres affaires de par delà qui sera brief, que lors l'appointerons de la reste qui luy sera deue, et aussy pour le temps avenir.

Ledit sieur Daymeries nous a remonstré qu'il a certain affaire contre la damoiselle de Landilly et ses

[1] Louis de Rollin, seigneur d'Aymeries, fonda en cette même année 1507, à Berlaimont en Hainaut, aujourd'hui arrondissement d'Avesnes, un couvent de filles hospitalières, où les malades du village d'Aymeries étaient admis concurremment avec ceux de Berlaimont.

enfans par devant les pers de Buillon, sur lequel, par le port et faveur du sieur de Sedem [1], a esté rendue certaine sentence contre droit et justice, au préjudice dudit sieur Daymeries, dont il se trouve grandement foullé et intéressé. Et pour ce qu'avons ceste matière pour recommandée, tant pour la faveur du droit, comme pour nostre hauteur et souveraineté, à cause de notre saint-empire, que aussy pour les bons et léaux services que ledit Daymeries nous a faiz et fait journellement, nous vous requérons que vous, nostredite fille, escripvez à l'évêque de Liége [2], bien acertes qu'il face faire et administrer bonne et briefve raison et justice audit sieur Daymeries, sans quelque faveur ou dissimulation, tellement qu'il n'ayt cause de s'en plaindre, et que ne nous soit besoing y pourveoir d'autre remède de justice en nostre chambre impériale. Ce que en son deffault ferons prestement par façon que son bon droit luy sera bien gardé et entretenu. Haulte et puissante princesse, très chière et très amée fille et très chiers et féaux, nostre Seigneur soit garde de vous.

Donné en nostre cité de Constance, le xxviie jour de may, l'an xv^c^ et sept. — Vostre bon père Maximilien. — Plus bas, *de Waudripont*.

[1] Robert de la Marck, dit le *Sanglier des Ardennes*, seigneur de Sedan, mort en 1536. Le seigneur d'Aymeries ayant été reçu, par l'Empereur, appelant de plusieurs sentences rendues contre lui par les pairs de Bouillon, Robert prétendit que cet appel portait atteinte à sa justice souveraine, et déclara plus tard (en 1521) la guerre à l'empereur Charles-Quint.

[2] Érard de la Marck, frère du Sanglier des Ardennes.

2. — MAXIMILIEN A MARGUERITE.

Il mande à Marguerite de solder et entretenir convenablement les archers qui étaient au service de feu l'archiduc Philippe, afin qu'ils lui fournissent toujours une garde fidèle, ainsi qu'au jeune prince Charles. — (*Original.*)

(Constance, le 30 juin.)

Maximilien, par la grâce de Dieu, roy des Romains, toujours Auguste, de Hongherie, de Dalmatie, de Croatie, etc.

Très chière et très amée fille, nous sommes adverty comment les archers du feu roy nostre fils, en nombre de cinquante, se sont retirés devers vous, pour avoir entretenance de leur état devers nostre très chier et très amé fils Charles, archiduc d'Austrice, prince d'Espagne, etc., et vous. Surquoy encoires ne leur avez fait aucune réponce; et pour ce, très chière et très amée fille, que voulons, pour vostre plus grande seureté, soyez bien acompaigné pour de mieulx exploiter la charge que vous avons baillé de par delà; aussy que désirons iceux archiers avoir entretenance, affin qu'ils n'aient cause eulx absenter de nos païs de par delà, et pour autres bonnes raisons à ce nous mouvans, vous ordonnons iceulx archiers retenir chacun à ung cheval seullement, en attendant nostre ayde, leur baillant gaiges raisonnables, lesquels ferez payer par ceulx de nos finances de par delà, en la manière accoutumée, ausquels mandons par cestes le ainsi faire. Et entendons que lesdits archiers vous doient accompaigner en tous lieux de nos pays où vous tenrez, et prendre bonne garde à vostre personne, jusques nostredit fils soit en eaige souffisant pour se servir d'eulx. Aussi, quand serez où nostredit fils fera sa résidence, ils prendront garde à lui et à vous par ensemble; et vous servez d'eux en tout ce que en aurez mestier, et obéiront comme à nous mesmes. Et ausdits archiers députerez ung tel chief duquel puissez être féablement asseuré; car ainsi nous plaist. Et très chière et très amée fille, nostre Seigneur soit garde de vous.

Escript en nostre ville de Constance le dernier jour de juing xv^{c} et sept. *Per Regem.*—Plus bas, *Botechou.*

3. — MAXIMILIEN A MARGUERITE.

Il l'entretient de leurs députés réciproques, lui parle de l'entrevue du roi Louis XII avec Ferdinand, roi d'Aragon, de l'espoir où il est que ce dernier n'aura plus d'enfants de sa seconde femme, des dispositions de Ferdinand à l'égard des partisans de feu l'archiduc Philippe et de ses héritiers. Les Suisses séduits par le roi de France. — (*Autographe.*)

(Lindau, le 18 août.)

Ma bonne fille [1], je a resceu vous lestres dont vous m'avez averti de la venue de vos députés, davant que nous devons depaescher le nostres qui devont aller vers vous. Sur sela nous avons retardé mons l'évesque de Gurke [2] et sa compangnie; mès mon cousin l'archevesque de Trèves [3] estoet déjà parti et prins conclusion sur le général instruction dont nous vous

[1] En général, les lettres qui commencent par ces mots : *Ma bonne fille*, sont entièrement de la main de Maximilien.

[2] Mathieu Lang, évêque de Gurce, depuis cardinal et archevêque de Salzbourg.

[3] Jacques de Baden, archevêque de Trèves depuis 1504 jusqu'en 1511.

avons, passé aulcuns jours, anvoyé la copie, et sur se avoer de vous, par le doyen Symon Plug[1] nostre conseiller, votre bon avis secrètement.

Pour novelles, l'évesque de Lubiane[2], mon privé serviteur, est venu devers nous, aveq ung aultre privé serviteur du roy d'Arogon, nous avertissant de ce que le roy d'Arogon susdit a volu faere, à son retour de Naples, avecque le roy de France, en la voeu[3] (*entrevue*) enter eoz deux personelement, et aussi touchant son retour en Espaingne. Pour la primier, la royna[4] ne fut point grosse ou ensainte, comme il disoet, et plusurs aultres, cumbien que la renommée courroyt, etc., et sur sela il (le roi) nous a promis estre bon frère sans avoer espoer de enfans, aultres que les nostres communes, et qu'il le ne veult reveingner point aux princes de Castille de se que yl ount tenu sy fort contra ly pour la querel d'Osterige pour la person du roy Phelippe[5], et nous enfans. Mestinant en oultre yl ount practiqué ung trêve entre le roy Franzoes et moy. Il samble que le roy de France et content pour moy donner le passage seurement et honestement par Venise, ou Mantua, ou Savoe sans Mylan, durant le trêves, et en Geldres ung bon avantage pour nous pour les réduire. Toutefoes yllia ancor sur se beaucop à dire

[1] Sigismond Phloug, prévôt de Messine, envoyé de Marguerite vers son père depuis août 1507 jusqu'au mois d'avril 1508.

[2] Christophe Rauber, évêque de Laubach en Carniole.

[3] L'entrevue de Louis XII avec Ferdinand, roi d'Aragon, eut lieu à Savone, en juin 1507.

[4] Germaine de Foix, deuxième femme de Ferdinand-le-Catholique.

[5] Philippe d'Autriche, qui avait pris le titre de roi de Castille en 1505, après la mort de la reine Isabelle, sa belle-mère, trouva à son arrivée en Espagne tous les seigneurs castillans disposés à le servir et à abandonner Ferdinand.

éntre nous traiteurs roes dont serés tout à long afaerty (*avertie*) per nous ambaxadeurs, quant yl se trouverunt devers vous et le tans pendant nous besoingnerums tousjours à bon prouvit, sy Diu et la fortun veult.

Touchant les Suysses, yl a gaingné, set assavoer le roy de France, contra nous, une baende par force de bon escuz d'or; mès le peuple est tousjours pour nous, et aulcuns kamtonns; mès en sumarum il sount meschans, villains, prest pour traïre France ou Almaingnes. Tenés toute ceste matère secret et confortés tousjours nostre privé conseil et le grand, selon vostre discrécion. Et à Dieu.

Escript à Lindaw, le XVIIIe jour d'aoust, de la main de vostre bon et léal père MAXI.

4. — MAXIMILIEN A MARGUERITE.

Mauvais vouloir du roi de France. Nécessité de maintenir les habitants d'Arras et de leur porter assistance. Motifs pour différer une attaque contre les Français. Dispositions au sujet du Luxembourg et du pays de Ferrette. Espoir d'un secours de la part des Suisses. — (*Original*).

(Landeck, le 29 août.)

Très chière et très amée fille, nous avons receu vos lettres du XVIIIe de ce présent mois, ensemble la copie de la lettre que le roy de France a escripte à ceulx de nostre ville d'Arras [1], et entendons bien par icelle que le roy de France n'a pas intention de chaingier son

[1] Le 21 juillet 1507, Louis XII avait signifié aux habitants d'Arras de ne point reconnaître Maximilien pour *maimbour* des jeunes princes de Castille, promettant de les soutenir s'ils étaient inquiétés à ce sujet. (Voyez *Lettres de Louis XII*, I, 105.)

maulvais vouloir envers nous, ains de persévérer à nous faire le pis qu'il pourra, comme de ce sommes bien advertis.

Et vous requérons que, en continuant à vostre bon debvoir, vous tenez toujours la main à pourvoir sur toutes choses par delà au mieulx que possible vous sera, et mesmement à assister et conforter de par nous lesdits d'Arras et aultres nos subjets de par delà en tous affaires que ledit roy de France leur pourroit donner, les advertissant que à nostre povoir nous ne les souffrerons fouler ne adommaigier en corps ne en biens; mais les assisterons en toutes choses nécessaires, comme leur prince et naturel seigneur doit faire.

Quant au contenu de l'article touchant l'advertissement par vous conceu sur le fait des François, vous désirez tousjours que envoyons de nos gens de guerre contre eulx; et si ne voulez point commencer la guerre par delà. Et touttesfois il nous convient attendre que les gensdarmes de nostre sainct-empire soient prests pour nous aidier à commencer cest affaire, lesquels nous faisons journellement mettre empoinct à rassembler de tous costez, et seront brief tant à pied comme à cheval en grant nombre, mesmement en nostre pays de Ferrette avec les Ferretois; et à tout lesquels nous espérons donner tel affaire audit roy de France, que nos pays de par delà seront bientost quittes desdits François, moyennant que nous donnez congié de faire la guerre, car sans icelle nous ne les sçaurions faire retirer; autrement nous despendrions nostre argent pour riens.

Vous nous avez naguères escript pourquoy nous ne vous avons envoyé les gens de guerre que vous avions mandé envoyer en notre pays de Luxembourg, pour résister aux François qui vueillent entreprendre sur nos pays de par delà; et néantmoins vous nous avez aussy mandé que les gens de nos pays de par delà ne vueillent point entreprendre de guerre allencontre dudit roy de France; parquoy nous ne pourrions bonnement envoyer nosdits gens de guerre par delà qu'ils n'entreprennent icelle guerre, ou que du moins ceux de Luxembourg ou de Bourgogne furnissent iceulx nos gens de guerre de vivres en faisant la guerre, dont à celle cause nous désirons savoir quelle est leur intention et résolution sur ce; si vous requérons que vous nous en advertissiez.

Nous despescherons aussy demain Andrieu Schaffer, nostre fourier, pour aller en nostre pays de Ferrette mettre sus et empoinct, tant nostre artillerie de muraille que des champs, ensemble toutes choses servans à icelle, affin de nous en povoir aidier de jour à autre que mestier sera.

Et combien que les Suyches ne entreprendent pas voulentiers commencement de guerre contre ledit roy de France, comme ils nous ont assez donné à entendre à la dernière journée qui a esté tenue à Zuerich, toultesfois ils ont fait mandemens et deffence par tout leur pays, tels que verrez par la copie d'iceulx que vous envoyons avec cestes, laquelle, pour la mieux entendre, vous ferez mettre en françois, et espérons tant faire avec ceulx, qu'ils nous aideront et assisteront en toutes choses, à nostre vouloir. A tant, très chière et très amée fille, nostre Seigneur soit garde de vous.

Escript à Landeck, le XXIXe jour d'aoust, l'an XV^c VII.
Vostre bon père MAXI. — Plus bas, *Renner*.

3. — MAXIMILIEN A MARGUERITE.

L'Empereur s'excuse de n'être pas venu par-deçà pour traiter une bonne alliance avec l'Angleterre. Il se rendra à Ferrette et à Haguenau pour y recevoir les ambassadeurs du roi d'Angleterre. Entre-temps il ira à Constance, et va rassembler une armée pour son voyage d'Italie. Il prie sa fille d'agir auprès du roi d'Angleterre pour le maintenir dans ses bonnes dispositions : il voudrait la voir mariée à ce roi. — (*Autographe.*)

(16 septembre.)

Ma bonne fille, nous avons receu vos lettres par lesquelles vous nous requirés de vouloir aller en poste par delà pour faire ung bon alliance en Engleterre; sur quoy vous advertissons qu'il nous est point possible à cause de grand affaires que avons par deçà. Nous ferons nostre diligence que nous pourruns aller jusques en Faeret, à Hagenow, pour resevoir les ambaxadeurs du roy d'Angleterre, le plus tost qui soet possible; car nous partuns incontinent de issy pour aller à Constance, et rassembler ung armée en Sbene (*Zwene*) et Ferrette, pour nostre viage de Rome, nous avons asthoer et mestinant mis sus nostre armée de Tyrol et ung partie de l'empire en ordre, aussi pour nous accompaingner, et par aventur tousjours passer avant et prenre le passaige d'Italie, pour tousjours empescher les François, affin que il ne soent sy fort coraige de donner soucours à Geldroès. Néantmoins nous vous requirons que de vostre part vous voulez tousjours tant faere vers ledit roy d'Angleterre[1], par tous les

[1] Henri VII, qui mourut le 22 avril 1509, âgé de cinquante-quatre ans.

meilleurs moyens que vous pourrez que de l'entertenir en bonne amour et empescher qu'il ne face point ladite alliance entre lesdits deux roes; maes principalement cest matière se tient tout et depent de vostre mariage avecq luy [1]; sans sela il n'y a point d'espoer que il nous fera aucung service ou plaisir. Nous avons sur cela encor paensé que sy vous voudrés entendre en cest mariage que nous veuldrons mestre avant, depuis que il est nullement en volenté de marier son fils avecq vous, affin que vous ne soes son prisonière; cume le plus craindès, veu que il est ung homme de son propre teste, et que vous ne nous pourrez après et à notre maison de Bourgoingne point faere null service que paer vostre mariage soet expressément déclaré, et excepté que il soet content, que vous pourrés avoir le gouvernement, avoecq nous, des pays de Brabant et aultres de par delà, et affin que il soet principallement content que en faisant le mariage entre vous deus, que en la traetié de mariage soet expressément déclaré et promis, que vous nous pourrés servir en nostre gouvernement ung quartier, ou quater moes par anée, ou ancor en nostre absence un peu plus, selon la nécessité, dont de se que en sela vous pourrés faere en estre content. Nous vous requiruns que incontinent vous nous affertissés par cest posterie bien tost, et vous priuns sur ce que vous volez accorder cest mariage par tel fachon; car i me semble, par tel manière de

[1] Dès 1506 ce mariage était déjà projeté. On lit dans un mémoire inséré parmi les lettres de Louis XII, I, 64 : « Le roi des Romains et « le roi de Castille suivent fort cette matière pour la mettre à fin; « mais ladite madame Marguerite dissimule fort pour obtempérer aux « roys susdits, disant que par trois fois ils ont contracté d'elle, dont « elle s'est mal trouvée. »

mariage, vous serés quit de la prison que craindez d'y entrer, sy vous fussés mariée avec le susdit roy d'Engleterre, veu sa test dur et plain, de me lasser en paes; car aussy paer cest fachon, vous gouvernerés Engleterre et la maison de Bourgoingne, et vous ne pourrés estre mis errier de la monde, comme ung person perdu et oblié, cume vous aussy nous avez aultrefois déclaré.

Escript de la main (le XVIe jour de setembre 1507) de vostre bon père Maxi.

6. — MAXIMILIEN A MARGUERITE.

Il la prie de lui faire savoir si les peuples des Pays-Bas sont compris dans la guerre que le roi de France lui a déclarée. Il lui mande de se retirer, avec les jeunes princes, de Malines à Anvers, à cause de la peste qui régnait dans la première de ces deux villes. — (*Original.*)

(Inspruck, le 20 septembre.)

Très chière et très amée fille, nous avons entendu que le roy de France a fait crier la guerre contre nous et nos pays et subjects; et pour ce que désirons sçavoir se ceulx de nos pays de par delà y sont comprins, et comment il en est, nous vous requérons que nous advertissez de ce que en pourrez sçavoir à la vérité.

A la despesche de cest présente poste, nous avons receu vos lettres par lesquelles, entre autres choses, vous nous advertissez du dangier que nos très chiers et très amez enfans pouroient avoir en nostre ville de Malines, à cause de la peste qui y règne bien fort. Par quoy nous désirons que, pour la préservation et seureté de vous et d'iceulx nos enfans, affin d'éviter tous dangiers, vous vous retirez avec eulx en nostre ville d'Anvers, et que pourvéez sur ce, ainsy que trouverez estre affaire. Et quant au surplus de vosdittes lettres, nous vous ferons brief ample response. A tant, très chière et très amée fille, nostre Seigneur soit garde de vous.

Escript en nostre ville d'Ynsprugg, le xx[e] jour de septembre, l'an xv[c] vii. Vostre bon père Maxi. — Plus bas, *Renner.*

7. — MAXIMILIEN A MARGUERITE.

Il lui recommande de faire signer par l'archiduc Charles les lettres qu'il lui envoie en faveur de Don Diégo de Sotomayor, en ayant soin de faire jurer par ce dernier qu'il ne les montrera à qui que ce soit jusqu'à ce que le jeune prince ait son état en Castille. — (*Original.*)

(Inspruck, le 30 septembre.)

Très chière et très amée fille, nous avons despeschié aucunes lettres signées de nostre main, en faveur de don Diégo de Soto Mayor, comme verrez en ensuivant ce que pour lui nous avez escript; et vous requérons que faictes signer lesdites lettres de la main de nostre très chier et très amé fils, l'archiduc Charles, et que, au dos d'icelles vous les faictes signer de deux ou trois de nos conseillers et des plus congneus en Espaigne; et que après, en délivrant lesdites lettres audit don Diégo, vous prenez serment de lui qu'il ne les monstrera à personne qu'il soit, jusques à ce que nostredit fils ait son estat en Castille. En quoy faisant nous ferez chose agréable. Très chière et très amée fille, nostre Seigneur soit garde de vous.

Donné en nostre ville d'Ymsbrouch, le dernier jour de septembre, l'an mil xv[c] et vii. *Per Regem.*

8. — MAXIMILIEN A MARGUERITE.

Il lui envoie des chiffres dont elle devra se servir pour les choses secrètes et importantes qu'elle aurait à lui mander. — (*Original.*)

(Inspruck, le 16 octobre.)

Très chière et très amée fille, pour ce que le dangier des chemins est plus grant qu'il ne souloit, nous vous envoyons avec cestes une manière de chiffre par laquelle vous nous pourrez escripre doiresnavant les choses doubteuses et d'importance et par la première poste, nous avertissez se l'avez receue. Chière et très amée fille, nostre Seigneur soit garde de vous.

Donné en nostre ville d'Insbrouch, le XVIe jour d'octobre, l'an mil V^{c} et VII. *Per Regem.* — Plus bas, *Renner.*

9. — MAXIMILIEN A MARGUERITE.

Desseins des Français contre le comté de Bourgogne. Difficulté de secourir les pays de par-delà contre les Gueldrois. L'empereur différera son voyage de Rome si les Pays-Bas se mutinent ou s'il faut faire la guerre au roi de France; mais s'il ne s'agit que des Gueldrois, ce n'est pas la peine d'ajourner ce voyage. — (*Autographe.*)

(Le 17 octobre.)

Ma bonne fille, nous avons entendu que les Franchoes sunt en chemin pour aller destruyre le conté de Bourgoingne. Ainsi summes conclu de leor donner succurs, et avons délibéré d'y envoyer le conte de Horn, à tout les princes de l'empir qui estiunt orduné pour résister aus Françoes en Brabant, soes yrunt, et suirunt lesdits Françoes qui ont esté en Brabant, là où il yront, car il nous semble que le pays est bien fiebl, set assavoer le conté de Bourgoingne, car sans grand succurs il n'est point tenabl.

Nous eusons volentier à vous et à nos pays de paer de là donné succurs contre les Geldroes; mès il nous est point possible de furnir jendermes à tant de liu; aussy les pays de la meson de Bourgoingne sont fort assés pour résister aux Geldroes solement; car incontinant que nostre grand armée sera assemblé, nous donrons, par l'aide de Diu, tant affayre et suffryr aux Françoes que il serunt contraint de abandonner lesdits Geldroes.

Nous sommes conclu de mettre en surscéance nostre vyage de Rom, sy le pays d'embas vouderant tonber en mutery, et venir embas à tout dix ou duse myl hommes et bien châtier les rebelles; mès sans cela et solement pour Geldroes, il nous est point possible abandonner nostre viage de Rom.

Ancor sumus nous délibéré mestre nostre viage de Rom en delay ou solement faere la guerr tout partout ou roy de France, jusques nous avons nostre seurté et reson de Françoes; nous troverruns tousjours le chemin à Rom.

Faet de la main de vostre bon père MAXI. Ce XXVIIe jour d'octobre 1507.

10. — MAXIMILIEN A MARGUERITE.

Il lui recommande divers seigneurs qui l'ont glorieusement servi dans la guerre contre la France. Dispositions au sujet d'un sénéchal et son secrétaire prisonniers. — (*Original.*)

(Kauffbeuren, le 10 novembre.)

Très chière et très amée fille, nous avons été adverty par les lettres que les sieurs de Spontin et de Roullers nous ont escriptes, de l'entreprinse et l'exploit de guerre qu'ils, avec Jean Derloigne, Engelbert de Holswestz et Olivier de Dalve, ont nagaires fait à l'encontre des Françoys; et pour ce que en ce faisant ils ont fait grant service à nous et à nos petis enffans, leurs princes et seigneurs, nous leur faisons responce que n'en serons pas ingrats, et que s'il vaque ou eschiet vacant aucuns offices par delà à eulx propices et duisables, qu'ils vous en advertissent pour nous en advertir, et au surplus les en pourveoir et sur ce leur faire despeschier nos lettres patentes. Sy le veuillez ainsi faire; car ils l'ont bien desservy et mérité.

D'autre part, nous les requérons que s'ils ont prisonnier ung sénéchal ou son secrétaire, qu'ils le mènent par devers vous, pour par vous enquerre d'eulx d'aucunes choses que avons chargés vous dire par le président de Bresse, vostre serviteur, et ce fait les en remercier et en faire leur prouffit. Sy faictes diligence que ainsi en soit fait. Très chière et très amée fille, nostre Seigneur soit garde de vous.

Donné en nostre ville de Kauffburen, le xe jour de novembre, l'an mil v^c^ et VII.

Nous désirons que se les dessusdits vous mènent lesdits sénéchal et son secrétaire, que les faictes garder en bonne prison, sans les mectre l'ung auprès de l'autre, et que nous en advertissez incontinent.

Donné comme dessus, *per Regem.* — Plus bas, *Renner.*

11. — MAXIMILIEN A MARGUERITE.

Il l'autorise à faire restituer, sous certaines conditions, les aluns séquestrés au détriment de pauvres chrétiens dépouillés par les Infidèles. — (*Original.*)

(Kauffbeuren, le 4 décembre.)

Très chière et très amée fille, nostre saint Père le pape nous a, tant par ses lettres, que par très révérend père en Dieu, monsieur le cardinal de Sainte-Croix, légat apostolique, et le seigneur Constantin, son ambassadeur devers nous, très instamment requis de la relaxacion des aluns sequestrez en nos pays de par delà, et encor fait journellement poursuyr par ledit sieur cardinal, nous remontrant à celle fin, iceux aluns estre députez pour l'entretenement de plusieurs poures chrestiens deschassez de leurs biens par les Infidèles, comment dudit sieur Constantin et autres, et que nostredit saint Père est tenu de relever de dommage les marchans, aussy qu'il a ceste matière bien à cueur, dont se icelle relaxacion ne luy estoit faite, il seroit contraint d'y procéder par tous les rigoureux remèdes de l'église.

Et combien que nous nous soyons par plusieurs fois excusé que nous ne nous meslons de ceste matière, ains que en laissons faire à nostre conseil par delà, néantmoins ils nous ont remonstré que vous avez renvoyez le commissaire de nostredit saint Père par devers nous, comme principal tuteur et mainbour desdits pays, sans luy vouloir faire autre responce ne despesche sur les briefs de nostredit saint Père.

Parquoy est que les advertissemens et informations que nous avez envoiez touchant ceste matière, ne semblent à ceux de nostre conseil estre assez souffisans pour y prendre bon pied, nous avons bien voulu entendre de nos amez et féaulx, messire Sigismond Phlouch, nostre conseiller, et de vostre président de Bresse, ce qu'ils sçauroient du demene de ceste matière, et comment l'on y avoit besoingné par delà en leur présence. Lesquels entre autres choses nous ont dit, d'un appointement qu'ils avoient traité avec les marchans desdits aluns par vostre ordonnance, ensemble les difficultez parquoy ledit traité n'avoit sorty effect.

Et ce entendu, désirans une bonne fin estre mise en ceste matière, nous avons commis et députez iceulx messire Sigismond et président de Bresse, et nostre amé et féal conseiller messire Paule de Liechstein [1], baron de Castelboren, pour eux trouver avec lesdits sieurs cardinal et Constantin, affin de entendre et communiquer avec eux sur ceste dite matière, et s'il estoit possible y trouver quelque bon appointement amiable.

Lesquels tous ensemble, après plusieurs communications et assemblées qu'ils ont de ce eues, ont sur ce

[1] C'est à ce même Paul de Liechtenstein que Maximilien confia plus tard, le 16 septembre 1511, le projet qu'il avait conçu de se faire élire pape après la mort de Jules II.

conçeu certains articles en latin, dont vous envoyons la copie, qu'il semble à ceux de nostre conseil estre meilleurs que ledit premier traitier, mesmement du pris desdits aluns, et touchant l'argent qu'ils presteront incontinent sans gaige, comme de l'absolution de Friscobaldi et des autres que sera asseurée. Et aussy que ledit traité seroit pur et net, et non point condicionné, ainsi qu'estoit le premier. Sy voulons et vous ordonnons que iceux articles, ensemble ceux du premier traitier, vous mettiez en délibéracion de nostre conseil de par delà, pour sçavoir d'eulx si lesdits articles sont acceptables ou non; et s'ilz les treuvent estre bons, les pourrez accepter. Toutes voyes il semble à ceulx de nostredit conseil que se ceulx de nostredit conseil de par delà ne trouvent bon et seur fondement en ceste matière et bien soustenable, que feriez mieulx d'en appoinctier de bonne heure que plus tart, pour éviter plus grant dommaige; et nous advertissez de leur délibéracion et conclusion sur ce et de ce que y aurez fait. A tant, très chière et très amée fille, nostre Seigneur soit garde de vous.

Donné en nostre ville de Kaufpueren, le IIII[e] jour de décembre, l'an mil V[c] et VII.

Nous avons fait double la présente despesche pour encoires la vous envoyer, affin que se noz autres lestres de ceste matière estoient ruée jus, que ces présentes puissent venir à vous. Vostre bon père MAXI..... — Plus bas, *Renner* [1].

[1] A cette lettre est joint, en latin, le projet d'appointement dont il est parlé ci-dessus. Il est trop étendu et trop peu intéressant pour être inséré ici.

12. — MAXIMILIEN A MARGUERITE.

L'Empereur justifie sa conduite au sujet du mariage de Charles son petit-fils avec la fille du roi d'Angleterre, et de la rupture de l'union projetée du même prince avec Claude de France, fille aînée du roi Louis XII. — (*Original.*)

(Kauffbeuren, le 4 décembre.)

Très chière et très amée fille, nous avons receu voz lettres que nous avez nagaires escript de vostre main, ensemble le double des articles que noz et les vostres commis que avez envoyez à Calais devers aussi les commis de nostre frère le roy d'Angleterre, estans illec vous ont envoyez touchant ce qu'ilz ont jusques à oires peu besoingnié par ensemble de leur charge.

Mais pour ce que le roy de France a, dez long-temps, dit et déclairé, et s'en est aussi plaint à nostre saint Père le pape, au roy d'Arragon et à tous les roys chrétiens, princes et subgectz de nostre saint-empire, mesmement à la journée de Constance, que nous avions fait et procuré vers nostre frère le roy d'Angleterre, le mariaige d'entre nostre filz Charles et de sa fille, pour délaisser le mariaige qui avoit esté fait à Haghenauw d'entre nostredit fils Charles et Claude sa fille [1], parquoy il avoit eu bien cause d'alier à ung autre sadicte fille.

Nous désirons, affin que chacun congnoisse le contre de ce que dit est, que ordonnez à iceulx comme que

[1] Ce mariage, stipulé pour la première fois dans le traité d'alliance conclu à Trente, le 13 octobre 1501, a été confirmé par le traité de Lyon du 5 avril 1502, par celui de Blois du 22 septembre 1504, et enfin par l'acte d'investiture du duché de Milan, donné à Haguenau le 7 avril 1505. (*Rec. Diplom.* de Dumont, I, 16, 27, 55, 60.)

en concluant le mariaige d'entre nostredit filz Charles et la fille de nostredit frère le roy d'Angleterre, ilz réservent que se deans ung an prouchain, ledit roy de France vueilt renouveller et entretenir ledit mariaige d'Aghenauw que en ce cas nous ne serons point tenu, ledit an durant, de entretenir et observer, ne aussi faire entretenir et observer ledit présent traictié avec la fille de nostredit frère le roy d'Angleterre, ne aussi de paier à celle cause les cinquante mil escus, ainsi que lesdits articles le contiennent.

Et combien que saichons que ledit roy de France n'en fera riens, et qui n'y a nul espoir, toutesfois nous voulons bien pour nostre honneur que oudit présent traittié soit mise la clause desusdite, affin mesmement de démonstrer par effect à tous que nous ains ledit roy de France mesmes.

Et voulons que en advertissez à diligence nosdiz commis, et que leur ordonnez que avec icelle clause ils passent et concluent incontinent tous lesdits articles; car nostre plaisir est tel. A tant, très chière et très amée fille, nostre Seigneur soit garde de vous.

Donné en nostre ville de Kaupueren, le IIIIe jour de décembre, l'an XV^c^ et VII. Vostre bon père MAXI. — Contresigné *Renner*.

---

13. — MAXIMILIEN A MARGUERITE.

L'Empereur prescrit des dispositions pour secourir la Bourgogne, menacée d'invasion par les Français. — (*Original.*)

(Kauffbeuren, le 4 décembre.)

Très chière et très amée fille, sur ce que nostre très chier et très amé cousin, le marquis de Bauden, nous avoit naguères escript qu'il avoit tout prestz mil chevaulx et mil piétons, vous requérant de luy signiffier ce qu'il en devroit faire, nous luy avons escript et aussy fait dire par nostre amé et féal chevalier, messire Melcior de Maesmunster, que désirions et voulions que à tout iceulx gens de cheval et de pied, et avec autres gens de guerre que luy envoyerions, il print incontinent son chemin par Champaigne, pour deslà venir contre le pays de Bourgoingne; car il estoit trop meilleur, attendu que les François estoient à tout leur puissance à l'entour de nos pays, de les invahir et destruire pour préserver nos subjects, que ce que lesdits François les invahissent et destruisissent, comme ils ont desjà fait, ceulx de nostre pays de Brabant.

Toutes voies, nostredit cousin nous a présentement escript que vous luy avez mandé que vous n'avez plus que faire de ses gens d'armes et que l'on a envoyé un mandement patent venant de nostre pays de Brabant à ceulx de nostre pays de Luxembourg, par lequel l'on leur ordonne de non riens entreprendre sur iceulx François dont nous donnons merveilles, et ne sçavons de où ce peut procéder.

Parquoy et que désirons sçavoir les causes et raisons qui ont meu par delà de empescher l'entreprise dessus dit, nous vous requérons que incontinent et à diligence vous nous en advertissez bien et au long.

Et considéré que plusieurs François se sont partis du duché de Milan pour eux venir joindre à la puissance des autres, mesmement monsieur d'Aremberch qui est venu sur les frontières de nostre conté de Bourgogne pour le gaster et adommaigier, et que iceulx François s'efforcent de tous coustez de faire illecq une grande puissance dont il fait bien à douter qui pourroient tost invahir, bruler et destruire ledit pays de Bourgoingne, se sur ce il n'y estoit pourveu, il est nécessaire, affin de préserver icelluy et autres nos pays que ceulx de nos pays d'embas facent allencontre d'iceulx François une contre puissance et que nostredit cousin, ensemble les gens d'armes dessus dits les assaillent du cousté de Champaigne. Car par ce moyen ils seront contrains d'eulx diviser, et en sorte que leurdite puissance ne sera pas si grande que de povoir entreprendre, faire dommaige ne vexation à aucuns de nosdits pays; et aussy il sera meilleur de les invahir sur leur pays que de attendre qu'ils entreprendent sur nous et nosdits pays.

Et partant, nous désirons que escrivez à nostredit cousin que, en ensuivant ce que vous avez conclu avec luy, il amasse desdits gens d'armes pour faire et accomplir ce que luy avons ordonné.

Car par ces moyens, n[illegible]us espérons de saulver ledit poure pays de Bourgoingne desdits François, qui par tant de fois a soustenu d'eulx de si grans oppressions et molestations que jusques à leur détriment et entière ruyne, pour l'amour et fidélité qu'ils ont toujours euz à nos parens et prédicesseurs de la maison de Bourgoingne, et mesmement pour le recouvrement de vostre personne, aussy de entretenir la guerre en France, et de vangier l'outtraige qu'ils ont fait en nostredit pays de Brabant.

Et à ceste fin nous ordonnerons à nostredit cousin de Bauden une bonne somme de deniers pour aydier à entretenir sesdits gens d'armes avec les aultres que nous y envoyerons, comme dit est, et vous requérons que, en entretenant le traité que avez conclu avec luy, vous luy faictes pareillement baillier pour l'entretenement de sesdits gens d'armes une autre somme de deniers à bon compte. A tant, très chière et très amée fille, nostre Seigneur soit garde de vous.

Donné en nostre ville de Kaufpueren, le IIIIe jour de décembre, l'an XV^c VII. Plus bas est écrit : lysés deux foes ceste lettre, car il est d'importance. Vostre bon père MAXI. — Plus bas, *Renner*.

14. — MARGUERITE A MAXIMILIEN.

Marguerite prie son père de confirmer la résignation de l'office de prévôt de l'hôtel du prince de Castille et des maréchaux de pardeçà, faite par Valentin de Bussel en faveur de Gérard de Perroche. — (*Minute.*)

(Bruxelles, le 6 décembre.)

Mon très redoubté seigneur et père, si très humblement que faire puis me recommande à vostre bonne grâce.

Monseigneur, Valentin de Bussel, prévost de l'ostel de feu monsieur mon frère, que Dieu pardoint, et des mareschaulx de par deçà, soy voyant travillié de gouttes, a résigné son estat avec les gaiges et drois en mes mains, au prouffit de Gérard de Perroche, lequel estoit son lieutenant. J'ay passé ceste résignacion soubz vostre plésir ; et combien que les principaulx de vostre conseil de par deçà et autres qu'ilz congnoissent ledit Gérard m'ayent affermé qu'il soit très ydoine en l'estat, et qu'il me semblast très raisonnable, lui en faire expédier lettres et le faire inscripre es escros de l'ostel de monsieur mon nepveu, se ay-je differé le faire tant que vous en eusse adverty et ce que sur ce entendisse vostre bon plésir. Si vous suplie le me segniffier par voz lettres, et sur ce, Monseigneur, je prye nostre Seigneur vous donner bonne vye et longhe.

Escript à Bruxelles, ce VIe jour de décembre, XV^c^ VII. Vostre très humble et très obéissante fille, MARGUERITE d'Austrice.

---

15. — MAXIMILIEN A MARGUERITE.

Il lui recommande Michiel de Clerfay pour le premier office convenable qui vaquera en Hainaut, au lieu de celui de grand-veneur de Gueldres qui lui avait été octroyé. — (*Original.*)

(Halle, le 10 décembre.)

Très chière et très amée fille, de la part de nostre bien amé Michiel de Clerfay, jaidis escuier de chambre de feu nostre très chier et très amé filz le roy de Castille, que Dieu absoille, nous a esté remonstré que nostredit feu filz luy a donné par ses lettres patentes l'estat et office de grant veneur de notre pays de Gheldres dont il a joy sans aucun contredict, nous requérant le vouloir entretenir oudit office et luy en faire despechier noz lettres de confirmation. Et pour ce que avons pieça accordé icellui office à ung de noz serviteurs qu'il nous semble à ce estre ydoine et souffisant, comme desjà vous avons escript, et que voulons qu'il en joysse et nul autre, nous avons, en ce lieu et pour récompence dudit office, accordé oudit Clerfay de le pourveoir du premier qui, apres ceulx que avez desjà promis, escherra vacant et de sa qualité en nostre pays de Haynnau, en faveur mesmement des services qu'il a parcydevant faiz alentour de la personne de nostredit feu filz. Dont vous advertissons et vous requérons que, ledit cas advenant, vous vueillez en ce avoir ledit Clerfay pour recommandé et le pourveoir dudit premier office, ainsi que dit est, par manière de provision et soubz condicion que à nostre venue par delà, il sera tenu d'en obtenir de nous lettres de confirmacion. Car nostre plaisir est tel. A tant, très chière et très amée fille, le Seigneur soit garde de vous.

Escript en nostre ville de Halle, le xe jour de décembre, l'an xv^c^ et vii. *Per Regem.* — Contresigné *Botechou.*

16. — MARGUERITE A MAXIMILIEN.

Elle expose à son père la demande qui lui est faite d'une prébende à Saint-Aubin de Namur, pour Jacques de Longchampt, né hors de légitime mariage; elle lui fait part qu'elle avait déjà engagé sa parole pour le même bénéfice à Louis Maroton, et le prie de régler la chose lui-même. — (*Minute.*)

(Bruxelles, le 11 décembre.)

Mon très redoubté seigneur et père, très humblement à vostre bonne grâce me recommande.

Monseigneur, le sieur de Spontin s'est trouvé par devers moy et m'a requis donner une prébende vacante que il dit à Namur en l'esglise Saint-Aulbain, puis aucuns jours ençà, à Me Jaques de Longchampt, son parent, et avecq ce dispenser ledit Me Jaques, sur ce qu'il est incapable à tenir ladite prébende, pour ce qu'il n'est nez en léal mariage; et les statuz feriez par les fondateurs d'icelle esglise sont toutellement contraires à tous illégitimes. Touteffois, Monseigneur, que c'est la mesme prébende de laquelle paravant j'avoye fait don à Me Loys Maraton, secrétaire du sieur de Berghes, qui est vostre bon serviteur, soubs touteffois vostre bon plésir, ne luy ay pu bonnement octroyer sadite requeste. Ains me suis accordée vous en escripre à ce que vostre bon plésir soit en faire et disposer ainsi qu'il vous plaira, me mandant et commandant tousjours sur ce et toutes choses voz bons plésirs, pour de tout mon povoir les faire et accomplir. Aydant nostre Seigneur auquel je prie, mon très redoubté seigneur et père, vous donner très bonne vie et longue.

Escript à Bruxelles, ce XIe de décembre XVc VII.

17. — MAXIMILIEN A MARGUERITE.

Incursions de Robert de la Marck dans les pays de Luxembourg et de Namur. Mesures à prendre pour le repousser. — (*Original.*)

(Memmingen, le 18 décembre.)

Très chière et très amée fille, nous sommes advertis que messire Robert de la Marche se retire à tout ses gens d'armes à l'encontre de nos pays de Luxembourg et de Namur, en intention de courir sus aux subjects d'iceulx pays et de vaingier le fait d'armes que à bonne cause ils ont naguères fait sur les François. Et pour ce que désirons qui soit à ce pourveu à la préservation de nosdits subjects, nous vous requérons que incontinent cestes veues, vous faictes faire crys et publications par tout iceulx pays que ung chascun d'eulx soit sur ses gardes, affin que se ledit messire Robert, François ou aultres les vueillent invahir, oultraigier et combattre, qu'ils se puissent deffendre et que à ce leur faictes donner secours et autres aides nécessaires et que besoing leur sera, et en sorte que par faulte d'y pourvoir de bonne heure, ils, ne nos autres subjects de par delà n'y aient du dommaige. A tant, très chière et très amée fille, nostre Seigneur soit garde de vous.

Escript en nostre ville de Menynghen, le XVIIIe jour de décembre, l'an XV^{c} VII. Vostre bon père MAXI. — Plus bas, *Renner*.

18. — MAXIMILIEN A MARGUERITE.

Mathieu Lang, Paul de Liechtenstein et Cyprien de Seurtemer continueront de toucher la pension de quatorze cents livres que chacun d'eux recevait du feu roi de Castille. — (*Original double, dont l'un porte la date du* 13 *décembre.*)

(Memmingen, le 28 décembre.)

DE PAR LE ROY.

Très chière et très amée fille, pour certaines causes et considérations à ce nous mouvans, avons continué et de nouveau octroyé et accordé à révérend père en Dieu, nos chiers et féaulx, sire Mathieu Laing, évêque de Gurce; Paule Lichtenstain, chevalier de nostre ordre, et Cyprian de Seurtemer, nostre chancellier de Thirol, et à chacun d'eulx, la pension de quatorze cens livres, du pris de quarante gros de nostre monnoye de Flandres la livre, par an, qu'ils et chacun d'eulx avoient de feu nostre très chier et très amé fils, le roy de Castille, vostre frère, cui Dieu absoille, à commencier ladite pension dès le premier jour de novembre quinze cens et six prochain suivant, après le trespas de feu nostredit fils. Et en outre pour ce que à cause d'icelle pension leur estoit et est encore deu le payement d'une demye année auparavant, montant pour chacun d'eulx à sept cens desdites livres, nous avons aussy ordonné, ordonnons et voulons qu'ils soient payez desdites sept cens livres, selon et ainsi que verrez plus à plain par les lettres que leur en avons fait despéchier et enregistrer par deçà, et les avons signé de nostre main; mais pour l'absence de notre audiencier secrétaire signant en finances, estant par delà, ne les avons fait signer de secrétaire ne aussy sceller, ains les vous envoions avec ceste, vous ordonnant et mandant bien expressément et acertes que lesdites lettres vous faictes signer par nostredit audiencier, après les faictes sceller, vériffier et intériner par les chiefs gouverneur et trésorier général de nos domaines et finances par delà, selon et ainsy qu'il appartiendra, de sorte et manière qu'il n'ait faulte au contenu et estat d'icelles en quelque façon que soit, et le tout ainsy faict et despéchié, nous renvoyez icelles lettres par la poste, sans y faire faulte, car nostre plaisir est tel. Très chière et très amée fille, nostre Seigneur soit garde de vous.

Donné en nostre cité de Meinminghen, le XXVIIIe jour de décembre, l'an XV^c et VII. *Per Regem, ad mandatum Domini Cæsaris proprium.*

19. — MAXIMILIEN A MARGUERITE.

Alliance avec l'Angleterre; dispositions pour commencer les hostilités. Aide à demander aux États. Présomption des Français et des Vénitiens. Mort imminente d'un conseiller de Hollande. Office du greffe des finances retiré au secrétaire Marnix pour en gratifier Maximilien Quarré, filleul de l'Empereur. — (*Original.*)

(Franckenstein, le 31 décembre.)

Très chière et très amée fille. Nous avons receu vos lettres du xxe de ce mois escriptes de vostre main et autres de vostre secrétaire, aussy ouy ce que vostre président nous a dit de bouche de vostre part et veu les advertissemens qu'il nous a monstré tant escrips de vostre main que d'autres.

Et au regard desdits advertissemens escrips de vostre main, nous avions desja proposé la plupart de ce que nous avez advisé et avons conceu certaines instructions secrètes par lesquelles entendrez bientost nostre voulenté de ce qu'entendons faire et aurez ung bon chief, aussy la conclusion de l'aliance d'Angleterre et semblablement bientost nouvelles que nous aurons commencé la guerre; car nous nous en allons maintenant mettre aux champs pour entrer en pays et avons donné ordre pour secourir les pays d'embas, se le cas le requiert et toutes choses si bien disposé que espérons en avoir bonne yssue.

Entant que touche l'assemblée des estats de nos pays de par delà, nous sommes d'advis que, pour mieulx induire les Flamends à donner aide et affin que les autres les ensuivent, vous faites assembler lesdits estats en nostre ville de Gand et illec leur faites exposer les matières bien au long et aussy dire les remonstrances nécessaires ausquels envoyons de bonnes lettres, comme verrez par la copie d'ycelles que vous envoyons aussi avec cestes.

Les François et Vénissiens, nos communs ennemis, se renomment estre puissans de quarante mille combatans, tant ungs que autres, et se vantent aussy que à la première entrée que ferons deans les Itales, ils nous viendront combattre et baillé la bataille dont nous espérons bien, Dieu en ayde, et à nostre bonne querelle, de nous deffendre.

Touchant ce que nous escripvez du conseiller de Hollande qui est en doubte de mort, nous sommes contens que, le cas advenant, vous en pourvéez celluy pour qui vous en avez escript.

De ce que nous remerciez des offices du greffe de nos finances de par delà, et de secrétaire ordinaire qu'avons donné à vostre sécrétaire Marnix, nous l'avions fait de bon cueur; car nous avons tous ceulx qui vous servent bien pour recommandez, et à celle cause fait mettre nostredit don deans les instructions de messire Sigismond Phloucg, et de vostredit président, ainsy que verrez; mais pour ce que nous avez encoires depuis escript de vouloir confermer la résignation qui avoit esté faite à nostre filleul, Maximilien Quarré, dudit office qui pour ce est venu devers nous, devant que ayons receu vosdites lettres de merciement et aussi que en avons esté très instamment requis, nous luy avons fait despescher nosdites lettres de confirmation dont vous advertissons, affin de contenter les parties au mieulx que pourrez. Et quant quelque autre office vaquera en nos pays de par delà bone pour vostredit secrétaire, nous l'aurons en icelluy avant tous autres pour recommandé. A tant, très chière et très amée fille, nostre Seigneur soit garde de vous.

Donné en nostre chasteau de Fragestain, le dernier jour de décembre, l'an mil v^{c} et VII. Vostre bon père MAXI.

20. — MAXIMILIEN A MARGUERITE.

Il informe sa fille qu'il a conféré l'office de pelletier et fourreur aux honneurs de l'archiduc Charles, à Ghisbrecht Van den Dyck. — (*Original.*)

(Franckenstein, le 31 décembre)

Très chière et très amée fille, de la part d'un nommé Ghysbrecht Van den Dyck, demeurant en nostre ville de Malines, peletier et fourreur aux honneurs de nostre très chier et très amé filz, l'archiduc Charles, nous avons esté requis luy vouloir donner et accorder l'office et estat de peletier et fourreur ordinaire compté par les escroes de nostredit filz à demi an que feu Guillaume de Warenghien souloit avoir. Et pour ce que sommes advertis ledit Ghysbrecht estre homme à ce ydoine et souffisant, et que aucuns de noz féaulx le nous ont fort recommandé, nous luy avons donné et accordé icellui estat et office de fourreur ordinaire vacant par le moyen dessusdit, en cas que vous n'y aiez encoires pourveu d'un autre. Et voulons et vous requérons que en ce cas vous luy en faictes despechier par delà telles nos lettres que besoing lui sera.

A tant, très chière et très amée fille, nostre Seigneur soit garde de vous.

Escript en nostre château de Fragenstain, le derrenier jour de décembre, l'an xve et VII. *Per Regem.* — Plus bas, *Botechou.*

---

21. — MARGUERITE A MAXIMILIEN.

Elle mande à l'Empereur qu'elle a conféré, sauf son bon plaisir, à Louis Maroton, une prébende vacante dans l'église de Namur. — (*Minute.*)

(Bruxelles, décembre.)

Mon très redoubté seigneur et père, très humblement à vostre bonne grâce me recommande.

Monseigneur, hier au seoir maistre Loys Maraton, serviteur de monsieur de Berghes, lequel puis nagaires est revenu devers vous, vint à moy et m'avertit d'une prébende et chanoynie vacquant en l'église de Namur par le décès d'ung dernier possesseur d'icelle illecq nouvellement trespassé, me requerrant, en faveur de son maistre, icelle prébende lui donner et accorder, actendu mesmement qu'elle est de petite importance et petit revenu; ce que j'ay fait, Monseigneur, soubz vostre bon plésir. Et pour ce, Monseigneur, que ledit maistre Loys est ung homme vertueux et lecteré, dont l'on se peult servir, vous supplie, Monseigneur, luy conserver mondit don, et vous me ferez honneur et plésir.

Mon très redoubté seigneur et père, je prie à tant nostre Seigneur qui vous doint bonne vie et longhe.

Escript à Bruxelles, ce... jour de décembre xve et VII.

22. — MARGUERITE A MAXIMILIEN.

Elle prie l'Empereur de consentir à ce que François Cabel soit reçu conseiller ordinaire de la chambre du conseil en Hollande advenant le trépas du titulaire Willem van Berendrecht. — (*Minute.*)

(Malines, décembre.)

Mon très redoubté seigneur et père, très humblement à vostre bonne grâce me recommande.

Monseigneur, j'ay esté présentement avertye que ung conseillier ordinaire de la chambre du conseil en Hollande, nommé maistre Willem Van Berendrecht, fort vieulx et cassé, est détenu d'une griefve maladie d'où l'on n'a espoir qu'il se puisse relever. A ceste cause et pour non leissier le nombre dudit conseil despourveu de gens de bien et ydoines, ay esté requise par aucuns bons personnaiges et mesmes par le sieur d'Icestain [1] pourveoir maistre François Cabel, homme bien souffisant et expérimenté, selon le rapport que m'en a esté fait et qui a esté passé six ans advocat dudit pays de Hollande dudit estat et office, cas advenant toutesfois dudit maistre Willem. Toutesfois, Monseigneur, pour ce que c'est à vous y pourveoir, ne l'ay osé accorder sans votre sceu et commandement, jasoit que la chose fuisse bien raisonnable. Ains vous ay proumis vous en escripre; ce que je fais, Monseigneur, vous suppliant me consentir et acorder que je fisse pourveoir icellui maistre François dudit estat et office de conseillier ordinaire ou lieu dudit maistre Willem,

[1] Floris d'Egmond, seigneur d'Iselstein.

s'il vient à vacquer par trespas, résignacion ou autrement, et vous me ferez honneur et plésir, me certiffiant sur ce vostre bon vouloir.

Mon très redoubté seigneur et père, je prie à tant nostre Seigneur que vous ait en sa sainte garde.

Escript à Malines, ce... jour de décembre xv^c^ et VII.

---

23. — MARGUERITE A MAXIMILIEN.

Elle recommande à son père Louis Vaca, maître d'école de l'archiduc Charles. — (*Minute.*)

(Malines, décembre.)

Mon très redoubté seigneur et père, très humblement à vostre bonne grâce me recommande.

Monseigneur, je croy que estes assez averty de la bonne diligence que maistre Loys Vaca, maistre d'escole de monseigneur mon nepveur, prent journelement à le instruyre en lettres et bonnes meurs, dont il prouffite grandemant, selon son eage, au moyen de quoy il mérite d'estre aydié et avancé pour lui donner couraige de continuer son service de bien en mieulx. Et pour ce, Monseigneur, qu'il a esleu la voye ecclésiastique en la quelle désire l'aydier et avancher de mon povoir, tant en faveur des bonnes vertuz qui sont en luy que à la instante requeste de mondit seigneur et nepveur, et afin que plus convenablement il se puisse entretenir en son service, vous supplie, Monseigneur, tenir main à ce que ledit maistre Loys puisse obtenir réserve d'aucuns bénéfices, comme par le docteur de Mota [1]

[1] Le même qui en 1510 fut, avec André de Burgo et l'évêque de Gurce, l'un des ambassadeurs de l'Empereur auprès de Louis XII.

serez amplement informé, ensemble de la ydonéité, prudence et expérience d'icelluy maistre Loys. Ce faisant, Monseigneur, me ferez honneur et plésir.

Mon très redoubté seigneur et père, je prie à tant nostre Seigneur qui vous doint très bonne vie et longue.

Escript à Malines, ce... jour de décembre xv^{c} et VII.

---

24. — MARGUERITE A MAXIMILIEN.

Marguerite prie son père d'agréer Guyot Lempereur comme sergent à masse de l'archiduc Charles. — (*Minute.*)

(Malines, décembre.)

Mon très redoubté seigneur et père, très humblement à vostre bonne grâce me recommande.

Monseigneur, il pleust au feu roy, mon frère, cuy Dieu pardoint, permectre l'office de sergant à masse de monseigneur mon nepveur, à Guyot Lempereur, son plumassier, porteur de cestes, comme verrez par la cédulle de mondit feu seigneur et frère, dont il vous fera apparoir pour en avoir la joyssance; et pour ce que aucuns mes espéciaulx serviteurs m'ont requis vous escripre en sa faveur, vous supplie, Monseigneur, l'avoir pour recommandé en ce que dessus.

Mon très redoubté seigneur et père, je prie à tant nostre Seigneur qui vous doint très bonne vie et longue.

Escript à Malines, ce... jour de décembre xv^{c} et VII.

25. — MAXIMILIEN A MARGUERITE.

Il lui annonce qu'en attendant l'accord à intervenir entre les seigneurs de Vergy, de Chalemez et de Flagy, il a ordonné à ce dernier de se rendre auprès d'elle pour le service de l'archiduc Charles. — (*Original.*)

(Bolzane, le 16 février.)

Très chière et très amée fille, pour ce que nous ne povons de présent bonnement entendre de mectre une fin ou différent estant entre nostre cousin le seigneur de Vergy d'une part, et les seigneurs de Chalemez et de Flagy, jusques à nostre retour de nostre vouaige de Romme, que alors nous espérons de les appoinctier finablement, se faire se peut, et ainsi que trouverons estre affaire, nous avons chargé audit seigneur de Flagy de ce pendant soy tirer devers vous et ou service de nostre très chier et très amé filz, l'archiduc Charles. Et voulons et vous ordonnons que le recepvez et faictes traicter et entretenir ou service de nostrediz fils, en tel estat et à tels gaiges qu'il avoit et prenoit de feu nostre très chier et très amé filz, le roi de Castille, que Dieu absoille, sans y faire faulte; car ainsy nous plaist-il.

Donné à Bolzanne [1], le xvie jour de février, l'an xv^c et vii. *Per Regem.* — Contresigné *Renner.*

[1] On ne comprend pas trop comment l'Empereur a pu se trouver le même jour à Bolzane dans le Tyrol, et à Dislingen dans la Souabe, comme la lettre suivante paraît l'indiquer. Aussi la date de cette dernière doit-elle être reportée à l'année 1506 (vieux style de France).

26. — MAXIMILIEN A MARGUERITE.

L'Empereur invite sa fille à une partie de chasse. — (*Original.*)

(Dislingen, le 16 février.)

Maximilianus, divina ſavente clementia, Romanorum rex semper Augustus, etc.

Illustris principissa, filia charissima, significamus dilectioni tuæ nos hodie in proximo oppidi Auraci [1] parrasse venationem, ad quam ipsam invitantes hortamur ut obviam nobis procedendo proficiscatur ad eum locum ad quem presentium lator ipsam conducet : ubi nos eam benigne excipiemus et conabimur illi ex venatione voluptatem inducere non mediocrem, optantes ut Deus omnipotens ipsam diu incolumem conservare dignetur. Datum in arce Inslingen, die martis XVI februarii, anno Domini M C VII, regni nostri XXI°.

Vostre bon père MAXIMILIANUS; *ad mandatum domini Regis proprium.*

27. — MAXIMILIEN A MARGUERITE.

L'Empereur recommande à sa fille de bien accueillir Pierre de Targis, dépêché vers elle par le légat, cardinal de Sainte-Croix. — (*Original.*)

(Brauneck en Tyrol, le 24 février.)

Très chière et très amée fille, très révérend père en Dieu nostre très cher et féal cousin, le cardinal de Saincte Croix, légat vers nous de nostre saint Père le

[1] Auraci, Aurach ou Urach, petite ville de Souabe avec un château, entre Ulm et Tubingue.

pape, envoye présentement par delà ung nommé Pierre de Targis, son chambrier, pour veoir et visiter vous et nostre très chier et très amé filz l'archiduc Charles, et à vous deux présenter quelques choses ecclésiastiques de par luy. Si vous requérons et néantmoins ordonnons que quant icellui Pierre viendra devers vous, le recepvez gracieusement et le menez devers nostredit filz, et aussi le faictes par luy recepvoir bien et gracieusement et au surplus traictier le plus honnestement que pourrez, et en sorte qu'il ait cause de faire bon rapport audit légat, son maistre; car nous trouvons ledit cardinal estre fort affectioné à nostre maison; et en ce faisant nous ferez chose agréable. A tant, très chière et très amée fille, nostre Seigneur soit garde de vous.

Donné en nostre ville de Bruneck, le XXIIIIe jour de février, l'an mil v^c et VII. *Per Regem.*

---

28. — MAXIMILIEN A MARGUERITE.

Motifs du délai qu'il a mis à lui renvoyer ses députés avec la ratification des traités d'Angleterre. Il annonce une solution favorable pour ses affaires particulières, et lui fait un don de dix mille écus pour les dépenses de sa maison. — (*Original.*)

(Braunеck, le 25 février.)

Très chière et très amée fille, combien que de pieçà et nous estans à Kaufpueren, eussions despéchié voz députés et baillié noz instructions et lettres de crédence, ensemble noz lettres de povoir du gouvernement de par delà que vous avons ouctroyé en nostre absence, ainsi que verrez, et que ne sceussions autre chose que vosdits députez deussent dès-lors partir pour s'en-retourner devers vous à tout icelles despêches; toutefois pour ce que vostre président de Bresse se disoit avoir commandement de vous de non retourner jusques à ce que les traictez d'Angleterre fussent entièrement accomplis et ratiffiez par nous, et que n'avions adoncques nul autre féable ayant la langue franchoise, que à faulte de lui, eussions peu envoyer avec messire Sigismond Phloug, pour vous exposer la teneur de nosdites instructions et vous déclairer notre intencion et ce que avons proposé faire, envoyasmes icellui messire Sigismond à Ausbourg, attendre nostre amé et féal conseillier, messire Andrieu de Burgo, lequel nous espérions de incontinent envoyer devers lui, pour eulx deux ensemble se tirer devers vous. Ce que ne nous a esté possible de faire si tost que en avions le désir, comme pour pluseurs noz affaires et de grans importances tant d'Espaigne que d'Italie, avons esté contraintz de le retenir jusques à présent. Et de la despesche desdites ratiffications des traictez d'Angleterre, il ne nous a esté possible d'y povoir plustot entendre, obstant les grans affaires et occupations que avons à présent touchant les affaires de la guerre. Et après que avons eu ung peu donné bon ordre à iceulx affaires, nous avons visité iceulx traictez d'Angleterre, desquelz nous avons fait despeschier noz lettres, selon les mynutes et ainsi que le désirez.

Au surplus, nous avons donné quelque autres instructions ausdits messire Andrieu de Burgo et vostre dit président, lesquelz s'en vont présentement avec ledit messire Sigismond devers vous, et leur avons aussi chargié de bouche vous dire quelque chose de nostre part, si les vueillez croire comme nous mesmes de ce qu'ilz vous diront de par nous.

Et en tant que touche vostre cas particulier, nous y avons donné tel ordre que aurez cause d'estre bien contente de nous. Et si vous ne povez avoir ce que désirez, du moins vous aurez récompense que créons qu'il vous sera bien agréable, et conduirons les choses à nostre honneur et à votre prouffit, comment entendrez à la venue de vosdits depputez, et espérons vous faire valoir icelle récompense, autant que les pièces que vous demandiés par vostre requeste.

Et affin que n'ayez faulte, pendant la despêche, à vostredit cas particulier et pour mieulx povoir furnir à la despense de vostre estat, vous envoyons unes lettres de don de dix mil escus, lesquelz, s'yl n'y a autre argent plus cler, pourrez prendre des deniers d'Angleterre, en disposant du demorant, selon la forme de noz instructions qu'avons baillié à vosdits députez, ensemble ledit messire Andrieu de Burgo. A tant, très chière et très amée fille, nostre Seigneur soit garde de vous.

Donné à Bruneck, le xxve jour de febvrier, l'an xv^c^ VII.

Vostre bon père Maxi. — Plus bas, *Botechou.*

29. — MAXIMILIEN A MARGUERITE.

Il renvoie à sa fille le secrétaire Louis, en attendant les instructions qu'il ne pourra donner qu'à son arrivée à Cologne. Il l'entretiendra plus tard du conseil privé et du grand conseil. Dorénavant elle recevra tous les jours de ses nouvelles, qui seront quelquefois étranges; toutefois il espère finir par battre rudement les Français. — (*Autographe.*)

(Prame, le 10 mars.)

Ma bonne fylle, je a oy la crédence de mester Loys, vostre secrétaire, et aussy les lestres qu'il vous a pleu nous envoyer de par luy; et sur se, yl vous dira la respons en généralité; lequel instruction ne peult estre prest jusques que soes à Colloingne; là el sera sy tost cumme vous en vous mains adressés par la postery.

Nous vous envoyuns cy enclos la cedulles dount je vous ay parlé de vostre privé conseil et du nostre, jusques que plus avant nous pourruns parler assamble et du grand consel en camun.

Vous aurés dornesavant tout le jour novelles de nous; et sur ce je vous dys adieu. Je eusse prins volentier plus graciosement mon recès ou partement de vous; mès les poursuans m'ont sela entrerumpu. Je creins que lesdites mes novelles serunt souventesfois estranges; car le cours de mond me gouvernt trop fort; toutefoes je espoer en Dieu que tout sera parfaet auderain selon votre désir. Au surplus, je prie notre Créator que yl vous doint tousjours bon prospérité et sainte, et sela que plus desirés, et à moy que je pusse pour son honneur donner ung lurde baste aux Franzoes par myll leor traison.

Faet à Prame, le xe jour de mars, de la main de vostre bon père Maxi.

30. — MAXIMILIEN A MARGUERITE.

L'Empereur conseille à sa fille de rester en bonne intelligence avec le roi d'Aragon, afin de ne pas compromettre son douaire; il l'autorise à conserver Claude de Cilly comme agent auprès de ce prince, et charge André de Burgo de lui mander ses intentions sur d'autres affaires. Il recommande de faire arrêter le sieur de Ravestain et l'évêque de Liége, s'ils viennent en ambassade sans sauf-conduit. Vœux pour l'accord des seigneurs de Chièvres et de Berghes. Gouvernement de Vilvorde, et renouvellement de la loi à Anvers. Ratification des traités d'Angleterre, etc. — (*Original.*)

(Augsbourg, le 25 mars.)

Très chière et très amée fille, pour les grans afferes qui nous sont survenuz depuis un mois ençà, nous ne vous avons peu jusques à oires, faire responce à ce que depuis ce temps nous avez escript et fait dire par vostre président de Bresse, ne aussi entendre à la despesche des afferes de par delà. Mais à présent que sommes à loisir pour ce faire, vous voulons bien sur tout faire responce et avons entendu à la totale despesche de voz deputez.

Et en tant qui touche les lettres du roy d'Arragon et de Claude de Cilly, nous avons entendu le contenu d'icelle; et puisque les choses ne sont bien à nostre propos, nous sommes d'advis que debvez donner bonnes parolles audit roy d'Arragon et l'entretenir au mieulx que vous pourrez, pour povoir mieulx joyr de vostre douhaire; et si vous samble bon de entretenir devers luy ledit Claude de Cilly pour vostredit cas, nous le remettons à vostre discrécion. Mais de l'appoinctement que désireriez estre fait avec ledit roy d'Arragon, nous en avons dit à vosdits depputez et à messire Andrieu de Burgo, qui vont devers vous, ce que en entendons estre fait; et semblablement de la neutralité pour laquelle vous avoit escript notre cousine la princesse d'Oranges. Si les vueillez croire de ce et d'autres choses qu'avons intencion de faire, dont leur avons chargé vous advertir à leur venue devers vous.

Au regard de ce que nous avez fait advertyr du sieur de Ravestain et de l'évesque de Liége, que l'on dit debvoir venir en embassade par delà, nous ne sçaurions penser qu'ilz y deussent venir, sans demander saulfconduyt. Parquoy, s'ilz envoyent pour avoir ledit saulfconduit, nous désirons que les remettez à nous comme principal tuteur et mainbour; et si par fortune ilz sont si hardis que d'y aller sans icellui saulfconduyt, en ce cas il n'y aura point de mal de les tenir, ainsi que firent les François nos ambassades de par delà.

Touchant l'appoinctement des seigneurs de Berghes et de Chierves dont vous nous avez escript, pour ce que verrions voulentiers tous les grans maistres de par delà en bonne union, et que sçavons ledit seigneur de Berghes avoir aussy différent avec le sieur de Ville, mesmement de la vénerie de Brabant, aussi que vouldrions le tout estre appaysé ensemble, nous voulons préalablement, devant que faire nulle conclusion dudit appoinctement, que vous nous envoyez bien et au long tous les articles de l'appoinctement que lesdits seigneurs de Berghes et de Chierves vouldroient faire, ensemble vostre advis sur chacun desdits articles. Et aussi que nous escripvez particulièrement quelle chose il vous semblera estre affaire dudit seigneur de Cilly;

car il entend aussi estre premier chambellan de nostre filz Charles, et touchant la vénerie de Brabant.

Pareillement de ce que vous semblera du gouvernement de Villevorde et de l'office de commectre les eschevins en Anvers; et que sur toutes choses nous donnez plain advertissement, affin que, eu nostre advis, puissions mieulx entendre et mectre lesdits seigneurs en bonne union.

Au surplus, nous avons fait despeschier les ratifications d'Angleterre, selon les mynutes qui nous sont esté envoyées, et sans riens chaingier de la substance, lesquelles nous vous envoyons par vosditz députez; car nous ne nous avons osé fier de les envoyer par les postes, et escripvons de ce bonnes lettres excusatoires à nostre frère le roy d'Angleterre, et telles que nous espérons qu'il se contentera de nous de la retardacion d'icelle et prendra toutes choses en bonne part.

De Haluin vostre escuier, lequel désirez estre pourveu de l'office d'eschevin du Franc, puis qu'il est du pays et vostre serviteur, nous sommes contens que le pourvoyez dudit estat et que luy en faictes despescher noz lettres patentes, si nous ne l'avons promis à autre, comme créons que c'est.

Et semblablement du maistre des postes de par delà qui demande estre entretenu en son estat, ainsi qu'il estoit du temps du feu roy de Castille, nostre filz, nous sommes contens que le faictes entretenir en sondit estat et qu'il soit paier de ce qu'il luy pourra estre deu à celle cause.

En oultre, nous avons escript à nostre cousin le duc de Savoye, pour les afferes de votre douhaire de par delà, telle lettre que désiriez et selon la mynute que nous avez dernièrement envoyée, lesquelles nous luy envoyerons par ung chevaulcheur exprès de nostre escuierie. Et sommes bien délibéré de vous y aidier et assister ainsi qu'il appartient. A tant, très chière et très amée fille, nostre Seigneur soit garde de vous.

Escript en nostre ville d'Ausbourg, le xxve jour de mars, l'an xv^{c} et VII. Vostre bon père MAXI. — Plus bas, *Renner*.

---

31. — MARGUERITE A MAXIMILIEN.

Marguerite recommande à l'Empereur Claude de Bouton, écuyer d'écurie du feu roi de Castille, lequel a rendu de bons services dans la guerre de Gueldres. — (*Minute*.)

(Malines......)

Mon très redoubté seigneur et père, très humblement à vostre bonne grâce me recommande.

Monseigneur, Claude de Bouton, escuier d'escurie du feu roy, mon frère, cuy Dieu absoille, s'en va présentement devers vous pour les causes qu'il vous dira. Et pour ce, Monseigneur, qu'il a bien et longuement servy mondit feu seigneur et frère, et encoires despuis son trespas, s'est continuelment employé au fait de ceste guerre de Gheldres, sans y esparnier sa personne ne ses biens, je vous supplie, Monseigneur, l'avoir en bonne et singulière recommandacion, et vous me ferez honneur et plésir. Mon très redoubté seigneur et père, je prie à tant nostre Seigneur qui vous doint très bonne vie et longue avec l'accomplissement de voz très haulx et vertueux désirs.

Escript à Malines, ce jour......

32. — MARGUERITE A MAXIMILIEN.

Elle recommande Charles Le Clerc pour l'office de maître extraordinaire en la chambre des comptes de Lille. — (*Minute* [1].)

(Malines......)

Mon très redoubté seigneur et père, très humblement à vostre bonne grâce me recommande.

Monseigneur, Charles Le Clerc, vostre conseillier et trésorier des guerres de par delà, m'a exposet maintz et divers services qu'ilz a faiz au feu roy mon frère, cuy Dieu absoille, encoires despuis son trespas en sundit estat et office, pour récompense desquelz il seroit voulentier par vous pourveu de l'estat et office de maistre extraordinaire de la chambre des comptes à Lile, suractendant la vacacion d'aucune place par ordonance d'icelle, qui est assez apparente de bien tost vacquer, à cause de la vielesse et débilité esquels sont constitué la plupart desdits maistres ordinaires. Et pour ce, Monseigneur, que la nécessité requiert bien y peurveoir d'aucun bon personnaige expérimenté en fait de comptes, qui ayt à supporter et soulaigier les anchiens et caducques officiers qui désoiresnavaut ne peuvent supporter la labeur et traveil y requis, et comme suis avertye de la suffisance et expérience dudit trésorier, vous supplie, Monseigneur, le vouloir, en faveur de moy et d'aucuns bons personnaiges qui m'ont de ce pour luy requis, pourveoir dudit estat et office de maistre de la chambre des comptes extraordinaire, jusques par

[1] Cette minute sans date a été classée par M. Godefroy dans les liasses de 1507; toutefois je remarque que Charles Le Clerc n'a été reçu maître extraordinaire de la chambre des comptes de Lille qu'en 1512, et maître ordinaire qu'en 1516. (Voyez *La Flandre illustrée par l'institution de la Chambre du Roi*, par J. de Seur, 80, 81.)

le trespas d'aucun résignant, ou autrement, il peut estre ordinaire. Et de celly faire despechier ou me envoier faire despecher lettres patentes en tel cas pertinens; et j'espère, Monseigneur, que vous en trouverez bien servyt, et aura par ce moyen persévérer de bien en mieux..... et si me ferez honneur et plésir.

Mon très redoubté seigneur et père, je prie à tant nostre Seigneur qui vous doint très bonne vie et longhe.

Escript à Malines.

33. — MARGUERITE A MAXIMILIEN.

Elle regrette de ne pouvoir conférer à Guillaume Le Normand l'office de commissaire aux revues, attendu que le sieur de Montigny en est déjà pourvu. — (*Minute.*)

Mon très redoubté seigneur et père, très humblement à vostre bonne grâce me recommande.

Monseigneur, j'ay par Guillaume Le Normand receu les lettres qu'il vous a pleu m'escripre en sa faveur, pour le pourveoir de l'estat et office de commissaire des monstres et revues de la gendarmerie de par deçà, ou lieu de feu Julien de La Haye, dernier possessant d'icelle.

Sur quoy, Monseigneur, vous avertiz que avant le trespas dudit Julien, obstant son absence, a convenu par plusieurs fois députer et décerner commissaires ausdites reveues et monstres, entre lesquelz y ont esté députez, par advis de nostre conseil aucunesfois la plus part du temps, le sieur de Montigny et Jérôme Vent, pour garder le passe droit et abuz qui se font en semblable cas.

Et advenant le trespas dudit Julien, ceulx dudit

conseil et moy regardans l'exercice dudit office estre vacant, avons esté d'avis pourveoir ledit de Montigny d'icelluy estat et office de commissaire sous vostre nom, par manière de pencion et soubz vostre bon plésir; lequel office despuis il a exercé jusques à présent.

De quoy, Monseigneur, je vous ay bien voulu avertir avant que y pourveoir plus à plain; et croy, Monseigneur, que entendez assez que ledit office requerroit bien avoir ung vieulx gentilhomme expérimenté ou fait de guerre, qui fust craint et obéy, pour y bien garder vostre droit et éviter tous abus; et que ce ne seroit pas bien convenable y pourveoir dudit Guillaume, lequel, à ce que ay entendu, a esté reconnu par ceulx de vostre conseil inhabile à tenir office, et requerroit tousjours ledit office homme plus expérimenté que ledit Montigny qui en pourroit finir.

Toutesfois, Monseigneur, vostre bon plésir sera me mander et ordonner ce qu'il vous plaira en estre fait; et soit ledit Normand ou aultre, j'en useray tant en ce que en toutes autres choses tousjours selon vostre désir et intencion. Priant Dieu, mon très redoubté seigneur et père, qu'il vous doint bonne vie et longue.

Escript.....

34. — MARGUERITE A MAXIMILIEN.

Elle le prie de ratifier l'accord qu'elle a ménagé entre deux prétendants à l'office de receveur de Flandre, au quartier de Gand. — (*Minute.*)

Mon très redoubté seigneur et père, très humblement à vostre bonne grâce me recommande.

Monseigneur, ces jours passez, j'ay dressé ung appoinctement entre Lyévin Lyens et Lyévin de Porthelberghe, à cause de l'office de receveur de Flandre ou quartier de Gand, en la forme et manière contenue ou mémoyre icy encluz, qu'est au grey et contentement desdites parties, et semblablement de mon cousin le sieur de Fyennes, lieutenant et gouverneur des pays de Flandre. Et sera cause ledit appoinctement obvyer à pluseurs grans inconvéniens, qui en fussent peu sourdre, d'un cousté et d'autre. Aussy j'ay par ce moyen satisfait à ce qu'avoye prins, tant pour avoir promptement argent pour aucunement survenir aux grans affaires qui occupoient, que pour complaire audit de Fyennes, qui avoit ceste matière fort à cueur; et en telles neccessités, Monseigneur, eusse esté contraincte engaiger plustôt tout ce que j'ay que faillir ou paiement des Alemans, noz ennemis estanz dedans le pays de par deçà comme pour lors y estoient, que me contraignir prandre argent dudit Porthelberghe sur ledit office, comme par aultres mes lettres avez peu entendre. Et pour ce, Monseigneur, que ay promis à icelles parties tenir main envers vous que ledit appoinctement seroit ratiffié et agréé par vous, vous supplie, Monseigneur, en toute humilité, me faire cest honneur de icelluy confirmer et auctoriser et faire dépescher à ung chacun voz lettres patentes, selon le contenu dudit appoinctement, et vous me ferez honneur et plésir; aussy ferez vous audit seigneur de Fyennes, qui est vostre bon et léal serviteur [1].

[1] L'Empereur a fait à cette lettre une réponse favorable, sous la date du 31 juillet 1507, à Constance; de sorte qu'elle eût pu être classée parmi celles du même mois.

1508

Commençant à Pâques, le 23 avril; finissant le 7 avril.

35. — MAXIMILIEN A MARGUERITE.

L'Empereur l'invite à faire dorénavant solder par le trésorier de Dôle la pension que Simon Franchois avait obtenue sur la recette générale des Pays-Bas. — (*Original.*)

(Lauchstaedt, le 27 avril.)

Très chière et très amée fille, nostre amé et féal escuier, Symon Franchois, nous a remonstré comme feu nostre très chier et très amé filz, le roy de Castille, que Dieu absoille, lui avoit parcidevant donné et constitué la pension de dix-huit solz par jour, à en estre payé par les mains de nostre amé et féal receveur général de noz pays d'embas, Symon Longin, ou d'autre présent ou avenir. Et que, combien que derrenièrement, nous estant en nostre cité de Constance, lui octroiasmes lettres addressant à vous pour d'icelle pension l'en faire payer, jusques autrement par nous en seroit ordouné, touteffoys, pour les grans affaires qui ont esté en nostre conté de Bourgoingne, ledit Symon Franchois n'a peu présenter sesdites lettres, ne aussi poursuy sadite pension devers ledit receveur, nous requérant au surplus que, actendu la distance du chemin dez noz pays de Bourgoingne en noz pays d'embas et la despence qu'il lui convient supporter en poursuivant sadite pension, nostre plaisir soit lui transporter sadite pension et l'en faire doiresenavant payer par nostre amé et féal trésorier de Dôle présent et avenir. Et pour ce que avons en bonne et singulière recommandacion ledit Symon Franchois, nous vous requérons que, en ayant regard aux bons services qu'il a parcidevant faiz à nous et à nostredit feu filz, vous vueillez consentir que sadite pension lui soit transportée sur nostre trésorier de Dôle présent et avenir, et que, actendu vostre assignat, vous prenez iceulx ailleurs. A tant, très chière et très amée fille, nostre Seigneur soit garde de vous.

Donné en nostre ville de Laustat, le XXVIIe jour d'avril, l'an mil V^{c} et VII après Pasques. Ayès ly pour recommandé. MAXI. — Plus bas, *Renner*.

36. — MAXIMILIEN A MARGUERITE.

L'Empereur mande à sa fille de conférer à Jacques Coelman, chapelain de l'archiduc Charles, la cure de Menicquedame en Hollande. — (*Original.*)

(Lintz-sur-le-Rhin, le 12 mai.)

Très chière et très amée fille, de la part de maistre Jacques Coelmann, chappellain de nostre très cher et très amé fils, l'archiduc Charles, nous a esté remonstré comment dernièrement, nous estans à Constance, lui accordasmes la première cure qui dès lors escherroit vacant en nostre pays de Hollande, et que puis naguères la cure de Menicquedamme, en nostredit pays de Hollande, est escheue vacant à nostre disposicion, nous requérant de, en ensuivant nostredit don, nostre plésir soit le pourveoir d'icelle cure et luy en faire despeschier noz lettres patentes. Et pour ce que sommes bien enclins à sadite requeste, en faveur mesmement des bons et agréables services qu'il a parcidevant faiz et fait journellement à nostredit filz Charles, nous vous requérons que, en ensuivant ce que dit est, vous le vueillez avoir en ce pour recommandé et le pourveoir sur ce par delà de nosdites lettres comme faire pourrions. En quoy faisant, nous ferez chose agréable. A tant très chière et très amée fille nostre Seigneur soit garde de vous.

Donné à Lins-sur-le-Rin, le XIIe jour de may, l'an mil v^c et VIII. *Per Regem.* — Plus bas, *Renner.*

---

37. — MAXIMILIEN A MARGUERITE.

Rémission annoncée à Jehan de Bourgogne, qui avait détroussé et volé un marchand du quartier d'Artois. — (*Original.*)

(Cologne, le 18 mai.)

MAXIMILIAN, par la grâce de Dieu, etc., empereur, etc.

Très chière et très amée fille, et très chiers et féaulx, nous avons entendu la prinse et détencion en nostre ville de Brucelles de la personne de Jehan de Bourgoingne, filz d'un de nos officiers d'armes, demeurant en noz pays de Bourgogne, à cause d'avoir esté en compaignie d'autres à destrousser ung marchant du quartier d'Artois d'aucuns deniers qu'il pourtoit sur luy pour lequel mésus, nostre amman de Brucelles, et ceulx de la justice d'icelle ville ont desjà procédé à faire son procès et contendent l'en faire mettre au dernière supplice. Et combien que ce soit cas digne de pugnicion dont sans cause raisonnable ne vouldrions estre dispense, toutesfois ayant regard aux bons services que les ancestres dudit prisonnier et mesmement son père ont, tout leur eage, fait à nous et aux nostres, et que aucuns de noz espéciaulx serviteurs estans lez nous nous ont requis, actendu que le délinquant n'a jamais esté noté d'aucun autre blasme ou villain deffault, de luy pardonner ce qu'il a à ce moyen mesprins envers nous. Nous à ces causes, inclinans aussi à leurdite supplicacion et requeste, luy avons en ce cas quicté et remis icellui délict et mésuz, avec tout ce qu'il en peut avoir offensé envers nous et la justice, et escripvons présentement à nostre chancellier de Brabant de luy en faire despeschier nos lettres patentes de rémission dont vous advertissons et voulons que se s'est le premier cas ou deffault dont on se soit plaint dudit Bourgogne, et qu'il ne soit trouvé qu'il ait voulu mectre à mort ledit marchant, que le faictes joyr de nostredite remission, sans aucun contredit ne difficulté, car nostre plésir est tel. A tant, très chière et très amée fille et très chiers et féaulx, nostre Seigneur soit garde de vous.

Donné en nostre cité de Couloingne, le XVIIIe jour de may, l'an mil v^c^ et VIII. *Per Regem.* — Plus bas, *Renner.*

---

38. — MAXIMILIEN A MARGUERITE.

La pension de mille florins d'or octroyée à l'évêque de Gurce par le feu roi de Castille lui est continuée. — (*Original.*)

(Cologne, le 31 mai.)

Très chière et très amée fille, nous vous tenons bien avertye comment le feu roy don Philippe, nostre filz, cuy Dieu absoille, donna et accorda à l'évesque de Gurce, nostre privé conseillier, une pencion annuelle de mil florins d'or, de laquelle il a esté bien appoincté jusques après le trespas de nostredit filz. Et despuis, nous, ayant regard à la bonne diligence que ledit évesque prent continuelement à l'entour de nostre personne, et mesmement pour l'expédicion des affaires de noz pays d'embas, luy avons conformé ladite pencion et ordonné par noz lettres d'icelle le faire payer et contenter par ceulx de noz finances de par delà ; ce que encoires n'a esté fait, obstant aucun article contenu ès instructions de nos ambassadeurs estans par devers vous. A ceste cause et que voulons icelluy évesque joyr de nostredit don et accord, vous requérons tenir moyen envers ceulx des finances et aillieurs où besoing sera que ledit évesque de Gurce soit payé et contenté de ce que luy peult estre deu par le passé de sadite pencion ou que cy après lui sera deu, par manière de don et non de pencion, à ce qu'il ne soit tiré par les aultres en conséquence, tant et jusques à ce que nous trouvons de par delà pour ordonner sur le tout. Car nostre plésir est tel. Très chière et très amée fille, nostre Seigneur vous ait en sa saincte garde.

Escript en nostre cité de Couloigne, le dernier de may xv^c et huyt. Vostre bon père Maxi. — *Ad mandatum domini Imperatoris proprium*, Collauer.

39. — MAXIMILIEN A MARGUERITE.

La jeune nièce d'Anne de Beaumont sera élevée avec les enfants de l'Empereur. — (*Original.*)

(Cologne, le 31 mai.)

Très chière et très amée fille, nous avons présentement accordé à nostre chière et bien amée, don Anne de Beaumont, luy entretenir avec nos très chiers et très amez enffans une jeune niepce qu'elle a; dont vous advertissons et vous requérons que la faictes recevoir et traictier avec nosdits enffans comment les autres jeunes filles de son estat estans à l'entour d'eulx. Et vous nous ferez chose agréable. A tant, très chière et très amée fille, nostre Seigneur soit garde de vous.

Donné en nostre cité de Couloigne, le dernier jour de may, l'an mil v^c et VIII. *Per Regem.* — Plus bas, *Renner.*

40. — MAXIMILIEN A MARGUERITE.

L'Empereur mande près de lui le seigneur de Melun, et ne veut pas que le seigneur de Ravestain (le duc de Clèves) reste davantage dans ses états. — (*Original.*)

(Bopart, le 5 juin.)

Très chière et très amée fille, nous désirons et vous requérons, que incontinent après la réception de cestes, vous envoyez devers nous, quelque part, que soyons, le *sieur de Melun*[1], *chevalier de nostre ordre, cume déjà nous vous avons escript ou mandé par*

[1] Hugues de Melun, vicomte de Gand, gouverneur d'Arras.

Jérome Vent[1]. Et se le sieur de Ravestain vous escript pour venir en noz pays de par delà, nous désirons aussi, que luy faictes responce, que nous ne voulons souffrir qu'il y vienne; et si d'aventure il y estoit desjà venu de cest heure, faictes luy dire ou escripre, qu'il se retire incontinent hors d'iceulx pays; car nous ne l'y voulons point avoir ne souffrir et *nous faetes incontinent sauver* (savoir).

D'autre part, nous avons entendu ce que nous avez escript, touchant la prinse de Jéromme Vent. Sur quoy nous avons advisé de faire rendre pour lui le capitaine qui estoit dedans Pourroye, lequel est ès mains de nostre cousin le prince d'Anhalt, auquel, à celle cause, nous en escripvons présentement et vous requérons que sollicitez cest affaire, ainsi que congnoistrez estre conduysable; car il est bien raison que ledit Jéromme soit racheté de sa prison. A tant, très chière et très amée fille, nostre Seigneur soit garde de vous.

Escript en nostre ville de Popart, le ve jour de juing, l'an 1508. *Per Regem.* — Plus bas, *Renner.*

---

41. — MAXIMILIEN A MARGUERITE.

L'Empereur invite sa fille à ne pas troubler les habitants de Besançon dans la jouissance d'un octroi de deux mille cinq cents livres qu'il leur avait accordé, pour la réparation des fortifications de cette ville. — (*Original.*)

(Stertzingen, le 7 juin.)

Très chière et très amée fille, de la part de noz bien amez les gouverneurs, manans et habitans de nostre

[1] Les mots en italique sont de la main de l'Empereur.

cité de Besançon, nous a en toute humilité esté exposé et remonstré comme quatre ans a ou environ, nous leur ayons par noz lestres patentes octroyé et accordé deux mil francs de nostre monnoye de Bourgoingne, à les prendre et avoir en quatre années, cinq cent frans par an par égale porcion, par les mains de nostre trésorier de Dole, des deniers ordonnez et accordez pour la garde de nostredite cité; et ce pour convertir et employer à la réparacion et fortifficacion d'icelle, à charge de faire apparoir de l'employ des deniers dudit octroy et autres charges et condicions au long contenues en nosdites lettres patentes, dont ilz ont desjà joy des deux années, montant à mil livres. Et combien que nagaires, en vous faisant, vostre vie durant, le transport et réservacion de nostre pays et conté de Bourgoingne, nostre désir et intencion ayt esté que iceulx exposants joyssent et usent du résidu de nostredit octroy et accord, mesmement qu'ilz soient entretenuz et continuez au payement des autres mil livres qui leur reste encoires pour les deux autres années derrenières à expirer, toutesfoiz ilz doubtent que, au moyen dudit transport, voz officiers et commis ne leur veullent en ce donner empeschement, et maintenir nostredit octroy estre expiré et assoffy; qui leur tourneroit à grant intérest et dommaige et au grant retardement desdites fortifficacion et réparacion; nous requérant vous en vouloir escripre en leur faveur. Par quoy, très chière et très amée fille, que désirons la réparacion par eulx encommencée estre parachevée, ce que ne leur seroit bonnement possible, sans la joyssance de ladite reste pour lesdites deux autres années avenir, nous vous requérons bien instamment que leur vueillez continuer et faire continuer nostredit octroy et le payement desdits mil livres, aux termes, charges, condicions, selon et en ensuivant lesdites lettres patentes qu'ils en ont de nous, et commes eussions fait, se eussions retenu nostredit pays et conté de Bourgoingne en noz mains. Vous requérant au surplus que vueillez faire visiter lesdits ouvraiges et tenir la main que lesdits deux mil francs, ensemble ce qu'ilz ont aussi promis y exposer, soient bien et deuement employés, et vous nous ferez plésir. Très chière et très amée fille, nostre Seigneur soit garde de vous.

Donné en nostre ville de Stersinge, le VIIe jour de juing, l'an mil V^c^ et VIII. *Per Regem.* — Plus bas, *Leclerc.*

---

42. — MAXIMILIEN A MARGUERITE.

Il la prie d'admettre dans ses cuisines Josse Weert pour y apprendre à faire des pâtés à la manière des Pays-Bas. — (*Orig.*)

(Churberch, le 8 juin.)

Très chière et très amée fille, nous vous envoyons avec cestes ung jeune filz appellé Josse Weert, lequel nous a desjà servy en nostre cuysine, et désirons qu'il aprende à faire pastez à la manière de par delà, sy vous requérons que pour ce vous le mectez avec vostre maistre patissier et queux et que le vueillez entretenir avec luy une espace de temps et jusques à ce qu'il s'en sçaura aidier, et vous nous ferez chose agréable. A tant, très chière et très amée fille, nostre Seigneur soit garde de vous.

Donné à Suberch, le VIIIe jour de juing, l'an mil V^c^ et VIII. *Per Regem.* — Plus bas, *Renner.*

43. — MAXIMILIEN A MARGUERITE.

Il mande de lui faire tenir à Metz une somme de dix mille florins d'or, sans avoir égard au dommage que pourrait produire cette levée de deniers. — (*Original.*)

(Coblentz, le 10 juin.)

Très chière et très amée fille, nous vous escripvons et à ceulx de nostre conseil de par delà par autres noz lettres que vouldrions bien que fessiez mectre et tenir prest en nostre cité de Metz la somme de dix mil florins d'or pour les causes plus au loin contenues en nosdites lettres. Sy vous requérons que y tenez la main et faictes tant par tous les meilleurs moyens que sçaurez que iceulx deniers soient tous prestz audit Metz, comme dit est, sans vous arrester ne avoir regard du dommaige que pour ce l'on pourroit avoir. Car se les trèves mencionnées en nosdites lettres se font comme espérons, nous pourrons lever iceulx deniers pour noz despens à aller en noz pays d'embas et contre les rebelles Gheldrois, ce que ne pourrions si bien faire, s'il y avoit faulte à iceulx deniers, obstant que pour la guerre et les grans afferes que avons présentement, nous avons donné horz et débourssez tous noz deniers contans, et nous conviendroit envoyer pour argent en noz pays d'Austriche que ne viendroit pas sitost, et pourroit estre par longue demeure à nostre grant dommaige et de noz très chiers et très amez enffans et pays de par delà. A tant, très chière et très amée fille, nostre Seigneur soit garde de vous.

Escript en nostre ville de Couvelance, le xe jour de juing, l'an xv^c^ et VIII. *Per Regem.* — Contresigné *Renner.*

44. — MAXIMILIEN A MARGUERITE

ET AUX GENS DE SES FINANCES.

Il leur demande dix mille florins d'or pour porter secours au comté de Bourgogne, que l'on a été obligé de dégarnir de troupes pour marcher contre les Vénitiens. — (*Original.*)

(Coblentz, le 10 juin.)

Très chière et très amée fille, et très chers et féaulx, nous voudrions bien que feissez mectre ou tenir prest en nostre cité de Metz, la somme de dix mil florins d'or, affin que à tout icelle somme, se le roy de France entreprent aucune chose sur ceulx de nostre conté de Bourgoingne, l'on puisse prestement recouvrer gens d'armes pour secourir et assister noz subgectz d'icellui conté. Car nous avons envoyé les mil chevaulx et trois mil piétons qui estoient pour la garde d'icellui conté contre les traytres Vénissiens, à cause des traysons qu'ilz nous dressent journellement, et mesmement y envoyons le conte de Furtember et mareschal de nostre hostel et grant bailli de Ferrette, et messire Jaques de Landauw, comme capitaine de noz gens d'armes de Zwene.

Sur ce, nous avons remis sus VI^c chevaulx et deux mil piétons ferrettois et vynnois, soubz la charge du conte de Lauphen, capitaine-général de haulte et basse Palatine d'Elsate, pour soustenir, à voz despens de par delà, la garde d'icellui conté de Bourgoingne, et incontinent après avoir receu son payement, entrer en pays, quant le sieur de Vergy, nostre marischal de Bourgoingne, le mandera, ou pour nostre retour par delà, attendu que pour le jourd'huy nous avons employé tous noz deniers à lever autant de mil hommes que povons pour nous accompaignier de nouveau ès Ytales, ou cas que les trèves ne se prendent entre nous et lesdits Vénissiens et le roy de France, comme leur alié et adhérant à l'encontre de nous. Mais sans faulte nulle, Gheldres ne sera point comprins, et espendrons encoires plutôt de nostre propre sang contre lesdits François et Vénissiens avant que de habandonner la conqueste dudit Gheldres qui à nous et à feu nostre filz Philippe a tant cousté de pennes et de despenses. Et pour ce faictes tousjours, sur la guerre que y avons à présent, la plus grande diligence et le meilleur devoir qu'il vous sera possible; car certes ilz sont tous sur leurs genoulx et extrémité. — A tant, très chière et très amée fille, et très chers et féaulx, nostre Seigneur soit garde de vous.

Escript à Couvelance, le x[e] jour de juing, l'an xv[c] viii.

Lesdits vi[c] chevaulx et ii[m] piétons ne cousteront riens jusques à ce que ledit sieur de Vergy les mandera. *Per Regem.* — Contresigné *Renner.*

---

45. — MAXIMILIEN A MARGUERITE.

Il la prie de faire obtenir au seigneur de Spontin la mairie de Namur, en récompense des bons services qu'il a rendus dans la guerre contre les Français. — (*Original.*)

(Castellaun, le 12 juin.)

Très chière et très amée fille, le seigneur de Spontin nous a présentement requis que en faveur de ses services nous luy vueillions donné et accordé l'office et estat de nostre mayère de Namur. Et pour ce que sommes fort enclins audit seigneur de Spontin, en faveur mesmement du bon et vertueux service de guerre qu'il nous feit dernièrement à l'encontre des François, nous désirons et vous requérons que vueillez practiquer et tant faire vers cellui qui tient à présent ledit estat et office de mayère, qu'il vueille estre content de résigner icellui estat, et s'en déporter au prouffit dudit seigneur de Spontin, moyennant quelque récompence de deniers que nous luy ferons baillier. Car il est raison, et voulons bien aucunement recongnoistre les services de nosdits bons serviteurs à l'exemple d'autres. Très chière et très amée fille, nostre Seigneur soit garde de vous.

Donné à Castellan, le XII[e] jour de juing, l'an XV[c] VIII. *Per Regem.* — Plus bas, *Renner.*

---

46. — MAXIMILIEN A MARGUERITE.

Il mande les trêves entre lui, les Vénitiens et les Français. Charles de Gueldres en est exclu. L'Empereur recommande de poursuivre avec activité le fait de la guerre de Gueldres. — (*Original.*)

(Creutznach, le 13 juin.)

Très chière et très amée fille, nous avons cejourd'huy eu nouvelles comment les trèves sont faictes entre nous, et les Vénissiens et François pour trois ans, là où messire Charles de Gheldres est exclus.

Par quoy, puisque la chose est ainsi advenue, nous espérons de vous veoir bien brief, et aussi de vous advertir des articles et promesses qui ont esté faiz et concludz sur lesdites trèves. Sy vous requérons que cependant vous tenez la main de tout vostre povoir que le fait de la guerre de Gheldres soit bien et vigoureusement exécuté; car à ceste fois nous avons ferme fiance d'en avoir une fin finale, à l'aide de nostre Seigneur, qu'il, très chière et très amée fille, soit garde de vous.

Escript à Creutznach, le XIIIe jour de juin 1508. Vostre bon père MAXIMILIEN. — Plus bas, *Botechou.*

---

47. — MAXIMILIEN A MARGUERITE.

Il lui recommande le cardinal de Sainte-Croix, qui se rend auprès d'elle pour voir le prince Charles. — (*Original.*)

(Wesel, le 18 juin.)

Très chière et très amée fille, nous avons despieça désiré que monseigneur le légat, cardinal de Sainte-Croix, voulsist aller veoir nostre très chier et très amé nepveur, le prince d'Espaigne, archiduc d'Autriche, etc., et aussi communiquer avec vous d'aucunes choses concernant le bien, honneur et prouffit d'icellui nostre nepveu. A quoy nous l'avons trouvé totalement enclin, tellement qu'il fait grandement à louer. Et pour ce, le vous recommandons bien expressément, vous requérant très acertes que de ce qu'il vous dira de par nous, le vueillez pour ceste fois croire comme nousmesmes, et luy faire si bonne et briefve despêche, qu'il se puisse de rechief trouver pardevers nous à la prouchaine journée du saint-empire, ainsi que de luy pourrez entendre plus aplain. A tant, très chière et très amée fille, nostre Seigneur soit garde de vous.

Donné à Vesel, le XVIIIe jour de juing, l'an mil V^c et VIII. Vostre bon père MAXI. — Contresigné *Renner.*

48. — MAXIMILIEN A MARGUERITE.

Il la prie d'accorder la cure de Vyr, dans le comté de Namur, à Jean Rieger, neveu du secrétaire Renuer. — (*Original.*)

(Wesel, le 19 juin.)

Très chière et très amée fille, nostre amé et féal secrétaire messire Jehan de Collauer, docteur, nous a présentement remercié le don que en nostre faveur lui aviez fait de la cure de Vyr, en nostre conté de Namur, nagaires vacant à nostre collacion, et dont vous sçavons bon gré, et nous a requis, actendu qu'il est desjà bien pourvueu de cures, et qu'il n'en peut plus tenir sans dispence, que vueillons estre contens que maistre Jehan Rieger, prebtre et maistre aux ars, nepveur de nostre amé et féal aussi secrétaire, maistre Jehan Renner en soit pourvueu en son lieu; car il lui renunçoit libéralement son droit. Par quoy et que avons icellui maistre Jehan Rieger en singulière recommandacion, en faveur mesmement dudit Renner, nous avons consentu et consentons qu'il soit pourvueu d'icelle cure de Vyr, et lui en avons fait despechier noz lettres de don en forme deue, dont vous advertissons et vous requérons que à prendre la possession d'icelle cure et faire autres devoirs ad ce requis, vous faictes despeschier par delà à icellui qui en aura charge de par ledit maistre Jehan Renner, ou nom de sondit nepveur, qui est absent et aux estudes, comme entendons, toutes telles provision que mestier sera et par lui requise serez, et vous nous ferez chose agréable. A tant, très chière et très amée fille, nostre Seigneur soit garde de vous.

Donné à Wyssel, le XIXe jour de juing, l'an mil V^c et VIII. Vostre bon père MAXI, avec paraphe. — Plus bas, contresigné *Botechou.*

49. — MAXIMILIEN A MARGUERITE.

Victoire remportée sur les Vénitiens avant la notification de la trève; mais en revanche les Vénitiens se sont emparés de la petite ville de Saint-Voyt. — (*Original.*)

(Wesel, le 19 juin.)

Très chière et très amée fille, nous avons cejourduy eu nouvelles que noz gens de guerre qui estoient au quartier de Carinte et au nombre de cent et cinquante chevaulx, ont rué jus bien cinq cents chevaulx vénissiens, avant que les trèves dont vous avons naguères escript aient esté faictes ou du moings à eulx signiffiées, et desquelz cinq cents chevaulx ilz ont vaincuz et mis à mort environ deux cents hommes et cinquante qu'ilz ont prisonniers, avec bien aussi trois cents chevaulx gaingniez, qu'est la fin de la guerre d'iceulx Vénissiens. Mais au contraire lesdis Vénissiens ont encoires gaingné sur nous par trahyson une vilette en icellui pays et du quartier de la mer, appellée Saint-Voyt, dont vous advertissons. A tant, très chière et très amée fille, nostre Seigneur soit garde de vous.

Escript en nostre ville de Wyssel, le XIXe jour de juin, l'an XV^c VIII. *Per Regem.*

50. — MAXIMILIEN A MARGUERITE.

Il lui recommande le docteur Collauer, son secrétaire, à qui il a promis le premier bénéfice qui se trouvera vacant. — (*Origin.*)

(Wesel, le 20 juin.)

Très chière et très amée fille, pour les bons, loyaulx et continuelz services que nostre amé et féal secrétaire messire Jehan Collauer, docteur, nous a parcidevant faiz et fait encoires journellement à l'entour de nostre personne à grant soing, travail et diligence, nous luy avons, en récompence d'iceulx services, promis et accordé le pourveoir de la première dignité ou bon bénéfice qui escherra vacant en noz pays de par delà; dont vous advertissons et vous requérons que, ledit cas advenant, vous l'ayez aussi pour recommandé; car nous voulons qu'il soit ad ce préféré avant tous autres. A tant, très chière et très amée fille, nostre Seigneur soit garde de vous.

Donné à Wyssel, le xxe jour de juing, l'an mil v^c^ et VIII. *Per Regem.* — Plus bas, *Renner.*

51. — MAXIMILIEN A MARGUERITE.

Témoignage d'une pleine confiance. Nouvelle explication au sujet de la demande des dix mille florins d'or. — (*Autographe.*)

(Le 4 juillet.)

Ma fille, vous nous avez largement escript touchant le raport qui vous a fait en nostre nom Guilhain Pingon, jadis nostre garderobe, sur laquel vous nous demandez encor plusieurs amples déclarations. Certes sur sela, il semble que, par la crédence que le susdit Guilhain a eu de vous et après de nous, la responce dessus que il a plus de materes mis avant, selon que nous poons considérer par vous lestres que par avanture propos a esté, dont nous mestons en sela et tout autres choses tout à vostre bon opinion et dischrétion, nous summes toujours content que vous faites en toutes choses toujours sela, qui est vostre et leur plus grand honneur et profit et de nos communs enfans; nous ne pouruns savoer les affaires et nécessité de par deçà, comme vous pourrés savoer par delà. Nous veneruns bientost devers vous en personne, là pourré vous avé nous communiker de toutes ses choses plus assurément et de toutes choses qui vous semble que poés en sela attendre nostre venue devers vous.

Ma bonne fille, vous vous émervilliés de se que je vous a faet si humblement requerre la possibilité de dix mille florins, touchant la guerre de Gueldre et ma venue illec. Vous devez sur sela entendre que il y a nécessité je fasse honnour et réputation à mon gouverneur, affin mesmement depuis que ledit mon gouvernor comme vous estes a tousjours tant de paine pour trover argent, affin que il ne ly fache desplaisir pour gaster et troubler ses finances de gendermerics.

Escript de la main de vostre bon père, ce IIIIe jour de joulet 1508. MAXIMILIEN.

52. — MARGUERITE A MAXIMILIEN.

Elle recommande à l'Empereur le trésorier Philippe de Chassey, que l'on accusait de malversations. — (*Minute.*)

(Juillet.)

Mon très redoubté seigneur et père, très humblement en vostre bonne grâce me recommande.

Monseigneur, vostre trésorier et le myen, Philippe de Chassey [1], porteur de cestes, m'a remonstré qu'il avoit fait devers moy long séjour et que luy estoit de besoing sen aler en Bourgoingne pour y desservir les offices qu'il y a soubz vous, et aussi vouloit se traire vers vous pour se descoulper de ce qu'il a esté adverty que aucuns ses mal vuillans l'ont et veuillent chargier de soy estre conduit autrement que faire ne devoit à l'exercice desdits offices, me suppliant, pour ces causes et autres, luy permectre y aler pour en respondre à cuy que ce soit devant vous et démonstrer son innocence; ce que luy ay voulentier permis. Et vous supplie, Monseigneur, le vouloir ouyr et en sesdits offices le continuer, l'ayant au surplus en tous autres ses affaires pour recommandé, et crois que vous le trouverez vostre bon subject et serviteur. Monseigneur, je vous prie luy démonstrer que ceste ma prière envers vous luy ayt prouffité et vous me ferez honneur et plésir.

[1] Philippe de Chassey, d'une bonne maison de Bourgogne, qui portait d'*azur à la fasce d'argent accompagnée de deux étoiles d'or*, était neveu ou proche parent de Marguerite de Chassey, femme du célèbre chancelier de Bourgogne, Jean Carondelet.

53. — MAXIMILIEN A MARGUERITE.

L'Empereur déclare qu'il fait informer sur les torts imputés à Philippe de Chassey, et qu'après cette enquête il pourra lui délivrer le prévenu, si elle le désire. — (*Original.*)

(Cologne, le 13 juillet.)

Très chière et très amée fille, nous avons receu voz lettres de ce mois et par icelles entendu la provision que avez fait de despeschier pour Philippe de Chassey, vostre serviteur, soubz nostre bon plaisir. Et pour ce, que avant la récention de vosdites lettres nous avions ordonné que informacions se feroient en nostre conté de Bourgoingne par aucuns noz commis, sur les doléances et plaintes qui nous ont esté faictes dudit Philippe de Chassey [1], où il seroit oy à ses descharges, et qu'il nous semble aussi, la raison le vueilt, que ou lieu que les cas sont commis, l'informacion se peult mieulx prendre, nous n'y povons à présent autre chose bonnement ordonner; mais après que nous aurons icelles informacions, se vous désirez avoir ledit Phelippe de Chassey, nous le vous ferons alors voulentiers délivrer. A tant, très chière et très amée fille, etc.

Donné en nostre ville de Coulongne, le XIIIIe jour de julet, l'an mil V^{c} et VIII. *Per Regem.*

[1] Il paraît que les malversations de Philippe de Chassey ne furent que trop prouvées. Il était encore détenu au 29 avril 1514, époque où Mercurin Gattinare écrivait à Marguerite : « Quant oires l'on luy « vouldroit pardonner ses meffaits, du moins faudroit-il sçavoir la « vérité des affaires qui vous touchent, et aussy que ceux qui ont esté « intéressez par luy fussent satisfaits, et qu'il restituât ce qu'il a prins « induement. »

54. — MAXIMILIEN A MARGUERITE.

L'Empereur accuse réception d'une somme de dix mille florins d'or que Marguerite lui a envoyée. — (*Original.*)

(Dusseldorf, le 16 juillet.)

Très chière et très amée fille, nous vous escripvons par autres noz lettres et aux chevaliers de nostre ordre par delà touchant les sieur et dame de Ravestain, et vous envoyons aussi avec cestes le double des lettres que escripvons ausdits sieur et dame de Ravestain, ensemble la copie d'icelles, comme le tout verrez, et vous requérons que incontinent vous leur vueillez envoyer nosdites lettres.

D'autre part, nous receusmes hier par vostre maistre d'ostel Hesdin, les dix mil florins d'or que nous avez envoyé, lequel nous despescherons incontinent pour retourner devers vous. A tant, très chière et très amée fille, nostre Seigneur soit garde de vous.

Escript en la ville de Duyseldorf, le XVI[e] jour de juillet, l'an XV[c] et VIII. *Per Regem.* — Plus bas, *Botechou.*

55. — MAXIMILIEN A MARGUERITE.

Il lui mande de faire assembler les gens de guerre pour tenir tête aux Français qui menaçaient la Flandre. — (*Original.*)

(Dusseldorf, le 16 juillet.)

Très chière et très amée fille, pour ce que doubtons que les gens que ceulx des estats de nos pays de par delà nous accorderont et aussi l'argent, pour résister aux emprinses et oultraiges que les François se vantent vouloir ſaire en iceulx pays, ne seront pas sitost prests que sera nécessaire, ne pareillement rassemblez noz gens de guerre de par delà pour leur deſſence, nous désirons et vous requérons que, en attendant iceluy accord, et pour subvenir à icelle deffence, vous ſaictes ſaire cris et publications, partout ès mètes d'iceulx noz pays de par delà, que ung chacun en son quartier se mecte sus et empoint pour, au son de la cloiche, se trouver ensemble soubs son enseigne, et nous venir servir et accompagner en nostre juste querelle et à leur deffence, toutes les ſois que nous les vouldrons avoir; mesmement jusques à ce que le nombre des gens de leurdits accords et nosdits gens de guerre seront rassemblez avec nous, comme dit est, à sçavoir ceux de nostre pays de Flandre à tout IIII^{m} hommes, ceux de Brabant, de VI^{m} hommes, et les autres pays à l'advenant. Car nous nous délibérons de incontinent que nosdits François vouldront entrer deans nosdits pays de par delà leur donner la bataille.

Oultre, nous désirons aussi, attendu le grant nombre de gens qu'il nous ſauldra entretenir pour résister auxdits François, et la despence qu'il nous conviendra à celle cause supporter, que vuellez pratiquer et tant ſaire devers lesdits de Brabant et de Hollande que, durant la guerre desdits François, iceulx de Hollande vueillent entretenir, à leurs despens, avec les gens d'armes qu'ils entretiennent de cette heure devant nostre ville de Vespen, tous les piétons que lesdits de Brabant ont entretenu et entretiennent présentement, et que iceulx de Brabant en vueillent entretenir d'autres et deux ſois autant. Car par ladite guerre iceulx deux pays auront plus à souffrir de leurs ennemis que les autres pays; et est bien raison que pour leur deffense ils furnissent plus.

D'autre part, nous désirons semblablement que nous advertissez et envoiez par inventoire combien de pièces d'artillerie grosses et menues nous avons par delà, ensemble de pouldres et autres choses, quelles quelles soient, servans au fait de nostredite artillerie.

Et vous requérous d'autre cousté que vous nous faictes ayder, aprester et faire provision de deux ou III^m picques et III^m albardes, pour distribuer par delà aux piétons qui n'auront point de bastons de guerre, et à ceux qu'il faudra des coulevrines, nous leur en ferons bailler; car nous en faisons descendre en bas avec autre artillerie bien IIII^c. A tant, très chière et très amée fille, nostre Seigneur soit garde de vous.

Escript à Duyseldorf, le XVIe jour de juillet, l'an XV^c VIII. *Per Regem.* — Plus bas, *J. Botechou.*

P. S. Nous entendons que les gens que ceulx de nos pays de par delà envoyeront devers nous pour nous servir ou cas dessusdit soient sur et en tant moins de l'ayde qu'ils nous accorderont; car si nous ne porons sitost avoir nos gens de guerre auprès de nous, il nous sera bien besoing nous servir d'eulx jusques à leurdite venue, que alors leurs pourrons donner congié.

56. — MAXIMILIEN A MARGUERITE.

L'Empereur renvoie à sa fille le maître-d'hôtel Hesdin, qui est chargé de lui faire connaître les dispositions prises contre le duc de Gueldres et contre les Français. — (*Autographe.*)

(Ysselbourg, le 17 juillet.)

Ma très amée fille, nous avons receu par Hedin [1], vostre mester d'ostel, selon que vous l'y avez donné charge de nous apporter et dire de par vous, dont nous fumes incontinent partis landemain et aluns pour mectre ordre à la guerre de Geldres, comme le susdit Hedin vous assertira plus au long et ancor pluiseurs bons assertissemens, selon que il vous conviendra, à nostre avis le tout pendant que nous nous pourrions en personne nous trouver devers vous besoingner et faere pour la reboutement des Françoes, et pour rumpre leur manères et traytozement intentés contre nous deux, et renvoyé ly à tout vostre avys sur ce le plust tost ou devant de nous pératinement; et à Diu, ma bonne fylle.

Escript à Ysbourg, le XVIIe jour de julet, de la main de vostre bon père MAXI.

57. — MAXIMILIEN A MARGUERITE.

Proposition d'une trêve de deux mois avec le roi de France. Conditions pécuniaires auxquelles l'Empereur veut conclure le mariage de Charles d'Autriche avec Marie d'Angleterre. — (*Orig.*)

(Calcar, le 23 juillet.)

Illustrissima princeps, filia charissima, intelleximus

[1] Jean d'Ostin, dit Hesdin, maître-d'hôtel de la princesse.

quæ jam pridem manu propria ad nos scripsistis, similiter ea quæ venerabili principi et consiliario nostro Gurcensi significastis, de illo præsertim quod proprium hominem ad *regem Franciæ*[1] una cum litteris vestris miseritis *ad petendum salvum conductum* hominibus ad eum mittendis; intelleximusque copiam litterarum quas *idem rex Franciæ*, supradictis respondendo, ad D. V. misit. Et quia *præfatus rex* in eisdem litteris suis videtur inclinari ad hoc ut impræsentiarum, *quantum ad Gheldrum*, fieret utrinque ad aliquot tempus *una supersessio sive armorum abstinentia, hoc est treuga,* propter quod nobis videtur ut vos subito expediatis unum cursorem ad *istum regem Franciæ,* illi significando quod intellexeritis litteras suas et quod similiter vobis, tanquam *bonæ mediatrici*, placeat et videatur facienda *hæc supersessio et armorum abstinentia, ut interea bona pax et concordia inter nos et eum ac Gheldrum possit tractari, et quod hujusmodi abstinentia armorum sive treuga*[2] *fieret ad duos menses, tamen quod hujusmodi treuga* non sit comunicatia (*sic*) adeo quod interea *Gheldrenses se victualibus provideant*, et quod oppidum

[1] Tout ce qui est ici imprimé en italique est en chiffres dans l'original. Cette lettre, dont la lecture offrait des difficultés, m'a paru précieuse à recueillir. On voit dans la première partie par quelle manœuvre adroite Maximilien prépare les voies au fameux traité de Cambrai. Dans la seconde, l'Empereur révèle les véritables motifs qui ont fait rompre le mariage de l'archiduc Charles avec Marie d'Angleterre.

[2] Une trève de six semaines fut en effet conclue vers la mi-octobre suivant, et prolongée de huit jours, le 6 décembre, lorsque Marguerite et le cardinal d'Amboise se furent rendus à Cambrai pour négocier en apparence la paix, et en réalité, une ligue offensive contre les Vénitiens.

a Gheldrensibus in Hollandia occupatum *interim deponeretur ad manus alicujus tertii, scilicet episcopi trajectensis* qui hujus esset conservator *treugæ*, postquam ille tenet *in medio Gheldriæ episcopatum suum*, istæ gentes Domini de Gheldria ibidem conclusæ et obsessæ, soluta obsidione, Hollandiam exirent et salvi ad Dominum de Gheldria redirent. Et si prædicto modo *placuerit regi Franciæ fieri treugam*, rescribat subito mentem suam ad vos, et quod similiter *rex Franciæ scribat Domino de Gheldria quod hujusmodi treugam acceptet*. In simili namque forma et hoc idem significaveritis *nobis* et speratis quod contemplacioni *regis Franciæ* non negabimus, quinimo *consensiemus prædictæ treugæ*.

Præterea scripsistis ad nos cum maxima instancia sollicitando nova mandata pro oratoribus in fine hujus mensis *ad regem Angliæ* mittendis. Sed quia Dilectio Vestra etiam novit quod, inter causas quarum ad tractandum *hoc matriomonium* Caroli cum filia regis Angliæ devenerimus, illa fuit una de principalibus ut ex illo consequeremur *aliquam magnam summam pecuniæ a prædicto rege Angliæ* pro præsentibus nostris *necessitatibus et Caroli*, et *rex Angliæ* fuit contentus dare nobis hujusmodi *mutuum centum milium coronarum*, dummodo tamen haberet *obligacionem quorumdam oppidorum et provinciarum in Brabantia et Flandria*, adeo quod quælibet illarum sit obligata *pro tota summa pecuniæ mutui*, et vos *obligaciones istas*, tanquam impossibiles, ad commissionem nostram ab eisdem *oppidis et provincialibus* hoc usque nullo modo impetrare potueritis nec ad huc impetrare speretis. Hac de causa commisimus oratori nostro *An-*

dreæ[1] *apud regem Angliæ*, similiter oratori *prædicti regis* apud nos existenti ut apud hunc *regem Angliæ instaret et* efficeret ut contentaretur de obligacione prædictorum *oppidorum et provincialium*, a quolibet *pro rata sua*, quandoquidem has obligaciones cujusque *secundum ratam suam*, nullas alias suas ab eis impetrare esset nobis possibile. Circa quod prædictus orator noster Andreas per novissimas litteras suas rescripsit se sperare racionabiliter iis novissimis *obligacionibus regem Angliæ fore contentum*. Consuluit tamen, quemadmodum et Dilectio Vestra ad nos scripsit, ut interea *oratores nostros ad regem Angliæ mitteremus*. Nos vero nullo modo sumus istius mentis velle expedire nec mandata *nova nec oratores* quousque sciamus *regem Angliæ de mutuo nobis dando* fore contentum super istis novis obligacionibus quæ *ab his patriis nobis* sunt possibiles impetrari. Super quo ita expectabimus responsum finale istius *regis Angliæ per Andream* nobis significandum. Quoniam si in prioribus *obligacionibus* rex Angliæ perseverabit (quod tamen non speramus, quia impossibile est ut aliquo modo possimus impetrare *illas a patriis et provincialibus*) oportebimus judicare et æstimare *regem Angliæ non* habere rectam voluntatem *ad hoc matrimonium Caroli concludendum*, qui velit a nobis exigere impossibilia. Et in tali casu quo negaret *rex Angliæ secundas istas et possibiles obligaciones acceptare, hoc matrimonium* nolumus concludere. Si autem, sicuti speramus, consenciat et acquieverit *novas istas obligaciones acceptare, matrimonium istud* libenter

[1] André de Burgo, qui fut successivement ambassadeur à la cour de France et à celle d'Angleterre.

concludamus, ac subito hanc voluntatem regis Angliæ intelligentes, expediemus *nova mandata et oratores,* sicut scripsistis. Nihilominus quoque casu quo *ista oppida se* non vellent tali modo, secundum *rata obligare,* vellemus concludere *hoc matrimonium,* quia tunc per eum non staret quominus fieret *et concluderetur* sed per nostros; propter quod non haberemus honestam occasionem recedendi ab istis *tractatibus et conclusis prius circa hoc matrimonium.*

Vestrum igitur erit interea apud *ista oppida practicare* ut tali modo, secundum cujusque *ratum se obligent;* et etiam quod bono modo *apud regem Angliæ* vos institietis (*sic*) et excusetis tarditatem *oratorum nostrorum,* postquam ad finem istius mensis *eo pervenire non possunt.*

Datum in oppido Calcharii, die XXIII julii, anno M° D° VIII°, regni nostri romani XXII. *Per Regem.*

---

58. — MAXIMILIEN A MARGUERITE.

Il la prie de ne lui adresser aucune demande d'office ou bénéfice, en faveur de qui que ce soit, jusqu'à son retour auprès d'elle. — (*Original.*)

(Leyde, le 11 août.)

Très chière et très amée fille, nous désirons que jusques à ce que soyons de retour devers vous, vous ne nous faictes requerre ou escripre en faveur de nul qu'il soit, pour offices ou bénéfices qui sont escheuz et pourront escheoir par deçà à nostre disposicion; car nous sommes en intencion de laisser à y pourveoir jusques à nostredit retour devers vous. A tant, très chière et très amée fille, nostre Seigneur soit garde de vous.

Escript en nostre ville de Le Leyden, le XIe jour d'aoust, l'an XV^{c} VIII. Vostre bon père MAXI. — Plus bas, *Renner.*

59. — MAXIMILIEN A MARGUERITE.

Il lui recommande le jeune duc de Clèves. — (*Original.*)

(Leyde, le 12 août.)

Très chière et très amée fille, nous désirons et vous requérons que entretenez et faictes entretenir le jeune duc de Clèves [1] par delà, tant par argent que autres bonnes et gracieuses parolles, et jusques à ce que serons de retour devers vous. A tant, très chière et très amée fille, nostre Seigneur soit garde de vous.

Escript en nostre ville de Le Leyden, le XIIe jour d'aoust, l'an XV^{c} VIII. *Per Regem.* — Plus bas, *Renner.*

60. — MAXIMILIEN A MARGUERITE.

Il lui mande qu'ayant à s'occuper immédiatement du siége de Wespen, il ne pourra se trouver avec elle et le cardinal de Sainte-Croix le jour de l'Assomption, comme elle le lui avait demandé. — (*Original.*)

(Leyde, le 13 août.)

Très chière et très amée fille, nous avons entendu comment vous et le cardinal de Sainte Croix désirez

[1] Jean, fils de Jean II, duc de Clèves, et de Mathilde de Hesse, n'a succédé qu'en 1521 à son père, zélé partisan de Maximilien dans la guerre que celui-ci eut à soutenir dans les Pays-Bas. *Le jeune duc* veut dire ici le fils aîné du duc régnant.

vous trouver ensemble devers nous en nostre ville de Dordrecht deans l'Assomption Nostre Dame prouchaine. Et pour ce que sommes en chemin et icy venus en intention d'acomplir nostre emprinse touchant le siége de Wespen, il ne nous seroit pas bonnement possible d'abandonner nostredit emprinse et nous trouver au jour devant dit ensemble. Mais nous espérons d'avoir brief fait et de nous trouver devers vous deux, et dont vous pourrez bien par tous bons moyens le tout donner à congnoistre audit cardinal. A tant, très chière et très amée fille, nostre Seigneur soit garde de vous.

Escript en nostre ville de Lé Leyden, le XIII[e] jour d'aoust, l'an XV[c] VIII. *Per Regem.*

---

61. — MAXIMILIEN A MARGUERITE.

L'Empereur a chargé l'évêque de Gurce de faire réponse à certaines demandes formées par la princesse. — (*Original.*)

(La Haye, le 24 août.)

Très chière et très amée fille, nous avons receu voz lettres par Jehan de Halewin, porteur de cestes, sur le contenu èsquelles mandons à l'évesque de Gurce responce pour la pluspart telle qu'entendrez par lui, et de l'autre partie despescherons de cy à trois ou quatre jours ung de noz serviteurs devers ledit évesque, pour sur ce lui porter aussi responce avec plusieurs matières et affaires, dont aussi il vous advertira tout au long. Très chière et très amée fille, nostre Seigneur soit garde de vous.

Escript à La Haye, le XXIIII[e] jour d'aoust XV[c] et huyt. Vostre bon père, MAXI. — Plus bas, *de Waudripont.*

62. — MAXIMILIEN A MARGUERITE.

L'Empereur approuve la réponse faite par Marguerite au roi de France. Il écrit à l'évêque de Gurce au sujet de Nicolas Frizio. — (*Original.*)

(La Haye, le 25 août.)

Très chière et très amée fille, nous avons receu vos lettres du xxie de ce mois, par lesquelles nous entendons entre autres choses la responce que avez faicte à nostre frère le roy de France sur le contenu de ses lettres et par l'advis de ceulx de nostre conseil privé estans lez vous. Laquelle, selon la copie que nous en avez envoyé, trouvons bien agréable et nous en contentons de vous.

En tant qui touche Nycolas Frizio, nous l'avons ouy et entendu bien et au long la charge qu'il avoit à nous. Et de nostre vouloir et intention sur ce nous advertissons bien amplement nostre amé et féal conseiller l'évesque de Gurcz, par noz lettres que luy escripvons présentement, ainsi que par luy entendrez. A tant, très chière et très amée fille, nostre Seigneur soit garde de vous.

Escript en nostre maison à La Haye, le xxve jour d'aoust, l'an xv^{c} et viii. *Per Regem.*

63. — MAXIMILIEN A MARGUERITE.

Il lui recommande le bâtard de Bourbon. — (*Original.*)

(La Haye, le 25 août.)

Très chière et très amée fille, nous avons receu voz lettres par le bastard de Bourbon, porteur de cestes, et oy ce qu'il nous a voulu dire tout au long. Sur quoy vous requérons que lui faictes incontinent faire sa despesche telle que l'évesque de Gurce vous dira de par nous, et oultre plus, que ayez ledit bastart en tous ses affaires singulièrement pour recommandé; et nous ferez chose fort agréable. Très chière et très amée fille, nostre Seigneur soit garde de vous.

Escript à La Haye, le xxv[e] jour d'aoust, l'an xv[c] et VIII. *Per Regem.* — Plus bas, *de Waudripont.*

---

64. — MAXIMILIEN A MARGUERITE.

Il lui mande d'écrire au pape, et de lui faire écrire par l'archiduc Charles, suivant le désir du cardinal de Sainte-Croix. — *(Orig.)*

(Turnhout, le 19 septembre.)

Très chière et très amée fille, nous vous envoyons cy-deans enclose une cédulle selon laquelle très révérend père en Dieu, le cardinal de Sainte-Croix, désire que vous et nostre filz, l'archiduc Charles, escripvez à nostre saint père le Pape, et vous requérons que ensuivant icelle et que serez par luy requise vous escripvez en vostre nom, et faictes aussi escripre nostredit filz Charles à nostredit saint Père, et vous nous ferez chose agréable. Très chière et très amée fille, nostre Seigneur soit garde de vous.

Escript à Turnhout, le XIX[e] jour de septembre, l'an XV[c] VIII. *Per Regem.* — Plus bas, *Renner.*

65. — MAXIMILIEN A MARGUERITE.

Il la prie de lui envoyer le coffre de ses finances bien et duement scellé. — (*Original.*)

(Turnhout, le 19 septembre.)

Très chière et très amée fille, nous désirons que, incontinent cestes veues, vous nous envoyez par ung de vos serviteurs féable le coffre des finances cloz et scellé de vostre signet, affin qu'il puisse plus seurement venir en noz mains. A tant, très chière et très amée fille, nostre Seigneur soit garde de vous.

Escript à Turnhout, le XIX[e] jour de septembre, l'an XV[c] VIII. *Per Regem.* — Plus bas, *Renner.*

66. — MAXIMILIEN A MARGUERITE.

Il lui mande qu'elle peut rester encore quelques jours à Anvers avec l'archiduc Charles. — (*Original.*)

(Vursèle, le 19 septembre.)

Très chière et très amée fille, combien que vous ayons mandé par nostre amé et féal conseiller et prince de nostre saint-empire, l'évesque de Gurcz, de vous tirer avec nostre filz Charles en nostre ville de Malines, toutes voyes nous sommes bien contens que demeurez encoires en nostre ville d'Anvers et nostredit filz Charles aussi par deux ou trois jours; pendant lequel temps nous vous advertirons de ce que aurez affaire. A tant, très chière et très amée fille, nostre Seigneur soit garde de vous.

Escript à Vursèle, le XIX[e] jour de septembre, l'an XV[c] VIII.

P. S. Nous estions en intencion de vous envoyer après demain audit Malines ledit évesque de Gurcz; mais nous le vous renvoyerons seullement après à Anvers; et retenez le cardinal avec vous jusques alors.

Per Regem. — Plus bas, *Botechou.*

67. — MAXIMILIEN A MARGUERITE.

Il lui envoie les mémoires et instructions sur ce qu'elle a à faire avec les États assemblés à Malines. — (*Original.*)

(Turnhout, le 24 septembre.)

Très chière et très amée fille, nous avons cuidé despechier l'évesque de Gurce pour ce jourd'huy estre devers vous, mais pour l'occupacion des grans affaires que avons ne nous est possible. Toutesfoiz nous le despescherons pour demain y estre, et affin de ce pendant gagnier temps, nous vous envoyons les mémoires et instructions de ce que aurez à faire et besoingnier avec les Estas estans présentement assemblez en nostre ville de Malines. A tant, très chière et très amée fille, nostre Seigneur soit garde de vous.

Escript en nostre hostel, à Turnhout, le XXIIIIe jour de septembre, l'an XV^{c} VIII. *Per Regem.* — Plus bas, *de Waudripont.*

68. — MAXIMILIEN A MARGUERITE.

L'Empereur envoie des députés à l'assemblée des États à Malines pour y soutenir les intérêts de sa maison. — (*Original.*)

(Turnhout, le 26 septembre.)

Très chière et très amée fille, nous avons receu voz lettres du XXme de ce mois faisant mencion de l'assemblée des Estaz de nos pays de par deçà en nostre ville de Malines.

Sur quoy vous advertissons que, en ensuivant icelles, nous avons escript à noz cousins les seigneurs de Chierves et de Saintpy [1] et au seigneur de Vevey, eulx trouver à icelle journée et faire tout le mieulx qu'ilz pourront que toutes choses y soient dressées au bien et prouffit de nous noz très chiers et trez amez enffans, pays et subgectz; et aussi nous y envoyerons tous les seigneurs qui sont icy devers nous desdits pays de par-deçà, et leur ordonnerons le semblable. A tant, etc.

Donné en nostre chasteau de Turnhout, le xxvi[e] jour de septembre, l'an mil v[c] et viii. *Per Regem.* — Plus bas, *Renner.*

---

69. — MAXIMILIEN A MARGUERITE.

Il mande à sa fille qu'il a pris toutes les mesures nécessaires pour la tenue des journées de Malines et de Cambrai, aussi bien que pour l'affaire d'Angleterre. — (*Original.*)

(Turnhout, le 26 septembre.)

Très chière et très amée fille, nous avons présentement fait despechier toutes choses nécessaires, tant pour les journées qui se doivent tenir à Malines et Cambray, que pour l'affaire d'Angleterre, et le tout fait délivrer ès mains de révérend père en Dieu, nostre amé et féal conseillier, l'évesque de Gurcz, comme par luy plus au long entendrez, et autres choses que luy avons chargé vous dire de nostre part. Sy vous requérons le croire de ce qu'il vous dira de par nous. — A

[1] Ou plutôt Sempy.

tant, très chière et très amée fille, nostre Seigneur soit garde de vous.

Donné en nostre chasteau de Turnhoult, le XXVIe jour de septembre, l'an mil v^{c} et VIII. *Per Regem.* — Plus bas, *Renner.*

70. — MAXIMILIEN A MARGUERITE.

L'Empereur dépêche vers sa fille quatre députés pour aviser avec elle sur ce qu'on devra faire au cas que les États n'accordent pas le subside demandé. — (*Original.*)

(Beke, le 27 septembre.)

Très chière et très amée fille, nous avons donné charge à noz chiers et bien amez Frédérick, conte de Perg, seigneur de Helden, Jaques de Brouckhorst, seigneur de Batembourg, messire Yttvolf de Stain, notre conseillier, et à Bernard Vay-Prestcault, en cas que ceux des Estas de nos pays de par-deçà ne nous accordent nostre demande en donne sur ce bonne responce de aucunes choses besoingnier et traictier avec eulx et selon qu'ilz vous diront et communiqueront plus au long, et vous requérons les croire et en ce vous employer et les adresser au mieulx que pourrez. A tant, très chière et très amée fille, nostre Seigneur soit garde de vous.

Donné à Beke, le XXVIIe jour de septembre, l'an mil v^{c} et VIII. *Per Regem.* — Contresigné *Renner.*

71. — MAXIMILIEN A MARGUERITE.

L'Empereur mande à sa fille qu'il connaît les Français mieux qu'elle. Il n'est pas fâché du reste qu'elle ait été déçue par leurs belles paroles, afin que désormais elle se tienne sur ses gardes. Il ne veut pas recevoir l'échanson du roi de France qui s'est déclaré son ennemi; il vaut mieux que cet envoyé traite avec la princesse. Trèves approuvées pour cinq ou six semaines. Demande de troupes aux États. — (*Original.*)

(Gertruydenberghe, le 1er octobre.)

Très chière et très amée fille, nous avons receu voz lettres, et par icelles entendu la responce que le roy de France vous a fait faire par Haluin[1] ensemble la charge qu'il a baillée à Marigny, son eschanzon, en quoy vous povez assez congnoistre ce que vous avons dit de ceste affaire estre à présent vériffié, et que congnoissons mieulx et avons plus d'expérience des François que vous; car nous en attendons tout autant, combien que nous aymons mieulx que ayez esté deceue en leurs belles parolles que nous, afin que cy après y prenez meilleur garde.

Et quant à permectre la venue dudit eschanzon devers nous pour nous dire semblable charge, nous avons advisé qu'il n'est nul besoing qu'il y vienne et voulons que luy dictes que ne luy conseillez point qu'il se doige tirer devers nous, pour ce que sçavez que nous ne besoingnerons riens avec luy par deçà; car

[1] Ce n'est pas le même que Jean de Hallewin mentionné ci-dessus, p. 80. Celui-ci est sans doute Louis de Hallewin, seigneur de Piennes, lieutenant du roi en Picardie, gouverneur de Péronne, etc., fait prisonnier en août 1513 devant Térouane, mort en 1518. Il appartenait à une branche de sa maison qui s'était établie en France.

nous sommes bien marry que ledit roy de France soit déclaré nostre ennemy sur le receps de Frisio; et sommes assez plains de leurs belles parolles sans effect; et vault mieulx, puisque avez commencé ceste matière, que la concluez avec luy, ainsy que bon vous semblera, et serons encoires contens pour ceste fois que, par l'advis de nostre conseil estant avec vous, les assayez; et se ledit Marigny insiste à tous moyens de vouloir venir devers nous, vous luy devez donner un homme pour le conduire à trois ou quatre lieues près de nous; et illec nous luy ferons sa despesche, ou ferons faire par noz conseillers *de latere*.

Touchant les trèves, nous sommes bien contens que les faites prendre pour cinq ou six semaines; et selon que vous trouverez par l'advis des gens de nostre conseil, estans lez vous, estre le plus prouffitable, et par condition que nous pourrons pourveoir nos pays de Hollande et de Gheldres estans de nostre obéissance, de toutes choses, affin que par faulte de provision ilz ne soient grevez et adommagez, se la paix ou les longues trèves ne s'accordent à la journée de Cambray; car depuis brief jours ils ont ravitailliez nostre ville de Wespen par faulte de noz gens d'armes, et si ont esté sur les murailles de nostre ville de Aspre; mais, la Dieu grâce, ils ont estez lordement reboutez.

Quant aux Estats, il nous semble que nous ne leur devons faire autre demande que des dix mil piétons et deux mil chevaux, ou des soixante mil florins; car si nous demandons plus de que les soixante mil, se seroit trop et empescheroit la première demande des douze mil combattans; et lesquels soixante mil florins nous demandons seulement, par manière de prest, jusques à ce que tous les pays aient accordé lesdits douze mil combattans, et s'ils n'ont point à présent puissance de les acorder à les recouvrer sur tous ceulx qui n'ont point contribués aux fraiz de la deffence des pays sur lesdits douze mil hommes, comme ceulx de Hollande, Boisleduc, Luxembourg, et aussi Lille, ainsy que avons naguères entendu.

Des belles parolles que ledit Marigny vous a donné, et la responce que luy avez sur ce faicte, nous les laissons comment elles sont; car tout ce que vous luy avez dit est vérité, et ce qu'il vous a dit est tromperie et abus. Très chière et très amée fille, nostre Seigneur soit garde de vous.

Escript en nostre ville de Sainte-Getruyberghe, le premier jour d'octobre, l'an 1508. Vostre bon père Maxi. — Plus bas, *Renner*.

---

72. — MAXIMILIEN A MARGUERITE.

Il invite sa fille à faire en sorte, au congrès de Cambrai, qu'il soit défendu à messire Robert de la Marche de rien entreprendre contre le château de Busi, appartenant au seigneur de Châteaubrehain. — (*Original.*)

(Schoenhoven, le 6 octobre.)

Très chière et très amée fille, nostre amé et féal escuier Adam Veyer, seigneur de Chasteaubrehain, nous a remonstré comment, entre autres ses terres et seigneuries, à lui appartient le chasteau de Busi, gisant en nostre duché de Luxembourg, dont il est en bonne possession et saisine. Ce nonobstant, messire Robert de la Marche, soubz umbre d'aucun droit qu'il se vante y avoir, s'efforche journellement vouloir prendre en ses mains par forche et voye de fait ledit chasteau de Busi, qui ne sont choses deues; et combien que ledit remonstrant a présenté et offert audit messire Robert que, s'il veult demander quelque droit à icellui chasteau, d'en respondre en justice là où et ainsi qu'il appartient; néantmoins il n'y a voulu ne veult entendre, ains persévère tousjours en sa voulenté desraisonnable.

A ceste cause escripvons devers vous, requérant et néantmoins ordonnant que à ceste prochaine journée de Cambray, vous et révérend père en Dieu, nostre amé et féal l'évesque de Gursse, prince du saint-empire et nostre conseillier, auquel escripvons aussi de ceste matière, en touchiez aux ambassadeurs du roy de France. Et s'aucune chose se concludt à icelle journée, qu'il soit ordonné et deffendu audit messire Robert, de par ledit roy de France, de plus riens entreprendre par forche et voye de fait sur ledit remonstrant, ne sondit chasteau, terre et seigneurie de Busi, mais qu'il poursuye son cas par droit et justice, ainsi qu'il appartient, où icellui remonstrant offre et présente de respondre et furnir à ce qu'en sera dit et jugié. Très chière et très amée fille, nostre Seigneur soit garde de vous.

Donné en nostre ville de Schoenhoven, le vi^e jour d'octobre, l'an xv^c huyt. *Per Regem.* — Plus bas, *de Waudripont.*

73. — MAXIMILIEN A MARGUERITE.

Affaire de don Pédro de Ghévara. Démarches pour sa mise en liberté. — (*Original.*)

(Schoenhoven, le 8 octobre.)

Très chière et très amée fille, nous avons receu vos lettres faisant mencion de la prinse par le roy d'Arragon de Dom Pedro de Ghevara [1] et de la manière comment dont vous tenons records; et pour ce, très chière et très amée fille, que attendons de jour à autre avoir nouvelles et l'advis sur ce des parens et amis dudit Dom Pedro qui le poursuivent devers ledit roy d'Arragon, nous différons de à icelle vous faire réponce que n'ayons premier sceu ce qu'ils auront fait en ceste affaire vers ledit roy d'Arragon; car nous pourrions en ce faire chose qui seroit plus contraire à leur poursuite que au prouffit dudit Dom Pedro; ce que ne désirons. A tant, etc.

Escript en nostre ville de Scoenhoven, le VIIIe jour d'octobre, l'an mil V^{c} VIII. Signé, *per Regem.* — Plus bas, *Renner.*

74. — MAXIMILIEN A MARGUERITE.

Le sacrement de confirmation administré par le légat aux petits-enfants de l'Empereur. — (*Original.*)

(Schoenhoven, le 8 octobre.)

Très chière et très amée fille, nous avons receu vos lettres par lesquelles nous advertissez que avez advisé

[1] Il est question de la captivité et de la délivrance de ce personnage dans une lettre écrite le 11 décembre 1509, par Mercurin de Gattinare à Marguerite d'Autriche. (Voyez *Lettres de Louis XII*, I, 219.)

de, avant le partement du légat, faire par luy donner à nos très chers et très amez enfans le saint sacrement de Confirmation, et qu'il le vous a accordé; mais pour ce que nostre très chier et très amé fils l'archiduc Charles est à Lyère, vous ne sçavez lequel nous sera plus agréable, ou que l'on meyne nostredit fils devers nos filles à Malines, ou nos filles devers luy, nous requérant sur le tout vous signiffier nostre bon plésir.

Sur quoy, très chière et très amée fille, vous signiffions que sommes bien content que nostredit fils voise à Malines pour prendre ledit saint sacrement et aussy congié et la bénédiction dudit légat, ou nom de nous et de luy. Et à celle cause escripvons présentement à nostre très cher et féal cousin, le prince de Chimay [1], de le mener celle part. A tant, très chière et très amée fille, nostre Seigneur soit garde de vous.

Escript en nostre ville de Schoenhoven, le VIIIe jour d'octobre, l'an mil V^c VIII. *Per Regem.* — Plus bas, *Renner.*

75. — MAXIMILIEN A MARGUERITE.

Claude Bouton est nommé capitaine de la garde de l'archiduc Charles. Archers réservés à Marguerite pour le congrès de Cambrai. — (*Original.*)

(Schoenhoven, le 10 octobre.)

Très chière et très amée fille, nous avons nommé nostre amé et féal escuier, Claude Bouton, capitaine de la garde de nostre très chier et très amé filz l'archiduc, et l'envoyons présentement devers lui pour

[1] Charles de Croy, créé, en 1486, prince de Chimay et du saint-empire, mort en 1527.

entendre à l'exercice de sondit estat et office; dont vous avertissons, afin que retirez devers vous le capitaine et vingt des archiers estans devers icellui nostre filz, et que y laissiez les autres vingt, jusques à ce que yrez à Cambray ou que en aurez autrement à faire; ou quel cas les pourrez tous mander devers vous et vous en servir comme bon vous semblera. Très chière et très amée fille, nostre Seigneur soit garde de vous.

Escript en nostre ville de Scoonhove, le xe jour d'octobre, l'an xv^c huyt. *Per Regem.* — Plus bas, *de Waudripont.*

76. — MAXIMILIEN A MARGUERITE.

Lettre de créance pour les seigneurs de Rœux, de Berghes et de Rogendorff, au sujet des trèves conclues entre l'Empereur, la France et le duc de Gueldres. La princesse ne doit pas se rendre à Cambrai avant que son père ait eu un entretien avec elle. — (*Original.*)

(Schoenhoven, le 12 octobre.)

Très chière et très amée fille, nous avons chargé à noz amez et féaulx conseilliers, le seigneur du Reux [1], nostre cousin, le seigneur de Berghes [2], chevaliers de nostre ordre, et Guillaume, seigneur de Rogendorff [3],

[1] La seigneurie de Rœux en Hainaut tomba par achat dans la maison de Croy vers 1440. Ferry de Croy, seigneur de Rœux et d'Hangest-sur-Somme, fut fait prisonnier par les Stradiots en 1511, dans la guerre contre les Vénitiens, et mourut en 1524. La maison de Rœux avait pour cri : *Le rœux à mon tour.*

[2] Jean, seigneur de Berghes-op-Zoom et de Walhain, reçut, le 17 décembre 1508, comme fondé de pouvoir de Maximilien, les fiançailles de Marie d'Angleterre et de l'archiduc Charles. (Voy. Rymer, *Fœdera, conventiones*, etc., XIII, 236; *Corps diplomatique*, IV, 1re part., 119.) Il mourut le 20 janvier 1531.

[3] Guillaume, baron de Rogendorff, était, en 1519, gouverneur (*staatholder*) dans la Frise.

vous dire et déclarer aucunes choses de par nous, touchant les trèves d'entre nous, le roy de France et messire Charles de Gheldres, ainsi que par eulx et autres noz lettres pourrez entendre. Néantmoins vous ordonnons non tirer vers Cambray que premiers n'ayons parlé à vous; car nous sommes d'intencion nous haster pour brief nous trouver devers vous en notre ville d'Anvers. Pour quoy envoyez audit Anvers, quant il sera temps, affin de recouvrer des basteaulx appellez *royebargen*, lesquelz ferez venir à Malines, afin de illecq, avec notre très chier et très amé fils l'archiduc Charles, monter sur lesdits basteaulx, et venir ensemble devers nous audit Anvers, et de là retourner audit Malines plus à vostre aise et repoz. A tant, très chière et très amée fille, nostre Seigneur soit garde de vous.

Donné en nostre ville de Scoonhove, le XIIe jour d'octobre, l'an XV^c VIII. Vostre bon père MAXI. — Plus bas, *Renner*.

---

77. — MAXIMILIEN A MARGUERITE.

Lettre de créance pour le prince d'Anhalt. — (*Original.*)

(Dordrecht, le 23 octobre.)

Très chière et très amée fille, nous avons donné charge à nostre très cher et féal cousin le prince d'Anhalt, vous dire aucunes choses de par nous touchant la despêche des piétons qui sont par-deçà en nostre service, et vous requérons le croire de ce qu'il vous en dira de par nous. A tant, très chière et très amée fille, nostre Seigneur soit garde de vous.

Escript en nostre ville de Dordrecht, le XXIIIe jour d'octobre, l'an XV^c VIII. *Per Regem*. — Plus bas, *Renner*.

78. — MAXIMILIEN A MARGUERITE.

L'Empereur mande que la trève étant conclue avec le roi de France et Charles de Gueldres, il veut faire des gratifications à ses troupes, qui l'ont cependant mal servi. La Hollande ne peut rien donner, à cause des inondations qu'elle a souffertes. Maximilien demande soixante ou soixante-dix mille florins des États de Brabant avant le départ de Marguerite pour Cambrai. — (*Original.*)

(Dordrecht, le 24 octobre.)

Très chière et très amée fille, puisque les trèves de six sepmaines sont prinses entre nous et le roy de France et messire Charles de Gueldres, nous voulons faire quelque grâcieuse despesche aux piétons qui sont esté à nostre soldée à l'encontre dudit messire Charles, combien que nous ne leur devons riens, pour ce qu'ils nous ont très mal servi, mais seulement afin qu'ils n'aient couleur ou occasion de faire quelque mutinerie ou emprinses sur nos pays de par deçà. Et attendu que nous ne povons recouvrer de ceulx de nos pays de Hollande aucuns deniers pour contenter lesdits piétons, à cause mesmement des grant pertes et dommages que ceulx du plat pays dudit pays de Hollande ont puis naguaires euz par l'influance de l'yau, nous désirons que incontinent et avant vostre partement pour aller à Cambray, vous vueillez tant faire vers ceulx des villes et quartiers de Louvain, Bruxelles et Anvers, qu'ils nous vueillent prestement bailler et anticiper leur portion des LX ou LXX mille florins que avez, à la dernière journée à Malines, demandés à ceux des Estats de nos pays de par deçà, et icelle nous envoyer, et avec les deniers d'icelle portion nous despescherons bien lesdits piétons, qu'ils s'en retourneront contens. Sy nous advertissez à diligence de ce que aurez en ce fait, pour selon ce pourveoir au fait desdits piétons, comment le cas le requiert. A tant, très chière et très amée fille, nostre Seigneur soit garde de vous.

Escript en nostre ville de Dordrecht, le XXIIII[e] jour de [1]...., l'an XV[c] VIII. Vostre bon père MAXIMILIEN.

P. S. Nostre intencion est que ceulx desdites villes facent ladite anticipacion ou nom de leurs quartiers, dont cy-après ils se rembourseront sur eulx, afin que les gens de guerre soient despeschez, et ne facent aucun dommage sur le plat pays. *Renner.*

79. — MAXIMILIEN A MARGUERITE.

L'office de sergentise de la forêt de Ruhout, près Saint-Omer, est conféré à Thomas Brasseur, archer de corps de feu le roi de Castille. — (*Original.*)

(Dordrecht, le 24 octobre.)

Très chière et très amée fille, en faveur de vostre rescripcion et des bons et agréables services que nostre bien-amé Thomas Brasseur nous a dès long-temps faiz et à feu nostre filz le roy de Castille, que Dieu absoille, en estat d'archier de corps et autrement, et fait encoires journellement, nous lui avons donné et donnons l'office de sergeantise de nostre forest de Rihout, auprès de nostre ville de Saint-Omer, à présent vacant par le trespas de Ravix Alnut, derrenier possesseur

[1] L'indication du mois est omise sur l'original, mais le nom de la ville fait assez connaître que c'est le mois d'octobre.

d'icelle; dont lui avons fait despeschier noz lettres patentes, lesquelles vous requérons et néantmoings ordonnons lui faire sceller et délivrer. Très chière et très amée fille, nostre Seigneur soit garde de vous.

Donné en nostre ville de Dordrecht, le XXIIIe jour d'octobre, l'an XVc et huyt. *Per Regem.* — Plus bas, *de Waudripont.*

---

80. — MAXIMILIEN A MARGUERITE.

Réception de la trève conclue avec le roi de France. Dispositions pour le congrès de Cambrai. L'Empereur se dispose à venir à la journée de Malines. Notification de la trève à Charles de Gueldres. Ambassadeurs d'Angleterre à Anvers. L'évêque de Gurce ne peut encore aller joindre la princesse. — (*Original.*)

(Breda, le 27 octobre.)

Très chière et très amée fille, nous avons receu vos lettres du XXIIe de ce mois, ensemble le double de la trève que le roy de France a acceptée, laquelle nous plaist bien en celle forme.

Quant au devoir que faictes de vous mettre en chemin pour tirer contre Cambray, et de ce que avez ordonné pour recueillir audit Cambray les ambassades dudit roy de France, et aussi entendre d'eulx quel sceurté le légat voudra avoir, nous avons ce bien agréable, et nous plaist bien que vous vous tirez toujours jusques à Valenciennes, et que illec vous attendez, sans aller plus avant, nostre amé et féal conseiller l'évesque de Gurcz, par lequel nous vous ferons brief sçavoir nostre intencion, et si vous portera toutes les dépesches qui vous seront nécessaires.

Touchant de venir à la journée à Malines, nous

sommes en chemin pour ce faire, et nous y trouverons en personne le plus tost que pourrons.

De ce que avez envoyé, avec le gentilhomme de France qui estoit lez vous, et lequel s'est party pour aller notifier ladite trève à messire Charles de Gueldres, le sieur de Montigny pour l'accompagner, et après que ledit messire Charles aura faict publier lesdites trèves, faire le semblable de nostre part, et selon les placcars que nous avons envoyés, vous avez très bien faict; et enverrons incontinent devers luy ung de nos serviteurs pour en ce l'assister.

Pour ce que avons entendu que les ambassadeurs que nostre frère, le roy d'Angleterre, par-deçà s'annuient d'estre à Anvers, nous les mandons venir devers nous; et de ce qu'ils nous diront, vous advertirons par ledit évesque de Gurcz, et ferons tant qu'ils s'en iront aussy à la journée de Cambray.

A tant, très chière et très amée fille, nostre Seigneur soit garde de vous.

Escript à Breda, le XXVIIe jour d'octobre, l'an mil V^c et VIII.

P. S. Très chière et très amée fille, nous ne povons encoires, en façon qu'il soit, despeschier l'évesque de Gurcz pour aller devers vous jusques il ayt premier esté avec nous en Anvers, où sont les ambassadeurs d'Engleterre. Et pour le despechier plus tost tirons à Anvers; incontinent après lesdits ambassadeurs et ledit de Gurcz s'en iront ensemble devers vous. Escript comme dessus.

Per Regem. — Plus bas, *Renner*.

81. — MAXIMILIEN A MARGUERITE.

Il lui adresse certaine provision de justice pour les habitants de Middelbourg, avec pouvoir de les modifier si elle le juge nécessaire. — (*Original.*)

(Breda, le 27 octobre.)

Très chière et très amée fille, nous vous envoyons certaine provision de justice que ceulx de nostre ville de Middelbourch ont requis d'avoir; laquelle si trouvez raisonnable et licite par advis de nostre conseil, que la faictes sceller; sinon leur en ferés despechier autre telle que ou cas appartient. Très chière et très amée fille, nostre Seigneur soit garde de vous

Donné à Breda, le xxviie jour d'octobre, l'an xv^{c} huyt. *Per Regem.* — Plus bas, *de Waudripont.*

82. — MAXIMILIEN A MARGUERITE.

Instructions pour la tenue du congrès de Cambrai. Nécessité du prompt départ des ambassadeurs impériaux pour l'Angleterre. — (*Original.*)

(Breda, le 27 octobre.)

Très chière et très amée fille, nous avons receu voz letres dans lesquelles, entre autres choses, avons entendu que vous vous préparez et délibérez pour tyrer et vous trouver à la journée prinse et ordonnée à Cambray, dont avons esté et sommes bien contens. Et vous requerrons que, vosdites préparations faictes, vous vous y trouvez le plus tost que pourrez; et pour ce qu'il est apparant qu'il y aura grant assemblée et multitude de gens tant d'une part que d'autre, avons advisé et nous semblerait bon, pour la commodité des logiz et pour autres choses, que vous feissiez prendre et tenir l'une moictié et d'un costé de ladite ville de Cambray pour vous et ceulx de vostre compaignie, en délaissant et ordonnant l'autre moitié et d'autre costé pour le légat d'Amboise et ceulx qui viendront avec lui; dont vous advertissons, affin que se bon vous semble le veullez ainsi faire.

D'autre part, très chière et très amée fille, nous désirons et vous ordonnons que menez avec vous audit lieu de Cambray l'ambassadeur de nostre bon frère le roy d'Angleterre estant lez vous, Edmond de Winkenfeld, et voulons qu'il soit présent à toutes communicacions et choses qui s'y traictront, ainsi que entendrez plus à plain par nostre très chier et féal conseillier et prince de nostre saint-empire, l'évesque de Gursse.

Nous sollicitons aussi que les autres orateurs et ambassadeurs de nostredit frère le roy d'Angletere, qui derrenièrement sont venuz, afin que semblablement ilz voisent devers vous, et vous accompaignent audit Cambray; nostre intencion est, et vous ordonnons comme dessus, ou cas qu'ilz y viegnent, que les appellez, et soient aussi présens à tous traictiez et communications [1].

Quant à l'orateur de nostre frère le roy d'Arragon [2], vous l'appellerez devers vous, et saurez de lui s'il a charge de par son maistre de si trouver ou non; et, s'il

[1] Marguerite, dans une lettre adressée de Cambrai en décembre 1508, à ses ambassadeurs à Londres, se loue beaucoup de l'assistance que lui ont prêtée les ambassadeurs anglais dans cette négociation.

[2] Dans une lettre sans date, mais, selon toute apparence, écrite au mois d'octobre ou de novembre, Edmond Wingfeld exhortait Marguerite à faire exclure le roi d'Aragon de l'alliance projetée. (*Lettres de Louis XII*, I, 124.

a charge d'y aller, vous le menrez, et semblablement l'appellerez à toutes choses.

Nous voulons encoires, et vous ordonnons que menez avec vous à ladite journée, et appelez à toutes choses qui s'y traictront, ledit évesque de Gursse, l'évesque de Cambray [1] et les présidens de nostre grant conseil à Malines et de Bourgoigne [2], et nulz autres.

Mandez aussi vers vous, pour vous conduire et accompaignier audit Cambray, le sieur Daymeries avec cent chevaulx et les archiers.

Que nostre cousin, le sieur de Chièvres, avec les autres de nostre conseil ordonné lez vous, et les députez des estats voisins avec vous, et vous accompaignent jusques en notre ville de Valenciennes, et non plus avant que illec, ilz demeurent pour consulter avecques eulx les matières de la paix, se les François vouldroient jouer des trainneries selon leur coustume.

Nous vous ordonnons aussi que, quelque chose vous traictiez et besoingnez audit Cambray, vous le signiffiez tousjours aux dessusdits qui seront audit Valenciennes, et en demandez leur advis. Et pour ce que nostre amé et féal chevalier conseillier, le sieur de Scaubeke [3], président de Flandres, s'en va présentement en Engleterre, avons ordonné, et voulons que ordonnez de par nous, en son lieu et absence, nostredit président de Bourgogne pour exercer l'office de chief d'icellui nostre conseil, ou cas que touteffois, nonobstant empeschement ou débilitacion de maladie, il y puist vaquier et entendre; et ou cas que non, voulons que y ordonnez

[1] Jacques de Croy.

[2] Jehan Pieters et Mercurin Gattinare.

[3] Jean Le Sauvaige, seigneur d'Escobeke et de Ligny.

maistre Gérard de Plaine, tant et jusques à ce que nous nous trouverons et communiquerons sur ce plus avant.

En outre, très chière et très amée fille, pour ce que par vosdites lettres nous avez aussi escript les causes et excuses pour lesquelles noz ambassadeurs ne sont encoires partiz vers Engleterre, assavoir pour non avoir encoires toutes les letres servans à leur despesche, nous avons fait despescher toutes choses, et seront prestes ce jourd'huy sans faulte, et demain les leur envoyerons. Ce nonobstant leur escripvons que incontinent et sans plus de délayz ou excuses, ilz partent et tyrent vers Calais, et que illec leur envoyerons leurdite despêche, et y sera aussi tost qu'ilz y arriveront, dont aussi vous advertissons, afin que leur ordonnez derechief que, en ensuivant ce que dit est, ilz partent incontinent sans plus tarder.

Au surplus, très chière et très amée fille, nostre Seigneur soit garde de vous.

Donné à Breda, le XXVIIe jour d'octobre, l'an XV^{c} VIII. Vostre bon père MAXI.

---

83. — MAXIMILIEN A MARGUERITE.

Il réclame un coffre plein de papiers qu'il lui avait confié. — (*Original.*)

(Breda, le 27 octobre.)

Très chière et très amée fille, nous désirons que faictes baillier et délivrer ès mains de nostre amé et féal chevalier de nostre ordre, le seigneur de Beerssel, le coffre plain de papiers que vous avons laissé en garde, à celle fin que, quant nous envoyerons à Malines pour recouvrer icellui coffre, on le puisse trouver cellepart. Sy n'y vueillez faire faulte et vous nous ferez chose agréable. A tant, très chière et très amée fille, nostre Seigneur soit garde de vous.

Escript à Breda, le XXVIIe jour d'octobre, l'an XV^c VIII. *Per Regem.* — Plus bas, *Renner.*

---

84. — MAXIMILIEN A MARGUERITE.

L'Empereur veut avoir l'avis des États de Hollande et des députés de Bois-le-Duc, avant de répondre à sa fille sur le fait des trèves. — (*Original.*)

(Scoenhoven, octobre.)

Très chière et très amée fille, nous avons receu voz lestres responsives à celles que vous avions avant hier escriptes sur le fait des trèves; et pour ce que ceulx des Estas de nostre pays de Hollande, avec aucuns députez de nostre ville de Boisleduc, se doivent icy trouver devers nous, nous voulons sur ce premier avoir leur advis que vous y faite responce. Et, ce fait, vous advertirons bien et au long de nostre intencion sur le contenu de vosdites lettres. A tant, très chière et très amée fille, nostre Seigneur soit garde de vous.

Escript en nostre ville de Scoenhoven, le..... jour d'octobre, l'an XV^c VIII.

P. S. Vueillez aussi entretenir Marigni par tous bons moyens, jusques à ce que vous aurez responce de nous sur vosdites lettres.

Per Regem. — Plus bas, *Renner.*

85. — MAXIMILIEN A MARGUERITE.

Il lui mande de se rendre à Mons pour y attendre des nouvelles de lui. Il lui fera connaître quels sont les seigneurs qui doivent l'accompagner dans son voyage de Cambrai. — (*Original.*)

(Anvers, le 10 novembre.)

Très chière et très amée fille, nous avons receu voz lettres, et touchant la responce qu'avez faicte au légat de France. Nous vous requérons que vous tirez vers nostre ville de Mons en Haynaut, sans partir d'illecq, jusques que aurez autres nouvelles de nous. Et quant aux seigneurs que désirez avoir avec vous pour vous acompaignier en vostre voyaige de Cambray, nous vous ferons brief sur tout responce. A tant, très chière et très amée fille, nostre Seigneur soit garde de vous.

Escript en nostre ville d'Anvers, le xe jour de novembre, xv^c^ VIII. *Per Regem.* — Plus bas, *Renner.*

86. — MAXIMILIEN A MARGUERITE.

Il consent qu'elle retienne près d'elle les deux chevaliers de l'ordre qu'il avait rappelés vers lui. — (*Original.*)

(Anvers, le 17 novembre.)

Très chière et très amée fille, nous avons receu voz lettres du XVIe de ce mois. Et combien que eussions encoires voulentiers eu devers nous les deux chevaliers de l'ordre qui sont devers vous; néantmoins, puis que désirez les retenir devers vous, nous en sommes bien contens et besoingnerons avec ceulx qui sont icy devers nous sur vostre affaire ainsi que désirez. A tant, très chière et très amée fille, nostre Seigneur soit garde de vous.

Escript en nostre ville d'Anvers, le XVIIe jour de novembre, l'an XV^c^ VIII. *Per Regem.* — Plus bas, *Renner.*

---

87. — MAXIMILIEN A MARGUERITE.

Il la prie de lui répondre au sujet de la création d'un contrôleur pour les blés à exporter hors du pays. — (*Original.*)

(Liere, le 19 novembre.)

Très chière et très amée fille, nous vous avons nagaires par autres noz lettres escript et adverty comme, pour les causes contenues en icelles noz autres lettres, avons advisé de pourveoir d'un commis et contreroleur pour doresenavant tenir le compte de contrerole des bledz et autres grains qui seront decy en avant menez et transportez hors de noz pays de par-deçà. Et pour ce, très chière et très amée fille, que ne nous avez encoires sur ce escript aucune responce, et que la désirons bien savoir, nous vous requérons bien acertes nous vouloir incontinent escripre et signiffier icelle vostre responce pour après en ordonner comme il appartiendra. A tant, très chière et très amée fille, nostre Seigneur soit garde de vous.

Escript en nostre ville de Lyere, le XIXe jour de novembre, XV^c^ VIII. Vostre bon père, MAXI. — Plus bas, *Renner.*

88. — MAXIMILIEN A MARGUERITE.

Il l'invite à poursuivre l'annulation d'un jugement rendu par le parlement de Paris au préjudice des enfants de Josse de Baemst et des propres droits de l'Empereur. — (*Original.*)

(Liere, le 30 novembre.)

Très chière et très amée fille, nous entendons que Jehan Vander Gracht a parci-devant intenté certain procès en la court de parlement à Paris, à l'encontre des tuteurs des enfans de feu messire Josse de Baemst, en son vivant chevalier, nostre conseiller et chambellan, duquel procès, par l'importunité dudit Vander Gracht, tant a esté procédé que certain arrest ou appoinctement y a esté donné par ladite court au prouffit d'icellui Vander Gracht, et au préjudice desdits enfans mineurs, dont lesquelz, par les faveurs que ledit Vander Gracht a euz en icelle court, ont esté grandement et énormement grevez et circonvenuz. Et si entendons aussi que lesdites procédures ont esté faictes en grant contempnement de nous, lésion et diminucion de nos droiz, haulteur, seigneurie et justice en nostre pays et conté de Flandres, comme entendrez le tout plus aplain par notre amé et féal conseiller et président de notre grant conseil, maistre Jehan Pieters. Et pour ce, très chière et très amée fille, que avons lesdis enfans mineurs d'ans, en faveur des services à nous faiz par leurdit feu père, en singulière recommandacion, et que désirons aussi estre pourveu à nostre indempnité et à la conservation de nosdiz droiz, haulteur, seigneurie et justice, nous vous requérons bien instamment et acertes vouloir parler de ceste matière à nostre cousin le légat et autres serviteurs du roy de France estanz à Cambray [1], et tant faire que icelle matière soit appuinctiée par expédient à la conservation du droit desdits mineurs d'ans et du nostre le plus raisonnablement que faire se pourra, et vous nous ferez très singulier plésir. Sy vous y vueillez acquiter, comme bien faire saurez, et que en avons en vous entière fiance. Très chière et très amée fille, nostre Seigneur soit garde de vous.

Escript en nostre ville de Lyere, le derrain jour de novembre. Vostre bon père Maxi. — Plus bas, *Renner*.

89. — MARGUERITE A MAXIMILIEN.

Elle consulte son père sur les prétentions élevées par les députés de France, au sujet du château de Joux. — (*Minute.*)

(Cambrai, le 30 novembre.)

Mon très redoubté seigneur et père, etc. Monseigneur, plaise vous savoir que en traictant les matières pour lesquelles m'avez icy envoyé, je ne puis sur icelles avoir nulle conclusion que préalablement la restitution du chastel de Joux [2] ne soit faicte, dont ils prétendent

[1] Il résulte de ce passage que la princesse était alors à Cambrai pour traiter avec le cardinal d'Amboise; ce qui permet de fixer à l'an 1508 la date de cette lettre. L'affaire dont il est question a été d'ailleurs réglée dans le même congrès de Cambrai, dans des articles additionnels, déposés aux archives de la chambre des comptes de Lille, et insérés dans les *Lettres de Louis XII*, I, 136.

[2] Louis d'Orléans, marquis de Rothelin, et sa femme, prétendaient avoir été dépouillés injustement du château de Joux en Franche-Comté. Il fut stipulé par le traité de Cambrai, qu'en attendant la décision de ce point de droit par les juges compétents, le château de

avoir été indeuement despoillez, et ne vuellent sur ce oyr nulle raison ny contrariété, jaçoit que leur aye présenté récompense équivalente ou le faire mectre en main-tierce, jusques il fust cogneu du droit des parties par arbitres, qui sur ce se esliront. Touteffois il n'y a remède qu'ils vueillent riens conclurre sans avoir restitucion de ladite place, disant que après que ladite restitution sera faicte, si l'on a grant désir de l'avoir, l'on en pourra finer. Monseigneur, vous entendez la matière mieux que moy, et ce qui en dépend; parquoy vous supplie à diligence m'avertir comment l'on se doit conduire. Et quant au surplus des affaires, j'espère, à l'ayde de Dieu, cecy vuydié, les conduire au plus près de vostre désir.

Mon très redoubté seigneur et père, je prie nostre Seigneur qu'il soit garde de vous.

Escript à Cambray, ce derrenier jour de novembre XV^c VIII.

---

90. — MARGUERITE A MAXIMILIEN.

Elle informe l'Empereur des difficultés soulevées par le cardinal d'Amboise, au moment de la conclusion des traités convenus. Louis XII ne veut pas que le roi de Navarre soit compris dans la paix. La princesse voulait se retirer; mais le légat l'ayant priée de différer jusqu'à la réponse du roi, elle a cédé. — (*Min.*) — (*Lettres de Louis XII*, I, 133.)

(Cambrai, décembre.)

Mon très redoubté seigneur et père, très humblement à vostre bonne grâce me recommande.

Joux resterait entre les mains des officiers de l'Empereur; mais que, durant ce même temps, le marquis de Rothelin jouirait du château de Noyers en Bourgogne avec ses revenus. (Voy. *Corps diplomatique* de Dumont, IV, 1re partie, 112.)

Monseigneur, après estre venue en ceste ville, et plusieurs communications eues avec monsieur le légat en France, en présence de monsieur de Gurce, ay aprochées les matières dont il vous a plû me donner charge, au plus près du contenu en vos instructions, et n'atendoye de jour à autre, fors la conclusion sur icelles matières.

Touttesfois hier mondit sieur le légat, après disné, combien que luy et moy desjà eussions conclud que le roy de Navarre seroit compris en la paix comme vostre allyé, me dit et déclaira que le roy son maistre n'entendoit ledit roy de Navarre estre nullement comprins en ladite paix, et luy avoit escriptes lettres de sa main à ces fins, lesquelles il me monstra.

Et pour ce, Monseigneur, que je trouvay lesdittes lettres et parler de mondit sieur le légat bien estranges, et me sembloit chose dissimulée plus que aultrement, actendu mesmement la conclusion par moy prinse avec ledit sieur légat et aultres ordonnez avec luy sur laditte affaire de Navarre, aussy qu'il m'avoit dit avoir tout povoir à son arryvée devers moy, à cette cause, considéré que par vosdites instructions, entendez ycelluy roy de Navarre estre comprins en laditte paix, et que ce ne seroit vostre honneur le délaisser derrière, veu la bonne amour et désir qu'il a de faire service à vous et à vostre maison, ay dit et déclaré audit sieur légat résolutivement délaisser le tout plustost que ledit roy de Navarre ne fût comprins en laditte paix; au surplus, me desplaisoit les choses estre sy près approchées au dénouement, et demeurer à conclure à si petite occasion, et que délibéroye me partir le plus tost que pourroye, cognoissant la perdicion de temps, et que ce n'estoyent que tous abus.

Monseigneur, depuis mondit sieur le légat m'a fait prier et requérir très instamment vouloir surceoir mondit partement, duquel il est incertain, de deux ou trois jours, et jusques il ait responce dudit seigneur roy son maistre, auquel il doit avoir escript bonnes lettres; desquelles il attend avoir brief responce. Laquelle chose considérée, et que ne puis partir si soudain afin aussy que ledit sieur légat ou autres ne puissent dire que à moy c'est tenu à cause de mondit partement, luy ay accordé demeurer jusques à jeudy prochain. Desquelles choses, Monseigneur, vous ay bien en toute humilité voulu averty, à ce que congnoissiez le devoir en quoy je me suis mise, et que bonnement pour vostre honneur et le mien ny pourroye fere autre chose:

Monseigneur, si pendant maditte demeure survient rien, en serez averty à diligence, aydant nostre Seigneur, auquel je prie qui, mon très redoubté seigneur et père, vous doint l'entier accomplissement de vos très nobles désirs.

Escript à Cambray, ce.... jour de décembre xv^c viii.

---

91. — MAXIMILIEN A MARGUERITE.

Il envoie à sa fille André de Burgo, et la prie de le recommander au roi d'Angleterre, près de qui ce conseiller doit se rendre ensuite. — (*Original.*)

(Bolzanne, le 28 janvier.)

Très chière et très amée fille, nous envoions présentement devers vous nostre amé et féal conseiller, messire Andrieu de Burgo, pour aulcunes choses qu'il vous dira, et lui avons chargé de passer oultre, et aller devers nostre frère le roy d'Angleterre, à tout nos instructions, que aussy il vous communiquera, dont pour faire son voyaige jusques illec nous l'avons pourveu d'argent, et pour son entretenement et mettre à exécution ce que luy avons commis, nous luy avons ordonné, sur les deniers que nostredit frère doibt prester, la somme de mil escus d'or, et lui en escrivons à celle cause, ainsy que entendrez par ledit messire Andrieu. Et vous requérons que selon ce en escripvez pareillement à nostredit frère, et vous nous ferez chose agréable. A tant, très chière et très amée fille, nostre Seigneur soit garde de vous.

Donné en nostre ville de Bolzanne, le XXVIIIe jour de janvier, l'an XV^c VIII. Vostre bon père MAXIMILIEN. — Plus bas......

---

92. — MAXIMILIEN A MARGUERITE.

Il l'invite à envoyer son maître-d'hôtel au duc de Gueldres, pour lui faire des remontrances sur la violation d'un traité récemment conclu. Joutes ajournées. — (*Original.*)

(Alost, le 27 février.)

Très chière et très amée fille, nous avons receu vos lettres par le sieur de Montigny et entendu ce qu'il nous a dit touchant le fait de messire Charles de Gheldres, et sommes d'opinion que envoyez devers ledit messire Charles vostre maistre d'ostel Jhéromme Vent, et que par luy lui soit remonstré toutes les plaintes et autres choses que pour le présent fait à remonstrer, mesmement de ce qui contrevient au traité de paix naguaires fait, et que sur le tout il demande avoir réponce de luy pour nous en advertir; qu'advertissant en oultre ledit messire Charles que en ces choses il vueille tenir surcéance et riens innover qu'affin qu'il ne donne point occasion de recommenchier la guerre.

Touchant les joustes qui se doibvent faire en nostre ville de Gand, nous désirons qu'elles soient contremandées jusques à dimanche prouchain. A tant, très chière et très amée fille, nostre Seigneur soit garde de vous.

Donné en nostre ville d'Alos, le XXVIIe jour de février, l'an mil V^c et VIII. MAXIMILIEN. — Plus bas, *Renner*.

---

93. — MAXIMILIEN A MARGUERITE.

L'Empereur fait venir l'archiduc Charles à Anvers, et mande à Marguerite d'envoyer ses archers au-devant de lui. — (*Orig.*)

(Liere, le 16 mars.)

Très chière et très amée fille, nous avons mandé à nostre très chier et féal cousin, le prince de Chimay, de amener demain en nostre ville d'Anvers nostre très chier et très amé filz, l'archiduc Charles, et désirons que envoyez au-devant de nostredit filz, ou mychemin, voz archiers, pour deslà le conduire avec les gens de son trahain jusques en nostredite ville d'Anvers. A tant, très chière et très amée fille, nostre Seigneur soit garde de vous.

Escript en nostre ville de Lyere, le XVIe jour de mars, l'an XV^c VIII. *Per Regem*. — Plus bas, *Renner*.

94. — MAXIMILIEN A MARGUERITE.

Le pape a peur des Français, et voudrait que Louis XII commençât le premier la guerre contre les Vénitiens. L'ambassadeur de France prétend que l'Empereur a tort de passer en Gueldre, attendu que le roi son maître n'abandonnera point le duc de Gueldre, et qu'au lieu de faire la guerre aux Vénitiens, il pourrait bien traiter avec eux, et marcher contre le pape ou l'Empereur. Maximilien demande sur le tout l'avis de sa fille. — (*Copie.*) (*Lettres de Louis XII*, I, 161.)

(Berghes-op-Zoom, le 22 mars.)

Très chière et très amée fille, nous receusmes hier lettres de Rome par lesquelles fumes avertys que le pape a merveilleusement grant peur des François, et qu'il est apparent que l'armée qu'il [1] a fait aller en Italye est plustost pour faire la guerre au pape ou à nous qu'aux Vénéciens. Parquoy S. S. n'est délibérée de commencer aulcune guerre ausdits Vénéciens que icelluy roy de France ne l'ait premier encommencée, que sont choses dont avons une grande soupçon.

D'aultre part fumes averty que l'ambassadeur de France estant de par deçà, après avoir entendu que nous disposions passer en Gheldres, a dit que nous faisions très mal d'y vouloir aller, et de sy tost rompre la paix de Cambray, a dit en oultre qu'il sçavoit bien que le roy son maistre n'abandonneroit pour riens messire Charles de Gheldres. Et sy avons en oultre assez entendu que tout ce que icelluy messire Charles a fait à l'encontre dudit traicté de paix, a esté à l'instigation du roy de France et non aultrement, à celle

[1] Le roi de France.

fin que, moyennant ses nouvelletez, ne puissions passer nostre armée contre les Vénéciens, et nous y trouver au temps convenu, et à ceste cause qu'il puist plus facilement, joincts avec luy les Vénéciens, courrir sus à nostredit sainct Père le pape ou à nous, ou faire l'appointtement avec lesdits Vénéciens sans nous, et que à la cause dite n'y puissions résister. Desquelles choses nous trouvons fort perplex et désirons bien en avoir vostre advis duquel à diligence nous vueillez avertir.

Donné en nostre ville de Berghes, ce XXII de mars XV^{c} huyt.

---

95. — MAXIMILIEN A MARGUERITE.

L'Empereur confère à Philibert Poinssot, son fourrier, la charge de receveur de Château-Chinon. — (*Original.*)

(Oudenbosc, le 25 mars.)

DE PAR L'EMPEREUR.

Très chière et très amée fille, pour considéracion des bons et agréables services que nostre bien amé Philibert Poinssot, nostre fourier, nous a fait oudit estat de fourier et autrement, en diverses manières, Nous, pour ces causes et autres à ce nous mouvans et pour aucunement le récompenser desdits services, lui avons nagaires donné et accordé l'estat et office de receveur de nostre terre et seigneurie de Chastel-Chinon, ses appartenances et appendances, en desmettant celui qui a tenu et exercé ledit estat et tous aultres, ainsi que par noz lettres patentes de commission que luy en avons fait expédier, veoir pourrez plus aplain. Sy vous requérons bien acertes que, nonobstant le transport que vous avons fait de nostredite seigneurie de Chastel-Chinon et autres, vous souffrez et layssier joyr ledit Philibert de ladicte recepte plainement et paisiblement, et luy faictes en ce, en faveur de nous, telle adresse et assistence que pourrez; si nous ferez plaisir. A tant, très chière et très amée fille, nostre Seigneur soit garde de vous.

Donné en nostre ville de Vielz-Bois, le xxve jour de mars, l'an xv^{c} huyt. *Per Regem.* — Plus bas, *Hannart.*

96. — MAXIMILIEN A MARGUERITE.

L'Empereur confère à Lievin Laephout l'office de sergent de la ville de Gand. — (*Original.*)

(Oudenbosc, le 25 mars.)

Très chière et très amée fille, nous avons présentement de nouveau donné et confermé à nostre bien amé Lievin Laephout, l'office de sergant de nostre ville de Gand; pour quoy voulons que luy en faictes expédier noz lettres patentes pertinentes; car tel est nostre plaisir.

Donné au Vielz-Bois, le xxve jour de mars, xv^{c} VIII.

P. S. Nous voulons que escripvez à ceulx de nostre ville de Gand, mettre en possession de ladite sergentise ledit Lieven, et l'en faire paisiblement joyr.

Escript jour dessusdit. *Per Regem.* — Contresigné *Renner.*

97. — MAXIMILIEN A MARGUERITE.

L'Empereur, en adressant à Marguerite deux commissions d'échevins du Franc de Bruges, consent à donner des lettres de non-préjudice dans le cas où l'on élèverait des réclamations pour les priviléges du pays. — (*Original.*)

(Breda, le 25 mars.)

Très chière et très amée fille, nous vous envoyons avec cestes deux commissions d'eschevinaige du Franc pour les personnes et en la forme que verrez, et désirons que vous vous informiez se ce seroit contre les priviléges de nostredit pays de Flandres, et que en ce cas et que les autres eschevins n'en voulsissent estre contens, leur faictes despechier noz lettres de non préjudice et que aussy faictes sceller de nostre grand sçaul icelles commissions; car nostre plaisir est tel. A tant, très chière et très amée fille, nostre Seigneur soit garde de vous.

Escript à Breda, le xxve jour de mars, l'an xv^c^ et viii. *Per Regem.* — Plus bas, *Renner.*

98. — MAXIMILIEN A MARGUERITE.

L'Empereur donne charge au seigneur de Berghes de faire une communication à Marguerite au sujet des gages de Jehan-le-Sauvaige, président du conseil privé. — (*Original.*)

(Breda, le 25 mars.)

Très chière et très amée fille, nous avons donné charge à nostre très chier et féal chevalier de nostre ordre, conseillier et premier chambellan, messire Jehan, seigneur de Berghes, vous dire et communiquer aucunes choses de par nous, touchant les gaiges de nostre amé, aussi chevalier et président de nostre privé conseil, messire Jehan le Sauvaige, comme de lui entendrez plus aplain. Sy le vueillez croire, et après nous escripvez sur ce vostre advis pour après en ordonner. A tant, très chière et très amée fille, nostre Seigneur soit garde de vous.

Escript à Breda, le xxve jour de mars, l'an xv^c et VIII. *Per Regem.* — Plus bas, *Renner.*

99. — MAXIMILIEN A MARGUERITE.

Il lui notifie les lettres de pensions accordées au comte Félix de Werdemberg et à Louis de Vauldrey. — (*Original.*)

(Bois-le-Duc, le 27 mars.)

Très chière et très amée fille, nous avons pieçà accordé à nostre amé et féal cousin le conte Félix de Werdemberg, et à Loys de Vauldrey, nostre capitaine, certaines pensions en nostre conté de Bourgogne, dont naguères, nous estant à Gand, vous avons fait advertir par nostre amé et féal secrétaire, maistre Jean Renner; lesquelles noz lettres de pensions nous avons fait despeschier, et les vous envoyons présentement en la forme que verrez. Et attendu que avons mis ledit conté en voz mains, nous désirons que, en ensuivant ce que nous avez fait dire par nostre secrétaire sur ceste matière, que pour leur plus grant sceurté, signez les lettres d'aggréacion, en tant qu'il vous touche, desdites pensions que vous envoyons aussi avec cestes, sans y faire aucune difficulté, et vous nous ferez chose agréable. A tant, très chière et très amée fille, nostre Seigneur soit garde de vous.

Escript en nostre ville de Bois-le-Duc, le XXVIIe jour de mars, l'an mil v^c VIII. *Per Regem.* — Plus bas, *Renner.*

100. — MAXIMILIEN A MARGUERITE.

Il l'informe que Charles d'Egmond s'était emparé de l'église de Bonnefelde, et la faisait fortifier. Il l'a abandonnée depuis son arrivée au pays, mais il la reprendra après son départ ; il lui demande conseil sur ce fait.

(Bois-le-Duc, le 28 mars.)

Très chière et très amée fille, vous avez bien oy dire et sceu que messire Charles d'Egmont avoit prins l'église de Bornefelde et la faissoit fortiffier. Toutesfois nouvelles nous sont venue par le sieur de Fleters que quant ceulx qui estoient audit Bornefelde de par icelluy messire Charles, ont sceu nostre venue par deçà, ils ont délaissié et habandonné ledit lieu ; et est la commune voix que ce n'est que ung faux semblant que ledit d'Ecgmont faict, craindant que ne l'euissions fait reprendre sur eulx, et que sitost que serons passés ès Allemaigne, ils la reprendront et fortiffieront, et ne tiendront en nulle façon la paix. Parquoy vous requérons que mectez ceste matière en la délibération de nostre conseil estant lez vous ; assavoir se devons envoyer reprendre ledit Bornefelde, et la faire tenir et garder ou non, aussy quelle chose devons faire sur les entrefaites et manière de faire dudit messire Charles ; et que de leur advis nous advertissez prestement bien au long. Très chière et très amée fille, nostre Seigneur soit garde de vous.

Escript en nostre ville de Bois-le-Duc, le XXVIIIe jour de mars XV^{c} et huit, avant Pasques. MAXIMILIEN. — Plus bas, *de Waudripont.*

101. — MAXIMILIEN A MARGUERITE.

Lettre de créance pour l'évêque de Gurce. — (*Original.*)

(Anvers, le 7 avril.)

Très chière et très amée fille, nous avons donné charge à nostre amé et féal conseillier, l'évesque de Gurcz, vous dire et d'éclairer aucunes choses de nostre part; et vous requérons le croire de ce qu'il vous dira de par nous comment nous-mesmes. Très chière et très amée fille, nostre Seigneur soit garde de vous.

Escript en nostre ville d'Anvers, le dernier jour de l'an xv^{c} VIII. Vostre bon père MAXI. — Plus bas, *Renner.*

102. — MARGUERITE A MAXIMILIEN.

Elle entretient l'Empereur des mauvaises dispositions des cantons suisses à l'égard du duc de Savoie et d'elle-même. Elle le prie d'interposer ses bons offices pour amener les cantons à un traité amiable. — (*Minute.*)

Mon très redoubté seigneur et père. Monseigneur, je vous tiens bien avertye de la départye de la journée nagaires tenue avec les cantons, touchant le fait de monseigneur de Savoye, mon bon frère, à laquelle voz ambassadeurs et ceulx du roy de France avec les miens se sont trouvez, et pour ce que, par ladite départye, peult assez sembler lesdits cantons estre plus enclins à mal faire, vouloir et exécuter leur maulvaise intention et voulenté, que d'entendre à nulle raison. En quoy faisant, non seulement mondit seigneur et frère recepvra dommaige, mais moy aussi, à cause qu'ilz ne sauroient entrer ny envahir les terres et pays de mondit seigneur et frère, sans passer par les terres et seigneuries que je tiens de luy pour mon douhaire, lesquelles ilz déclairent vouloir envahir, prendre et retenir pour leur faulse action; que seroit à mondit seigneur et frère et à moy grant esclandre, dommaige et inconvénient, dont Monseigneur, s'il advient, pour estre mondit seigneur et frère prince du saint-empire, et moy vostre fille, ne sauriez avoir honneur. Parquoy vous supplie, Monseigneur, y vouloir avoir bon advis, et y tellement et à diligence pourveoir et remédier par tous bons et gracieux moyens, que lesdits cantons se vueillent régler à la raison; et j'espère qu'ilz trouveront mondit seigneur et frère si raisonnable, que par amyable traicté ilz auront plus de luy que par rigueur. Et quant à moy, il me semble qu'ilz n'ont nulle cause de me grever ny adommaiger. Sy vous supplie, Monseigneur, derechief y emploier vostre entendement; car ce vous sera honneur de trouver en cecy moyen d'éviter oeuvre de fait et violence, et rendrez de plus en plus enclin mondit seigneur et frère à vous faire tout honneur et service.

Mon très redoubté seigneur et père, etc.

103. — MAXIMILIEN A MARGUERITE.

Il répond à diverses plaintes de sa fille, et lui donne quelques explications concernant le gouvernement dont elle est chargée. — (*Autographe.*)

Ma bonne fille, je resceu vous lestres deux, ung après l'autre, sur lesquelles yl nous semble que yl est de nécessité que je vous don la réponse de nostre main par escript, afin que nous pouns véritablement croere que vous soes acertes informé sans interprète de ce que yl nous touche, et à vous sy grandement.

Ma fille, vous avez par ung de vous lestres à moy escript, et en icelles vous plaint de se que yl vous samble que je vous veulx oster vostre charge de donner sans nous les offices et bénéfices et les collations d'icelles. Sur sela vous plaese à entendre que, en espédiant par nous devers vous Myser Sigmund Pluq (*Phloug*), doyen, le président de Bourgoingne en Bresse [1], et Myser André de Bourgo [2], nous leur donamus charge de vous déclarer en nostre nom ou de par nous, set assavoer que du primier, eos (*ils*) nous devont excuser vers vous que, quant nous vous despeschamus à Hagenew en Faerret, nous cuidamus vous avoer donné lestres et pouvoir suffisant sur vostre despesche, pour aller prenre le possession de nos pays et seignories de la meson de bas Bourgoingne et le gouvernement, cume yl fuslt conclu enter nous deux, toutesfois selles, par faulte de nostre secrétaire et du vostre, n'estiunt point espédiés, et yl ne pount accorder assamble, là ù nous cuidamus que yl fussunt despeschés, selon la charge qu'il auront de nous, et nous affertions point de ce que yl n'aveont desus riens besungné.

Despuis vous nous avés souventefois escript de lavoer lesdites lettres et pourvoer, sur lesquelles vous nous donamus point de repons; mès volyons atendre la dé-

[1] Mercurin de Gattinare, président du parlement de Bourgogne et Bresse, depuis chancelier de Charles V, et ensuite cardinal.

[2] André de Burgo fut depuis chargé de plusieurs négociations de la part de l'Empereur auprès de la cour de France.

peche du président et autres nos ambascadeurs, car nous cuidamus que vous eusses en vostre pouvoer et lestres tourtoutes qui furent accordés en nostre susdite ville de Hagenea, et cuidamus en oultre que vous volissiés avoer icelles quelles Mester Loys [1] vostre secrétaire pourchassoit à Strasbourg devers nous.

Mès en despeschant ledit président et autres de nostre conseil, nous entendismes le susdite faulte, et vous envoyames lesdites lestres et povoer en ample forme, pour récompense que vous nous avions traîné si longement; mès à part nous avons donné charge à eos nos ambascadeurs devers vous, pour vous en nostre nom déclarer que nous voluns faere ung rol des bénéfices, avec vostre sceu et bon avys, pour par vous estre despeschés avec nostre noveau [2], quel avons encor entier de nous; lequel seauw nous vous envoyeruns tost, cume cy-après yl est déclaré.

Et mesmement aussy, touchant les offices que par tel manier nous avons voulu, quant ung office vakera, estre pourveu et donné par vous, à tout lesdit nostre noveaw sceau, en nostre mainbournie par nostre sceu et consentement; car i me semble, veu que je suis mainbour et grand-père de nos enfans, que je retieng quelque chose avecq vous pour vous gouverner et pour nostre réputation et le vostre par le conséquent.

Si vous nous eussés escript solement trois lingnes au lieu de dix, ou duse lestres ou artikls dedans vous lestres, lesquels estions si plains de mistères que yl nous estoit point possible de entendre ne tirer dehors

[1] Louis Maroton, secrétaire de Marguerite d'Autriche, employé souvent dans ses négociations secrètes.

[2] Le mot *scel* a été oublié dans l'original.

la matère principal; lesquels lingnes fusseunt par vous escriptes par tel manier ou forme : « Mon père, envoyé « moy hastivement mon povoer et commission pour « prenre en vostre nom la fidélité et gouvernement des « pays de bas Bourgogne, car mester Jean Renner, « vostre secrétaire, ne m'a point envoyé mon com- « mission susdit, selon la commandement et charge « que vous ly avés baillié à la présence de mon prési- « dent de Bresse; » certes vous eussés ladite povoer ou commission landemen ou après que vous me eussés escript tel lingnes de lestres de dudit Renner, nostre secrétaire.

Nous vous envoyeruns brief nostre susdit seau nouveau, comme avés entendu par autres nos lettres.

Sy je vous a fait aucun grief en mes adversités de la guerre passé, je vous récompenseré cy après. Certes je a esté sy fort travyllé des mavès novelles tousjours, que je ne savoe là où je a esté en la monde. Ce scet nostre Seigneur qui vous doint ce que plus désirés et bon prospérité.

Escript de la main de vostre bon père MAXIMILIANUS.

1509

Commençant le 8 avril, finissant le 30 mars.

104. — MAXIMILIEN A MARGUERITE.

Il l'informe de la manière dont elle doit user du plein pouvoir qu'il lui a donné pour traiter l'affaire d'Espagne. — (*Orig.*)

(Coblentz, le 17 avril.)

Très chière et très amée fille, nous avons, par l'évesque de Gurce, entendu bien et au long ce qu'il vous a dit de nostre part sur la matière d'Espaigne, dont il vous a délivré nostre povoir; et par luy entendu la responce que sur ce luy avez faicte, de laquelle sumes très content de vous, et nous ferez plésir conduyre ladite matière selon que entre vous et ledit évesque de Gurce a esté conclut et advisé, espérant que le tout se fera au plus près de nostre désir et intencion. Et moyennant vostre sens et prudence, l'onneur et prouffit de nous et de nostre très cher et très amé filz l'archiduc, duquel vous tenons pour mère, y sera bien gardé; et soubz tel espoir vous avons, par ledit évesque de Gurce, envoyé le povoir tout ample pour en user à vostre discrécion.

Et néantmoins, pour vous avertir de nostre intencion sur ce, désirons que, en traictant ceste affaire, vous tenez tel moyen que le contenu des restrinctions faictes à Bolzana ne soit aucunement excédé, et principalement ès poinctz qui emportent.

En oultre convient que tenez main, traitant ladite matière, que ayons cent mil ducatz pour le maings, ainsi que ledit évesque de Gurce vous a dit de nostre part, assavoir la moytié le plustot que possible sera, et le résidu en dedans demy-an suyvant.

Et affin que cecy puisse prendre meilleur fin, est de besoing que le faictes tenir secret et qu'il ne soit communicqué à personne, fors à ceulx que ledit de Gurce vous a dit, dont avons bonne confidenche; et vous remectons le tout en main pour en faire ainsi que vous semblera pour le mieulx, et qu'avons nostre parfaicte fiance en vous. Très chière et très amée fille, nostre Seigneur soit garde de vous.

Donné en nostre ville de Couvelence, ce XVII d'avril XV^c^ et IX.

P. S. Nous avons, par vostre secrétaire, entendu ce qu'il est venu faire de par deçà de vostre part, que a esté très bien advisé à vous, et en sumes bien content.

Vostre bon père MAXI.

---

105. — MAXIMILIEN A MARGUERITE.

Il mande à sa fille qu'il n'a rien à changer à ce qu'il a écrit touchant l'affaire d'Espagne, bien qu'elle ne s'en montre pas satisfaite. — (*Original.*)

(Saint-Weir, le 18 avril.)

Très chière et très amée fille, nous avons ouy ce que, par vostre secrétaire Marnix, nous avez fait dire touchant les affaires d'Espaigne. Surquoy par luy, nous estans encoires à Berghes, vous avons fait responce, de laquelle n'estes, selon vostre advis, bien satisfaicte. Toutesvoies, pour aucuns bons respectz à ce nous mouvans, n'avons délibéré changer nostredit responce. Ains sumes d'advis laisser encoires lesdites affères ou même estat qu'ilz sont jusques ayons expédié noz plus grans affères, pendant lesquelz ne voulons que vous ny autre s'empesche desdites matières d'Espaigne, ainsi que avons déclaré plus aplein à nostre secrétaire.

Donné à Saincte-Wire, ce XVIIIe jour d'avril XV^c^ IX. Vostre bon père MAXI. — Contresigné *Renner*.

---

106. — MARGUERITE A MAXIMILIEN.

Elle recommande à son père, pour être trésorier de l'épargne, Jacques de Thamise, jadis receveur de Lille et de Courtrai. — (*Minute.*)

(Malines, le 22 avril.)

Mon très redoubté seigneur et père, très humblement à vostre bonne grâce me recommande.

Monseigneur, j'entens que délibérez de disposer de l'estat de trésorier de l'espargne des pays de par deçà, ouquel estat il est mestier de pourveoir d'homme expérimenté par lequel ledit estat soit personnellement desservi et exercé. A ceste cause vous en escrips et advertys voulentiers pour ce que par le rapport d'aucuns de voz financiers à moy fait, ce seroit grandement le prouffit du monseigneur mon nepveu et le vostre, ainsi se feist. A ceste cause me suis enquise d'ung personnage féable, et mesmement de Jaques de Thamise, naguères vostre recepveur de Lille et Cortray, frère du prévost de Cassel, vostre bon serviteur, lequel Jaques a faiz de bons services au feu roy, monseigneur et frère, que Dieu absoille, homme de bien et expérimenté en fait de recepte et autrement. Pourquoy,

Monseigneur, en cas que dessus, vous vouldroye bien supplier que vostre bon plésir fust l'avoir pour recommandé et le pourveoir dudit estat de trésorier de l'espergne. Quoy faisant, Monseigneur, me ferez honneur et plésir, et se vous en trouverez bien servy.

Escript à Malines, le XXIIe jour d'avril XV^c et neuf.

107. — MAXIMILIEN A MARGUERITE.

Il l'invite à lui abandonner la seigneurie de Faucogney en Bourgogne, moyennant quoi elle sera déchargée de la somme qu'elle payait pour la pension de la princesse douairière d'Orange.

(Worms, le 23 avril.)

Très chière et très amée fille, pour aucunes grans raisons à ce nous mouvans et que vous ferons sçavoir cy-aprez, nous désirons que nous veuillez laisser la seigneurie de Faulcongney [1] en nostre conté de Bourgongne pour en disposer à nostre bon plaisir et en ce lieu, puis que ladite seigneurie ne vault, comme entendons, plus haut de huit cens francs par chacun an, et que autreffois nous avez consentu donner à nostre très chière et très amée cousine, la princesse douaigière d'Oranges [2], la moitié de la pencion de mil livres que lui avions accordée, nous vous requérons affectueusement que nous veuillez en ce complaire et vous condescendre de mettre ladite seigneurie en noz mains, comme dit est, duquoy faisant, nous vous deschargeons envers nostredite cousine, la princesse douaigière d'Oranges, de cincq cens francs, avec d'autres

[1] Faucogney, chef-lieu d'une prévôté en Franche-Comté, à deux lieues et demie de Luxeuil.

[2] Philiberte de Luxembourg, seconde femme de Jean II, de Châlon, prince d'Orange.

trois cens francs que, sans ce, nous aviez aussi consentu payer chacun an, et ferons de ce avec icelle nostre cousine qu'elle aura cause soy en contenter, vous advertissant que se vous n'estes encores contente des descharges dessusdites, nous vous ferons telle récompense que pour ce adviserez, comme le tout plus au long entendrez par nostre trésorier Veillingher, auquel nous en escripvons présentement. Et vous requérons aussi le croire et non point nous reffuser ceste nostre requeste. A tant, très chière et très amée fille, nostre Seigneur soit garde de vous.

Donné à Vormes, le XXIII[e] jour d'avril, l'an mil V[c] et neuf.

Ma fille, donnés nous ung bon respons sur ce [1].

Vostre bon père MAXIMI. — Plus bas, *Renner*.

---

108. — MAXIMILIEN A MARGUERITE.

Somme de cinq cents livres assignée à Antoine de Waudripont, secrétaire de l'Empereur. — (*Original.*)

(Worms, le 23 avril.)

Très chière et très amée fille, nous avons donné et accordé à nostre amé et féal secrétaire, Anthoine de Waudripont, la somme de cinq cens livres, du prix de XL gros la livre, tant pour le paiement de ses gaiges que lui sont deuz depuis le XVe jour de janvier dernier passé, jusques au XVe jour de ce présent mois d'avril, comme pour récompense des bons et agréables services qu'il nous a toujours faiz autour de nostre personne, mesmement depuis le trespas de feu nostre très cher et

[1] Cette dernière ligne est de la main de l'Empereur.

très amé filz, le roy de Castille, que Dieu absoillè, tant en l'expédition de nòstre réception à mainbournie et gouvernement de nos pays et seigneurie d'embas, comme aussi d'autres nos besongnes et affaires durant qu'avons présentement esté en nosdits pays et seigneuries, et encores fait journellement à grands frais, soing, traveil, labeur et diligence dont lui avons fait despeschier nos lettres patentes. Et à ceste cause vous requérons que, en suivant cestes, en faites payer comptant, ou du moins assigner pour en estre payé le plustost que possible sera. Très chière et très amée fille, nostre Seigneur soit garde de vous.

Donné en nostre cité de Worme, le XXIIIe jour d'avril, l'an XV^c^ et neuf. Vostre bon père MAXIMILIEN. — Plus bas, *Renner*.

109. — MAXIMILIEN A MARGUERITE.

L'Empereur ne veut pas que le serviteur du médecin Libéral approche de l'archiduc et de ses sœurs. — (*Original.*)

(Spire, le 27 avril.)

Très chère et très amée fille, nous sçavons que le jour d'hier passa, par ceste ville, ung serviteur de maitre Libéral [1], médecin, a tout ung matingo [2], lequel s'en va par delà en intention de donner icelluy matingo à nostre très chier et très amé fils l'archiduc Charles ou à nos filles, et à ces causes vous requérons et néantmoings ordonnons que incontinent cestes

[1] Ce médecin était suspect à l'Empereur, en sa qualité de Vénitien.

[2] Ce mot, que les glossaires ne mentionnent pas, signifie sans doute un chien.

veues, vous faites sur ce prendre garde, et ordonnez que ledit serviteur ne viengne aucunement vers nosdits fils ne filles, et que quant il viendra celle part vous enjoingnez à ung gentilhomme et à ung archier tel que aviserez qu'ils conduisent incontinent icelluy serviteur jusques à nostre ville de Maëstricht, auquel voulons que donnez une lettre adressant à sondit maistre, par laquelle luy soit mandé de non soy trouver devers nous ne nosdits enffans durant le différent estant entre nous et les Vénissiens. A tant, très chière et très amée fille, nostre Seigneur soit garde de vous.

Donné en nostre ville de Spire, le XXVIIe jour d'avril, l'an mil cinq cent et neuf. *Per Regem.* — Plus bas, *Renner.*

110. — MAXIMILIEN A MARGUERITE.

Son départ des Pays-Bas. Affaire du duché de Gueldres. Mauvaise volonté des États. Se justifie des accusations dont il est l'objet de la part desdits États. Promet de n'emporter d'argent des Pays-Bas que ce qui lui est nécessaire pour son voyage jusqu'à Worms, etc. — (*Autographe.*)

(Le 29 avril.)

Ma bonne fille, je prend avecq ceste lestre ancor une fois congié de vous, car nous passuns demain la Moese, tirant nostre grant viage [1], cumme scavés et vous recommande le fact de Geldres [2], et prie Diu que

[1] Maximilien fait ici allusion à son départ des Pays-Bas où il se trouvait depuis l'année précédente, et à son projet d'aller à Rome.

[2] Arnoul d'Egmond, duc de Gueldres, poussé à bout par les indignes traitements que lui avaient fait subir Adolphe, son fils et sa propre femme, Catherine de Clèves, cède, en 1472, à titre d'engagement, ses États à Charles, duc de Bourgogne. De là les droits de la maison

vous doint en sela en vostre gouvernement bon fortune; car i me samble que nostre cousin de Gheldres ou d'Egmond vous fera la plus grand hunte brieff; mesmement nous estans empu plus avant montés de nostre person aux almaingnes que vous avez unkes eu en vostre vie, je l'usse volentier pourveu par bon manière, cumme bon père est tenu de la faere; mès depuis que vous m'avez aujour d'huyescrit la manière que les Estas de nous pays commançont mutiner contra nous, au provit des Gheldres, leor bons amis et futurs parens, nous sumus délibéré tout commander à Diu, sy avant que cy après ly plaera.

Il nous vient journellement des fort mavès rapors desdis Estas; aulcuns mesmement que yl ount entre eos recouvré aulcuns diables secretes damnés qui leor funt croere que moy et le seigneur Floris d'Iselstain [1] ne soumus point content de la paes fait à Cambray [2], et nous deux tenduns de le rumpre à l'encontre leur amoros idol, le susdit Charles d'Egmond, et que il sera bien content de entretenir le paes, sy oun ly donra point ocasion de la rompre.

Ancor sumus nous, qui pys est, au fré (*vrai*) averty que lesdits nous malvolans en Anvers par myl les Estas fount entre eos ung bruyt que cumme nous sumus point délibéré de retourner la hault ès Almaingnes, mès solement yssy cokiner et despendre leor argent pour riens.

d'Autriche sur ce duché, et les démêlés de Maximilien avec Charles d'Egmond, fils d'Adolphe.

[1] Floris d'Egmond, seigneur d'Iselstein.

[2] Traité conclu à Cambrai par les soins de Marguerite d'Autriche et du cardinal d'Amboise.

Sur quoi je vous, cumme à ma très chière et très amée fille, prie que vous par bon moyen déclarés pour mon excuse ausdits Estas en général et leor remontrer la vérité; set assavoer :

Que nous soumus venus par deçà après la trèves fait avecq les Veniciens, pour, de nostre person et aulcuns jendermes, leor donner suecurs contra les François et Gheldrois, et n'ount esté en ma compaingnie point cent hommes que tous eussent esté combatans à cheval ou à pié contra les Françoes ou contra Gheldres pour ung assawt; la moitié ont esté armés, l'autre moitié point; car nous avons guerdé leor armure, jusques que yl fust nécessité, afin de ne point perdre les armures pour riens.

Frae (*vrai*) est que vous et tout nostre conseil de par deçà ount esté d'avis de prenre l'apunctement avecq le roy de France pour Geldres et autrement, veu que yl n'estoit pour riens délibéré abandonner de tout mouseigneur de Geldres. Sela fut cause que nous fimus riens au pays de Geldres de nostre person et pussance; aultrement sans fault nous lussiuns ledit monseigneur de Gueldres dehors de pays ou la plus part mys en ruine. Nous avons point fait venir null argent pour despendre de nostre pays de par delà; car nous avons guerdé soes, pour donner soucours de cet argent aux pays de par deçà a tout dix mil combattans, sy les Françoes volissent ancor une foes currir suus à nous et lesdits pays; mès depuis nous avons lesdis deniers mis en ordre pour satisfaire aux alliances des Françoes contra les infidèles; par quel reson nous avons eu ceste resonable paes de Cambray.

Semblablement nous vous promettons que nous ne

portruns nulle argent de par delà, sinon nostre despens, jusques à Worms, là nous avons fait porter argent ou devant de nous; mès sy vous me vollés, moiennant le consentemont de pais de par deçà, nous revenger de messire Charles de Gheldres ou d'Egmondt, de ce que yl nous a sy vilainement rompu la paes et se moke de nous, nous sumus content envoyer à vous ung bon somme d'argent de nos pays d'Ostrice. Et touchant la primier artikle, qui disunt aulcuns que nous sumus plus culpable de la rupture de la paes que monsieur de Gueldres, vous savés et tout nostre conseil du contraire; car vous avés oy Hesdin [1] et Thoeson-d'or [2] et aussi veu les lestres originales, plusieurs de monsieur de Geldres et de Fiènes, à l'encontre de la paes, cumme du tonliu de Lobeke, de pais de la Velua, Betau, Tillerwerd et Kesel [3].

Mès je vous promès ma foy que je leor montrera, à l'aide de Dieu, bientost ausdits nos mutins, traiteurs, mentours tel myroy et remède à l'encontra que il ne sarunt en ung an après sauver leor langes ne oraylles.

Ma fille, pardonné moy que je escrive sy mal; car je vous assure que je suis de bon ceur corrussé et sera content de faere à l'encontra tout sela que yl ma coustera jusques à ma vie; mès je suis contraint de tenir mon serement et promesse pour mon susdit viage.

Escript de la main de vostre bon père MAXIMILIANUS, ce 29e jour d'avril.

[1] Jean d'Ostin, dit Hesdin, couseiller, maître d'hôtel de Marguerite.

[2] Thomas Isaac, dit *Toison d'or*, à cause de son titre de héraut de cet ordre.

[3] Lieux du pays de Gueldres.

111. — MAXIMILIEN A MARGUERITE.

L'Empereur renvoie vers Marguerite David de Taxis, Vénitien, qui, à cause de son origine, ne doit plus être employé dans les postes tant que durera la guerre contre Venise. — (*Original.*)

(Stockart, le 1er mai.)

Très chière et très amée fille, pour ce que David de Taxis [1], lequel est ici devers nous, ayant charge de nos postes est natif du pays de Venise, et que, durant les différens estans présentement entre nous et les Vénissiens, ne nous voulons servir d'aucuns de leur nation, mesmement en telle charge ou gist grant soupçon, craindant les inconvéniens, interestz et dommages que en pourrons avoir, nous renvoyons icellui David devers vous, vous requérant le vouloir entretenir en l'estat de messaigier ou coureur général pour nous servir en noz communes affaires et messaigeries, sans, lesdits différentz durans, lui souffrir avoir aucune charge ou entremise de nosdits postes. A tant, très chière et très amée fille, nostre Seigneur soit garde de vous.

Donné à Stockart, le premier jour de may, l'an mil cinq cens et neuf. *Per Regem.*

[1] C'est à David de Taxis que fut confié le premier établissement des postes sur la route de Vienne à Bruxelles. Après lui, cet emploi fut exercé par François de Taxis. B. de Taxis, fils de François, qualifié chevalier, et maître général des postes de Charles Quint, mourut le 16 octobre 1541 et fut inhumé dans l'église Notre-Dame du Sablon, à Bruxelles, avec sa femme, Christine de Wachtendonch. Depuis lors, la direction des postes impériales, toujours confiée à la maison de la Tour et Taxis, a été dirigée en fief immédiat de l'empire, avec titre de prince.

112. — MAXIMILIEN A MARGUERITE.

Instructions en cas de mort du roi d'Angleterre. — (*Original.*)

(Stockart, le 1er mai.)

Très chière et très amée fille, nous avons receu les lettres que de vostre main nous avez escriptes touchant nostre frère, le roy d'Angleterre; incontinent lesquelles receues, nous avons fait despeschier à son filz telles lettres que par la réponce d'icelles que vous envoyons cy enclose pourrez veoir. Sy vous requérons que se trouvez que ledit roy soit allé de vie à trespas [1], que incontinent vous faictes despeschier aux personnages dénommez et ayant crédence en nosdites lettres telle instruction que adviserez pour le mieulx et les envoyez à diligence devers sondit filz. Sy non ne ferez semblant de riens et deschirez nosdites lettres. Et à tant, très chière et très amée fille, nostre Seigneur soit garde de vous.

Donné à Stockart, le premier jour de may xv^{c} et IX. Vostre bon père MAXI. — Plus bas, *Renner*.

113. — MAXIMILIEN A MARGUERITE.

L'Empereur mande à sa fille de n'accepter la résignation de l'office du trésorier des guerres sans son exprès commandement. — (*Orig.*)

(Mindelheim, le 8 mai.)

Très chière et très amée fille, si nostre trésorier des guerres, Charles Leclerc, veult résigner l'office de

[1] Henri VII, roi d'Angleterre, était mort en effet le 22 avril précédent.

nostre receveur d'Arras dont l'avons nagaires pourveu, à Marc Charles ou autre quel qu'il soit. Nous, en ce cas, pour certennes causes à ce nous mouvans, en voulons pourveoir à personne à nous agréable. Pourquoy voulons et vous ordonnons très expressément que ne souffrez ou parmettez de ladite recepte estre faite aucune résignation par nostredit trésorier, tant que ayez autre commandement ou ordonnance de nous, sans y faire faulte; car tel est nostre plésir.

Donné en nostre ville de Medelhem, le VIII[e] jour de may XV[c] et IX. *Per Regem.* — Plus bas, *Hannart.*

---

114. — MAXIMILIEN A MARGUERITE.

L'Empereur s'étonne de la non arrivée à Liége des députés du roi de France et de ceux de Charles d'Egmond. Prise de Trévise; révolte et carnage par les troupes du roi de France. Le roi d'Aragon a aussi commencé les hostilités contre les Vénitiens. L'Empereur va aussi livrer combat. — (*Original.*)

(Kauffbeuren, le 11 mai.)

Très chière et très amée fille, nous avons receu quatre voz lettres sur lesquelles vous ferons bien tost au long responce; et n'euist esté que nostre secrétaire, maître Hans Renner qui est allé vers son ménage a lesdites lettres, vous eussions desjà fait response sur icelles.

Nous entendons que noz députez sont piéça esté à Liége pour la journée qui estoit conclute illec tenir sur le fait de Gheldres, mais que les députez de nostre frère et cousin, le roy de France, et de messire Charles d'Egmonde n'y sont aincores venuz, dont nous donnons merveilles et désirons savoir s'il n'est aucunes nouvelles de leurdite venue audit Liége; et, s'ilz le délaissent, pourquoy ce peult estre, et de ce que en entendez que nous en avertissiez à dilligence.

Nous avons passé x jours eu nouvelles que nostredit frère et cousin, le roy de France, a, ou nom du pape et de la lighe, encommencé la guerre sur noz communs ennemis, les Véniciens, et que desjà il a gaingné sur eulx les villes et chasteau de Trivi, Revolta et Caravaga, et y prins IIm prisonniers qui se sont renduz à sa volunté, et qu'il sera personnellement aux champs.

Nous avons semblablement nouvelles que le pape a aussi encommencié la guerre sur lesdits Véniciens et gaingnié ung chasteau, et qu'il s'en va metre le siége devant une très bonne ville.

Le cardinal de Sainte-Croix nous a escript que nostre frère et cousin, le roy d'Arragon, a pareillement encommencié la guerre sur lesdits Véniciens. Nous sommes d'intencion de le plus tost qu'il sera possible aussi l'encommencier. Et à tant, très chière et très amée fille, nostre Seigneur vous ait en sa garde.

Escript en nostre ville de Kaufbuyren, le XIe jour de may XVc et IX. Vostre bon père MAXI. — Plus bas, *Hannart.*

---

115. — MAXIMILIEN A MARGUERITE.

Nouvelles de la guerre contre les Vénitiens. Dispositions pour la bataille d'Agnadel. — (*Original.*)

(Kauffbeuren, le 13 mai.)

Très chière et très amée fille, nous vous advisons que avons aujourd'huy eu nouvelles comme l'armée des

François et de nos communs ennemis, les Vénitiens, sont à une lyeue prez l'ung de l'autre, et veuillent donner la bataille, et que desjà lesdits Vénitiens estoient sur le plain, mais que les François estoient ancores en leur fort et faisoient amaz et assemblée de leur gens, et mergredy dernier passé se devoit faire ladite bataille. Nous attendons de jour à aultre nouvelles de ce qui en sera fait, et l'avoir entendu le vous signiffierons incontinent. Et à tant, très chière et très amée fille, nostre Seigneur vous ait en sa garde.

Escript en nostre ville de Kauffbuyren, le XIIIe jour de may XV^c IX.

P. S. Nostre frère et cousin le roy de France est party de Milan pour estre à ladite bataille.

Vostre bon père MAXIMILIEN. — Plus bas, *Hannart.*

---

116. — MAXIMILIEN A MARGUERITE.

Reprise de Trévise par les Vénitiens. Arrivée du roi de France avec son armée. Dispositions pour la bataille. Louis XII retient le cardinal d'Amboise, qui doit le créer chevalier. Un trait de serpentine passe au-dessus de la tête du roi. — (*Original.*)

(Kauffbeuren, le 17 mai.)

Très chière et très amée fille, nous euysmes hier nouvelles certeines que les Véniciens ont regangnié la ville de Trivi [1] en laquelle y avoit mil francq archers et ne savons se ilz sont fuys ou esté prins prisonniers; et aprez ont bruslé icelle ville et se sont retournez logier

[1] Trévise. Cette ville, dont le maréchal de Chaumont s'était emparé au mois d'avril, fut reprise, le 8 mai, par l'Alviane, général de la seigneurie de Venise.

aux champs. Nostre frère et cousin, le roy de France, en sa personne avec son armée en laquelle y a beacop de Suysses est si trèstost venu, qu'il a passé la rivière et s'est logié bien prèz desdits Véniciens et les encloz qu'ils ne se peuwent bonnement retirer sans combatre. Pour la première nuyt ne leur a voulu donner la bataille; mais le lendemain il avoit vouloir de le faire. En icelle nuyt, lesdits Véniciens ont fait grand fossez et fortiffié à l'entour d'eulx. Nostre cousin, le cardinal d'Amboise, nous a escript que nostredit frère et cousin le retient avec luy pour le fère chevalier et qu'il y a passé un trait de serpentinne pardessus la teste d'icelui nostre frère. Nous espérons bien tost avoir nouvelles de ce qu'il y aura esté fait, et le vous ferons savoir. A tant, très chière et très amée fille, nostre Seigneur vous ayt en sa garde.

Escript en nostre ville de Kauffbuyren, le XVIIe jour de may, XV^{c} IX. Vostre bon père MAXI. — Plus bas, *Hannart*.

117. — MAXIMILIEN A MARGUERITE.

Victoire d'Agnadel remportée par le roi Louis XII. — (*Orig.*)

(Angelberg, le 18 mai.)

Très chière et très amée fille, ce jourd'huy nous avons reçu lettres de nostre frère et cousin, le roy de France, par lesquelles il nous escript que le XIIIIe de ce présent mois, il a eu bataille[1] avec noz communs ennemis, les Vénitiens, et qu'il a esté victorieux et

[1] Il s'agit de la bataille d'Agnadel, aussi nommée de la *Ghiera d'Adda*.

gangnié icelle, et demeure maistre des champs; et il a prisonnier, avec plusieurs autres, ung des principal chief et capitaine de l'armée [1]. Nostre ambassadeur, messire Andrieu de Burgo, qui a esté présent à ceste bataille, nous escript qu'il y a veu bien IIII^m mors. Par autres lettres que le maistre des postes de France a escriptes, nous entendons qu'il y a de X à XII^m hommes que mors que prins, et que nostredit frère et cousin a gangnié quarante pièces d'artillerie. Nous entendons aussi la puissance desdits Véniciens en ceste bataille avoir esté de XX^m hommes, et des François d'ung peu plus. A tant, très chière et très amée fille, nostre Seigneur vous ait en sa garde.

Escript à Angelberg, le XVIIIe jour de maij, XV^c IX. Vostre bon père MAXIMILIEN. — Plus bas, *Renner*.

118. — MAXIMILIEN A MARGUERITE.

L'Empereur consent à ce que la terre de Montfort soit engagée au comte de Hornes, jusqu'à remboursement d'une somme de douze ou quatorze mille livres qui lui est due, et moyennant que le prince d'Anhalt soit payé de la somme pour laquelle cette terre avait été mise en ses mains. Excuses proposées par Philippe Luc sur les faits qui lui sont imputés, à l'occasion de son ambassade.

(Mindelheim, le 19 mai.)

Très chière et très amée fille, nous avons receu pluiseurs et diverses voz lettres, et premiers touchant le fait de nostre cousin, le conte de Hornes, ensievant ce que par pluisieurs fois nous en avez escript, somme contens que la place, terre et seignourie de Montfort luy

[1] Le général vénitien, Barthélemi Alviano, qui perdit un œil et fut fait prisonnier.

soit transportée pour en joyr par manière de gagière, et jusques à ce qu'il soit payé et remboursé de son deu, montant, comme entendons, à XII ou XIIII^{m} liv. de XL gros, en la forme et manière et soubz les conditions que vous et ceulx de noz finances avez advisé, et qui sont au long contenues en vosdites lettres et moyennant toutesfvoies que nostredit cousin, le prince de Anhalt, soit contenté et remboursé de la somme pour laquelle ladite place de Monfort a esté mise en ses mains et que, pour des deniers venant dudit remboursement, il veulle acquitter et deschergier noz ville de Gorchem et chasteau de Louvestein envers nostre cousin, le conte d'Egmonde, et messire Henry de Swane, et les prendre en ses mains et tenir ainsi quilz sont, comme par autres noz lettres lui escripvons vouloir faire. Et vous requérons, que avec ceulx de nosdits finances, trouvez tous moyens à ce que ceste matière se puisse ainsy conduire. Et le surplus qu'il faudra pour ravoir lesdites ville de Gorchem et chasteau de Louvestein, nous voulons que le faites furnir des deniers qui peuvent par nous estre aincores deuz à nostredit cousin d'Anhalt et tantmoins d'iceulx. Mais ou cas qu'il soit dudit deu tout payé, nous entendons que l'on le furnisse de noz deniers et en nostre nom, affin que ceste matière puisse avoir son effect : car pour aucunes raisons nous désirons bien la demeure de nostredit cousin d'Anhalt en noz pays d'embas.

Au regard de ce que par autres voz lettres nous avez escript touchant les excuses que Philippe Luc dit faire sur les faultes et mésuz à lui chargées et imputées, et la requeste qu'il fait de soy povoir retirer à Couloigne et y tenir sa résidence, combien que, par le rapport que fait nous a esté desdites faultes, trouvons qu'il s'est absenté et déparly de noz autres ambassadeurs ses compagnons et soy transporté à Venise, ou il s'est voulu ingérer de avancer de faire certein traittié et appointement entre nous et les Vénéciens sans en avoir eu aucune cherge ou ordonnance de nous. Et semblablement s'est publiquement vanté en court de Rome qu'il vouldroit bien tant faire envers nous que n'entretiendrions les alliances et confédéracion faicte avec le pays et les roys de France et d'Arragon, touttefois, pour en savoir la vérité, sommes bien content que oyez et entendez ce qu'il vouldra dire pour sa descherge et excuse sur les choses dessusdites et que nous en avertissez à diligence pour sur vous escripre nostre vouloir et intencion. Nous sommes aussi content que ladite résidence de Couloigne luy soit accordée. Mais quant au saulfconduit il demande pour envoyer aucuns de ses gens devers nous, il n'est besoing qu'il y envoye, mais les retiengne devers luy.

Pour ce que sommes présentement fort occupez et empeschez sur le fait de l'apreste de nostre armée et d'autres matières qui grandement nous touchent, nous ne vous povons plus avant faire responce pour ceste fois; mais bien tost le vous ferons sur la reste de tous les autres articles de voz lettres et mesmement sur le faict de nostre cousin, le prince de Chimay. Très chière et très amée fille, nostre Seigneur vous ait en sa garde.

Escript à Medelhem, le XIXe jour de may, XV^c IX. Vostre bon père MAXI. — Plus bas, *Renner*.

119. — MAXIMILIEN A MARGUERITE.

Le seigneur de Chièvres ne doit pas exiger les huit mille livres qui lui avaient été promises, puisqu'il s'en trouve amplement compensé par le gouvernement de l'hôtel et la charge de premier chambellan du prince Charles. Le seigneur de Sempy nommé louvetier d'Artois, et Jean Hesdin gouverneur de Béthune. — (*Original.*)

(Rierti, le 25 mai.)

Très chière et très amée fille, combien que nostre cousin, le seigneur de Chierves, eust sur le gouvernement de Namur la somme de huit mil livres de XL gros pour une foiz, néantmoins, au moyen de l'appointement par vous fait entre luy et nostre cousin, le prince de Chimay, touchant l'estat du gouverneur de l'ostel et premier chambellan de nostre filz, l'archiduc Charles, par lequel nous donnons à nostredit cousin de Chimay, en pur don, semblable somme de huit mil livres avec pluiseurs autres belles parties de récompense, comme savez, nous n'entendons que nostre cousin de Chierves doye avoir lesdites VIII^m liv., ains nous semble qu'il se doit contenter et tenir pour grandement récompensé dudit estat de gouverneur de l'ostel et premier chambellan de nostredit filz ou lieu dudit gouvernement de Namur, dont vous advertissons et requérons nous escripre incontinent le plus secrètement que pourrez, se par ce ledit seigneur de Chierves se déportera de l'action desdites huit mil livres.

D'autre part, nous avons receu voz lettres par lesquelles nous advertissez de la griève maladie de nostre louvier d'Artois et gouverneur de noz ville et chasteau de Béthune, Claude Bonnart [1], et par icelles, entendu que nostre cousin, le seigneur de Sempy, requiert que, en rescompense des services qu'il par sy longhe espace de temps faiz à nous, à feu nostre fils le roy de Castille, que Dieu pardoint, et qu'il fait encoires journellement en ceste nostre maison, que, le cas de trespas dudit Claude de Bonnart avenant, nous lui veullons donner icelle louverie.

Sur quoy, très chière et très amée fille, combien que soyons records de autrefoiz l'avoir promise, ladite vaccacion avenant, à Hesdin, vostre maistre d'ostel, toutesfoiz, à vostre requeste, et considérant lesdits services faiz par nostredit cousin et la qualité de sa personne, nous nous trouvons plus tenu et abstraint de lui accorder ladite requeste que à la promesse dudit Hesdin; et est nostre désir et voulenté que, ledit cas de trespas avenant dudit Bonnart, nostredit cousin de Sempy soit pourvueu de ladite louvetrie. Mais, au lieu de la promesse qu'en avons faicte ausdit Hesdin, sommes contens que, icellui trespas avenant, il soit pourvueu et récompensé du gouvernement de nosdites ville et chasteau de Béthune, en la forme et manière que le tient de présent icellui Bonnart, à condicion toutesfoiz que icellui Hesdin sera tenu y demourer et tenir sa résidence qui est bien requis et nécessaire au gouvernement dudit lieu, actendu la situacion et importance d'icellui et non autrement, vous requérant, ledit cas de trespas advenu, en veullez ainsi ordonner. Et en cas que ledit Hesdin ne voulsist accepter icellui gouvernement à la charge d'y demourer et résider, comme dit

[1] Claude Bonnart était grand écuyer de Philippe-le-Beau, roi de Castille, à l'époque de la mort de ce prince.

est, nous en advertissez, affin que y puissons pourveoir d'autre. A tant, très chière et très amée fille, nostre Seigneur vous ait en sa garde.

Donné de Rierti, le xxv de may xv^{c} et IX. *Per Regem.* —Plus bas, *Renner.*

---

120. — MAXIMILIEN A MARGUERITE.

L'Empereur ratifie l'arrangement fait avec le prince de Chimay qui s'est démis des offices de gouverneur de l'hôtel et de premier chambellan. Il veut que le renouvellement des lois de Flandre se fasse comme il l'a prescrit dans sa nouvelle ordonnance. Philippe Haneton est préposé à la liquidation des dettes du testament du feu roi de Castille. Ratification du mariage de l'archiduc Charles. Convalescence de ce prince et de ses sœurs. On n'usera plus du signet des finances. Bénéfices accordés. Chevaux et pension accordés à Claude de Bouton, capitaine des gardes de l'archiduc. Achat de coursiers.

(Rierti, le 25 mai.)

Très chière et très amée fille, pour vous faire responce à aucunes lettres que nous avez escriptes aux lettres faisant mencion du faict de nostre cousin, le prince de Chimay,

Nous vous signiffions que ayans aggréables toutes et singulières les choses par vous faictes et promises à nostredit cousin de Chimay, pour raison qu'il s'est déporté de son estat de gouverneur de l'ostel et de premier chambellan de nostre très chier et trez amé filz, l'archiduc Charles, nous avons, en approbacion de ce, signées de nostre nom et fait sceller de nostre scel les lettres d'aggréacion en la même forme que les nous avez envoyées, lesquelles vous renvoyons avec cestes pour perachever et accomplir tout ce que reste à ceste matière.

Et quant à ce que par autres lettres nous avez escript touchant la continuacion du seigneur de Ronny en l'estat de commissaire au renouvellement des loix de Flandres, nostre intencion a tousjours esté et est qu'il soit continué en icelle selon et en ensuivant la nouvelle ordonnance par nous nagaires advisée, sur le fait du renouvellement des loix de tous noz pays d'embas où nous loist y ordonier commissaires : qui est que les commissaires qui l'une des années auront eu l'administracion du renouvellement desdites loix, ne l'auront l'autre année après ensuivant. Ains en y aura d'autres telz que y dénommerons chacune année en temps deu, et n'y pourront estre que d'an à autre, saulf et réservé seullement nostre cousin, le seigneur de Fiennes, au renouvellement des loix de Flandres, que y vacquera tous les ans continuellement comme premier commissaire; dont vous advertissons ensemble que, dès maintenant pour lors, voulons et entendons que, au prouchain renouvellement desdites loix de Flandres, ledit seigneur de Ronny soit l'un des commissaires, avec nostredit cousin de Fiennes, et telz autres deux que y dénommerons lettres en temps et lieu. Vous requérant que, en ensuivant icelle ordonnance, vous faictes expédier audit seigneur de Ronny nos lettres de continuacion dudit estat, se desjà fait ne l'avez.

D'autre part, touchant ce que semblablement nous avez escript en faveur de nostre audiencier, maistre Philippe Haneton, afin de le continuer en l'entremise de la conduicte des deniers ordonnez et à ordonner pour le payment de debtes et exécution du testament du feu roy de Castille, nostre filz, vostre frère, que Dieu pardoint, nous désirons que communiquez de ceste matière aux gens de nostre privé conseil estans lez vous, et que ce fait, en ordonnez selon que par leur advis trouverez estre affaire pour le mieulx.

Nous vous avons sceu et savons bon gré des dilligences par vous faictes pour la despesche de noz gens d'armes d'embaz lesquelz, comme entendons, sont desjà en chemin.

Nous avons receu les deux lettres de ratiffication du traicté de mariage de l'archiduc Charles, nostre filz, que nostre bailly d'Amont[1] a dernièrement rapportées d'Angleterre, ou lieu d'autres qu'il y a laissées, lesquelles nous avons fait rompre et casser.

Vous nous avez fait plaisir et vous mercyons de par autres voz lettres nous avoir avertis de la bonne disposicion et convalescence de nostredit fils, ensemble de noz petittes filles ses seurs, et sommes bien contens que l'aves menez esbatre à la Vuère et à Brucelles, vous advisant que, grace à nostre Seigneur, nous sommes aussi en très bonne santé et disposicion de nostre personne, et ne cessons jour ne nuyt de labourer pour nostre appreste pour faire nostre vouaige.

Quant au signet des finances dont trouvez que l'on ne doit plus user, actendu que vous signez en icelle, nous sommes contens et désirons que le nous envoyez par deçà, moiennant que ce soit seurement par quelque gentil homme ou aultre féable personnaige.

[1] Claude de Carondelet, chef du conseil privé à Bruxelles, était bailli d'Amont dès l'an 1494 ; il se démit en faveur de Claude de la Baulme, son parent, peu de temps avant sa mort, qui arriva le 31 mai 1518.

Au regard des bénéfices vacans par le trespas de feu maistre Hughes de Groot, dont aussy par icelles lettres nous escripvez en faveur du filz de nostre trésorier, nous avons ja pieça en noz pays d'embas promis et accordé à l'un des chappelains de nostre chappelle domestique, nommé messire Hans...., qui nous sert journellement, la première prébende, que de là en avant vacqueroit à La Haye. Parquoy, en ensuivant nosdites promesses, avons pourveu d'icelle prébende de La Haye, vacquée par le trespas dudit feu maistre Hughes à son prouffit. Et quant aux deux autres, assavoir de Gheerbliet et cure de la nouvelle église de Delf, nous sommes contens que le filz de nostredit trésorier ayt celle des deux que son père vouldra choisir, et l'autre qu'il délaissera à nous accorder à maistre Jacques Coelman, chapellain de nostredit filz l'archiduc, lequel nous a longtemps poursuyz pour ung bénéfice, comme sçavez. Sy leur en veullez faire expédier noz lettres de collacion, et que icellui nostre trésorier ayt de ce pacience jusques à une autrefoiz.

En oultre nous avons nagaires retenu nostre amé et féal escuier, Claude de Bouton, en l'estat de cappitaine des gentilz hommes et autres que, par l'estat que ferons à nostredit filz, lui entendons ordonner pour sa garde, compté toujours à huyt chevaulx au pris de huit philipus d'or pour chacun cheval par mois et à la pencion que lui ordonneriez par chascun an, comme par les lettres par lesquelles vous avons requis luy en faire despechier noz lettres patentes avez peu veoir. Sy vous requérons de rechief que, en cas que ladite pencion ne luy soit desjà tauxée et ordonnée et nosdites lettres de retenue despechées que le veullez incontinent faire

faire selon et en ensuivant lesdites premières lettres que vous en avons escriptes, et semblablement à ceulx de nos finances. Et vous nous ferez plaisir.

D'autre part, nous avons chargé et ordonné audit Bouton qu'il nous achate un grant et puissant coursier, lequel il nous envoye incontinent avec les deux que ja pieça avons ordonné et chargé à Mingouval, escuier d'escuerie de nostredit filz, nous acheter, et deux autres que Gillotin, palfrenier de nostredit feu fils, a dit nous amener. Sy vous requérons que par les gens de noz finances vous faictes payer lesdits chevaulx et furnir incontinent autant qu'il fauldra pour les nous amener à dilligence; car nous en avons nécessairement affaire pour nous en servir en nostre vouaige.

En oultre plus, vous requérons, comme dessus, que ordonnez à nostre trésorier général de nosdites finances qu'il recouvre de nostre cousin, le conte de Nassau, la pye (cheval pie) que, comme entendons, il a nagaires acheté du seigneur de Lichtervelde, laquelle avions chargé ledit Bouton nous acheter et qu'elle nous soit aussi incontinent envoyée avec lesdits autres chevaulx et avec chacun desdits chevaulx une bonne pense dont nous servirons et les ferons bien traicter. A tant, très chière et très amée fille, nostre Seigneur soit garde de vous.

Escript en nostre ville de Rierty, le xxve jour de may, l'an mil v^{c} et neuf. Vostre bon père Maxi. — Plus bas, *Renner*.

121. — MAXIMILIEN A MARGUERITE.

L'Empereur approuve la réponse faite par sa fille au maître-d'hôtel de France. Naissance et mort d'un fils du roi d'Aragon. Voyage de Marguerite en Hollande approuvé. Elle peut révoquer ou modifier les commissions d'offices délivrées par l'Empereur pour le Charolais. Jérôme Vent ne peut exercer le bailliage de Bruges, parce qu'il ne sait pas le thiois. Envoyer Rombaut van Mechelen en Normandie, au sujet des galères, Succès de l'Empereur dans la guerre du Tyrol. — (*Original.*)

(Sterzingen, le 8 juin.)

Très chière et très amée fille, nous avons receu deux vos lettres l'une du xxie et l'autre du xxvie de may, ensemble le double des lettres que le maistre-d'ostel de France Gamaches vous a escriptes et le double de la réponse que luy avez sur ce faicte.

Sur quoy, très chière et très amée fille, ladite réponse que avez faicte audit Gamaches nous plaist fort bien, et vous requérons vous employer à ce que ceste affaire demeure en bon train.

Avant la réception de vosdites lettres, avyons eu nouvelle de nostre frère et cousin le roy d'Arragon, de l'enffantement de sa compaigne d'ung fils et de la mort d'icelluy.

Vous avez très bien faict d'estre allée en Hollande pour mettre ordre aux affaires dudit pays et vous en savons bon gré.

Par nos dernières lettres, vous avons faict ample réponse sur tout le contenu des lettres que nous aviez auparavant escrites; toutes fois, s'il y a quelque chose oblié, faites le nous savoir et nous vous y respondrons.

Et quant à ce que nous écrivez qu'il y a aucuns qui

se sont trouvez vers vous et disent avoir commission de nous pour aucunes offices en Charolois, et mesmes ung fourier de la recette de Chastel Chinon, nous sommes contens que quelques lettres de commission que povons avoir baillet pour lesdits offices, que ceux que ne trouverez idoine et qualifié à tenir iceux, que en disposez à vostre plésir. Toutesvoies ceux qui le seront pour honneur de nous, les y veuillez entretenir.

Nous serions bien contens d'entretenir à Jérome Vent le don que luy avyons faict du bailliage de Bruges, le cas advenant du vacant, s'il savoit le langage thiois (flamand). Et pour ce qu'il ne le sçait, nous semble que mieux vault, pour le contentement du peuple, d'y commettre ung qui sçait bien ledit langage; et si ledit office vaque, prendrez quelque nostre officier du pays d'Artois ou d'autre quartier de Flandres et le commettrez audit bailliage et ledit Jérome en l'office de celui que ainsi commettrez. Et ce sera mieulx le contentement du peuple, et auront plus agréable ung que saura parler ledit thioiz; car ceux de Bruges ont privilége que leur officier doit estre un Flamen et par faisant ce que dessus ledit privilége sera gardé.

Nous avons veu ce que vous a escript le lieutenant de l'admiral de France, touchant les navires de guerres que demandions, ce néantmoins nous voulons que envoiez incontinent Romboult van Mechelen au quartier de Normandie pour même regarder s'il n'y a nulle galiaches telles que ont les Vénéciens qui ameinent espiceries à Anvers; car nous sommes avertiz que illec y a de telles galleres, lesquelles desirons avoir, et nous en pourrons aussy servir sur les Vénéciens, et ce qu'il y trouvera le nous face savoir.

Escrivez-nous comment avez faiz avec le roy de Fez pour son aller en Affrique.

Nous vous advisons que, grace à Dieu, nous avons toute bonne fortune et prospérité en notre emprinse sur nos communs ennemis les Vénéciens; et desjà pour le premier se sont rendues en nos mains la ville de Reyf et le château, la ville de Roeveret et le château, et tenons maintenant le lac de Garde et tout le plat pays que l'on dit estre le plus beau pays et lac, et le plus fructueux de toutes les Ytales; et nous ont fait ceulx dudit quartier le serment de fidélité. Nostre frère et cousin, le roy de France, tient tout ce qui est de l'austre costé dudit lac, et sommes de bien prez par le costé deçà voisin l'un à l'autre.

Les villes de Poortenauw, de Goriz, de Treviz, de Dryez, les deux escluses et le château de Godenay praticquent devers nous leur appointement.

Nous avons aussy le château de Tibin qui estoit imprenable et a esté prins par grand subtilité de nos gens d'armes d'Esclavonie.

Par menaces que nostredit frère et cousin, le roy de France, a faict à ceux de la ville de Veronne de se rendre à nous, y joint que lesdits de Veronne aymoient et desiroient plus d'estre en nos mains que de nul autre, si sont renduz avec tous les châteaux et fort du pays de Véronnois et est la plus belle ville de toute l'Italie : et a cent et dix mille ducaz de revenuz par ans. Ils ont receu dedens ladite ville messire Andrieu de Burgo notre ambassadeur, et luy faict le serment de fidélité pour nous.

Semblablement s'est rendu à nous la ville de Vincens (Vicence) et tout le plat pays et fort dudit Vincens, et espérons avoir demain de bonnes nouvelles de la ville de Padua; car nos gens d'armes acompagné bien de x^{m} Vénéciens malcontens de la seigneurie, qui se sont renduz à nous, tirent devant ledit Padua.

Il y a une partie de nos gens en chemin pour aller recevoir trois autres villes qui se veullent aussy rendre.

L'affection et le cœur tant des nobles que de la commune esdite ville est tout pour nous.

Nous serons d'ici à 3 ou 4 jours[1]........ personnellement aller aux champs........ signifier à nos villes de par delà........ bonne prospérité, en les requérir........ louenge à Dieu. A tant, très chière et très amée fille........ garde.

Escript en nostre ville de Sterzing, le.... juin xv^{c} IX.

Depuis ces lettres escriptes, nous avons eu nouvelle que........ sur nos frontières d'Esclavonie se sont rendues à nous........ la très grande ville de Vayda, et sont nos capitaines dedans. Ceux de Padua ont envoié devers nos capitaine faire obéissance, et sur ce se disposent nosdits capitaine y aler ax.......

Escript le VIIIe dudit juing. Vostre bon père MAXIMILIEN. — Plus bas, *Hannart*.

P. S. Madame, depuis ces lettres escrites et closes, l'Empereur vostre père a eu nouvelles que ses gens d'armes sont dedans la ville de Portenauw, de Trebiz, de Goriz et de Dryes. Vostre très humble et très obéissant serviteur,

J. Hannart.

[1] La lettre est lacérée en cet endroit. Sur les divers noms de lieux désignés dans cette lettre et ailleurs, voir la table à la fin du volume.

122. — MAXIMILIEN A MARGUERITE.

L'Empereur, voulant mettre fin aux longs procès et débats qui existent entre le seigneur de Vergy, maréchal de Bourgogne, d'une part, et les seigneurs de Thalemey et de Flagey, d'autre part, mande à Marguerite de former un conseil sous la présidence de Jehan Le Sauvaige, pour connaître desdits procès et en donner son avis à l'Empereur, qui statuera ou fera statuer. — (*Orig.*)

(Sterzingen, le 10 juin.)

Très chière et très amée fille, vous sçavez que, à cause d'aucuns bienz et chevances situez et gisans en noz pays de Bourgoingne, certains grans procès et différans ont, passé a longtemps, esté et dure entre nostre cousin et maréchal de Bourgoingne le sieur de Vergy d'une part, et feurent (feus) les sieur et dame de la Bastie et à présent les sieurs de Thalemey [1] et de Flegey [2] filz et héritiers universaulx d'icelle feue dame, d'autre. Esquelz procès et questions chacune desdites parties ont obtenu en diverses cours et lieux aucunes sentences et appointemens. Touttefois quelque chose qu'elles ayent sceu faire ne poursuir, elles n'ont peu ne sceu parvenir à la judicature et décision diffinitive de la matière principale. Au moyen de quoy lesdites parties, oultre et par dessus les frais et despens qu'elles y ont employez, ont soustenuz de grandes et intollérables pertes, comme entendu avons. Ce véans, désirans la fin desdits procès, questions et différans, tant pour l'affection qu'avons tousjours eu envers chacune desdites parties, que aussy

[1] Jean de Pontarlier, chevalier, seigneur de Thalemey.

[2] Claude de Pontarlier, écuyer, seigneur de Flagey et de Vaulgrenant.

pour le bien de nos subgectz de Bourgoingne, avons souventesfois contendu et en personne, avec plusieurs de noz féaulx conseilliers nobles et doctz, prins pluseurs painnes et travaulx, pour, par voye amiable, appoincter, accourder et pacifier lesdites parties de leursdites questions et différands. Et mesmement, à nostre derrenière journée de Constance, en feismes grant devoir; et se n'en peusmes venir à chief; ains sont tousjours lesdites parties en aussi grant ou plus grande aygreur et rigueur, l'une envers l'autre que par avant et en apparance d'y estre et demeurer encores longtemps; et ne nous semble point autrement que quant la chose se vuydera par rigueur de droit; ce qui est encoires bien mal prest de povoir faire, sans longue espace de temps. Et que pis est, non seullement la partie qui seroit condampnée en feust ou peust estre affoulée et destruicte, mais vraysemblablement toutes les deux. Parquoy naguères, nous, estanz en nos pays d'embas, avions délibéré d'y pourveoir et mectre fin par la meilleur voye qu'en raison et équité nous eust semblé de faire. Toutefoyes, obstant les granz et urgens affaires qu'avons eu, comme sçavez, ne nous a esté possible de ce faire pendant ledit temps. A laquelle cause et pour pluseurs autres raisons et bonnes considéracions à ce nous mouvanz, désirant la fin et décision d'iceulx procès, questions et différandz, et mesmement pour le bien desdites parties, y trouver ung bon accord et paccification qui sont granz et puissans et avec ce alliez de pluseurs nobles parens et amys, dont, si ladite matère principale se vuydoit par rigueur de justice, entent qu'il pourroit sembler à la partie condampnée qu'elle seroit foulée en son droit, faict assez à présupposer qu'elle ne vouldroit, craignant estre destruicte, acquiescer au droit qui en seroit rendu et seulement au prouffit de l'autre et que pluseurs parens, amys, aliez et bienvueillans desdites parties, tant de noz vassaulx et subgectz que autres estrangiers s'en pourroient et vouldroient mesler et entremectre, et par ce faire et susciter des commotions, divisions et parcialitez entre noz vassaulx et subgectz de Bourgoingne qui pourroient tourner au très grant contempt et mesprisement de noz haulteurs et seigneuries, et à la grant foule, perte et domaige d'icelles parties et de nosdits vassaulx et subgectz. Ce que nullement pourter ou souffrir ne pourrons, debvrons ne aussi voudrions, ains y obvier de toute nostre puissance, comme raison est. Surquoy, les choses dessusdites bien considérées, et qui nous loist et appartient comme empereur, prince et seigneur souverain desdites deux parties, tant par main souveraine que selon disposicion de droit, prendre et atraire pardevant nous ou tel de noz féaulx conseilliers qu'il nous plaist, lesdits procès, questions et différands et, icelles parties appelées, décider et appoincter en bonne équicté, ainsi que par raison se trouvera estre de faire pour le mieulx. Si vous requérons que, en ensuivant ce que fut mis avant, en la présence de vous et de ceulx de nostre grant et privé conseil par delà, que commectez et ordonnez de par nous nostre président, messire Jehan le Saulvaige, ensemble de deux conseillers de nostre grant conseil à Malines, et de chacun de noz consaulz tant de Brabant, de Luxembourg, Flandres, Hollande que de Haynau, ung conseiller, ordonnerez et ferez faire exprest commandement de par nous ausdites deux parties et chacune d'icelles que, deans jour préfix et compétent, ilz ayent à comparoir en lieu convenable pardevant nosdits conseillers, et en leurs mains lesdites parties ayent à bailler et délivrer tous les papiers, titres et droitz et enseignemens dont, à la justification de leurs drois, elles se vouldront ayder, pour iceulx veuz et visitez bien et au long par nosdits conseillers, en bailler sur ce leurs opinions et advis de tel appoinctement deffinitif que en vraye et juste équicté sans rigueur de droit, y pourrons rendre et donner, selon raison et bonne conscience. Et quant les advis dessus dits seront donnés, nous voulons encoires que les envoyez féablement cloz et scellez en chacun de nosdits consaulx pour soy, pour par noz conseillers illec encoires reveoir et visiter le tout et sur ce bailler aussi leur advis, afin que nous, ou vous en nostre nom, avec les chevaliers de nostre ordre et autres noz conseillers, puissions tant mieulx terminer et décider lesditz procès et différands. Et ce faict nous envoyez à diligence tous lesdits advis cloz et scellez pour, selon iceulx, concepvoir et rendre ung appoinctement diffinitif, ainsi que en bonne raison, conscience et juste équicté nous semblera estre de faire. Ausquelles parties nous ordonnons présentement que ce pendant ilz tiengnent toutes choses en tel estat, qu'elles sont, sans riens faire ou innover au contraire, en manière que ce soit, et sur inhibicion ausdites parties de paines telles que adviserez par délibéracion de notre grant conseil en tel cas appartenir. A tant, etc.

Donné en nostre ville de Stersing, le xe jour de juing, l'an xv^c^ ix. Vostre bon père Maxi. — Contresigné *Leclerc*.

123. — MAXIMILIEN A MARGUERITE.

L'Empereur, voulant être lui-même le capitaine et châtelain de Turnhout, nomme pour son lieutenant Simon de Haguenaw. — (*Original.*)

(Trente, le 24 juin.)

Très chière et très amée fille, pour que nous voulons retenir les capitainerie et chastellenie de nostre chasteau de Turnhout en noz mains, et mesmes en estre le capitaine et chastellain, nous avons, par noz lettres patentes, commis et ordonné soubz nous, pour garde d'icellui chasteau, Symon de Hagenaw, comme verrez plus à plain par nosdites lettres patentes. Sy vous requérons tenir la main, tant envers nostre chancellier de Brabant auquel, par autres noz lettres, en escripvons aussi présentement et autres qu'il appartiendra, que ouverture lui soit incontinent faicte d'icelle place; et les artillerye, utensilles et autres choses y estant à nous appartenant, baillez et délivrez par bon et loyal inventoire; le double duquel voulons estre mis en la chambre de noz comptes à Bruxelles pour y . . . . à nostre garde, à nostre sceurté.

Vous requérant, comme dessus, que, par les gens de noz finances, vous faictes contenter et assigner sur nostre receveur de Turnhout le chastellaiu qui tient présentement nostredit chasteau de Turnhout de telle somme de deniers qu'ilz lui trouveront estre deuz sur icelle, sans y vouloir faire faulte. Très chière et très amée fille, nostre Seigneur soit garde de vous.

Donné en nostre ville de Trente, le XXIIIIe jour de juing XV^c neuf.

P. S. Et pour ce que nostre receveur de Turnhout nous promeist dernièrement, en acceptant la confirmation de sondit office, de paier et contenter ledit chastellain, nous voulons que audit receveur vous faictes expédier noz lettres dessusdites pour sceurté des deniers qu'il fauldra baillier audit chastellain pour la cause dicte.

Donné, comme dessus.

Per Regem. — Plus bas, *Renner.*

---

124. — MAXIMILIEN A MARGUERITE.

Nouvelles de la guerre contre les Venitiens. — (*Original.*)

(Feltre, le 6 juillet.)

Très chière et très amée fille, nous vous envoyons, avec cestes, par nostre amé et féal secrétaire, maistre Daniel Le Clerc, présent porteur, la déclaracion des gens de guerre tant à cheval que à pied qui sont prestz et desjà passez pour nous servir en nostre présente guerre, ensemble les noms des villes estans en ce pays de Venise réduites et mises en noz mains, et obéissance avec aussi certaine déclaracion des emprinses et exécution de guerre que voulons présentement exécuter, comme le tout verrez plus à plain par lesdites déclaracion, et aussy que entendrez par ledit maistre Daniel. Et à tant, très chière et très amée fille, nostre Seigneur vous ayt en sa garde.

Donné à Ferletre, le VI[e] jour de juillet XV[c] et IX. — *Per Regem.* — Plus bas, *Renner.*

125. — MAXIMILIEN A MARGUERITE.

L'Empereur recommande à sa fille le protonotaire de Varambon pour le prieuré de Mortal en Bourgogne. — (*Original.*)

(Marostica, le 17 juillet.)

Très chière et très amée fille, pour ce qu'entendons la prioré du Mortal, en nostre conté de Bourgoingne, estre à présent vacant, et que c'est ung bénéfice sur limites de nostredit conté et frontière des Suyches; parquoy y eschiet bien, pour le bien et préservation d'icellui nostre conté, d'y pourveoir d'homme féable à nous subgect et de maison. A ces causes, ayant audit bénéfice avant tous autres, nostre amé et féal cousin, le prothonotaire de Varambon, singulièrement pour recommandé, audit prothonotaire avons consentu et accordé la promocion dudit prioré de Mortal. Et vous requérons que, en faveur de nous, vous vueillez de vostre part consentir à ladite promocion, et en tant qu'il vous touche de ce faire don ou cas dessusdit à icelluy prothonotaire ensemble toutes aydes, faveurs et assistence que pour la joyssence d'icellui prioré pourrez et saurez. En quoy faisant, nous ferez chose bien agréable, dont vous sçaurons grant gret, comme ce scet nostre Seigneur qu'il, très chière et très amée fille, soit garde de vous.

Escript en nostre ville de Marostica, le XVIIe jour de juillet, l'an XV^c^ IX.

126. — MAXIMILIEN A MARGUERITE.

Il l'informe que les habitants de Connenghem ayant été mis au ban de l'empire pour leurs rébellions, et par suite, le bourgmestre et quelques bourgeois de cette ville ayant été arrêtés, les bourgeois d'Anvers les ont repris, sous prétexte de leurs priviléges. Maximilien ordonne que cette affaire soit instruite pour la conservation de ses droits impériaux. — (*Original.*)

(Marostica, le 17 juillet.)

Très chière et très amée fille, pour les mesprisemens, rebellions et désobéissances que ceulx de la ville de Conninghen ont par ci devant fait à nous et à nostre saint-empire, et à quoy ils persévèrent encoires chacun jour, nous les avons mis et signiffié au ban de nostre saint-empire, et parce donné à un chacun povoir et auctorité de les traicter et besongnier allencontre d'eulx et leurs biens, comme contre noz rebelles et désobéissantz subjectz. Maintenant nous entendons que ung nommé Hans Van Sant, soubz umbre de ce que dit est, a prins au corps le bourgemaistre avec aucun bourgois dudit Conninghen, et que ceulx de nostre ville d'Anvers, vueillant dire iceulx estre venuz audit Anvers comme marchans, et par ainsi, selon leurs priviléges, non devoir estre apprehendez, les ont reprins hors des mains dudit Hans Van Sant et menez en nostre ville d'Anvers, où ilz sont encoires à présent, combien qu'il soit esté trouvez lesdits de Conninghen non estre marchans, mais estre prins en allant en pelgrinaige. Parquoy et que désirons noz droitz et haulteurs impérial en ce estre gardez et observez, escripvons à cette cause devers vous, vous requérons, commectons et donnons toute puissance, par ces présentes, que appoinctez cest affaire, ainsi qu'il vous semblera, et trouverez estre affaire pour le mieulx et par manière que nosdits droits et haulteurs ne soient par ce amaindriz ou contrevenus à iceulx. En quoy faisant, nous ferez chose agréable. A tant, très chière et très amée fille, nostre Seigneur soit garde de vous.

Donné en nostre ville de Marostica, le XVIIe jour de juillet, l'an mil V^{c} et neuf. *Per Regem.* — Plus bas, *Renner.*

---

127. — MAXIMILIEN A MARGUERITE.

Reprise de Padoue et de quelques autres places par les Vénitiens. Espoir de les recouvrer. Défaite de sept cents Vénitiens. — (*Original.*)

(Ynan, le 29 juillet.)

Très chière et très amée fille, depuis les dernières lettres que vous avons escriptes touchant la bonne fortune que avons eue à nostre présente emprinse, la ville de Padoue, par trahyson et le maulvais vouloir du commun peuple illec, est retournée à l'obéissance des Vénissiens. Et se ont à ce moyen aucuns gens de guerre et paysans vénissiens reprins trois ou quatre autres petites villes et chasteaulx qui estoient en nostre obéissance. Mais nous avons faict présentement joindre touz noz gens de guerre ensemble avec les Françoes, qui sont venuz devers nous au nombre d'environ IIII^{m}. Et espérons, à l'ayde de Dieu, de en brief temps le tout recouvrer, et de l'autre avec. De quoy vous voulons bien advertir, affin que, s'il vous estoit autrement rapporté, que sachiez à la vérité comment il en est.

A tant, très chière et très amée fille, nostre Seigneur soit garde de vous.

Escript à Ynan, le xxixe jour de juillet, l'an mil v^{c} et neuf.

P. S. Et après ces lestres escriptes il nous sont venues nouvelles que noz gens de guerre ont rué jus vii^{c} villains Vénissiens des plus maulvais qui se povoient trouver.

Per Regem. — Plus bas, *Renner.*

127 *. — MAXIMILIEN A MARGUERITE.

Il demande ce qu'on a fait d'un homme pris dans l'église de Bruges. — (*Original.*)

(Au château d'Ynan, le 30 juillet.)

Très chière et très amée fille, nous vous requérons que nous escripvez et faictes savoir comment il a esté fait et est à présent, du cas de Almite, lequel fut prins en l'église de Bruges et s'il a esté remis en ladite église, comme nous vous avons ordonné, après avoir lu ses livres et registres. A tant, très chière et très amée fille, nostre Seigneur soit garde de vous.

Donné en nostre chasteau Dynan, le xxxe jour de juillet, l'an xv^{c} ix. *Per Regem.* — Plus bas, *Renner.*

128. — MARGUERITE A MAXIMILIEN.

Marguerite transmet à son père la demande de la reine de Portugal concernant l'alliance de son petit-fils avec une princesse d'Autriche. — (*Minute.*)

(Juillet.)

Mon très redoubté seigneur et père, très humblement à vos bonnes grâces me recommande.

Monseigneur, j'ay naguères receu, par ung frère religieux de l'ordre de Saint-François qu'il me semble homme de bonne apparence, lettres de crédence de la reyne vefve de feu le roy de Portingal, nommée madame Lyonor [1], laquelle, selon que j'ay peu entendre, est vostre cousine germaine du costé de madame vostre mère, dont Dieu ait l'âme, m'a dit et déclairé ledit religieux par sadite crédence,

Comme ladite reyne, désirant le bien et avancement de ceste maison, dont elle parente, désireroit sur toutes choses que une bonne amytié, intelligence et allience par mariage fust faicte, traictée et conclute entre icelle nostredite maison et le roy de Portingal à présent.

Laquelle allience ne se pourroit mieulx faire que en traictant le mariage de madame Lionor, ma niepce, avec le prince et filz aisné [2] dudit roy de Portingal, lequel, selon que m'a dit ledit religieux, peult avoir de neuf à dix ans qu'est l'âge consonant à tout deux [3], ou à madame Ysabeau, laquelle il vous plairoit des deux, et avec ce pourroit l'on encoires traicter autre mariage de madame Marie estant en Espaigne avec ung des autres petitz-filz dudit seigneur roy, lequel, selon que j'entends, en a trois ou quatre; et est en effect la charge et crédence que ledit religieux m'a dit de ladite dame reyne et m'a requis de par elle lui faire responce.

[1] Léonore, reine de Portugal, femme de don Juan II, dit le Parfait, était fille de l'infant Ferdinand, duc de Viseu. La mère de Maximilien était fille d'Édouard, roi de Portugal.

[2] C'est-à-dire fils du roi régnant; car le seul fils de don Juan mourut avant son père, en 1491.

[3] Juan III, fils aîné d'Emmanuel le Fortuné, épousa en effet, non pas Éléonore, mais Catherine d'Autriche, fille posthume de l'archiduc Philippe.

Monseigneur, il me semble, soubz vostre bonne correction, considéré le petit nombre des princes aujourduy vyvans et la prospérité dudit roy de Portingal, lequel est encoires nostre parent et allié, et duquel l'on peult ayder, que pour faire plus grande allience et intelligence avec luy, bon seroit traicter ung des mariages dessusdits ou les deux, se vostre plésir estoit tel, et encoires aurés deux de mesdames mes niepces pour en faire allieurs autre allience.

Monseigneur, après luy avoir remercyé de ses bonnes adsistances et peines qu'il avoit prins pour ceste matière, ay respondu que cestedite matière estoit de grande importance et vous touchoit du tout pour austant que vous estes seigneur et père de mesdites dames mes nyepces, et que d'icelle matière vous écrirois bien et au long pour sur icelle entendre vostre bon vouloir.

Monseigneur, je vous supplie le tout bien penser et m'en mander et escripre bien au long vostre bon vouloir et plésir, ensemble de la responce telle qu'il vous plaist faire audit religieux[1] sur ceste matière; car il désire estre bref despesché et j'en feray ainsi qu'il vous plaira me commander.

Au surplus, Monseigneur, j'entends qu'il y a un Portugaloix qui s'avence de parler de ces matières et n'en a charge ny demie, et tiens qu'il soit ung abuseur de gens, dont, Monseigneur, vous ay bien voulu avertyr, afin d'y prendre garde.

[1] Ce religieux signait frère Nicholas d'Anvers. Nous avons en main la lettre par laquelle il demande audience à Marguerite, et lui adresse des consolations religieuses sur la mort de son mari, Philibert, duc de Savoie.

129. — MAXIMILIEN A MARGUERITE.

Consulter le conseil privé sur les réponses rapportées par les ambassadeurs de Rome. La proposition de la reine de Portugal mérite d'être examinée mûrement. Rien à faire au sujet de Saint-Tron. Le médecin Libéral doit se rendre auprès de l'Empereur. La capitainerie de Mude et le bailliage de Goylant peuvent être conférés au seigneur de Montaigny, à certaines conditions. Résignation de la trésorerie des guerres, recette d'Artois, pour Charles Le Clerc. Prévôté de Notre-Dame de Bruges. Commission pour le renouvellement des lois de Flandre. Prépositure de West-Frise. Bénéfice à accorder au procureur de Bresse. Anneau envoyé au prince Charles par Marie d'Angleterre. Affaires d'Espagne et d'Aragon. — (*Original.*)

(Au château d'Ynan, le 30 juillet.)

Très chière et très amée fille, nous avons receu pluseurs voz lettres et aussy ouy beaucoup d'articles à nous exposez de vostre part par le président de Bourgongne; ausquelles lettres et articles, causantz noz autres grans affères et empeschemens de ceste guerre, ne nous a esté possible respondre jusques à présent que vous respondons d'article en article.

Et premièrement, quant au besoingne de noz ambassadeurs de Rome, nous semble que devez prendre leurs instructions ou le double, ensemble les responces qu'ilz ont apportées, et le tout proposer en nostre conseil privé et avoir leur advis sur chacun article de ce que sera à fere, et y donner le meilleur remède que pouvez, antretenant noz haulteur et préhéminences, ainsi que en ont usés noz prédécesseurs, mesmement le feu roy Philippe, nostre filz, jusques à ce que nous viendrons à Rome pour nostre coronacion.

Touchant la matière de Portugal, de laquelle nous escripvez, vous devez renvoyer le religieux pour ceste heure, luy disant que ceste matière ne se peult traicter sans nous, et que avoir achevé ceste guerre, nous retournerons par delà; et que adonc quant nous y serons, qu'il doye revenir devers nous pour traicter ladite matière plus aysément. Et remercyerez de nostre part la Reyne, qui l'a envoyé, du bon vouloir qu'elle monstre avoir à nous.

Du fait de Saint Tron, nous ne pouvons plus riens fère; car l'évesque de Liége a desjà eu ses régalles.

Et de ce que nous escripvez en faveur de maistre Libéral le médecin, nous voulons que l'envoyez incontinent devers nous, pour nous servir en ce voyage, et voulons qu'il soit paié de sa pencion avec le paiement des gens d'armes qui viennent de par deçà.

De la cappitanerie de Mude et bailliage de Goylant desquelz nous rescripvez en faveur du seigneur de Montaigny nous serons contens, si luy mesmes veult excercer lesdits offices, lui baillier ladite cappitanerye et balliage avec les gaiges ordinaires, pourveu que le revenu ordinaire et extraordinaire desdits lieux demourera aux receveurs du prince en la manière accoustumée, et qu'il soit paié desdits gaiges par la main dudit receveur, afin que la recepte demeure tousjours en ordre, comme a esté fait parcy devant, et qu'il baillera caucion souffisante en la chambre des comptes, ainsi qu'il appertient.

Et quant à la résignacion faicte par Charles Le Clerc, trésorier des guerres, de la recepte d'Artois, pour ce qu'il y a deux contendans, voulons que nous envoyez le double des lettres octroyées à l'ung et l'autre, afin que icelles veues, y puissions myeulx pourveoir : assavoir les lettres de maistre Jehan Eynart et celles aussy de Marc Charles. Voulons aussy que haiez regard qu'il ne soient octroyées nulles lettres de placet au prévost du tiers contre le prothonotaire de Melun, touchant la prévosté de Nostre-Dame de Bruges, préjudiciables à celles que ledit prothonotaire a autreffois obtenu de nous.

En oultre, voulons et vous ordonnons que faictes renover la commission de Flandres pour le renouvellement des loix, et que y comectez nostre cousin, le seigneur de Fiennes, l'abbé de Saint-Bertin, messire Robert de Melun, seigneur de Roigny, et le seigneur de Castres qui estoit bailli de Gand.

Oultre ce, voulons que faictes veoir en nostre privé conseil le mandement cy encloux, touchant la prépositure de nostre pays de West-Vrieze, despesché au prouffit de maistre Mathias Lauwerin, s'il se doist ainsy despescher et sceller, ou autrement, et selon l'advis dudit conseil, le ferez expédier audit Lauwrin.

Et pour ce que entendons que noz lieuxtenans de Flandres, de Hollande et autres se meslent de donner offices et béneffices, ce que n'est pas nostre intencion, voulons que de nostre part leurs faictes deffendre de non donner ou conférer office, ny béneffice quelconque; ains voulons que vous y pourvoyez selon l'ordre que vous avons laissé à nostre pertement et noz lettres que vous avons envoyé.

Et pour ce que n'avons encoires fait le roelle des béneffices, lequel entendons bien tost fère, voulons que cependant, si vient à vacquer quelque bonne prébende à Mons, Soignies ou Bruxelles, en pourvoiez de la première vostre procureur de Bresse, frère du président de Bourgongne, lequel entendons vouloir estre d'église.

Et au regard de ce que sollicitez le retour de vostredit président qui nous en sollicite aussy de son cousté, nous le despescherons le plus tost que nous sera possible, pour le vous renvoyer, chargé de toutes nouvelles, quant sera l'opportunité du temps.

Et quant à ce que vous escripvez de l'anneau envoyé par madame Marie d'Angleterre à nostre filz, et qu'il seroit bien que, de sa part, l'on envoyast quelque autre bague à ladite dame pour entretenir tousjours l'amytié, nous remectons cela à vostre discrécion et serons contens de ce que par vous en sera fait.

Touchant l'ambassadeur du roy d'Arragon, qui estoit en Angleterre, lequel dictes devoir venir devers vous avec aucunes instructions, et nous demandez comme vous y devez conduyre, vous respondons que ne sçaurions bien en ce vous conseillier sans entendre ce qu'il vous dira. Et désirerions bien de le sçavoir pour vous en mander après nostre advis.

Mais de une chose vous voulons bien avertir, afin qu'entendez bien au long le demène de cestuy affère d'Espaygne; car depuis la rupture de l'assemblée et veue du roy de France et de nous que fust par aucunes suspicions et autres causes, nous envoyasmes nos ambassadeurs devers ledit roy, vénérables princes du saint-empire, les évesques de Gurce et de Brixine, pour excuser et justifier ladite rompture; ce qu'ilz firent. Ausquelz noz ambassadeurs, de la part du roy, furent proposé deux poinctz : l'ung, de fère l'armée par mer pour assiégier et prendre la cité de Venise; et pour ce que l'armée dudit roy de France n'estoit pas assez souffisante pour ce fère sans l'armée du roy d'Arragon, lequel ne se vouloit mesler de ladite entreprinse de Venise, ny fère aucune assistence par mer sans estre préalablement d'acord avecques nous, fust, de la part dudit roy de France, proposé le second point : c'est qu'il seroit utile et nécessaire que cestuy appoinctement se feist dès maintenant, afin que ceste expédicion contre les Véniciens fust plus tost achevée. Aultrement que laissant partir les navires et armée de mer du roy d'Arragon, ledit roy de France feroit incontinent aussi retourner les siens. Et monstroit ledit roy de France qu'il désiroit et conseilloit ledit appoinctement en quelque façon que ce fust, autrement qu'il véoit clerement noz affères aller mal. Et pour ce, veullans satisfaire aux persuasions dudit roy, qui nous faisoit si grande instance de cestui appoinctement et pour non mectre noz affères en plus grand desarroy et dangier, mesmement après que avons perdu Padua et aulcunes autres villes et eu plusieurs infortunes, et que congnoissons évidement que lesdites deux armées de mer nous estoient plus que nécessaires à estre à l'entour de Venise pour nous assister et favoriser au recouvrement de nos pièces et parachevement de nostre entreprinse, et pour mectre touz nos affères en seurté et stabilité, mesmement, pour ce que n'avons nulles nouvelles de Marnix, vostre secrétaire, qui est allé trop tard et que l'ambassadeur dudit roy d'Arragon estant icy devers nous, disoit qu'il sçavoit bien que ledit Marnix n'estoit pas encoires arrivé devers ledit roy son maistre, et que sondit maistre ne conclurroit riens par vostre moyen ; car, à l'instance du roy de France, il avoit desjà baillé povoir à lui et aux autres ses deux ambassadeurs, estans à présent en France, de conclurre et appoincter ceste matière, pour ces causes et pour autres bons respectz, nous sommes inclinez à traictier avecques ledit ambassadeur d'Arragon pour trouver quelque moyen et expédient pour pervenir à cestui appoinctement. Et voyant que, selon le parler dudit ambassadeur, ledit roy d'Arragon ne vouloit accepter les articles de Naples, ains vouloit avoir le gouvernement à tousjours et ne vouloit laisser nulles places pour seurté, ne bailler autre asseurance, ny vouloit que nostre filz joïst de la principaulté, sinon tant qu'il seroit présent en Castille, et vouloit que le douaire de la royne, sa fille, fust paié ou qu'il retiendroit le vostre en eschange. Considérantz ces choses, si exhorbitantes de toute raison, sommes condescendu et incliné à mectre en avant audit ambassadeur d'Arragon aucuns petitz articles. Desquels vous envoyons le double signé *P. A.* Et nous sembloit pour ceste heure non proposer autres articles; sur lesquelz articles ledit ambassadeur a fait une réponce telle que verrez par le double signé *P. B.* Et nous y avons fait une réplicque telle que verrez par le double signé *P. C.* Desquelles choses vous avons bien voulsu adverty, afin que congnoissez le tout et que voyez en quoi lesdits articles sont différendz de ceulx que a pourté Marnix. Et nous semble, que devez de vostre cousté, solliciter devers ledit roy d'Arragon que, puisque nous sommes inclinés à articles si honnestes, que, de son cousté, il ne les doit pas reffuser. Et cecy pourrez solliciter tant par lettres, que par le moyen de Marnix qui est là. A tant, très chière et très amée fille, nostre Seigneur soit garde de vous.

Donné en nostre chasteau d'Ynan, le XXXe jour de juillet XV^c IX. Vostre bon père Maxi. — Plus bas, *Renner*.

130. — MAXIMILIEN A MARGUERITE.

L'Empereur ne veut pas que maître Libéral, le médecin, qui est Vénitien, demeure auprès de l'archiduc. — (*Original.*)

(Château d'Ynan, le 30 juillet.)

Très chière et très amée fille, pour ce que par autres noz lettres vous escripvons nous envoyer maistre Libéral, le médecin, sans vous signiffier la cause, nous vous advertissons que s'est pour la suspicion qu'avons de luy, attendu qu'il est Vénissien, et que ne voulons qu'il soit plus auprès de nostre filz l'archiduc Charles. A tant, très chière et très amée fille, nostre Seigneur soit garde de vous.

Donné en nostre chasteau Dynam, le xxxe jour de juillet, l'an mil v^{c} et neuf. *Per Regem.* — Plus bas, *Renner.*

131. — MARGUERITE A MAXIMILIEN.

Elle prie l'Empereur de permettre que Louis Barangier reste près d'elle, et fasse exercer momentanément par un autre l'office du greffe du parlement de Dôle. — (*Minute.*)

(Bruxelles, août.)

Mon très redoubté seigneur et père, très humblement à vostre bonne grâce me recommande.

Monseigneur, j'ay receu les lettres qui vous a pleu m'escripre, faisant mencion du greffe de parlement à Dôle, lequel à ma requeste et suyvant le don que en avoit maistre Loys Barangier, mon secrétaire, de feu le roy de Castille, mon seigneur et frère, que Dieu absoille, avez donné et accordé audit maistre Loys, en dépourtant tous autres, comme aplain le contiennent lesdites lettres patentes; lesquelles depuis les ay confermées, et donné de nouveau ledit estat de greffier, vosdites lettres qui sont, ou cas qu'il ne le pourroit desservir personnellement, qu'il le feroit desservir par personne à ce ydoine à vous agréable et à ceulx de la court dudit parlement, comme aplain le contiennent vosdites lettres patentes.

Monseigneur, et après que le conté de Bourgoingne a esté en mes mains, ay confermé audit maistre Loys vosdites lectres, et donné de nouveau ledit estat et office de greffier dudit parlement. Lequel maistre Loys jusques à oïres n'a peu desservir personnellement icellui office, combien qu'il ne désire autre pour estre en son mesnage, obstant la charge qu'il a eu de vous en France et ailleurs, aussi pour ce que l'ay mandé venir devers moy et délaisser toutes autres choses, tant pour servir en vos affères secretz de par deçà et dont il vous a pleu me donner charge, comme pour les myens et aussi pour la confidence que j'ay de luy plus que d'autre, et que l'ay adez trouver diligent et soingneux en vosdites affères et myens. Parquoy et qu'il n'a peu ne peult à present m'abandonner jusques au retour de Marnix, lequel j'ay envoyé par vostre commandement où sçavez, ledit maistre Loys y a commis maistre Guillaume de Boisset qui a, passé dix ans, exercé ledit estat et est souffisant à ce et agréable à ladite court de parlement tant et jusques à ce qu'il y puisse aller, et luy aye donné congié. A ceste cause, Monseigneur, vous supplie, actendu ce que dessus, et qu'il est en vostre service et pour voz afferes empesché entour de moy, le tenir excusé. Et quant à maistre Jehan Jonnelle, en ce que luy pourray faire plésir ny adresse pour l'onneur de vous, voulentiers le feray. Aydant Dieu auquel je prie qui, mon très redoubté seigneur et père, vous doint bonne vye et longue avec l'entier accomplissement de voz très haulx et vertueulx desirs.

Escript à Bruxelles, le.... jour d'aoust xv^c ix.

---

132. — MAXIMILIEN A MARGUERITE.

Il confère à Philippe Lombart l'office de concierge de son hôtel à Malines, vacant par le décès de Goudewerle de Bru. — (*Orig.*)

(Au château d'Ynan, le 3 août.)

Très chière et très amée fille, pour les bons et agréables services que nostre bien amé, Phelippe Lombart, fourrier de nostre maison, nous a par cidevant faiz et à feu nostre très chier et très amé filz, le roy dom Philippe de Castille, que Dieu absoille, en ses vouages d'Espaigne, et autrement fait encoires journellement, à l'entour de nostre personne oudit estat de fourier, et le vueillans d'iceulx aucunement récompenser, audit Philippe, pour ces causes et autres à ce nous mouvans, avons donné, octroyé et accordé, donnons, octroyons et accordons par cestes l'estat et office de concierge de nostre maison à Malines, comme vacant à nostre disposicion par le trespas de feu Goudewerle de Bru, pour d'icellui estat et office joyr et user, tout ainsy et par la manière que faisoit ledit Goudewerle; dont vous advertissons et requérons de, en ensuivant ce, luy en faire despeschier par delà noz lettres patentes en tel cas pertinentes sans aucune difficulté, en déportant par icelles tous autres y prétendans droit par quelque moyen ou couleur que ce soit. Car nostre plaisir est tel. Très chière et très amée fille, nostre Seigneur soit garde de vous.

Escript en nostre château Dynan, le IIIe jour d'aoust, l'an mil v^{c} et IX. *Per Regem.* — Plus bas, *Renner.*

---

133. — MAXIMILIEN A MARGUERITE.

Il lui mande qu'il est satisfait de sa besogne en Hollande. Nomination à divers offices. Différend entre les seigneurs de Vergy et de Flagy. Dispositions pour le siége de Padoue. Nécessité de payer les gens d'armes. — (*Original.*)

(Bassano, le 7 août.)

Très chière et très amée fille, nous avons receu vos lettres escriptes à Bréda, et ouy ce que sur icelles nous a dit le président de Bourgogne de vostre part et pour vous faire briefve réponse, vous advertissons que à toutes vos autres lettres précédentes avons donné plaine response par autres nos lettres, lesquelles croyons avoir desjà recheuptes.

Et au regard de ce que vous escripvez de nouveau, vous advertissons que sommes bien content de vostre besongne en Hollande. Et avons agréable ce que vous y avez fait, tant sur l'appointement des différends des villes, reddition des comptes et appointement des deniers, que sur la réformation de la justice.

Touchant les offices de Jérôme Lauverin [1], le cas

[1] Jérôme Lauwerin était commissaire au renouvellement de la loi du pays de Zélande. On verra ci-après que cet emploi fut donné aux seigneurs de Wassenaer et de Berghes.

advenant de sa mort, sommes content que pourvoyez Richart Consault, vostre contrerolleur, de la recepte de Cassel, en suivant les lettres que vous avions desjà escriptes en sa faveur, entendons que icellui qui aura la recepte générale de Flandres, sera tenu de aggréer le don de ladite recepte de Cassel audit Richard.

Et de la commissarie de Flandres, pour ce que y avons desjà pourveu pour ceste année, ainsi que vous avons naguères escript, n'est possible pour ceste heure satisfaire au bailly d'Amont; mais serons bien content que pour l'autre année ensuivante, il soit dénommé commissaire dudit pays de Flandres, et le luy accordons dès maintenant, pourveu toutesfois que se ne soit contre les priviléges du pays.

Et ce que vous avons escript pieça du différent de monsieur du Vergy et de monsieur du Flagy, nous ne voulons estre en riens changié ce que vous avons escript, pour les causes qu'avons déclairez audit président de Bourgongne.

Et entant que touche le retour d'icelluy président, nous entendons que dedans quinze jours, nous aurons expérimenté nostre fortune. Et adonc le vous renvoyerons plain de toutes bonnes nouvelles; car, comme vous avons desjà advertye, les terres et les places qu'estoient rebelles contre nous sont desjà retournées toutes en nos mains, excepté Padue, et ont esté les rebelles si bien chastiez, qu'ilz donneront exemple aux autres. Et au regard de Padue et aussi de Tervise, espérons d'en avoir bientost la raison; et pour ce faire aurons aujourd'huy toute l'armée qu'avons par deçà ensemble pour assiegier ou Padue ou Tervise, ainsi que trouverons plus expédient. Et croyons que ledit siége ne sera pas long; car nous sommes assés bien équipés; et journellement nostre armée se renforce et trouvons les gens d'armes de France bien délibérez à nous faire service.

Vous prions néantmoins donner ordre au payement des gens d'armes de par delà, lesquelz nous avez envoyez; car si vous n'envoyez ledit payement à toute diligence, ce nous tourneroit à ung merveilleux domaige et grant dangier de nos affaires. Et pour ce, vous requérons qu'il n'y ait faulte. A tant, très chière et très amée fille, nostre Seigneur soit garde de vous.

Escript en nostre ville de Passoen, le VII[e] jour d'aoust, l'an mil V[c] et IX. *Pro Rege.* — Plus bas, *Renner.*

---

134. — MAXIMILIEN A MARGUERITE.

Il lui fait connaître où sont ses joyaux et trésors, afin que s'il venait à mourir, elle sût où les trouver.

(Bassano, le 7 août.)

Très chière et très amée fille. Pour aucuns affères et nécessitez d'argent que eusmes l'année passée à faire la guerre contre les Vénissiens, il nous convint de, affin de prestement recouvrer argent, mectre en gaige deux couliers d'or garniz de beaucop de bonnes et riches pierres dont l'une est plus grant que l'autre. Lesquelz couliers nous avons depuis rachetez, et est ledit grant coulier ès mains des Furkers [1], et l'autre petit coulier, ensemble deux beaulx esfiquez garniz l'un d'un car-

[1] Fugger, famille riche qui était en possession de fournir des capitaux à tous les souverains de l'Europe.

boucle et l'autre d'un balays, sont en nostre cité de Trente, bien lyez et parquez deans une bote.

Nous avons encoires ès mains d'un marchant appellé Jehan Paut garder une housse et couverture de barde fete de perles bien richement, qui ne les autres bagues dessusdites, ne sont pour riens qu'il soit en gaige.

Quant à noz autres bagues et grant trésor, le tout est bien sceur et ou lieu que vous avons dit et déclairé de bouche. Parquoy n'est besoing que plus avant vous en advertissons que desdites bagues dessusdites déclairées; ce que avons présentement voulentiers fait, à celle fin que se Dieu, nostre créateur, vueilt à ceste fois faire de nouz sa voulenté, que vous saichez le tout où trouver pour noz très chiers et très amés petis enffans. Priant à tant, nostredit Créateur qu'il, très chière et très amée fille, vous ait en sa garde.

Escript en nostre ville de Basan, le VIIe jour d'aoust, l'an XV^c et IX. Vostre bon père MAXI.

---

135. — MAXIMILIEN A MARGUERITE.

La garde de l'artillerie du château de Lille est confiée à Jaquet Kennessière, fourrier de l'hôtel. — (*Original.*)

(Au camp devant Padoue, le 18 août.)

Très chière et très amée fille, pour les bons et agréables services que nostre bien amé Jaquet Kennesière, dit le Sellier, fourier de nostre hostel, nous a parcidevant faiz et faict encoires journellement à l'entour de nostre personne, audit estat de fourier, audit Jaquet, pour ces causes et autres à ce nous mouvans, avons donné, octroyé et accordé, donnons, octroyons et accordons par cestes, l'estat et office de garde de nostre artillerie en nostre chasteau de Lille, comme vacant à nostre disposicion par le trespas de feu Hues le Mayre, pour d'icellui estat et office joyr et user tout ainsy et par la manière que faisoit ledit Hues; dont vous advertissons et requérons de, en ensuivant ce, luy en faire despeschier par delà noz lettres patentes en tel cas pertinentes, sans aucune difficulté; car ainsy nous plaist il. A tant, très chière et très amée fille, nostre Seigneur soit garde de vous.

Donné en nostre camp devant Padoue, le XVIIIe jour d'aoust, l'an mil V^c et neuf. *Per Regem.* — Plus bas, *Renner.*

---

156. — MAXIMILIEN A MARGUERITE.

Le seigneur de Wassenaer et le jeune Jean de Berghes sont commis au renouvellement des lois du pays de Zélande, en remplacement de Jérôme Lauwerin, décédé. — (*Original.*)

(Devant Padoue, le 23 août.)

Très chière et très amée fille, pour les bons et agréables services que noz amez et féaulx escuiers, le seigneur de Wassenaer et le jeune Jehan de Berghes nous ont faiz et font journellement à l'entour de nostre personne, et affin qu'ilz aient cause d'y persévérer de bien en mieulx, nous leur avons donné et accordé l'estat de commissaire au renouvellement des loix de nostre pays de Zéellande, ou lieu de feu messire Jéromme Lauwerin, naguères terminé vie par mort, comme entendu avons, pour icellui estat doiresenavant exercer et desservir, selon l'ordonance que avons sur ce faicte, asçavoir ledit Wassenaer ceste première année et ledit de Berghes l'autre après, et successivement d'an en an; dont vous advertissons et requérons de, en ensuivant ce, leur en faire despescher par delà noz lettres patentes en forme deue; car nostre plaisir est tel. A tant, très chière et très amée fille, nostre Seigneur soit garde de vous.

Escript en nostre camp devant Padoue, le XXIIIe jour d'aoust, l'an XVCIX. *Per Regem.* — Plus bas, *Renner.*

137. — MAXIMILIEN A MARGUERITE.

Il lui explique les motifs qui l'ont déterminé à faire appointement avec le roi d'Aragon. Offices vacants par la mort de Jérôme Lawerin. Commissariat de Flandre, etc. — (*Original.*)

(Au camp près de Padoue, le 23 août.)

Très chière et très amée fille, nous avons receu vous lettres escriptes de vostre main et aultres du secrétayre touchant l'appoinctement d'Espaigne et aultres particlieretez, et ensemble ouy ce que de vostre part nous ha dict le président de Bourgoigne. Et quelque chose que vous ayt escript Marnix, touchant la responce du roy d'Arragon, la vérité a esté tout ainsi que, par aultres nos lettres escriptes en nostre chasteau de Ynan, vous avons aplain advertye; et n'y a esté aultre traicté quelconque; et n'en fault souspicioner nulz de ceulx qui sont à l'entour de nous; car les causes desquelles vous avons desjà advertye nous ont induict et contraint de ainsy traicter, pour éviter plus grandtz inconvénient et pour povoir radresser nos affères, mesmemant considérantz les grandes sollicitations que avions journellemant du roy de France, lesquelles procédoient par les importunes poursuites des ambassadeurs du roi d'Arragon, lesquelz encores despuys nosdites lettres ont tellement sollicité ledit roy de France que pour modèrer les différents que restoient, il nous ha envoyé aulcuns aultres articles desquelz vous envoyons le double; celon lesquelz il nous prie et conjure pour nostre grand bien et pour non laisser rompre audit roy d'Arragon son armée, vouloir conclure ledit appoinctement et traictier et envoyer povoir pour ce fère. Et pour ce que nous affères sont encoires en tielle disposicion que se ledit roy d'Arragon rompoit son armée de mer, il nous porteroit ung domaige inextimable, il nous est plus que impossible refuser ni dislayer la conclusion dudit appoinctement.

Au regard des offices que tenoit messire Jhéromme Lawrin, vaccantz à présent par sa mort, nous voulons que, touchant la recepte de Flandres, soient observées les lettres que nous en avions baillées à Potelverge du vivant dudit Lawrin, pourveu néantmoyns que nous puissions pourveoir aux menus offices d'icelle recepte, et n'entendons en riens empeschier le poyemant de ce que dheu aux écritures dudit Lawrin.

Et en tant que touche l'office de commissaire de Flandres, vous sçavez que, comme vous avons desjà escript, havons pourveu des commissaires pour la présente année; et pour l'an ensuyvant avons à vostre requeste, au lieu dudit Lawrin, denomé le baillif d'Amont, mais se vous désirez que le seigneur de Laing y soit aussi nommé pour l'an ensuyvant, nous serons bien content qu'il hait pour ledit an le lieu de l'un de ceulx qui sunt dénommez pour l'année présente; car entendons les changier touz les ans.

De l'estat que avoit Husson, nostre varlet de chambre, auprès de la personne de nostre filz, lequel demandez pour vostre escuyer Émericourt, vous advertissons que celluy estoit ung estat extraordinaire octroyé par les bons services dudit Husson, à sa vie seulemant : et n'entendons ledit office plus durer; mais par l'estat q'havons faict à nostredit filz, lequel vous envoyerons bientost, havons pourveu à toutz les offices nécessaires à l'entour de sa personne.

Et au regard de Claude de Cilly, pour ce que dhoires en avant qu'il ne feroit riens là où il est, ainsy que nous escripvez, sommes content que luy escripvez qu'il retourne. A tant, très chière et très amée fille, nostre Seigneur soit garde de vous.

Escript à nostre camp auprès de Padua, ce XXIIIe jour du mois d'aoust. *Per Regem.* — Plus bas, *Renner.*

138. — MAXIMILIEN A MARGUERITE.

Il lui donne des nouvelles de son arrivée devant Padoue. Mille paysans faits prisonniers et relâchés. Progrès du duc de Brunswick en Frioul. Assaut donné à la ville de Civitate. Le siége en est levé.

(Au camp devant Padoue, le 23 août.)

Très chière et très amée fille, comme vous avons escript dernièrement, nous avons assemblé toute nostre armée et sommes venuz mectre nostre champ trois mille d'Italye près de nostre cité de Padoue; et, en venant deçà et delà, noz gens de guerre ont prins plus de mil payssans prisonniers lesquelz, par advis de noz cappitaines, et affin qu'ilz nous appourtent tant mieulx des vivres, nous avons fait relache de leurdits prison, et espérons de en brief, à l'ayde de Dieu, avoir ladite cité de Padoue.

De la part de nostre cousin, le duc de Brunntsweych, nous sont vennes nouvelles, qu'il nous signiffie que, en venant contre (au-devant de) nous il a assailly un fort cloistre ou pays de Friole où estoient aucuns gens de guerre vénissiens; lequel il a gaingné et mis à mort desdits Vénissiens environ cent et cinquante hommes de guerre.

Que deslà s'est tiré devant une ville oudit pays de Friole, appellée Cividate, laquelle il a fait fort batre d'artillerie jusques à donner l'assault; lequel il leur a donné de fait par dedans au long des murailles, des fossez plain de pouldre de canon et couvert par dessus d'estrain (paille), pour quant nostredit cousin et ses gens reviendroient à l'extrémité, mectre le feu par deans et illec les brusler tous. Parquoy il et sesdits gens ont levé ledit siége et se sont retirez à tout l'artillerie; et en ce faisant, n'ont point perdu plus de x ou XII hommes.

D'autre part, nostredit cousin estoit bien adverty que ceulx de la ville d'Oden qui estoient puissans d'environ VIII^{m} hommes, envoyent au secours desdicts de Cividate mil chevaulx dont, pour ce empescher, il envoya au devant III^{c} chevaulx, lesquels ont franchement assaillyz lesdits mil chevaulx et d'iceulx mis à mort II^{c} cinquante, environ, des meilleurs et prins autant de prisonniers, entre lesquelz est le cappitaine général des Stradiotz et ung autre bon personaige; et fut blaissé fort le premier de Venisse, et comme on dict qu'il est mort.

D'autre cousté, nostre cousin, le marcquis de Mantoua, cuydant aller à tout cent et cinquante chevaulx, veoir son beau-frère, le duc de Ferrare, et en chemin reposer et coucher sceurement en ung villaige, a esté naguères prins par lesdits Vénissiens, et trahy par lesdits du village [1].

Et hyer, nous levasmes nostredit champ pour le mectre plus hault deçà la rivière, là ou estoient assemblez environ IIm Vénissiens, lesquelz nosdits gens de guerre ruèrent jus, par force, gaingnèrent ledit fort et d'iceulx mirent à mort plus de IIIc et prindrent prisonniers environ IIc avec leur bannyère que vous envoyons présentement pour vostre butepenninck [2] et à celle fin que puissiez tant mieulx sçavoir la prospérité que Dieu nous donne à présent, dont nous le remercions et prions qu'il, très chière et très amée fille, vous ait en sa sainte garde.

Escript en nostre champ devant Padoue, le XXIIIe jour d'aoust, l'an XVc IX.

P. S. Nous vous requérons que mectez ladite bannière que vous envoyons avec cestes en l'église de Nostre-Dame de Haulx [3].

Nous avons, ce jour d'hier, gaingné la ville de Est, et continuellement noz gens tuent et prengnent prisonniers beaucop de noz ennemis, et croyons que pour ce jourd'huy sont tuez plus de Vm de nosdits ennemis, et prins prisonniers beaucop de mil. — Donné comme dessus.

Per Regem. — Plus bas, *Renner.*

[1] Jean François, quatrième marquis de Mantoue, après avoir adhéré à la ligue de Cambrai, se signala en diverses rencontres dans l'expédition contre les Vénitiens, et fut surpris dans l'île de la Scola. Réfugié dans un champ de millet, il y fut découvert et trahi par un paysan, qui le livra le 9 août 1509. Il ne recouvra sa liberté qu'au mois de juillet 1510, sur les instances de Jules II, qui le nomma ensuite gonfalonier de l'église.

[2] Butepennink, expression allemande, monnaie de butin, *pour votre part du butin.*

[3] Halle, petite ville de Hainaut, à trois lieues de Bruxelles et sept de Mons, célèbre par son église de la Vierge, où se font de nombreux pélerinages. *Diva Virgo hallensis*, par Juste-Lipse.

139. — MAXIMILIEN A MARGUERITE.

Il mande à Marguerite l'expédient qu'il a imaginé pour sauver l'honneur de cette princesse compromis, parce que le traité avec le roi d'Aragon a été conclu sans son entremise. — (*Original.*)

(Au camp devant Padoue, le 5 septembre.)

Très chière et très amée fille, depuys que, par vous lettres escriptes de vostre main, havions cogneu le regret que aviés que le traictié de l'appoinctement d'Espaigne entre nous et le roy d'Arragon passât par aultres mains que les vostres, attendu que vous en havions baillé le povoir et que vostre honneur n'y seroit guardé, le oustant de vous mains et en faisant la conclusion sans vous; n'havons cessé de penser toutz moyens pour saulver vostre honneur, autant que le nostre propre. Et par conclusion, voyant que cestuy appoinctement ne se peult retarder et ne peult estre traictié par vous, par les causes desjà escriptes, n'havons sceu penser ny trouver meillieur moyen pour guarder vostredit honneur, sinon de vous fère une procuration de antidate et que, en vertu d'icelle, vous substituer en vostre lieu pour traictier cestuy appoinctement, vostre président de Bourgoingne et messire Andrea de Burgo, celon la minute laquelle vous envoyons présentement, en vertu de laquelle substitucion, les dessusdits comme commis et députez de part vous, pourront traictier ledit appoinctement; car à ce nous avons choisy vostredit président comme celluy qui est cogneu estre vostre serviteur ordinaire, et qui est bien informé de la matière et bien expert à couchier le traictié et pourra mieulx satisfaire à vostre honneur et à nostre prouffit que nul autre. Et pour ce, vous ordonnons que incontinent dépeschiés icelle par ceste ou par messagier exprès à toute diligence en la cour du roy de France, auxdits président et de Burgo; car dès maintenant dépeschions ledit président pour aller là et, hayant vostredite substitucion à temps, besogneront en vertu d'icelle et non aultrement; et néantmoins en deffault d'icelle leur avons baillé autre povoir de nostre part, duquel ne userónt, sinon en cas de nécessité. Et pour ce vous fault diligenter à envoyer ladite substitucion, affin que vostre honneur y soit guardé; et pour le mieulx guarder havons réservé aulcuns articles, lesquelz ne seroit bon déclairer au roy de France et voulons iceulx estre traictiés secrétement à part par vous en vertu de vostredit povoir, tiellement que ledit roy d'Arragon cognoisse que havons plus de confidence en vous que en nul aultre; desquelz articles secretz, qui se doibvent traictier par vous à part, vous envoyons la mémoyre cy-enclouse et nous semble que, pour la conclusion d'iceulx, debvés mander à Marnix, vostre secrétayre, non se partir de là jusques à ce que le tout de cestuy appoinctement soit entièrement parachevé, et que havons à ce envoyé nous ambassadeurs pour recevoir le serement et la ratifficacion dudit roy d'Arragon. A tant, très chière et très amée fille, nostre Seigneur soit garde de vous.

Escript à nostre camp devant Padua, ce cinquiesme jour de septembre xv^c^ et neuf. Vostre bon père Maxi. — Plus bas......

140. — MAXIMILIEN A MARGUERITE.

Il mande à sa fille et aux gens de ses finances de faire payer, au président du parlement de Bourgogne, cinq livres de 40 gros par jour au-dessus de sa pension, tant qu'il sera député vers le roi de France pour l'appointement d'Espagne. — (*Orig.*)

(Au camp près de Padoue, le 5 septembre.)

Très chière et très amée fille, et chiers, bien amez et féaulx, pour ce que envoyons présentement nostre chier bien amé et féal conseillier, le président de nostre court de parlement en Bourgongne [1], devers le roy de France, pour traictier et conclure l'apoinctement d'Espaigne, et que les six moys de son voyaige par lesquels il fust payé et tauxé, quand estions par delà, sont desjà passés; et est mestier présentement y pourveoir d'argent pour sondit voyaige et pour le temps qu'il ha esté et sera absent pour nostredit service, à ceste cause, voulons et vous ordonnons que, depuis le jour desdits syx mois expirés jusques à présent et pour deux moys prouchains, et tant plus quant plus il demourera absent audit voyaige, lui faictes entretenir le taux des despens de son voyaige pour dix chevaulx à raison de cinq livres de quarante gros par jour, oultre et par dessus sa pencion, laquelle, pour suplémant du taus desdits despens de son voyaige, voulons luy estre payée durant sadite absence. Et voulons que, lui estre arrivé en court du roy de France, luy envoyez et faictes délivrer le payemant de tout ce que luy est dheu du passé et de deux aultres moys ensuivantz, et n'y fête

[1] Mercurin de Gattinare, depuis cardinal.

faulte, affin que nous puisse mieulx servir et conduyre les afferes de nostre filz à bonne fin. A tant, très chière et très amée fille, et chiers bien amez et féaulx, nostre Seigneur soit garde de vous.

Escript en nostre camp d'auprès de Padua, ce cinquiesme jour du moys de septembre, l'an xv^{c} et neuf. Vostre bon père Maxi. — Plus bas, *Renner*.

141. — MAXIMILIEN A MARGUERITE.

Il lui recommande de recevoir et de faire entretenir convenablement le jeune marquis de Brandebourg, qu'il envoie pour être au service de l'archiduc Charles. — (*Original.*)

(Au camp devant Padoue, le 8 septembre.)

Très chière et très amée fille, nous envoyons par delà le jeune marquis de Brandebourg [1], pour servir nostre très chier et très amé fils, l'archiduc Charles. Et vous requérons que le recepvez ou service de nostredit filz, et faictes de deslà en avant bien et honnestement entretenir à l'entour de luy. Et s'il a d'aucunes choses affaire, vous le veuillez en ce assister et lui faire toute l'ayde et assistance que pourrez aussi faire, tant vers ceulx de nos finances qu'ilz luy payent doiresenavant la pension de mil livres par an que lui avions ordonné pour son entretenement, aux termes et en la manière acoustumée sans en ce faire faulte. En quoi faisant, nous ferez chose bien agréable. A tant, très chière et très amée fille, nostre Seigneur soit garde de vous.

[1] Ce ne peut être que Joachim, fils aîné de Joachim Ier, margrave de Brandebourg, et d'Élisabeth de Danemarck.

Escript en nostre champ d'encontre Padoue, le VIIIe jour de septembre, l'an XV^c IX. Vostre bon père MAXIMILIEN. — Plus bas, *Renner*.

---

142. — MARGUERITE A MAXIMILIEN.

Elle félicite son père du succès de ses armes en Italie. Elle est bien aise de la rupture du traité avec le roi d'Aragon, qui était préjudiciable à la maison d'Autriche. Elle invite l'Empereur à se tenir sur ses gardes, dans le cas où il y aurait lieu de traiter encore avec ce roi. — (*Minute.*)

(Octobre.)

Mon très redoubté seigneur et père, très humblement à vostre bonne grâce me recommande.

Monseigneur, j'ay receu pluseurs voz lettres, par lesquelles me signiffiez de vos bonnes nouvelles et prospérité, et comme avez remis et réduict en vostre obéissance tout ce que les Véniciens vous avoient surprins à Padua et Tréviso, prez lesquelz espérez bien tost mectre à la raison, dont je suis bien joyeuse, et mesmement que deans bref jours, moyennant l'ayde de Dieu, aurez achevé vostre emprinse, espérant que tant plustost vous pourray veoir.

Monseigneur, j'espère, lesdites deux villes remises en voz mains, y mectrez tel et si bon ordre et aux autres places et villes par vous conquises, qu'ilz ne vous feront plus telles finesses qu'ilz vous ont fait et vouldroit mieulx en faire beaux villaiges que dore cy après en feussiez à recommancer.

Monseigneur, j'ay entendu, par les lettres que mon président m'a escriptes du XXVIIe d'aoust, que les roys de France et d'Arragon ont rompue leur armées par mer et que, par ce, le traictié que avez advisé avec ledit roy d'Arragon est rompu. Il me desplait, Monseigneur, que lesdictes armées sont rompues, pour austant que aurez seul à supporter tous le faiz à l'encontre des Véniciens; mais je suis bien joyeuse de la rompture dudit traictié, pour ce, Monseigneur, que tous ceulx de vostre conseil privé ne trouvoient, ne aussy fesoye que fut en riens à vostre honneur bien ou prouffit, ny de Monseigneur mon nepveu. Vous supplie, Monseigneur, me pardonner se vous en escriptz ce que l'on en dit à la vérité, et espère, Monseigneur, que s'il vient à traicté cy après avec ledit seigneur roy d'Arragon, y aurez bon regard à vostre honneur et au bien et prouffit de mondit seigneur et nepveu, de manière que l'on ne puist dire cy après que ayés fait son dommage.

Au surplus, Monseigneur, pour non vous accadier de longue lettre, j'escriptz à mon président de plusieurs choses et mesmement de l'affere de la vefve et enffans de feu messire Jheromme Lawrin, lequel affere, Monseigneur, vous supplie avoir pour recommandé, et sur ce, que par mondit président, serez averty me faire responce, et me mander et commander voz bons plésirs pour iceulx accomplir, aydant Dieu, auquel je prie qui, mon très redoubté seigneur et père, vous doint bonne vye et longue.

143. — MAXIMILIEN A MARGUERITE.

L'empereur mande les motifs qui lui ont fait lever le siége de Padoue. — (*Original.*)

(Au camp, à Lymena, le 7 octobre.)

Très chière et très amée fille, combien que vous ayons dernièrement escript que le lendemain de la rescription de nosdites lettres, nous estions délibéré, veu la grande baterye de nostre artillerie que auparavant avions fait faire devant nostre ville de Padoue, de donner l'assault à ceulx qui estoient deans icelle nostre ville, toutes voyes nous avons depuis trouvé, par l'advis de nos capitaines et de ceux de nostre conseil et autres estans lez nous, que, considéré le grant nombre d'artillerie et de gens de deffence que les Vénitiens y avoient [1] et mesmement les grandes réparations qu'ils y avoyent faictes, que jamais au monde n'a esté veu les semblables, pour ce qu'ilz ont eu dedans beaucoup de villains et de gens de guerre, entre lesquels ils estoient plus de xv^{m} hommes bien armez, il nous estoit plus prouffitable de délaisser icellui assault que de le donner. Parquoy, congnoissant aussi que aucuns de nos communs gens de guerre, n'estoient pas fort enclins audit assault, nous avons levé nostre siége dudit Padoue et emmené toute nostre artillerie, et nous sommes icy retirez, où nous espérons, attendu ledit grant nombre de gens qui est audit Padoue et le grant destrument de biens que l'on a fait tout alentour, mettre tel ordre contre eulx que les y affamerons; et, à l'ayde de Dieu, part ce et autres voyes contraindrons de eulx rendre à nostre obéissance.

Nous départons nostre armée en deux, dont une partie s'en va mectre le siége devant une ville et chas-

[1] La garnison de Padoue se composait de douze mille hommes de pied, deux mille chevaux et deux cents volontaires, fils des nobles vénitiens. L'armée combinée assiégeante était forte de trente-six mille fantassins, dix-huit cents hommes d'armes et mille chevau-légers. L'enthousiasme des Vénitiens, excité encore par les harangues du vieux doge Loredano et d'André Gritti, triompha des efforts réunis de l'Empire, de la France et de l'Espagne.

teau que tiennent lesdits Vénitiens, nommé Lynago, qui est fort et tient un grand passaige; et l'autre partie de nostre armée demeure pour soustenir nos loyaulx subjects de par deçà et mettre en effame ledit Padone. Et a tant, très chière et très amée fille, nostre Seigneur soit garde de vous.

Escript en nostre champ à Lymine, le VII[e] jour d'octobre, l'an XV[c] IX. Vostre bon père MAXIMILIEN. — Plus bas, *Renner*.

---

144. — MAXIMILIEN A MARGUERITE.

Procès de Nevers. Ratification du traité conclu avec l'Angleterre. Précautions à prendre contre les menées de Charles de Gueldre. — (*Original*.)

(Au camp, à Lymena, le 7 octobre.)

Très chière et très amée fille, nous avons receu, depuis naguères, trois voz lettres du derrain jour d'aoust, IIIe et XVIe de septembre derrain passé, ausquelles pour les causes que vous avons dernièrement escript, ne vous avons peu fère responce jusques à présent.

Et en tant que touche le procès, qui est reprins par les yefve et héritiers de feu le conte de Nevers, en parlement à Paris, à l'encontre de nostre très chier et très amé filz l'archiduc Charles, et de ce qu'il vous semble estre à ce nécessaire, mesmement de vous envoyer par delà nostre bien amé Estienne de Vaignon, pour déposer, en la matière dudit procès, la vérité de ce qu'il en scet, nous vous advertissons que, à celle cause nous despécherons brief ledit Estienne pour aller par delà; et au surplus ce que trouverez estre bon et expedient oudit affere, vous requérons le pourter oultre et avancer le plus que vous pourrez, et que ladite matière le requiert; car nous en avons nostre confidence en vous et à ceulx de nostre conseil estans lez vous.

D'autre part, nous avons receu certaine lettre de confirmacion du traictié, par nous dernièrement fait avec feu nostre frère le roy d'Angleterre, laquelle lettre, pour ce que n'en avons icy que fère, nous vou renvoyons présentement pour la nous garder par delà en noz chartres.

Quant à voz advertissemens touchant messire Charles de Gheldres, nous désirons et vous requérons que prenez adez bonne garde sur ledit messire Charles, et de sorte que, par ses moyens acoustumez, il ne nous face quelque tromperie; et en tout fère tousjours le mieulx que pouvez; car nous espérons brief y pourveoir, soit par le moyen de nostre frère le roy de France ou autrement, en sorte qu'il ne nous saura fère dommaige, ains sera contraint soy déporter, et à tout le moins entretenir le traictié et appoinctement qui luy a esté fait.

Au regard de la provision par vous faicte de la prebende ducale de Nyvelle, au prouffit de Anthoine François, pour les causes au long contenues en vosdites lettres, nous en sommes contens et l'avons pour agréable. Priant à tant nostre Seigneur qu'il, très chière et très amée fille, soit garde de vous.

Escript en nostre champ de Lymisne, le VIIe jour d'octobre, l'an XV^c^ IX.

P. S. Nous sommes aussi contens de la provision par vous faicte de nostre recepte de Namur, en vertu de noz lettres de promesse pour Nicolas Riflart, et, en ensuivant ce, en avons fait despeschier noz lettres d'agréacion, dont vous advertissons.

Et ne faictes plus telle despesche sans premier nous en advertir; ains entretenez l'ordonnance que vous avons donné.

Per Regem. — Plus bas, *Renner.*

---

145. — MAXIMILIEN A MARGUERITE.

L'Empereur regrette de ne pouvoir, suivant le désir de sa fille, conférer une cure vacante au prévôt de Cassel, attendu qu'il en a disposé en faveur de J. de Banissis. — (*Original.*)

(Au camp près Longuera, le 9 octobre.)

Très chière et très amée fille, nous avons receu vostre lettre faisant mention du trespas de feu l'évesque de Salubrie[1], nous requérant, pour les causes au long contenues en vosdites lettres, vouloir pourveoir nostre amé et féal conseiller, le prévost de Cassel, de la cure de la Gonde que tenoit à son vivant ledit feu évesque, et par sondit trespas, vacant à nostre disposition. Et pour ce, très chière et très amée fille, que, avant la réception de vosdites lettres, nostre amé et féal secrétaire maistre Jacques de Bannissis, nous avoit adverty de la maladie dudit feu évesque, et requis, si le cas advenoit du trespas dudit seigneur, le vouloir avoir à icelle cure pour recommandé et préférer avant tous autres en récompence de ce qu'il n'a peu avoir la joyssance de deux ou trois bénéfices que lui avions accordé par delà, et que depuis xv ou xvi ans qu'il nous a servy continuellement, il n'a peu obtenir un seul bénéfice de nous ne autre récompence. Nous, à ces

[1] Sélivrée. Les évêques *in partibus* n'ayant point de dotation, on leur conférait des cures ou autres bénéfices pour les aider à subsister.

causes, aussi considérant les bons et loyaulx services que ledit maistre Jaques nous a de longtems faiz et fait encoires journellement à grant peine et traveil, le vueillant de ce aucunement récompencer, et d'autres don que sçavous bien luy avoir par cidevant faiz, dont il n'a pas joy, lui avons donné et accordé ladite cure de la Gonde pour l'avoir et en joyr, ou lieu dudit évesque de Salubrie; dont vous advertissons et vous requérons faire tant vers nostredit conseiller, qu'il se vueille encoires contenter pour ceste fois; car du premier bon bénéfice qu'il vaquera à nostre disposicion par delà, en nous en advertissant, nous l'aurons en icellui avant tous autres pour recommandé. Ce scet, nostre Seigneur, qu'il, très chière et très amée fille, soit garde de vous.

Escript en nostre camp lez Longuera, le IXe jour d'octobre, l'an XV^c^ et IX. Vostre bon père MAXI.

P. S. *Ayes ly pour cause que nous vous avons dyt de bouche pour recommandé*[1].

Per Regem. — Plus bas, *Renner.*

---

146. — MAXIMILIEN A MARGUERITE.

L'office d'avocat fiscal au bailliage d'Aval, en Bourgogne, est conféré à Claude Jaillon. — (*Original.*)

(Au camp de Custoza, le 12 octobre.)

Très chière et très amée fille, nous avons entendu que aucuns font poursuyte d'obtenir de vous le don de l'estat d'advocat fiscal au bailliaige d'Aval, en nostre conté de Bourgoingne, que pieça avons donné à nostre

[1] Cette phrase est de la main de l'Empereur.

bien amé conseillier, Claude Jaillon[1], gradué ès droit, fils de nostre amé et féal conseiller, maistre Pierre Jaillon, lequel avons dispencé et licencier de tenir et excercer ledit estat d'advocat avec celluy de conseillier en nostre court de parlement de Dôle, ou le faire excercer par homme à ce ydoine, le terme d'un an prouchain, que ledit maistre Claude Jaillon pourra avoir parfait son estude. A celle cause escripvons devers vous, et vous requérons que faictes joyr lesdits maistre Pierre et Claude Jaillon, desdits estats, ainsi que dit est, et qu'ilz ont fait cidevant sans en pourveoir autres. Quoy faisant, vous nous ferez plésir. A tant, très chière et très amée fille, nostre Seigneur soit garde de vous.

Donné en nostre camp de Custoza, le XIIe jour d'octobre XV^c IX. *Per Regem.* — Plus bas, *Hannart.*

---

147. — MAXIMILIEN A MARGUERITE.

L'Empereur veut que Claude Boudran soit remis en possession de la trésorerie de Dôle, nonobstant les empêchements de Jacques Luc et de Philippe de Chassey. — (*Original.*)

(Au camp de Custoza, le 12 octobre.)

Très chière et très amée fille, nous avons escript à Jaques Luc, commis à l'excercice de la trésorerie de nostre ville de Dôle, de remectre en possession nostre bien amé Claude Boudran, de la recepte de Poligny, pour en joyr sans difficulté, tout ainsi qu'il a fait cy-devant en vertu de noz lettres patentes, avant l'empeschement à lui

[1] Ce même Claude Jaillon, beau-frère du secrétaire Marnix, fut depuis pourvu de la charge de conseiller au parlement de Dôle. (Voyez *Lettres de Louis XII,* IV, 289.)

y mis à tort et contre nostre vouloir, à la poursuyte de Philippe de Chassey, lors trésorier dudit Dôle. Néantmoings, comme entendu avons ledit Jaques Luc de ce faire a esté reffustant et a commis en ladite recepte de Poligny, Jehan Marlier, qui onques ne nous feist service ny aux nostres dont ne fumes content. A celle cause, ayant souvenance des bons services que de piéça nous a fait ledit Claude Boudran, et que journellement nous font aucuns des siens, aussi que voulons nosdites lettres patentes sortir effect, ainsi que raison veult, vous requérons très affectueusement que vous faictes joyr, comme dit est, ledit Claude Boudran de ladite recepte de Poligny. Quoy faisant avec ce que serez bien et loyalement servie de luy, vous nous ferez plésir et nostre volenté. A tant, très chière et très amée fille, nostre Seigneur soit garde de vous.

Donné en nostre camp de Custoza, le XIIe jour d'octobre XV^c^ IX. Vostre bon père MAXI. — Plus bas, *Hannart.*

148. — MAXIMILIEN A MARGUERITE

ET AUX GENS DE SES FINANCES.

Un secours de trois mille livres est accordé pour une fois au jeune duc de Milan, au-dessus de sa pension qui est insuffisante. — (*Original.*)

(Au camp de Langora, le 13 octobre.)

DE PAR L'EMPEREUR.

Très chière et très amée fille, et chers et féaulx. Il est bien vray comme puis nagaires avons par vous, très chière et très amée fille, esté adverty qu'il n'est possible à nostre cousin le duc de Milan [1] soy entretenir sur la pension à lui par delà ordonnée et accordée prendre et avoir de nous par chacun an, montant à la somme de mil livres de XI gros. Parquoy en considérant son estat, nous vous requérons et néantmoins ordonnons à vous de noz finances, affin de soy mieulx povoir entretenir et tant que par nous aultrement en sera ordonné, luy faire bailler et délivrer que lui donnons et par espéciale, pour une fois et pour ceste année, la somme de troes mil livres dudit pris, et icelle somme luy faire délivrer à l'heure que sadite pencion luy sera payée. Sy n'y veuilliez faire faulte; car nostre plésir est tel. Très chière et très amée fille, et chiers et féaulx, nostre Seigneur vous ayt en sa garde.

Donné en nostre camp à Langora, le XIIIe jour d'octobre XV^{c} noef. Vostre bon père MAXI. — Plus bas, *Renner*.

---

149. — MAXIMILIEN A MARGUERITE.

L'office du *sel Bouchet Savoye* à Salins, est conféré à Benoît Plâtre, dit Bigot, salpétrier de l'empereur en Bourgogne. — (*Original.*)

(Au camp de Longhar, le 15 octobre.)

Très chière et très amée fille, nous avons parcidevant, en considéracion et récompence des grans pertes et dommaiges que nostre bien amé, maistre salpetrier en Bourgongne, Benoist Patre, dit Bigot, avoit euz pour nostre service, donné et accordé audit Bigot,

[1] Maximilien Sforce, fils aîné de Ludovic, duc de Milan, fut envoyé avec son frère auprès de l'empereur Maximilien en 1501, lorsque le duc son père fut fait prisonnier par les Français à la déroute de Novarre.

la charge et conduicte du marchié du seel Bouchet Savoye de nostre saulnerie de Salins et de ce luy fait despeschier noz lettres patentes dont il a joy jusques à naguères que entendons que, soubz umbre de quelque ordonnance faicte par ceulx de la court de parlement à Dole, l'on luy a en ce mis et mect empeschement. Parquoy, très chière et très amée fille, et que avons ledit Bigot, pour les causes dictes, en singulière recommandacion, escripvons devers vous et vous requérons que, en ensuivant la promesse que nous avez faicte des officiers que avons commis en nostredit conté et en faveur de nous, vueillez entretenir ledit Bigot en ladite charge et conduicte du seel Bouchet Savoye, et sur ce, luy faire despechier voz lettres de confremacion, selon le contenu des lettres que luy en avons despesché, comme dit est, le double desquelles vous envoyons à celle cause. Et que icelle confremacion nous vueillez incontinent renvoyer pour les faire délivrer audit Bigot, qui est à ceste heure devers nous en nostredit service. En quoy faisant, vous nous ferez chose agréable. A tant, etc.

Donné en nostre camp à Longhar, le xve jour d'octobre, l'an xv^c^ ix. *Per Regem*. — Plus bas, *Renner*.

---

150. — MAXIMILIEN A MARGUERITE.

Jacques Kennessière, dit le Sellier, est nommé garde de l'artillerie du château de Lille et concierge de la Salle. L'Empereur entend que ces sortes d'offices soient toujours donnés à ses vieux serviteurs. — (*Original.*)

(Longhar, le 15 octobre.)

Très chière et très amée fille, nous vous tenons records comment vous avons naguères escript que, en faveur des bons et loyaulx services que nostre bien amé fourier de nostre hostel, Jaques Kennessière, dit le Sellier, nous a fait dez sa jeunesse et fait encoires journellement, allentour de nostre personne, oudit estat de fourier et autrement, nous luy avons donné les offices de garde de nostre artillerie ou chasteau de Lille et concierge de la salle, illec comme vacant à nostre disposicion par le trespas de feu Hues le Maire, et requis de lui en despeschier par delà noz lettres patentes, en tel cas pertinent. Toutesvoyes nous entendons que en avez pourveu au prouffit d'autre, et que par ce ledit Jaques ne peut joyr de nostredit don. Parquoy et que voulons que ledit Jaques joysse d'icelluy nostre don avant tous autres, escripvons devers vous et vous requérons que, sans avoir regard au don par vous fait comme dit est, vous faictes despeschier audit Jaques noz lettres patentes d'iceulx, pour en joyr comme faisoit ledit feu Hues en son vivant, par lesquelles en soit déporté celluy que y avez commis et tous autres qui y pourroient mectre empeschement; car nous entendons tousjours pourveoir à telz offices noz vieilz serviteurs. Parquoy ne vous vueillez désormais tant haster de les donner, mais nous en advertissez avant que d'en faire aucune promesse. A tant, très chière et très amée fille, nostre Seigneur soit garde de vous.

Donné en nostre camp à Longhar, le xve jour d'octobre, l'an xv^c^ neuf. *Per Regem.* — Plus bas, *Renner.*

151. — MAXIMILIEN A MARGUERITE.

Jacques, seigneur de Licques, est nommé échanson de l'archiduc avec faculté de retourner dans ses foyers à cause de son état de maladie. — (*Original.*)

(Au camp de Castelz, le 18 octobre.)

DE PAR L'EMPEREUR.

Très chière et très amée fille, pour ce que aprez que nostre amé et féal escuier, Jacques, seigneur de Licques, nous a, en ceste nostre présente guerre contre noz ennemis vénissians, bien honnestement et deuement servy, et en sorte que sommes bien contens de lui, et icellui estant fort pressé et traveillié de maladie et débilité, et aussi à sa requeste, lui avons donné congié et licence retourner en sa maison et demeure; lequel, pour icellui et autres agréables services qu'il nous a faiz tant vers nostre très chier et très amé filz le feu roy de Castille, que Dieu absoille, que autrement, et espérons que encoires nous fera, avons retenu et retenons de la maison et fait couchier en estat d'eschanchon de nostre très chier et très amé filz l'archiduc. A tant, etc.

Donné en nostre camp de Castelz, le XVIII[e] jour d'octobre XV[c] neuf. *Per Regem.*

152. — MAXIMILIEN A MARGUERITE.

L'Empereur recommande à sa fille Gauvein de Grantmont. — (*Original.*)

(Véronne, le 24 octobre.)

Très chière et très amée fille, pour ce que nostre chier et bien amé escuier, Gauvein de Grantmont, vostre serviteur, s'est bien et honnestement employé per deçà en nostre service, nous l'avons en singulière recommandacion. Et vous requérons que pour l'amour de nous, le vueillez tousjours tant plus avoir pour recommandé. A tant, très chière et très amée fille, nostre Seigneur soit garde de vous.

Escript en nostre ville de Véronne, le XXIIIIe jour d'octobre, l'an XV^c IX. *Per Regem.* — Plus bas, *Renner.*

---

153. — MARGUERITE A MAXIMILIEN.

Elle mande à son père qu'étant sur le point de partir pour Malines avec le prince Charles, son neveu, elle a appris que les princesses ses nièces étaient atteintes de la petite vérole. En conséquence, ne voulant pas exposer le jeune prince à la contagion, elle se décide à demeurer avec lui à Bruxelles. — (*Minute.*)

(Bruxelles, le 29 octobre.)

Mon très redoubté seigneur et père, très humblement à vie, bonne grâce me recommande.

Monseigneur, à l'eure que monseigneur mon nepveur et moy avyons délibéré d'aller à Malines pour y faire la feste de Toussains, et le surplus de l'yver, est survenu que madame Isabeau, ma niepce, a prins la petite véreulle, et depuis madame Marye. Et encoires, Monseigneur, cejourd'huy, me sont venues nouvelles que madame Leonor se plaindoit de la teste; et font doubte les médecins qu'elle ne vienne à prendre lesdites véreulles. Parquoy, Monseigneur, et que lesdits médecins dient que ceste maladye est contagieuse, et que monseigneur mon nepveur la pourroit prendre, sont d'advis que l'on ne doit bouger ny mener mondit seigneur et nepveur à Malines, pour éviter le dangier desdites véreulles, lesquelles sont fort dangereuses mesmement en temps d'yver, à cause du froit. Et à ceste cause, monseigneur, et avoyr ouye lesdits médecins sur cest affère, aussi qu'il se pourte très bien, ay, suivant l'advis desdits médecins, et de ceulx estant autour de mondit seigneur et nepveu, et afin d'éviter tous dangiers conclus et deslibéré tenir mondit seigneur en ceste ville, tant et jusques à ce que mesdites dames mes niepces soient du tout bien guéryes, et que tous dangiers soient dehors. Desquelles choses, Monseigneur, en toute humilité, vous ay bien voulu averty, vous suppliant les prendre de bonne part, et sur icelles et autres choses me mander et commander voz bons plésirs pour à iceulx obéyr de mon povoir. Aydant nostre Seigneur, auquel je prie qui, mon très redoubté seigneur et père, vous doint bonne vie et longue, avec l'entier accomplissement de vos très haulx et vertueux desirs.

Escript à Bruxelles, le XXIX[e] d'octobre XV[c] IX.

---

154. — MAXIMILIEN A MARGUERITE.

L'Empereur confère à Jean Isaac l'office d'échevin du Franc de Bruges. — (*Original.*)

(Ary, le 30 octobre.)

DE PAR L'EMPEREUR.

Très chière et très amée fille, pour le bon rapport que fait nous a esté de la personne de nostre bien amé Jehan Ysaac, et en récompense des bons et agréables services qu'il nous a faiz et encoires fait soubz nostre amé et féal cousin, le seigneur de Fiennes [1], nous vous requérons, et néantmoins ordonnons bien expressément que, sans de nous attendre aultre ne plus ample ordonnance, ne commandement que cestes, vous faictes à icelluy Jehan Ysaac expédier noz lettres patentes en forme deue de l'office et estat de eschevin du terroir de Franc, pour par ledit Jehan Ysaac en joyr, ou lieu d'ung nommé Josse Van Lesseve, puis nagaires terminé vie par mort ou d'ung aultre dont ne sçavons le nom aussi trespassé le mesme jour, tant qu'il nous plaira et jusques à notre rappel. Car ainsi nous playt-il; sy n'y veuilliez faire faulte. Très chière et très amée fille, nostre Seigneur vous ayt en sa saincte garde.

Donné en nostre place de Ary, le pénultiesme jour d'octobre xv^c ix. *Per Regem.* — Plus bas, *Renner.*

---

155. — MAXIMILIEN A MARGUERITE.

Pieter Clais Zon est confirmé dans l'office de prévôt des maréchaux. — (*Original.*)

(Roveredo, le 1er novembre.)

Très chière et très amée fille, nous avons pieça receu voz lettres par lesquelles nous advertissez Pieter Clais Zon avoir esté par ci-devant pourveu par feu nostre très chier et très amé filz, le roy Dom Philippe, d'estat de prévost des mareschaulx; et que combien dernièrement, à la confirmation que feismes des officiers de noz pays de par delà, la confermation d'icellui estat nous ait esté requise, néantmoins nous n'y avions encoires

[1] Jacques de Luxembourg, seigneur de Fiennes, chevalier de la Toison-d'Or, gouverneur général de Flandre et d'Artois.

rien ordonné; parquoy et qu'il est fort nécessaire par delà estre pourveu audit estat, pour le bien des pays, nous requérez y vouloir ordonner. A ces causes, désirant le bien de nosdits pays de par delà, vous advertissons présentement que sommes bien contens que ledit Pieter Clais Zon soit entretenu et confermé oudit estat de prévost des marischaulx, aux gaiges de VIII patars par jour, et selon la première retenue qu'il en a eu de nostredit feu filz, et que, en ensuivant ce, luy en faictes despechier nosdites lettres de confirmacion en tel cas pertinentes. A tant, très chière et très amée fille, nostre Seigneur soit garde de vous.

Escript en nostre ville de Rouvey, le premier jour de novembre, l'an XV^c et IX. *Per Regem.* — Plus bas, *Renner.*

---

156. — MAXIMILIEN A MARGUERITE.

Le docteur Pavie nommé confesseur de l'archiduc Charles, et l'un des exécuteurs testamentaires de Philippe, roi de Castille, en remplacement de l'évêque de Salubrie, décédé. L'Empereur consent que les Vénitiens envoient des députés à la prochaine journée de Mantoue. Il s'étonne de l'alliance que certains princes d'Allemagne veulent contracter avec Charles de Gueldre qui est au ban de l'empire. Il insiste pour l'envoi des sommes nécessaires au paiement de ses gens d'armes qui menacent de le quitter, si on diffère leur solde. Ne peut faire droit à la demande de la cure de la Gonde pour le prévôt de Cassel. Confère une chanoinie d'Aire à sire Galois Le Vasseur. — (*Original.*)

(Roveredo, le 2 novembre.)

Très chière et très amée fille, nous avons depuis naguères receu certaines voz lettres, entre lesquelles nous escripvez que, au moyen du trespas de feu l'évesque de Salubrye, lequel avions constitué en estat de confesseur de nostre très chier et très amé filz, l'archiduc Charles, et prescheur de son hostel, il est besoing, pour le bien de nostredit filz et de nostre maison de Bourgongne, pourveoir audit estat de personne à ce ydoine et souffisant. Parquoy, par l'advis des principaulx estans lez vous, aviez regardé de quel personnaige de par delà l'on se pourroit servir en icellui estat et, en ensuivant ce, nous en nommez deux par vosdites lettres, nous requérant pour les causes au long contenues en icelle de vouloir pourveoir audit estat de confesseur, l'un d'iceulx deux personnaiges, et sur tout vous signiffier nostre bon plésir.

Et pour ce, très chière et très amée fille, que désirons bien la promocion audit estat de confesseur d'un homme à ce ydoine et souffisant, et qu'entendons, tant par vosdites lettres que par les bons rapports que nous ont estez faiz des bonnes meurs et souffisances du docteur Pavye [1], icellui docteur estre propice et qualiffié audit estat de confesseur, nous vous advertissons que sommes contens et voulons qu'il en soit pourvueu, ou lieu dudit feu évesque de Salubrye.

D'autre part, pour ce que aucuns des exécuteurs du testament de feu nostre très chier et très amé filz, le roy dom Philippe de Castille, que Dieu absoille, sont allez de vie à trespas depuis certain temps ença, entre lesquelz ledit évesque de Salubrye en estoit ung, et que à présent il n'y en a que deux qui vacquent ne entendent à l'exécucion d'icellui testament, nous, désirant

[1] Michel Pavie, docteur en théologie, chanoine et doyen de l'église de Cambrai, mort à Bruxelles le 17 mai 1517. Il a laissé des notes manuscrites sur *Térence* et sur les *Commentaires de César*.

en ce pourveoir au soulaigement et ayde desdits deux exécuteurs, voulons que ledit docteur de Pavye soit aussi commis exécuteur du testament de nostredit feu filz, ou lieu dudit feu évesque, et que de cesdits deux estats vous lui en faictes despecher par delà noz lettres patentes à ce pertinentes.

Et, affin que le testament de nostredit feu filz, le roy dom Philippe, soit tant mieulx exécuté, nous vous requérons que, à l'exécution et avancement d'icellui, vous vueillez tenir nostre lieu par delà, et vous y employer, durant nostre absence, par tous les meilleurs moyens que sçaurez adviser.

Nous avons, d'autre cousté, reçeu une voz lettres, ensemble une copie de lettre que nostre frère, le roy d'Angleterre, nous vouloit escripre, et par icelle vostre lettre entendu vostre advis sur ce. Surquoy vous advertissons que le hérault de nostredit frère est depuis venu devers nous à tout icelle lettre, et que sommes sur ce délibéré consentir aux Vénissiens qu'ilz puissent envoyser leurs commis et depputez à la prouchaine journée de Saint-Andrieu, qui se doit tenir à Mantoua, avec ceulx de la lighe ou leurs depputez.

Semblablement, nous entendons par vosdites lettres que, pour ce que aviez esté advertye que noz cousins de Cleves, de Juilliers et de Gheldres, estoient sur faire quelque traictié et aliance, ouquel traictié les évesques de Coulongne, Munstre et Liége, se devoient aussi joindre, vous aviez envoyé devers nostredit cousin de Cleves, nostre amé et féal secrétaire maistre Anthoïne de Waudripont, pour en sçavoir et enquerre la vérité, et, luy par vous oy, nous advertir de ce que en trouverez à la vérité.

Surquoy vous voulons bien adverty que autresfois nous avons pouparlé et fait commancer quelque aliance entre nous, nostre maison de Bourgongne et les dessusdits princes, mesmement du temps que nostre frère, le roy de France, nous estoit contre; et ne sçavons bonnement croire que, sans nostre sceu, lesdits princes voulsissent faire aucunes aliances avec messire Charles de Gheldres, veu que ledit messire Charles est ou ban impérial, et que en ce faisant ilz feroient contre leur serement, et par ce, tous leurs pays et biens seroient à nous assignez. Néantmoins, nous désirons que, quant ledit maistre Anthoine sera de retour, vous nous advertissez à diligence de ce qu'il aura peu sçavoir de cestedite matière; et nous mectrons peine de, selon ce, en brief parbesoingner sur le commencement desdites alliances.

Par autre vosdites lettres, nous escripvez que les deniers du payement de noz gens d'armes de par delà, dont nagaires vous avons bien expressément escript, auroient esté prestz. Mais pour les causes au long déclairées en vosdites lettres, ilz avoient esté employez en autre usaige. Toutesfois, ceulz de noz finances vous avoient dit qu'ilz feroient tant que deans ung mois ou six sepmaines au plus tart ledit payement seroit prest.

Surquoy, très chière et très amée fille, nous semble que vous et ceulx de nosdites finances entendez peu le dommaige et inconvénient en quoy, à l'occasion dudit payement, nous povons tomber, combien que vous en aions bien adverty de longtemps; car nosdits gens d'armes d'embas, jaisoit que leurdit payement de deux mois ne eschée encoires devant quelques jours, ne font autre chose que nous poursuyr et traveillier pour leurdit payement. Et tout plat nous ont fait dire qu'ilz ne nous serviront plus s'ilz n'ont prestement ledit payement de deux mois; et que plus est, au moyen des traignées qui ont esté faictes en leurdit payement, demandent avoir de nous doresnavant dix florins d'or par cheval, ou ilz ne nous serviront plus, mais s'en retourneront et nous habandonneront en noz plus grans afferes. Parquoy vous requérons très acertes que, affin que puissions pourveoir audit payement comment il est nécessaire, vous vueillez fere toute extrême diligence que iceluy payement nous soit incontinent envoyé par deçà, et le plus tost qu'il sera possible; car autrement nous congnoissons bien nous en advenir de grans dommaiges; parce que à cause des grans charges que avons de deniers, nous ne povons furnyr à icellui payement, et que lesdits gens d'armes, soubz couleur de ce que dit est, sont totallement résoluz de nous faire du regrect et desservice.

Au regard de ce que nous avez escript touchant la promocion qu'avons faicte à nostre amé et féal secrétaire, maistre Jaques de Banissis, de la cure de la Gonde, nous tenons vous avoir assez advertie des raisons pourquoy nous avons pourvueu d'icelle cure ledit maistre Jaques. Toutesvoyes, nous entendons par vostredit escript les raisons qui vous mennent à encoires une fois nous recommander nostre conseillier, le prevost de Cassel, à icelle cure. Et combien, très chière et très amée fille, que soyons aussi enclins que vous à le récompenser des services que sçavons et entendons qu'il nous a faiz et à feu nostredit filz, le roy dom Philippe, néantmoins, pour ce que, comme desjà vous avons escript, nous nous tenons tenu audit maistre

Jaques, à cause des bons services qu'il nous a de longtemps fait, et que feu l'évesque de Cyberin, son oncle, qu'il le nous donna pour nostre filz, fut du plus cause de nostre aliance de mariaige à nostre bonne compaigne, dame Marye de Bourgoingne, vostre mère, que Dieu face mercy, nous vous advertissons que voulons que ledit maistre Jaques ait ladite cure de la Gonde, et que d'icelle luy faictes despescher par delà noz lettres patentes à ce pertinentes, ensemble le mectre en possession et joyssance de ladite cure, comme en tel cas appartient; car nostredit conseiller est plus riche que luy, et desjà pourveu de deux prévostez pour à tout tousjours povoir mieulx attendre que ledit maistre Jaques qu'il n'a nulz biens. Mais nous sommes contens et vous donnons povoir par cestes que de la première dignité ou aultre bon bénéfice qu'il vacquera d'icy en avant par delà, vous en pourvéez nostredit conseillier, en récompense de ses services.

Quant à la recommandacion que nous avez fête en faveur de sire Galois le Vasseur, chappelain de nostre amé et féal escuyer, le seigneur de Castre, à celle fin que le veuillons pourveoir de la chanoinie et prébende d'Ayre, naguères vacante à nostre disposicion par le trespas de feu sire Lanys Porer, nous vous advertissons que tant, pour les causes au long contenues en vosdites lettres, que autres à ce nous mouvants, nous sommes contens que ou cas dessusdit, ledit sire Galois soit pourvueu de ladite prébende d'Ayre, et vous requérons que lui en faictes despechier par delà noz lettres patentes à ce pertinentes. A tant, très chière et très amée fille, nostre Seigneur soit garde de vous.

Escript en nostre ville de Rouvey, le IIe jour de

novembre, l'an xv^c et ix. Vostre bon père Maxi. — Plus bas, *Renner*.

---

157. — MAXIMILIEN A MARGUERITE.

L'Empereur mande à sa fille et aux gens de ses finances de faire solder ce qui reste dû au seigneur de Reux. — (*Original.*)

(Roveredo, le 2 novembre.)

DE PAR L'EMPEREUR.

Très chière et très amée fille, et chiers et féaulx, nostre amé et féal cousin, le seigneur de Reulx, nous a présentement remonstré que, de la somme de vi^m vi^c iii^xx florins de xii groz de nostre monnoye de Flandre le florin, que lui estoit deu et dont, au congié que prinsmes de vous, à nostre partement d'Anvers, vous ordonnasmes sur ce l'appoinctier, vous ne l'avez encoires appoinctié que de ii^m desdits florins et que la reste lui est encoires deue, ainsi que plus au long est contenu en ung billet que, à celle cause, il vous a présenté par nostre charge et commandement, et ensuivant ce que vous en avons ordonné, à nostre partement de par delà, comme dit est, nous requérant, considéré les grans fraiz et despens qu'il lui convient à présent avoir et supporter pour nostre service, le vouloir faire payer et contenter d'icelle reste ou l'en appoinctier, ainsi que bon nous sembleroit. Parquoy, très chière et très amée fille, et que trouvons ladite requeste estre raisonnable, aussi que sçavons nostredit cousin avoir et soustenir journellement de grans fraiz et despenz pour nostredit service, à ces causes escripvons présentement devers vous et vous requérons et néantmoins ordonnons à vous de noz finances que appoinctez icellui nostredit cousin de ce que trouverez lui estre deu d'icelle reste, pour en estre payé sur deux ou trois années advenir et de telz deniers que adviserez, car ainsi nous plaist-il. A tant, très chière et très amée fille, et chiers et féaulx, nostre Seigneur soit garde de vous.

Donné en nostre ville de Rovereyt, le IIe jour de novembre, l'an mil v^c et neuf. — *Per Regem.*

158. — MAXIMILIEN A MARGUERITE.

Il lui recommande Guillaume de Pavisson pour un office dans la maison de l'archiduc. — (*Original.*)

(Roveredo, le 3 novembre.)

Très chière et très amée fille, pour ce que Guillame de Pavisson, escuier, a parcidevant servy feu nostre très chier et très amé filz le roy, dom Philippe de Castille, que Dieu absoille, en estat de gentil-homme de sa maison et que nostre cousin, le seigneur Constantin, son oncle, le nous a fort recommandé à celle fin que le vueillons entretenir ou service de nostre très chier et très amé filz l'archiduc Charles; à ces causes, nous l'envoyons par delà et vous requérons que le faictes entretenir ou service de nostredit filz en l'un des quatre estaz de sa maison, et pour ce donner les gaiges y appartenant, jusques à ce que y aurons autrement ordonné et mesmement sur l'estat de nostredit filz Charles; car nostre plésir est tel. A tant, très chière et très amée fille, nostre Seigneur soit garde de vous.

Donné en nostre ville de Rovereyt, le IIIe jour de novembre, l'an mil v^c et neuf. *Per Regem.* — Plus bas, *Renner.*

159. — MAXIMILIEN A MARGUERITE.

Il lui recommande Jehan Bontemps, seigneur de Salans, trésorier des finances, qui a été fait prisonnier par les Vénitiens. — (*Original.*)

(Roveredo, le 8 novembre.)

Très chière et très amée fille, nous croyons que soyez advertie de la prinse et détemption de nostre amé et féal conseiller et trésorier général de noz domaines et finances en Bourgoingne, le seigneur de Salans, Jehan Bontemps, par les Véniciens, noz ennemis, dont il vous dépleait; et doubtant que à raison de sadite détemption ou autrement ne vuillez commettre et instituer ung autre en son estat, escripvons présentement devers vous et vous requérons très affectueusement que vous vuillez servir dudit seigneur de Salans, en le continuant oudit estat de trésorier et aussi en l'office de cappitainne en nostre cité de Besançon, ainsi et par la manière que l'avons commis et institué par noz lettres patentes; et après sa délivrance l'envoyrons devers vous dont sur ce de vostre vouloir nous vuillez escripre. En quoy, avec ce que serez bien et loyalement servie de luy, vous nous ferez chose très agréable et nostre volenté.

Donné en nostre ville de Rouveret, le huitième jour de novembre xv^c^ et IX. Vostre bon père MAXI. — Plus bas, *Hannart.*

160. — MAXIMILIEN A MARGUERITE.

Reprise d'une ville sur l'armée impériale. Échec des Vénitiens devant Vérone. — (*Original.*)

(La Pierre, le 25 novembre.)

Très chière et très amée fille, nous vous advisons come noz enemis sont venuz en grande puissance devant nostre ville et cité de (illisible) par trahison et entendement qu'ilz avoient dedans icelle, l'ont entreprinse et après sont venuz devant nostre cité de Véronne pensant semblablement la gaingnier par trahison. Mais nous avions si bien pourveu dedens et noz gens se sont si bien portez qu'ilz n'y ont peu riens faire.

Nous rassemblons nostre armée et tirons ce jourd'huy audit Véronne; et se viennent les François joindre avec nous et sommes délibérez incontinent tirer contre nosdits ennemis et espérons y faire quelque bon exploit et vous en faire savoir de bonnes nouvelles. A tant, très chière et très amée fille, nostre Seigneur vous ait en sa garde.

Escript en nostre chasteau de La Pierre, le xxve jour de novembre xv^{c} IX.

P. S. Et combien que noz gens d'armes aient esté déans environ de v^{m}, toutes voyes le peuple a esté tous si desloyaulx qu'ilz ont esté contrains vuydier dehors par appoinctement sans nulle perte.

Vostre bon père Maxi. — Plus bas, *Renner.*

161. — MAXIMILIEN A MARGUERITE.

Gérard de Plˀeine est nommé chancelier du Brabant, au lieu de Jehan Le Sauvaige. — (*Original.*)

(Au château de Stain, le 26 novembre.)

Très chière et très amée fille, nous vous escripvons, par autres noz lettres, comme désirons que nostre amé et féal chevalier chancellier de Brabant, messire Jehan Sauvaige, demeure continuellement auprès de vous, et que pour ce ses gaiges de premier président luy soient haulsez et acreuz, ainsi que congnoistrez luy estre nécessaire pour soy entretenir honnestement et garder l'honneur d'icellui estat, sans qu'il s'empesche plus dudit estat de chancellier; parquoy sera besoing de pourveoir d'un autre audit estat de chancellier de Brabant. Et pour ce que ne trouvons par delà personne qu'il nous soit plus agréable audit estat de chancellier, que maistre Gérard de Plaine, seigneur de la Roiche, nous voulons que dudit estat de chancellier vous luy faictes despescher par delà nos lettres patentes de commission pour tenir et desservir icellui estat, par manière de provision.

Aussi que ledit seigneur de la Roiche preste v^m^ livres et que lettres de sceurté luy en soyent despeschées à présent, que ne le désappoincterons ou débouterons dudit estat de chancellier, qu'il ne soit premier remboursé desdits v^m^ livres; lesquels v^m^ livres voulons et entendons qu'ils soient employez au paiement des gens d'armes de par delà qui sont icy devers nous, dont vous advertissons pour selon ce vous reigler. A tant, très chière et très amée fille, nostre Seigneur soit garde de vous.

Escript en nostre chasteau de Stain, le XXVI[e] jour de novembre, l'an XV[c] IX. *Per Regem.* — Plus bas, *Renner.*

---

162. — MAXIMILIEN A MARGUERITE.

L'Empereur veut que le président Jehan Le Sauvaige réside auprès de Marguerite, et que ses gages soient augmentés. — (*Orig.*)

(Au château de Stain, le 26 novembre.)

Très chière et très amée fille, et chiers et féaulx, pour ce qu'il n'est bonnement possible à nostre amé et féal chevalier chancellier de Brabant, messire Jehan Sauvaige[1], de vaquer ne entendre aux affaires de nostredite chancellerie de Brabant, ne à ceulx qui journellement surviennent à vous, nostredite fille, pour les affaires de nous, nostre très chier et très amé filz l'archiduc Charles, et tous noz pays de par delà, à quoy nous l'avions commis et ordonné comme nostre premier président, et que désirons nous servir dudit messire Jehan auprez de vous, nostredite fille, et qu'il y face continuelle résidence, sans ce qu'il s'empesche de plus grant charge et de nosdites affaires dessusdites, et aussi que congnoissons bien, les gaiges que luy avons ordonné dudit estat de nostre premier président non estre souffisant pour son entretenement celle part. A ces causes, vous requérons et néantmoins ordonnons à vous de noz finances que advisez de haulcer et

[1] Jehan Le Sauvaige, chevalier, président de Flandre, puis chancelier de Brabant, de Bourgogne, d'Espagne.

acroistre audit messire Jehan sesdits gaiges de nostre premier président, comme congnoistrez luy estre nécessaire pour soy entretenir honnestement alentour de vous, nostredite fille, et garder l'honneur audit estat appartenant, sans se plus empeschier dudit estat de chancellier; car nostre plésir est tel. A tant, très chière et très amée fille, et chiers et féaulx, nostre Seigneur soit garde de vous.

Escript en nostre chasteau de Stain, le XXVIe jour de novembre, l'an XV^{c} IX. *Per Regem.* — Plus bas, *Renner.*

163. — MAXIMILIEN A MARGUERITE.

L'Empereur a recommandé François de Melun pour l'évêché d'Arras. Cure de Harlem donnée au prévôt de Cassel, la prévôté de Saint-Pierre de Louvain à Conrard Renner, et une prébende de Courtrai au neveu du seigneur de Chièvres. Enfin, Jehan Geylart est pourvu d'une chapelle à Flobecq, Guillaume Isaac d'un canonicat à Tenremonde, et Philipot Loubart d'un personnat en Brabant : tous bénéfices vacants par la mort de l'évêque d'Arras.

(Trente, le 1er décembre.)

Très chière et très amée fille. Nous avons receu les lettres que nous avez escript touchant les bénéfices que feu l'évesque d'Arras [1] tenoit en son vivant à nostre collation. Sur quoy, quant à l'éveschié d'Arras, nous sommes bien contens et le désirons que nostre amé et

[1] Le prélat qui cumulait tous ces bénéfices était aussi archidiacre de Bruxelles en l'église de Cambrai. Il se nommait Nicolas de Ruistre. Après avoir été conseiller de Charles-le-Téméraire, de Marie de Bourgogne et de l'archiduc Philippe, il fut élu évêque d'Arras en 1501, et mourut à Malines en 1509.

féal conseiller, messire François de Melun l'ait; et à celle cause en avons escript en sa faveur et recommandation à nostre saint Père le pape et à nostre frère le roy de France.

En tant qu'avez, en vertu du povoir que vous avions donné, pourveu nostre conseiller le prévost de Cassel de la cure de Haerlem, nous ne vouldrions pas aller au contraire et en sommes contens, combien que de pieça l'eussions promisse à nostre secrétaire maistre Jehan Collauer, lequel à celle cause nous en a à présent fort sollicité.

A raison de quoy, et pour contenter sur ce ledit Collauer de nostredite promesse, luy avons accordé la prévosté de Saint-Pierre, en nostre ville de Louvain, dont nous aviez escript en faveur du neveu de nostre cousin, le seigneur de Chierves, en quoy ne vous sçavions complaire au moyen des promesses avantdites; car en entretenant audit docteur Collauer nostredite promesse de ladite cure de Haerlem, il eust convenu aussi, par vertu du povoir que vous avions donné touchant nostredit conseiller prévost de Cassel, pourveoir icellui prévost de ladite prévosté de Louvain.

Et pour aucunes causes et raisons qui à ce ont meu ledit docteur Collauer dont il nous a amplement informé, il a appoincté avec nostre amé et féal le docteur Conrard Renner, frère de nostre amé et féal secrétaire, maistre Jehan Renner, que icellui docteur Conrard auroit à son prouffit ladite prévosté et requis que en voulsissions estre content, et pour ce que ledit appoinctement nous a bien pleu, car nous désirons la promotion et avancement en sainte Église dudit docteur Conrard, en faveur mesmement de sondit frère, à ces causés nous avons fait despescher audit docteur Conrard noz lettres de don d'icelle prévosté de Louvain que vous envoyons présentement signée de nostre main, et vous requérons que par nostre chancellier de Brabant, vous les faictes sceller et après délivrer à nostre amé et féal secrétaire et audiencier, maistre Philippe Haneton, sans pour le droit du scel d'icelle en souffrir prendre aucune chose; car nostre plésir est, et voulons que ledit docteur Conrard en soit tenu quitte et exempt.

Et affin que nostredit cousin de Chierves soit pour ceste fois aussi contenté, nous avons accordé et accordons par cestes à sondit neveu, ou lieu de ladite prévosté de Louvain, la prébende et chanoinie de Courtray, vacant à nostre disposition par le trespas dudit feu évesque, et ce pour tousjours povoir mieulx attendre la promotion de quelque dignité par delà. Car, comme nous entendons, il est encoires jeune assez et l'aurons adez, en faveur de nostredit cousin, pour recommandé. De quoy vous requérons que advertissez nostredit cousin et que à sondit neveu faictes despescher par delà noz lettres patentes de ladite chanoinie de Courtray, comme en tel cas appartient. Quant à la promocion qu'avez faicte à sire Jehan Geylart de la chappelle de Flobecq, pour les raisons au long contenues en vosdites lettres, nous en sommes bien contens et l'avons agréable.

En oultre, nous avons donné et accordé à Guillaume Isacq, clerc de nostre trésorier Willingher, la chanoinie de Terremonde comme vacant par le trespas dudit feu évesque.

D'autre part, nostre fourrier Philippot Lombart

nous a humblement requis que, en faveur et récompence de ses services, et qu'il n'a joy du don que luy avions fait de la consiergerie de nostre maison de Malines, nous luy weillions accorder quelque personnaige[1] que ledit feu évesque avoit en son vivant en la Campigne de nostre pays de Brabant. Pourquoy nous, ce considéré et mesmement les services qu'il nous fait journellement à grant peine et traveil et espérons que encoires faire doye, à icellui Philippot avons octroyé et accordé ledit personnaige pour sa personne, en tant qu'il le peut tenir et qu'il soit à nostre disposition, ouquel cas vous requérons que luy en faictes despescher par delà noz lettres patentes à ce requises. A tant, etc.

Escript en nostre cité de Trente, le premier jour de décembre, l'an xv^{c} IX.

P. S. Combien que vous escripvons que vous envoyons noz lettres du don de la prévosté de Louvain, néantmoins nous voulons que les faictes despescher par delà pour ledit docteur Conrard.

Vostre bon père, MAXI. — Plus bas, *Botechou.*

---

164. — MAXIMILIEN A MARGUERITE.

L'Empereur invite sa fille à bien accueillir l'évêque de Badajoz qui se rend auprès d'elle pour faire partie du conseil de l'Empereur. — (*Original.*)

(Bolzanne, le 12 décembre.)

Très chière et très amée fille, nous avons naguères escript à l'évesque de Badaxos que sa venue de par delà nous estoit agréable et qu'il se tint devers vous et

[1] Personnat, dignité supérieure dans certaines églises cathédrales ou collégiales.

que de ce vous advertissons ce qui a esté obmis faire. Pourquoy présentement vous en advisons, et veu que ledit évesque est d'une des plus grand maisons d'Espaigne, vous requérons que le recueilliez et traittiez favorablement; et pour ce qu'il souloit estre du conseil de feu nostre très chier et très amé filz, le roy dom Philippe de Castille, que Dieu absoille, voulons que l'appellez en nostre conseil devers vous mesmement ès choses et affaires d'Espaigne. Très chière et très amée fille, nostre Seigneur vous ait en sa garde.

Escript en nostre ville de Bolsaenne, le XIIe jour de décembre XV^{c} IX. *Per Regem.* — Plus bas, *Hannart.*

165. — MAXIMILIEN A MARGUERITE.

Il lui mande qu'il a donné, à ses envoyés en France, pouvoir de traiter l'affaire de Gueldre. Il désire que la princesse Marie d'Angleterre soit reçue suivant son rang. — (*Original.*)

(Bolzanne, le 14 décembre.)

Très chière et très amée fille, nous avons receu les lettres que nous avez naguères escript touchant l'affère de Gheldres.

Surquoy vous advertissons que, trois ou quatre jours avant la récepcion de vosdites lettres, nous avons fait despeschier noz lettres de povoir de ceste matière, sur noz conseilliers estans de par nous devers nostre frère le roy de France, et icellui nostre povoir envoyé avec instructions et mémoires sur ce, pour, ensuivant ce, besoingner oudit affère.

Quant à ce que nous avez aussi escript de dame Marie d'Angleterre, nous désirons bien et sommes contens qu'elle vienne en noz pays d'embas, luy furnissant pour l'entretenement de son estat, ainsi que de ce nous avez mandé et escript. A tant, très chière et très amée fille, nostre Seigneur qu'il soit garde de vous.

Escript en nostre ville de Bolzanne, le XIIIIe jour de décembre, l'an XV^c IX. Vostre bon père MAXI. — Plus bas, *Renner*.

---

166. — MAXIMILIEN A MARGUERITE.

Office d'huissier de l'archiduc conféré à Jehan Marlot, dit Deschiens, qui est autorisé à s'absenter pour aller voir sa femme et ses enfants. — (*Original.*)

(Bolzanne, le 15 décembre.)

Très chière et très amée fille, pour les bons et loyaulx services que Jehan Marlot dit Deschiens a parcidevant faiz, dez sa jeunesse, à feu nostre très chier et très amé filz, le roy dom Philippe de Castille, que Dieu absoille, en tous ses voiiaiges quelz qu'ilz aient esté, et à nous aussi, en estat de fourrier comme autrement et fait encoires journellement, nous avons pour ces causes et luy donner entretiennement par delà pour ses anciens jours, ouctroyé et accordé de long-temps audit Jehan Deschiens, l'estat d'huissier de nostre filz l'archiduc Charles, et, en ensuivant ce, fait inscripre oudit estat en l'estat qu'avons commancé faire pour les officiers de la maison de nostredit filz Charles; et pour ce que luy avons présentement aussi ouctroyé congié pour aller par delà veoir ses femme et enffans, et soy y tenir jusques à nostre venue celle part, nous voulons et vous requérons bien acertes que dez maintenant, en attendant que vous envoyerons l'estat de nostredit filz Charles, vous faictes servir ledit Jehan Deschiens oudit estat d'huissier d'icellui nostredit filz et le mectre en ses escroes tousjours compté à telz gaiges que d'ancienneté y appartiennent, sans y faire aucune difficulté; car nostre plésir est tel, et le voulons estre fait. A tant, très chière et très amée fille, nostre Seigneur soit garde de vous.

Escript en nostre ville de Bolzanne, le xve jour de décembre, l'an xv^c IX. Vostre bon père MAXI. — Plus bas, *Renner*.

167. — MAXIMILIEN A MARGUERITE.

Recommandation de François de Melun pour l'évêché d'Arras. — (*Original.*)

(Bolzanne, le dernier décembre.)

Très chière et très amée fille, nous avons entendu, par les lettres que nous avez escript du XXIe de ce mois, comme ceux du chappitre de l'église Nostre-Dame d'Arras ont canonicquement esleu messire François de Melun[1], pour leur pasteur et évesque dudit Arras, et que pour obtenir conformation de sadite élection est besoing que icelle élection soit gréé par nostre frère le

[1] François de Melun, fils de Jean, châtelain de Gand, et de Marie de Sarrebruche, était prévôt du chapitre de Saint-Omer et de Saint-Pierre de Lille, chanoine d'Arras, et trésorier de l'église de Cambrai, lorsqu'il se mit sur les rangs, en 1502, pour obtenir l'évêché de Cambrai, vacant par la mort de Henri de Berghes. La moitié du chapitre élut Fr. de Melun, et l'autre se prononça pour Jacques de Croy, chanoine de Cologne et prévôt de Liége. L'empereur Maximilien fit prévaloir ce dernier, et plus tard dédommagea l'autre en lui faisant obtenir l'évêché d'Arras.

roy de France, nous requérant à ceste fin luy en vouloir escripre et semblablement à nostre saint Père le pape et aux cardinaulx.

Sur quoy, très chière et très amée fille, vous advertissons que avons voulentiers entendu ladite élection; car nous désirons fort la promotion dudit messire François à icelle éveschée d'Arras et à ceste cause en escripvons présentement à nostredit frère le roy de France, selon la mynute que nous avez envoyée et semblablement à nostredit saint Père le pape et aux cardinaulx; et s'il survient chose que nous puissons faire pour ceste matière, advertissez nous en tousjours et nous le ferons voulentiers. Ce scet nostre Seigneur qu'il, très chière et très amée fille, soit garde de vous.

Escript en nostre ville de Bolzanne, le dernier jour de décembre, l'an XV^c IX. Vostre bon père MAXI. — Plus bas, *Botechou*.

168. — MAXIMILIEN A MARGUERITE.

Il ne faut pas permettre de rien innover dans le mode de renouvellement de la loi de Saint-Omer. — (*Original.*)

(Bolzanne, le dernier décembre.)

Très chière et très amée fille, nous avons receu voz lettres du VIIe de ce mois, par lesquelles nous remonstrez les praticques qui ont esté menées l'an passé, nous estant par delà, pour faire quelque nouvellité au fait du renouvellement de la loy de nostre ville de Saint-Omer et autres choses à ce propos au long contenuz en vosdictes lettres, nous requérant y avoir regard et vouloir escripre aux bailly ou son lieutenant et aux mayeur et eschevins privés dudit Saint-Omer que, à la feste des Roix prouchaine, ils procéderont à la création et renouvellement d'icelle loy selon que d'ancienneté l'on a accoustume faire. Et oultre advertissez que, pour éviter aux dangiers et inconvéniens qui pourroient advenir de ceste matière, estiez délibérée de leur mander de par nous que, au fait dudit renouvellement de loy, ilz se règlent selon leurs previleiges et anchien train en ce observer, se n'est que de bonne heure vous mandons autrement le faire.

Surquoy, très chière et très amée fille, de vostre bon advertissement en ceste partye vous sçavons bon gré et vous signiffions que n'entendons estre fait, pour ceste fois, aucune nouvellité audit renouvellement de loy de Saint-Omer et ne le vouldrions point permectre. Et nous plaist bien que ensuyvez vostredite délibéracion sur ceste matière. A tant, très chière et très amée fille, nostre Seigneur soit garde de vous.

Escript en nostre ville de Bolzanne, le derrain jour de décembre, l'an XV^{c} et IX. *Per Regem.* — Plus bas, *Botechou.*

169. — MAXIMILIEN A MARGUERITE.

Il lui adresse un paquet de lettres qu'elle devra envoyer sur-le-champ, par un archer, à son ambassadeur près le roi de France. — (*Original.*)

(Bolzanne, le 12 janvier.)

Très chière et très amée fille, nous vous requérons que, incontinent cestes veues, vous envoyez le paquet de lettres qui est avec cestes, par ung de vos archiers en bonne diligence à nostre conseiller et ambassadeur devers nostre frère et cousin, le roy de France, le seigneur de Rogendorff, et que icelui archier voise le droit chemin de delà devers nostredit frère, et s'il rencontre ledit Rogendorff en chemin, luy baillera ledit paquet et s'il ne trouve aussi ledit Rogendorff devers nostredit frère, le baillera, en ce cas, à messire Andrieu de Burgo.

Donné en nostre ville de Bolzaenne, le XII[e] jour de janvier XV[c] IX. *Per Regem.* — Plus bas; *Hannart.*

170. — MAXIMILIEN A MARGUERITE.

Nouvelles de la guerre. Exploits du cardinal de Ferrare. Défaite des Stradiots vénitiens en Esclavonie. Sortie de la garnison de Vérone, etc. — (*Original.*)

(Sterzingen, le 15 janvier.)

Très chière et très amée fille, pour ce que en long temps ne vous avons escript de noz nouvelles de la guerre, vous avertissons présentement que le cardinal de Ferrare [1], ou lieu de son frère le duc qui n'est grand gens d'armes, a tuez et noyez IIII[m] Véniciens, qui en plus grand nombre estoient venuz ou pays dudit de Ferrare et on prins cinquante, lesquelz il a aussi fait noyer et si a gaingnié d'iceuls Véniciens XI gallées et par trait d'artillerie fait périr autres cincq gallées comme luy mesmes nous a fait savoir.

Mil paysans véniciens avoient fait ung fort sur ledit pays de Ferrare, lequel a esté gaingné par noz capitaines de Véronne, et y a demouré plus de II[c] hommes mors d'iceulx Véniciens et LX prins.

[1] Hippolyte d'Est, frère d'Alfonse Ier, duc de Ferrare.

Nous avons nouvelles que noz gens en Esclavonie ont rué juz IIII^{c} Stradioz véniciens et les chassé jusques aux portes de leur garnison, où ont esté tuez II ou III hommes d'armes des nostres du trait à pouldre. Autres cent d'iceulx Stradioz, par faulte de payement se sont depuis renduz à nous.

Puis peu de temps, III^{c} de noz gens d'armes ytaliens on fait une course sur iceulx Véniciens et y avons perdu environ LX homes. Noz capitaines nous ont escript que, pour contrevenge, ils sont d'intencion, en nombre de V à VI^{m} hommes, faire une bonne emprinse. De ce qu'ilz y feront le vous signiffierons.

Quatre mil de noz gens d'armes de la garnison de Véronne, ont puis brief jours rencontré V ou VI^{m} paysans et en tuez V ou VI^{c} et bruslé un village qu'ilz avoient fortiffié et VI moulins.

Nous tirons vers Ysbroeck, pour y prendre ung chamois et delà oultre à Ausbourg, à une journée impériale que tendrons illec. Et à tant, très chière et très amée fille, nostre Seigneur vous ayt en sa garde.

Escript en nostre ville de Stertsinghe, le XVe jour de janvier XV^{c} IX. Vostre bon père MAXI.—Contresigné, *Hannart*.

---

171. — MAXIMILIEN A MARGUERITE.

Mission donnée au seigneur de Melun et à Mercurin de Gattinare pour aller en Espagne. — (*Original.*)

(Madron, le 17 janvier.)

Très chière et très amée fille, pour ce que nous désirons servir de nostre amé et féal chevalier de nostre ordre, le sieur de Meleun et de maistre Marcurin de Gattinaire, vostre président, en ung voyage en Espaigne, nous vous requérons que, incontinent cestes veues, parlez avec eulx qu'ilz entreprendent ledit voyage à tout quelque honneste train pour le temps de demy an; et en aprez convenez et appointiez de ce qu'ilz auront pour faire icelui voyage, durant ledit temps, et à dilligence nous advertissiez de ce qu'ilz vouldront faire, à celle fin de leur envoyer instructions de ce qu'ilz auront à besoingnier de nostre part. A tant, très chière et très amée fille, nostre Seigneur vous ait en sa garde.

Escript à Madron, le XVIIe jour de janvier XV^c IX.

P. S. La matière est pour praticquier une ayde contre les Vénéciens pour l'esté prouchain.

Escript comme dessus.

Per Regem. — Plus bas, *Hannart.*

172. — MAXIMILIEN A MARGUERITE.

L'Empereur se réjouit de la guérison du seigneur de Fiennes qui avait été en danger de mort. Il est d'avis, le cas échéant de cette mort, de ne pas le remplacer comme gouverneur de Flandre. Capitainerie de Lille, Douai et Orchies. — (*Original.*)

(Inspruck, le 24 janvier.)

Très chière et très amée fille, nous avons receu les lettres que nous avez dernièrement escript faisant mencion de l'accident de maladie qui est survenu à nostre cousin, le seigneur de Fiennes[1], et entendu l'advertissement que par icelles nous faictes touchant

[1] Jacques de Luxembourg, seigneur de Fiennes, chevalier de la Toison d'or, gouverneur général de Flandre et d'Artois, a vécu longtemps encore après l'accident dont il est ici question.

la disposicion de ses estas et offices. Et par autres voz lettres subséquantes, en date du XIIIIe de ce mois, comme Dieu et nature ont tellement ouvré et labouré à nostredit cousin, qu'il est fort amendé et en espoir de eschapper du dangier de la mort. De quoy avons et sommes bien joyeulx, car nous le tenons pour ung de noz bons et espéciaulx serviteurs.

Et pour ce que par vosdites lettres vous nous advertissez de la manière comment le cas advenant de la disposicion des estas et offices de nostredit cousin de Fiennes que encoires, Dieu ne vueille, nous en pourrions disposer nous en ce vouldrions tousjours bien reigler par vostre advis, mais quant au gouvernement de Flandres, il nous semble non estre nécessaire de y plus commectre gouverneur et sommes en ceste opinion.

Au regard du gouvernement et capitainerie de noz villes et chastel de Lille, Douay et Orchies, il nous semble aussi que, quant l'on en pourvuerroit le personnaige nommé en vosdites lettres que par ce il devroit quicté la moitié ou du moins la tierce partie des III^m livres que luy ont esté accordées pour récompence de l'estaz que sçavez. A tant, très chière et très amée fille, nostre Seigneur soit garde de vous.

Escript en nostre ville d'Ymsprugg, le XXIIIIe jour de janvier, l'an XV^c et IX. *Per Regem.* — Plus bas, *Botechou.*

173. — MAXIMILIEN A MARGUERITE.

L'Empereur accorde la cure de Ghervliet à Bauduin, fils de Dierick le Begge, chevalier et trésorier de l'artillerie, nonobstant la promesse faite à Nicolle Mayoul, premier chapelain de l'Empereur. — (*Original.*)

(Bolzanne, le 28 janvier.)

Très chière et très amée fille, nous avons receu voz lettres du XIXe de décembre dernier passé, par lesquelles nous advertissiez de la remonstrance que nostre premier chappelain, messire Nicolle Mayoul vous a faicte du différend qu'il a parcidevant eu de la cure de la Gonde, ensemble de l'appoinctement que feu nostre filz, le roi de Castille, que Dieu absoille, lui en feit nous requérant, actendu que ledit messire Nicolle n'a jamais peu joyr dudit appoinctement ou du moins avoir d'icelluy aucune récompense, quelque poursuites, devoirs ne diligences qu'il en ait sceu faire, de à présent luy vouloir donner et accorder la cure de Gheervliet comme vacant par le trespas de feu sire Jehan Cayllot, prebtre.

Et combien, très chière et très amée fille, que eussions ledit messire Nicolle à icelle cure de Gheervliet bien pour recommandé, tant en faveur des bons services qu'il nous a parcidevant faiz que de l'appoinctement devant dit, toutesfois pour ce que de longtemps nous avons promis et accordé à nostre amé et féal chevalier et trésorier de nostre artillerie, messire Dierick le Begge, de pourveoir par delà sire Bauduin le Begge, prebtre, son filz, qu'il n'a aucun bénéfice, comme entendons, et que desjà par quatre ou cincq fois il s'est déporté d'aucuns bénéfices que par nostredite promesse lui estoient escheuz, nous considérans ces choses, mesmement que ledit messire Dierick est de noz bons vielz serviteurs fort povre et chargé de pluiseurs enffans, lesquelz ont bon besoing de nostre ayde, et que ledit messire Nicole est jà pourveu de nous d'office et bénéfices, pour povoir mieulx attendre quelque récompense dudit appoinctement avons présentement, à l'instance dudit messire Dierick, donné et accordé, ou cas dessusdit, audit messire Baudouyn ladite cure de Gheervliet, dont vous advertissons pour selon ce vous reigler.

Donné à Bolzanne, le XXVIIIe jour de janvier XV^c et neuf. Vostre bon père MAXIMIL. — Plus bas, *Botechou*.

---

174. — MAXIMILIEN A MARGUERITE.

Il lui renvoie le projet modifié du traité à faire avec Charles de Gueldre, qui autrefois avait promis de ne jamais se marier et de payer une forte somme, si on voulait lui laisser la jouissance viagère du duché de Gueldre, en arrière-fief du Brabant. — (*Original.*)

(Iuspruck, le dernier janvier.)

Très chière et très amée fille, nous avons au long veu et entendu les points et articles que nous avez envoyé qui ont esté advisé pour la seureté du traittié et alliance qui se pourra faire entre nostre très chier et très amé filz, l'archiduc Charles, et messire Charles de Gheldres et les advis de vous et de ceulz de nostre privé conseil de par delà apostilliez sur chacun d'iceulx articles. Et nous a le tout assez pleu. Par advis d'aucuns de nostre conseil, avons changié aucuns desdits articles, en y adjoustant aucunes choses à l'honneur, avantage et prouffit de nouz et nos pays de par delà, ainsy que verrez par l'escript que vous envoyons encloz en cestes. Et sommes content que envoyez nostre trésorier général, messire Rolant Lefevre, pour comme de vous mesmes, toutefvoies adviser de besongnier sur cest affaire selon le contenu en iceluy escript, en y adjoustant aussy ce que verrez et congnoistrez plus avant servir à l'adresse de ceste matière, bien, honneur et prouffit de nous et nostredit filz.

Ledit messire Charles nous a autreffoiz fait requérir et offrir, en ceste nostre ville d'Isbroeck et aussy en nostre cité de Constance, que, en le délaissant en paix, il nous prometteroit jamais soy marier, nous donner grosse somme de deniers par atterminacion, nous baillier aucunes villes dudit pays convenables et propices au pays de Brabant, et tenir ledit pays de Gheldres en arrière fief de Brabant et déclarer que, après sa mort, ledit pays nous escherroit et appartiendroit. En communicant de ceste affaire, s'il vient à point, l'on luy pourroit ce réciter, dont vouluntiers vous advisons [1]. Très chière et très amée fille, nostre Seigneur vous ait en sa garde.

Escript en nostre ville d'Isbroeck, le dernier jour de janvier XV^c IX. Vostre bon père MAXI. — Plus bas, *Hannart*.

[1] Voir sur cette négociation une lettre du 16 mars, et diverses autres de l'année 1510.

175. — MAXIMILIEN A MARGUERITE.

L'Empereur ne répondra au sujet de Jehan de Brégilles, qu'après le retour du secrétaire, Hans Renner, qui est allé traiter de la trève avec les Vénitiens. — (*Original.*)

(Kauffbeuren, le 11 février.)

Très chière et très amée fille, sur ce que nous avez escript et requis par Jehan de Bregilles, qu'il soit compté en son estat de maistre d'ostel l'an entier, ou le demy an qu'il ne sera compté luy donner quelque pencion, vous ferons responce, quant sera de retour vers nous nostre secrétaire, maistre Hans Renner, qui est ung de noz commissaires vers les députez des Vénissiens pour le fait de la trève, et aussy vous envoyerons l'estat de l'ostel de nostre fils, l'archiduc Charles.

Donné en nostre ville de Kauffbuyren, le xie jour de février xv^c ix. *Per Regem.* — Plus bas, *Hannart.*

176. — MAXIMILIEN A MARGUERITE.

Il lui mande de faire procéder à une enquête au sujet des inculpations dont Andrieu de Herlay est le sujet. — (*Original.*)

(Kauffbeuren, le 11 février.)

Très chière et très amée fille, nous avons naguères despeschié à nostre amé et féal secrétaire, maistre Jehan Hannart, certaines lettres patentes de provision sur la recepte de Bins (Binch), nous vous requérons que s'il est apparu ou appert des deffaultes faictes par Andrieu de Herlay, telles que en la provision sont narrées, que procédez et faictes procéder contre ledit

Andrieu au prouffit dudit maistre Jehan, selon la déclaration que en faisons par icelle provision; car absolutement ainsy le voulons estre fait.

Donné en nostre ville de Kauffbuyren, le XIe jour de février XV^{c} IX. *Per Regem*. — Plus bas, *Botechou*.

---

177. — MAXIMILIEN A MARGUERITE.

Il lui donne des nouvelles de la guerre contre les Vénitiens. Tremblement de terre à Constantinople. Prise de Bougie en Afrique. — (*Original.*)

(Mindelheim, le 13 février.)

Très chière et très amée fille, nostre cousin, le duc de Ferrare [1], nous a, avant hier, adverty comment naguères il a envoyé aucuns de ses gens de guerre à Oriete, pour prendre ung blockhuys que les Vénissiens y avoient fait du cousté de la mer, et icellui bien garni de gens et d'artillerie, et que après avoir assailly ledit blockhuys, sesdits gens de guerre l'ont empourté par terre et gangnié beaucoup d'artillerie qui estoit dedens avec cinquante barques aussi furnies de gens et artillerie.

Ce fait, lesdits gens de guerre de nostredit cousin, se sont tirez à Adry, où lesdits Vénissiens avoient ung autre blockhuys et icellui prins et gangnié; car ceulx qui estoient dedens, quant ils les veirent venir, habandonnèrent ledit blockhuys, et il ont encoires prins ung molin où il y avoit pour plus de VIII^{c} ducas de vivres et de biens.

Nouz avons aussi eu nouvelles comment le jour de l'Exaltation Sainte Croix dernier passé (14 septembre),

[1] Alfonse d'Est, mari de la fameuse Lucrèce Borgia.

il y a eu à Constantinople telle esmeute de terre et tempeste du ciel, que plus de la tierce partie des murs de la cité dudit Constantinople sont tombez par terre, mesmement du cousté de la mer, et que ladite tempeste a tué plusieurs mil personnes. Donc, le grant turk s'est retiré à Andrilope, pour y demeurer jusques à ce que les murailles dudit Constantinople seront refaictes.

Aussi nous sommes advertys comment le comte Peter de Navarre, capitaine sur mer de nostre frère le roy d'Arragon, est la veille des Rois passé, venu à tout une armée sur mer de IIII^{m} hommes, devant la cité de Bougie, en Affricque, où estoit le roy d'Affricque et plus de XIIII^{m} combatans, et que en veuillant aborder par ledit conte Pieter et ses gens au port dudit Bougie, aucuns de ceulx qui estoient dedens sont partis hors à tout petites arbelestres qui ne pouvoient guères grever ne deffendre les gens dudit conte de descendre à terre. Et, ce congnoissant, ils feirent partyr hors dudit Bougie toutes les femmes et enffans qui estoient dedens icelle cité, et combattirent main à main, et en la parfin, ledit conte Pieter et ses gens ont gaingné ladite cité de Bougie par force et par une porte. Et lesdits roy d'Affrique et deffendans avec luy se sont saulvez par une autre porte. Desquelles choses dessusdites nous vous advertissons pour vous participer de nos nouvelles. A tant, très chière et très amée fille, nostre Seigneur soit garde de vous.

Escript à Mydeham, le XIIIe jour de février, l'an XV^{c} et IX. Vostre bon père MAXIMILIEN. — Plus bas, *Botechou.*

178. — MAXIMILIEN A MARGUERITE.

Journée assignée à Liége au sujet des différends sur le pays de Gueldre. Ligue des Vénitiens avec le pape. Pratique des Vénitiens pour y attirer le roi d'Angleterre. Les gens de guerre de France qui sont à Vérone n'ont pas encore voulu se mettre en campagne. L'Empereur va se rendre à Strasbourg dans l'espoir d'y obtenir une aide des princes de l'empire. — (*Original.*)

(Mindelheim, le 14 février.)

Très chière et très amée fille, nous avons receu les lettres que nous avez escriptes faisant mencion du besoingne de noz ambassadeurs estanz lez nostre frère, le roy de France, sur le traictié des differendz de noz pays de Gheldres et comment ilz ont accordé avec nostredit frère une journée estre tenue en nostre cité de Liége, au premier jour de mars prouchain, auquel jour est besoing, pour les causes au long contenues en vosdites lettres, que y envoions aucuns noz serviteurs pour avec les commis et députez de nostredit frère, le roy de France, entendre sur lesditz différendz.

A ces causes nous escripvons présentement à nostre cousin Adolff, conte de Nassauw, qu'il, avec trois conseillers de nostre chambre impérial, se tire devers vous pour soy informer de l'estat et qualité desditz différendz, et en nostre nom comparoir à ladite journée. Sy vous requérons que incontinent et à diligence vous vueillez faire despeschier à nostredit cousin et ausdits conseilliers, telz que par luy entendrez, toutes telles lettres et instructions que trouverez par conseil leur estre nécessaires, et que nous en advertissez pour y satisfaire à ce qu'il conviendra par deçà despeschier à celle fin que, en tant qui nous touche, ceste affaire ne demeure à traictier ou conduire comment il appartient et que la chose le requiert.

Au surplus, les nouvelles qu'avons eues de l'alyance que nostre saint Père le pape a faicte avec les Vénissiens et aussy les Suyches, nous continuent tousjours et encoires que iceulx Vénissiens praticquent avoir à icelles lighe, le roy d'Angleterre.

Quant à l'exercite et exploit de nostre guerre, nous avons pieça fait nostre mieulx de faire marchier aux champs avec aucuns de noz capitaines et gens de guerre, les gens que nostre frère, le roy de France, a à Veronne; mais jusques à oires ilz ne se sont encoires voulsu mectre aux champs pour crainte que s'yl y eust eu.... que aucune mutacion ne fust survenue en leurs pays. Et espérons que à présent contre cedit mois de mars ilz se mectront en devoir pour aller combatre les gens d'armes desdits Vénissiens, qui tiennent les champs et gueres loing d'eulx.

Et de ce qui nous en surviendra, et d'autres choses vous advertirons tousjours, quant les cas le requerront, vous signiffiant que nous tirons à présent vers les princes de l'empire en nostre cité d'Ausbourg, ou espérons avoir d'eulx quelque bonne ayde. Dieu aidant qu'il, très chière et très amée fille, soit garde de vous.

Escript à Mydelhan, le XIIII[e] jour de février, l'an XV[c] IX. *Per Regem.* — Plus bas, *Botechou.*

179. — MAXIMILIEN A MARGUERITE.

L'Empereur approuve fort le voyage que sa fille veut faire en Flandre, et l'exhorte à répandre sur les habitants de ce pays autant de faveur qu'elle pourra. Arrivée du seigneur de La Roche auprès de l'Empereur. — (*Original.*)

(Mindelheim, le 17 février.)

Très chière et très amée fille, nous sommes adverty qu'estes délibérée d'aler visiter noz subgectz de Flandres, dont sommes bien joyeulx et désirons que en leurs affaires leur faictes toutes faveurs et adresses que pourrez.

Au surplus, pour ce que le seigneur de La Roiche est arrivé devers nous, lequel nous servira bien à l'adresse et solicitation des affaires d'embas, nous vous advertissons qu'il n'est besoing que envoyez autres devers nous. Ains voulons que pour ce faire luy baillez l'entretiennement que bailleriez à ung autre. A tant, très chière et très amée fille, nostre Seigneur soit garde de vous.

Escript à Mydelhan, le XVIIe jour de febvrier, l'an XV^c IX. Vostre bon père MAXI. — Plus bas, *Botechou.*

180. — MAXIMILIEN A MARGUERITE.

La prévôté de Louvain est conférée au docteur Conrard Renner. — (*Original.*)

(Augsbourg, le 26 février.)

Très chière et très amée fille, nous avons receu les lettres que nous avez escript touchant la prévosté de

Louvain, et entendu bien et au long le contenu d'icelle. Surquoy, à cause que nostre amé et féal secrétaire, maistre Jehan Renner, à qui, pour son frère, le docteur Conrard Renner, la chose touche, estoit absent de nous et en nostre service, nous avons différé sur ce vous faire responce jusques à sa venue devers nous, que lui avons parlé dudit affaire et aussy le tout fait remonstrer à nostre secrétaire, le docteur Collauer, auquel avions fait don de ladite prévosté, tant pour récompense de la cure de Haerlem, dont feu nostre filz, le roy dom Philippe, luy avoit fait promesse que de le pourveoir de la première dignité qui vaqueroit par delà. Et après que avons la chose bien considérée, et entendu les responces et doléances que, de la part dudit Collauer, nous ont esté sur ce faiz, et que trouvons la provision par nous faicte audit docteur Conrard estre toute honneste et raisonnable, selon que desjà vous avons escript bien amplement, car ledit docteur est homme docte, littéré et d'estat, non point seullement pour tenir une telle dignité, mais ung évesché. Nous, pour ces causes aussy qu'entendons nous servir dudit docteur Conrard par delà, leur avons présentement dit et fait déclairé que voulons entretenir audit docteur Conrard la provision que luy avons faicte, comme dit est, de ladite prévosté de Louvain, dont vous advertissons; car nous espérons bien, attendu que le nepveu de nostre cousin, le seigneur de Chierves, est encoires jeune assez pour laquelle prévosté desirez avancer, de le pourveoir de aussy bonne ou meilleure dignité que icelle prévosté n'est. Et à cest fin desirons et vous requérons que, sans plus de delay ne attendre autre ordonnance de nous sur cest affère, vous faictes despeschier audit docteur Conrard noz lettres de don de ladite prévosté de Louvain et d'icelle mectre en possession comment en tel cas appartient, car tel est nostre plaisir. A tant, très chière et très amée fille, nostre Seigneur soit garde de vous.

Escript en nostre cité d'Ausbourg, le XXVIe jour de février, l'an XV^c et IX. *Per Regem.*

P. S. *Ne délayés plus ceste matière.*

Plus bas, *Botechou.*

---

181. — MAXIMILIEN A MARGUERITE.

Chevalier d'honneur pour madame Marie d'Angleterre. — (*Orig.*)

(Augsbourg, le 28 février.)

Très chière et très amée fille, nous avons entendu ce que vous avez fait dire par nostre amé et féal conseiller roy d'armes, Thoison d'or, touchant le chevalier d'honneur qui sera besoing avoir à dame Marie d'Angleterre, à sa venue par deçà. Surquoi nous lui avons fait response et sur ce donné charge, ainsi que par luy entendrez plus à plain. Et vous requérons le croire de ce qu'il vous en dira de par nous. A tant, très chière et très amée fille, nostre Seigneur soit garde de vous.

Escript en nostre cité d'Ausbourg, le dernier jour de février, l'an XV^c et IX. *Per Regem.* — Plus bas, *Renner.*

182. — MAXIMILIEN A MARGUERITE.

Il l'entretient de ses projets contre les Vénitiens, de l'aide qu'il espère obtenir des princes de l'empire et du roi de France. Il est fort aise d'apprendre que son petit-fils, le prince Charles, aime la chasse; car s'il n'avait pas ce goût, il pourrait passer pour bâtard. — (*Autographe.*)

(Augsbourg, le .... février.)

Ma bonne fille, je me recommande à vous de bon cueur. Sur la charge que avez donné devers nous à Toeson d'or, nous l'y avons despesché assez selon vostre désir; aussy nous ly avons dit largement de nous novelles, cumme il vous dira d'autre part. Nous espéruns d'avant Pasques returner en garnison contra lesdits Véniciens et avoer receu de soes (ceux) du saint-empire, qui sont issy tourtous venus, ung petit ayde, toutefoes avec le nostre armée, suffisant pour rebouter noz ennemys. Semblablement le roy de France nous a promis bon ayde; nous avons orduné le prince d'Analt et les marquis de Gonzage, avec aultres nous capitaines se tirer au chans, pour, à l'ayde de François, combattre les Vénéciens qui se sount à tout leor armée que est assez petite, toutefoes bien fortivié, à ung bourgade entre Vicencia et Padua; et aujourd'huy, en huyt jour l'armée devra partir hors de Veron (Véronne).

Aussi nous avons, passé aulcuns jours, resceu ung lestres escriptes de vostre main si avecq plusiers poinctz, nous avertissant; sur lesquelles nous avions déjà particulièrement despesché toutes choses selon vostre avis.... Nous fumes bien jeuyeulx que nostre filz Charles prenne tant de plésir à la chasse; aultrement on pourra pensé qui fust bastart. Et nous semble par ce moi Pasques, quant les tans sera douls, de ly anvoyé à vers et à Louvaen prendre aer et passer tans,] estre travillé à cheval pour sa sainté et fortesse prye Dieu qui vous ayt en sa bonne guerde.

Escript de ma main à Auguste le XXIX[e] de vévr l'an XV[c] et IX. Vostre bon père MAXI.

183. — MAXIMILIEN A MARGUERITE.

Il lui recommande Jean Le Veau, secrétaire de l'ambassadeu France, et la prie de lui accorder l'office de la clergie (grefl la gruerie du comté de Bourgogne. — (*Original.*)

(Augsbourg, le 13 mars.)

Très chière et très amée fille, nous avons par r sire Andrée de Burgo, présentement nostre amba deur devers le roy de France, esté bien cercioré et verty des bons et agréables services que soubz luy nc fait et fait journellement Jehan Leveau[2] de vostre cc de Bourgougne, son secrétaire et serviteur, tant en afferes que à ceulx de nostre très chier et très filz, le prince de Castille, esquelx il nous a esté b loyal et secret. Et pour ce que de tout nostre cu désirons l'advencer et satisfere desdites services, e cialement en vostredit conté de Bourgongne, et n mement en faveur de nostredit ambassadeur, maistre, qui nous en a si affectueusement escript

[1] Février n'ayant, pour les années communes, que vingt-huit j il faut, ou que nous ayons mal interprété le sens du mot *vévry* que l'Empereur se soit trompé sur le quantième.

[2] Jean Le Veau, secrétaire d'André de Burgo, pour les lettres f çaises, abusa, dit-on, plusieurs fois de sa position, pour révéle secrets de l'État.

ceste cause, vous requérons tant fère pour nous que luy vuillez, en récompence d'iceulx services, donner et laisser, sa vie durant, la clergie du gruerye[1] de vostre dit conté que avons entendue estre à service et admodiacion et laquelle n'est pas grant chose. En ce faisant, nous ferez singulier service et plaisir. A tant, très chière et très amée fille, nous prions nostre Seigneur estre garde de vous.

Escript en nostre cité d'Ausbourg, le XIIIe jour de mars XV^c IX. *Per Regem*. — Plus bas, *Hannart*.

184. — MAXIMILIEN A MARGUERITE.

Il l'autorise à prêter assistance à l'évêque d'Utrecht contre le duc de Gueldre. — (*Original.*)

(Augsbourg, le 16 mars.)

Très chière et très amée fille, nous avons receu voz lettres du VIIe jour de ce présent mois, responsives aux nostres que auparavant vous avions escript contenant que, en faisant assistence à nostre cousin, l'évesque d'Utrecht, contre messire Charles de Gheldres[2], vous metteriez nos pays et subjectz de par delà en guerre ouverte directement contre le traictié de Cambray, la prorogacion d'icellui et contre la journée prinse à Liége au premier jour de cedit mois, dont grans et innumérables maulx et inconvéniens pourroient advenir pour pluseurs raisons touchées en vosdites lettres.

Surquoy, comme vous sçavez, nostredit cousin, l'évesque d'Utrecht est comprins oudit traictié de Cam-

[1] Gruerie, garde ou intendance des bois et forêts.

[2] L'évêque d'Utrecht, Frédéric de Bade, revendiquait les forts de Kiunze et de Renoi que le duc de Gueldre prétendait lui appartenir.

bray; et pour ce que ledit messire Charles, par luy faisant présentement la guerre, contrevient mesmes directement à icellui traictié, povons à bonne occasion faire assistence audit évesque d'Utrecht. Et si délaissons de luy faire assistence, il nous pourroit aussy cy après délaisser de faire le semblable. Ce actendu, et mesmement que ledit évesque d'Utrecht a tousjours esté pour nostre maison de Bourgoingne contre ledit messire Charles, vous requérons que faictes une bonne aliance avec nostredit cousin d'Utrecht, ainsi que adviserez pour le mieulx et luy donnez ayde et assistence, comme le vous avons dernièrement escript et principalement appoinctez avec luy de mettre le siège devant Wagheninghe, car nous espérons puis que les villes d'Utrecht, Swol, Deventer et Kampen sont en bon vouloir de luy faire ayde et assistence que, par icelle alliance, nous et luy pourrons bien faire une finale expédicion et fin contre ledit messire Charles et noz rebelles de Gheldres.

Nous vous envoyons noz lettres de placcart de deffence à l'archevesque de Couloigne, évesque de Munster, ducz de Clèves et de Juliers, de non faire ou prester par eulx ou leur subgetz, en aucune manière, faveur et assistence audit messire Charles contre ledit évesque d'Utrecht. Sy vous voyez qu'il soit de besoing, envoyez à chacun d'eulx icelles noz lettres de placcart. A tant, très chière et très amée fille, nostre Seigneur soit garde de vous.

Donné en nostre cité d'Ausbourg, le xvi[e] jour de mars, l'an xv[c] et neuf. *Per Regem*. — Plus bas, *Renner*.

185. — MAXIMILIEN A MARGUERITE.

Traité avec le duc de Gueldre. Projet de mariage de ce prince avec Isabeau d'Autriche, et de Léonor d'Autriche avec le duc de Lorraine. Villes de la Gueldre demandées en garantie. Aide à solliciter des princes de l'empire. — (*Original.*)

(Augsbourg, le 16 mars.)

Très chière et très amée fille, nous avons receu voz lettres par vostre secrétaire Marnix, oy et bien entendu ce qu'il nous a dit de vostre part. Et trouvons par l'advis de ceulx de nostre privé conseil qu'il ne nous seroit par nulle façon honnourable ne prouffitable accepter aucuns points et articles à quoy est résolu messire Charles de Gheldres pour parvenir à traittié, veu et considéré mesmement que, en temps passé, il a peu et mal entretenu les traittiez faiz avec luy. Parquoy ne nous oserions trop bien confier en luy et trouvons aussy qu'il seroit fort au grand déshonneur de nous et de nostre filz, l'archiduc, de bailler nostre fille, dame Ysabeau[1], et de rendre aucunes villes et places du pays de Gheldres avant la consomacion du mariage. Toutesvoies puis que vous, par l'adviz de nostre privé conseil de par delà, nous conseilliez à faire appoinctement, sommes bien contens et désirans d'y entendre, sy avant que les choses se peussent traittier à nostre honneur; et affin de à ce parvenir, avons advisé et seroit nostre intencion, puis qu'il est en train de traittier le mariage de nostre fille, dame Eléonora, avec le duc de Lorraine[1], de baillier nostredite fille,

[1] Ni l'un ni l'autre de ces mariages ne fut effectué.

dame Ysabeau, ès mains dudit duc de Loraine pour estre par luy gardée jusques elle seroit en l'eage de xvi ans, et après consommer le mariage avec ledit messire Charles.

Sommes aussi content dès maintenant baillier ès mains dudit de Lorraine les villes de Arnhem et l'entière Weluve, Harderwyck et Hathem, pour par luy estre gardées, régies et gouvernées et y commettre tous officiers jusques au parfait et consommacion dudit mariage et après estre rendues audit messire Charles, et les rentes, revenus et prouffiz qui en viendront, oultre les cherges ordinaires et requises payées, estre bailliez dès maintenant par chacun an audit messire Charles, en prendant toutesvoies dudit de Lorraine toutes promesses et seuretez convenables.

Nous voulons retenir les villes, chasteaux et seignouries de Montfort, de Wachtendonck et de Bommel et Bomelrewert avec toutes et quelconques leurs appartenances et appendances en tous droiz, haulteur, seigneurie, revenuz et prouffiz héritablement et perpétuelement à la duchié de Brabant, réservé toutesvoies audit messire Charles, après la consommacion du mariage, le rachat de la ville et chastel de Wachtendonck pour tel pris que le povoit faire feu nostre filz, le roy de Castille, que Dieu absoille.

En oultre, voulons retenir Thielt et Thielreweert et le pays de Kesselt en tous droitz, haulteur, seigneurie et prouffiz jusques à la consommacion dudit mariage, et après rendre audit messire Charles icelle ville de Thielt et Thielreweert et le pays de Kessèlt.

Si vous requérons affectueusement que, selon ce et tous les autres articles, veuillez adviser d'en faire besoingnier comme de vous mesmes avec ledit messire Charles; car nous ne le saurions autrement faire sans nostre grand honte et deshonneur; et nous semble que icelui messire Charles se devroit bien contenter de noz tant bonnes et honnêtes offres qui sont plus raisonnables et prouffitables à luy que à nous; néantmoins quelque chose que y faciez, ne prendez aucune conclusion en ceste matière sans premiers nous en avertir, pour en aprez vous déclarer nostre résolucion et intencion.

Et si ledit messire Charles se rend en ces choses tout difficil et desraisonnable, et que pardessus ce, il veuille faire la guerre à nous et à noz subgetz du saint-empire et nosdits pays et n'entretenir le traittié de Cambray, la prorogacion d'icelui et la journée prinse à Liége qui sera contre Dieu et raison, nous en avertirez à dilligence et nous vous envoyerons ung bon capitaine avec bon nombre de gens d'armes soldoyez et payez; et si vous donnerons moyen et ordonnance comment vous aurez à conduire pour povoir résister à icelui messire Charles et, au plaisir de Dieu, mettre une totale fin audit pays de Gheldres. Et cependant adviserez, avec les gens de nostre privé conseil, de mettre bon ordre à toutes choses pour, au mieulx que pourrez, povoir résister et se deffendre contre luy et garder qu'il n'adommage nosdits pays.

Les princes et estaz de l'empire, qui sont cy assemblez nous ont promis faire et donner une bonne et grosse ayde contre les Véniciens. Et si, par la desraisonnabilité dudit messire Charles, besoing est de lui faire la guerre, vous baillerons la porcion et ayde que nous devront faire de gens de guerre, lesditz princes et estaz de l'empire voisin audit pays de Gheldres; et oultre plus vous renvoyerons le seigneur du Reux avec sa compaignie, ou en ce lieu vous délaisserons leur payement que prendrons de par delà pour entretenir semblable nombre de gens. A tant, très chière et très amée fille, nostre Seigneur vous ait en sa garde.

Escript en nostre cité d'Ausbourg, le XVI[e] jour de mars XV[c] et neuf. Vostre bon père MAXI. — Contresigné *Renner*.

---

186. — MAXIMILIEN A MARGUERITE.

Il lui communique diverses propositions qui lui sont faites de la part du roi de Navarre. Alliance des rois d'Aragon et de France. Demande de la main d'Isabelle d'Autriche pour le fils aîné du roi de Navarre. Dona Anna Carlus. — (*Original.*)

(Augsbourg, le 17 mars.)

Très chière et très amée fille, Salvador de Verio, ambassadeur de nostre frère le roy de Navarre[1], nous a à présent dit comment il se vouloit retirer devers nostredit frère. Surquoy nous lui avons requis qu'il voulsist passer pardevers vous et entre autres choses, à poursuy devers nous, de la part de nostredit frère le roi de Navarre, trois choses dont vous voulons bien advertir.

A sçavoir que nous le voulsissions faire compreindre de noz aliez en l'aliance d'entre nous et nostre frère le roy d'Arragon; ce que avons fait, et est comprins au

[1] Jean d'Albret, parvenu au trône par son mariage avec Catherine de Foix, héritière de la Navarre, après la mort de son frère, François Phœbus.

traictié que avons dernièrement fait avec nostre frère le roy d'Arragon, de noz aliez pour sa vie durant.

Aussi que nous le voulsissions faire entretenir en l'aliance faicte avec nostre frère le roy de France; à quoy nous avons adez tenu la main vers nostredit frère le roy de France. Mais nous ne le trouvons pas fort à ce enclin, et jusques à oires n'en a riens esté traictié. Parquoy nous désirons que vueillez faire pratiquier cest affaire par noz ambassadeurs estans devers ledit roy de France, par tous les meilleurs moyens que sçaurez adviser.

Et tiercement, nous a requis d'une aliance de mariage d'entre le filz aîné dudit roy de Navarre et de nostre fille dame Isabeau [1]; surquoy nous l'avons remis à vous en parler et communiquier par delà; et désirons et vous requérons que après qu'aurez bien entendu cest affaire, vous nous vueillez advertir de ce que vous en semblera, ensemble de vostre advis sur ce.

D'autre part ledit ambassadeur, à son partement, nous a remonstré comment feu nostre fils, le roy don Philippe, avoit accordé à dona Angne Carlus, niepce de dona Angne de Beaulmont [2] la somme de mil florins d'or en avancement de son mariage, nous requérant lui faire entretenir et sortir effect icellui accord, dont nous avons esté contens et vous requérons que vueillez tant faire qu'elle puisse estre asseurée desdits mil florins, affin qu'elle puisse tant mieux trouver quel-

[1] Ce mariage n'eut pas lieu. Henri d'Albret épousa, en 1526, Marguerite, duchesse d'Alençon, sœur du roi François Ier. Quant à Isabelle d'Autriche, elle fut mariée, en 1514, à Christiern II, roi de Danemarck. Voyez ci-après les circonstances de la cérémonie de ce mariage dans une lettre de Marguerite, du 12 juin 1514.

[2] Voyez ci-dessus, p. 56.

que bon mariage. A tant, très chière et très amée fille, nostre Seigneur soit garde de vous.

Donné en nostre cité d'Ausbourg, le XVIIe jour de mars, l'an XV^c IX. Vostre bon père, MAXIMILIEN. — Plus bas, *Renner*.

---

187. — MAXIMILIEN A MARGUERITE.

Charles Le Clerc est adjoint à Roland Le Febvre, trésorier général des finances. — (*Original.*)

(Augsbourg, le 21 mars.)

Très chière et très amée fille. A l'occasion des grans affaires qui surviennent journellement en noz finances de par delà, et obstant la débilitation de nostre amé et féal conseillier et trésorier général de noz finances messire Roland Lefebvre [1] et mesmement aussi pour ce qu'il est souvent absent de nosdites finances, occupé en autres noz grans affaires, par quoy il ne peult bonnement satisfaire aux affaires d'icelles finances et pour l'en aucunement supporter et à sa pryère et requeste, avons commis et ordonné Charles Le Clerc, aussi trésorier de nosdites finances, pour doresenavant avec ledit messire Roland, et en son absence entendre aux affaires qui surviendront en icelles noz finances, ainsi que peut plus à plain apparoir par noz lettres patentes que luy en avons sur ce fait expédier, dont vous advisons et vous requérons, et néantmoins ordonnons que faictes mettre ledit Charles en possession dudit estat de trésorier et le faire besongnier et vacquier ès choses concernant le fait de nosdites finances. Car ainsi le

[1] Roland Le Febvre, seigneur de Thamise.

voulons avoir fait sans contredit ou difficulté. Et à tant, très chière et très amée fille, nostre Seigneur vous ait en sa garde.

Donné en nostre cité d'Ausbourg, le XXIe jour de mars XVc IX. *Per Regem.* — Plus bas, *Hannart.*

---

188. — MAXIMILIEN A MARGUERITE.

L'Empereur accorde à Pierquin Ghodemart la première sergentise des mortes-mains de Hainaut qui viendra à vaquer dans la prévôté de Mons. — (*Original.*)

(Augsbourg, le 28 mars.)

Très chière et très amée fille, nous avons donné et accordé à Pierquin Ghodemart, la première sergantise des mortes mains de nostre pays et conté de Haynnau ès metes et prévosté de Mons qui dorénavant escherra vacant à nostre disposition, soit par mort, résignacion ou autrement, dont vous advertissons et vous requérons que de ce vous en despeschiez dès maintenant audit Pierquin nos lettres de promesse, et le cas de la vacacion par l'une des manières dessusdites advenant, nos lettres patentes en forme deue. A tant, très chière et très amée fille, nostre Seigneur soit garde de vous.

Donné en nostre ville d'Ausbourg, le XXVIIIe jour de mars, l'an XVc IX avant Pasques. *Per Regem.* — Plus bas, *Renner.*

189. — MAXIMILIEN A MARGUERITE.

Il approuve que sa fille ne se mêle pas de l'affaire d'Espagne, puisqu'elle y trouve des difficultés. — (*Original.*)

(Augsbourg, le 30 mars.)

Très chière et très amée fille, nous avons receu une lettre escripte de vostre main, faisant mention de la matière d'Espaigne que sçavez. Et puisque y avez quelque difficulté, et qu'il vous semble à y besoingnier y auriez quelque charge, nous vous advertissons que sommes bien contens que ne vous en mesliez pas. Car nous la ferons nous mesmes pratiquer et poursuir. A tant, très chière et très amée fille, nostre Seigneur soit garde de vous.

Escript en nostre cité d'Ausbourg, le dernier jour de mars, l'an 1509. *Per Regem.* — Plus bas, *Renner.*

190. — MAXIMILIEN A MARGUERITE.

Il la prie de lui envoyer le fauconnier Aert Van Meeghien. — (*Original.*)

(Augsbourg, le dernier mars.)

Très chière et très amée fille, nous escripvons présentement à nostre faulconnier Aert Van Meeghien, de incontinent venir devers nous. Et vous requérons de luy envoyer nosdites lettres, et de, pour faire son voïiaige, luy faire furnir quelque deniers affin qu'il puisse tant mieulx venir devers nous. A tant, etc.

Escript en nostre cité d'Ausbourg, le dernier jour de mars, l'an XV^{c} IX. *Per Regem.* — Plus bas, *Renner.*

1510

Commençant le 31 mars, finissant le 19 avril.

191. — MAXIMILIEN A MARGUERITE.

L'Empereur envoie vers sa fille le jeune Jehan Pédinger, avec ordre de lui faire apprendre la pratique des comptes et le langage wallon. — (*Original.*)

(Augsbourg, le 5 avril.)

Très chière et très amée fille, pour ce que nous nous voulons servyr cy-après en fait de comptes de Jehan Pedinger, jeune filz, qui dès longtemps nous a adez servy en nostre chappelle et que désirons qu'il aprende le langaige walon, à ces causes, l'envoyons présentement par delà et vous requérons que le faictes entretenir en nostre chambre des comptes à Lille, et que luy faictes furnir par ceulx de noz finances, toutes choses que luy seront nécessaires pour sondit entretenement, en ordonnant ausdits de noz comptes, qu'ilz luy facent aprendre ledit langaige walon et aussi l'art et praticque de comptes ; en quoy faisant, nous ferez chose agréable. A tant, très chière et très amée fille, nostre Seigneur soit garde de vous.

Escript en nostre cité d'Ausbourg, le ve jour d'avril, l'an xv^{c} x. *Per Regem.* — Plus bas, *Renner.*

192. — MAXIMILIEN A MARGUERITE.

Nouvelles de la guerre contre Venise. L'Empereur va marcher contre eux; car il ne suffit pas de les *mettre à mort par cent, il y faut besogner par mille.* Assistance des princes de l'empire. Jonction des armées de l'Empereur et du roi de France. Les Vénitiens ne veulent tenir garnison que dans trois villes. — (*Orig.*)

(Augsbourg, le 6 avril.)

Très chière et très amée fille, nous vous advertissons que depuis ung moys ença, noz gens d'armes qui sont à Véronne, ont eu plusieurs et diverses coursses, rencontres et escarmuches avec noz ennemis, desquelz ils ont tuez et prins plus de IIII^{c} hommes; et des nostres en est bien demeuré environ cent.

Aussi nostre cousin, le duc de Bransweig, nous a escript que depuis six sepmaines ença, il et nos gens d'armes qui sont ou quartier de Friole, ont bien mis à mort de six à sept cens hommes vénissiens, sans en avoir perdu cincquante des nostres. Et espérons brief nous mectre et aller en personne aux champs et faire quelque bon exploit et exécution contre nosdits ennemis; car il ne souffist point de les mectre à mort par cent, mais y fault besongnier par mille.

Les princes de l'empire nous ont accordé de à ce nous donner une bonne assistence et sont à faire la tauxe de leur ayde, et créons que bientost ils nous en feront une fin.

Et deans le XVe jour de ce mois, nostre armée qui est audit Véronne, et celle de nostre frère et cousin le roy de France, se joindront ensemble; car les gens de nostredit frère marchent avant, et sommes advertis que lesdits Vénissiens n'ont intencion que de tenir et mectre garde à trois villes seullement, que sçavoir à Padoue, Terviz et à Lignago, et habandonner et laisser toutes les autres villes. Et si nous survient quelque autre chose, nous vous en advertirons tousjours. A tant, très chière et très amée fille, nostre Seigneur soit garde de vous.

Donné en nostre cité d'Ausbourg, le vi[e] jour d'avril, l'an xv[c] et dix. Vostre bon père Maxi. — Plus bas, *Renner.*

193. — MAXIMILIEN A MARGUERITE.

Précautions à prendre pour le traité de mariage entre Charles d'Egmond et Isabeau d'Autriche. — (*Original.*)

(Augsbourg, le 6 avril.)

Très chière et très amée fille, nous vous avons dernièrement fait responce par vostre secrétaire Marnix sur les articles à nous envoyez pour le fait de l'aliance de mariage d'entre messire Charles d'Egmondt et nostre fille Ysabeau. Et vous requérons que quant vous besoinguerez sur ceste matière, vous traictez aussi de l'estat et entretenement que nostredite fille aura après la solennization dudit mariage, et comment et sur quoy elle sera de ce asseurée. A tant, très chière et très amée fille, nostre Seigneur soit garde de vous.

Escript en nostre cité d'Ausbourg, le vi[e] jour d'avril, l'an xv[c] dix. *Per Regem.* — Plus bas, *Renner.*

194. — MAXIMILIEN A MARGUERITE.

Il lui demande une copie authentique du traité qu'il a conclu autrefois à Francfort avec les Français. — (*Original.*)

(Augsbourg, le 7 avril.)

Très chière et très amée fille, pour ce que désirons sçavoir à la vérité ce qu'avons autreffois traictié et appoincté avec les François par le traictié de Franckfort, et mesmement du fait de l'artillerie que les héritiers du sieur Desquerdes prétendent recouvrer sur nous et sur noz enffans, comme sçavez, nous vous requérons que nous envoyez le double autenticque dudit traictié de Franckfort, et de tout ce que sur le fait de ladite artillerie peult lors avoir esté fait et passé, affin que selon nous nous puissions reigler. A tant, très chière et très amée fille, nostre Seigneur soit garde de vous.

Escript en nostre cité d'Ausbourg, le VIIe jour d'avril, l'an XV^c^ et X. *Per Regem.* — Contresigné *Renner.*

195. — MAXIMILIEN A MARGUERITE.

Il mande à sa fille de hâter le départ de son ambassadeur en Angleterre, et celui du président de Bourgogne pour l'Espagne. — (*Original.*)

(Augsbourg, avril.)

Très chière et très amée fille, en ensuivant ce que par pluseurs fois vous avons escript et fait sçavoir touchant l'ambassade que désirons estre envoyée vers nostre frère le roy d'Angleterre, nous vous requérons bien acertes que se vous n'avez encores despesché icelle ambassade pour aller vers nostredit frère, à tout noz instructions que incontinent vous la despeschez sans y plus retarder.

Et pareillement que despechez messire Mercurin de Gattinaire, président de Bourgongne, pour aller en Espaigne, selon que le vous avons desjà mandé; car se sont choses qui nous touchent grandement et à quoy par longue attente y pourrions avoir dû dommaige : parquoy surtout y vueillez besongnier de sorte que dudit envoy en puissons avoir une fin et nous advertir à diligence de ce que en aurez fait pour selon ce nous reigler.

En quoy faisant, nous ferez chose agréable. A tant, très chière et très amée fille, nostre Seigneur soit garde de vous.

Donné en nostre cité d'Ausbourg, le.... jour d'avril, l'an mil v^c^ et dix.

P. S. Nous sommes content que le seigneur de Melun demeure de par delà, mais nostredit président fera seul le voyage d'Espaigne, et si tost qu'il sera prest pour partir, faites le nous sçavoir, et nous lui envoyerons instructions sur luy et Claude de Silly, comme nous avez advisé.

Per Regem. — Contresigné *Hannart.*

196. — MAXIMILIEN A MARGUERITE.

Il lui recommande de réserver à Jehan Ghodemart, greffier du conseil à Mons, la première place de conseiller ordinaire qui vaquera dans ledit conseil. — (*Original.*)

(Augsbourg, le 23 avril.)

Très chière et très amée fille, nous sommes records avoir par cidevant donné et accordé à Jehan Ghodemart, greffier de nostre conseil à Mons, le premier lieu de conseillier ordinaire qui escherroit vacant par quelque moyen que ce fust en nostredit conseil de Mons, et que entre autres choses feismes couchier et inscripre icellui nostre don ès mémoires et instructions que lors despeschames sur noz amez et féaulx conseilliers le président de Bourgogne, et messire Andrieu de Burgo pour aller devers vous, affin de vous en advertir. Et pour ce que entendons nostredit greffier estre oudit état très ydoine et souffisant, désirons luy entretenir nostredit don et qu'il soit pourveu dudit estat de conseillier ordinaire, quant il escherra vacant; et à ceste cause escripvons présentement devers vous et vous requérons que, ledit cas advenant, vous en pourvéez nostredit greffier, et luy en faictes despechier noz lettres patentes en forme deue. Car nostre plaisir est tel. A tant, très chière et très amée fille, nostre Seigneur soit garde de vous.

Donné en nostre cité d'Ausbourg, le XXIIIe jour d'avril, l'an mil V^c^ et dix après Pasques. *Per Regem.* — Plus bas, *Renner*.

197. — MAXIMILIEN A MARGUERITE.

Provision d'échevin du Franc de Bruges pour Gillebert de Verra ou Varax. — (*Original.*)

(Augsbourg, le 23 avril.)

Très chière et très amée fille, pour les bons et agréables services qu'entendons que nostre très chier et bien amé Gillebert de Verra, vostre écuier pannetier et Katherine de Marke, sa compaigne, vostre femme de chambre, vous ont de long temps fait et font encoires journellement autour de vostre personne, dont désirons bien aucunement les récompenser, afin de tant plus les incliner à vostre service, nous vous requérons que, sans actendre sur ce autre commandement ou ordonnance de nous, vous pourvéez ledit Gillebert du premier eschevinage de Franc après la provision de Jacquet le Sellier, nostre fourier, et de Marnix, ausquelz avons promis les deux premiers eschevinaiges dudit Franc qui vacqueront prochainement, comme nagaires vous avons escript. Très chière et très amée fille, nostre Seigneur soit garde de vous.

Escript en nostre cité impériale d'Ausbourg, le XXIIIe jour d'avril XV^c^ dix. *Per Regem.* — Plus bas, *Renner.*

P. S. Audiencier ou nostre secrétaire sur ce requis, despeschez lettres patentes de commission de l'estat et office de eschevin du Franc, qui est naguère escheu vacquant par le trespas de feu Martin au prouffit Gillebert de Varax ou d'autre tel qu'il vouldra dénommer en son lieu, ensuivant le bon plésir de l'Empereur, mon seigneur et père, à nous signiffié par cestes.

Fait à Malines, le XXVIe de janvier XV^c^ et XII.

MARGUERITE.

198. — MAXIMILIEN A MARGUERITE.

Il l'invite à continuer au maréchal de Vergy les gages et la pension qu'il touchait avant que le comté de Bourgogne fût remis aux mains de Marguerite. Il désire aussi que le parlement de Dôle communique audit seigneur de Vergy les dépêches et autres pièces importantes, afin d'y pourvoir de concert avec lui. — (*Original.*)

(Augsbourg, le 24 avril.)

Très chière et très amée fille, nostre amé et féal cousin, le seigneur de Vergy, nous a présentement ſait remonstré comme vous luy avez ſait restrancher et amoindrir les gaiges que luy avions ordonné pour son estat de mariscbal de Bourgoingne, de la somme de VIII^{c} livres par an; jasoit que, en vous rendant ès mains nostredit conté, nous eussiez accordé l'entretenir en sondit estat, selon que luy avions baillié ce que luy avons autreffois signifié. Parquoy et que avons ledit seigneur de Vergy en singulière recommandation, en ſaveur des bons services qu'il nous a par cidevant ſaiz et ſait encoires journellement, nous vous requérons que, en ensuivant ce que dit est, et en ſaveur de nous, vous le vueillez entretenir ès gaiges et pension qu'il avoit de nous, à cause dudit estat de marischal et l'avoir aussi pour recommandé.

Aussi mander à ceulx de vostre parlement à Dole et autres voz officiers oudit conté de lui communiquer et mectre en avant toutes despesches et matières qui concerneront le bien dudit conté pour, comme marischal du pays, à ce les assister et y pourveoir par ensamble, comme la nécessité le requerra. Car nous le congnoissons pour ce ſaire estre saige et bien expérimenté avec ce qu'il touche à l'auctorité de sondit estat; et si ne ſaisons doubte que n'en soyez bien servye. A tant, très chière et très amée fille, nostre Seigneur soit garde de vous.

Donné en nostre cité d'Ausbourg, le XXIIIIe jour d'avril, l'an mil V^{c} et dix. *Per Regem.* — Plus bas, *Renner.*

199. — MAXIMILIEN A MARGUERITE.

Il mande à sa fille et aux gens de ses finances de faire payer au maréchal de Vergy le don qu'il lui a fait de la somme encore due par le trésorier de Vesoul; et ce, pour l'indemniser de la diminution de ses gages comme maréchal de Bourgogne, comme aussi pour aider son fils Guillaume à s'équiper. — (*Original.*)

(Augsbourg, le 24 avril.)

DE PAR L'EMPEREUR.

Très chière et très amée fille, et très chiers et féaulx; nous avons despiéça accordé au seigneur de Vergy le don de ce que le trésorier de Vesoul, Jehan du Chasne, seroit trouvé redevable envers nous; et pour ce que entendons, ledit trésorier avoir rendu ses comptes, à la sollicitation de nostredit cousin et en ensuivant nostredite promesse, mesmement en faveur et récompence de ce que vous, nostredite fille, lui avez fait restrancher ses gaiges de son estat de marischal de Bourgoingne, comme aussi pour accoustrer et mettre empoint Guillamme de Vergy, son filz, pour aller ou service de nostre très chier et très amé filz, l'archiduc Charles, prince d'Espaigne, à cette cause, vous requérons et néantmoins ordonnons à vous de noz finances que à ce vous ne luy mectez aucun empeschement, mais le faictes joyr de nostredit don, en mandant pour ce audit trésorier de Vesoul de non y mettre aucune difficulté. En quoy faisant, vous nous ferez chose bien agréable. A tant, très chière et très amée fille, et très chiers et féaulx, nostre Seigneur soit garde de vous.

Donné en nostre cité d'Ausbourg, le XXIIIIe jour d'avril, l'an XV^c^ et dix. *Per Regem.* — Plus bas, *Renner.*

200. — MAXIMILIEN A MARGUERITE.

Il lui recommande de ne pas souffrir qu'Antoine de Vergy, archevêque de Besançon, soit troublé et inquiété, contrairement aux priviléges de son église. — (*Original.*)

(Augsbourg, le 24 avril.)

Très chière et très amée fille, de la part de très révérend père en Dieu, nostre amé et féal cousin, messire Anthoine de Vergy, arcevesque de Besançon, nous a esté remonstré comment voz officiers ou conté de Bourgoingne entreprendent contre luy et son éveschė en choses dont ses prédécesseurs arcevesques ont accoustumé de joyr, passé a deux cens ans, sans qu'il soit mémoire du contraire, comme il appert plus à plain par beaulx tiltres et enseignements qu'il en dit avoir, nous requérant le vouloir maintenir et garder en ses droiz et joyssances comme prince d'empire et nostre féal, et à celle cause vous en escripre. Parquoy, très chière et très amée fille, et que, en tel cas, sommes tenuz pour nostre devoir et acquit, soustenir et maintenir ledit arcevesque en tous sesdis droiz et bonnes joyssances mouvans de nostre régalie dudit archeveschė, escripvons devers vous et vous requérons que ordonnez et commandez expressément à vosdits officiers oudit conté de Bourgoingne de non se aucunement avancer d'emprendre ou faire aucune chose contre les droiz et joyssances de nostredit cousin, archevesque dudit Besançon, au contraire des libertés et préviléges qu'il a de nous et noz prédécesseurs empereurs et contes de Bourgoingne, et que si desjà ilz y ont fait quelque chose, qu'ils le remectent en son premier estat et accoustumé, jusques à ce qu'il soit congneu et décidé où il appartient de ce que vosdits officiers prétendent et soustiennent au contraire. A tant, très chière et très amée fille, nostre Seigneur soit garde de vous.

Donné en nostre cité d'Ausbourg, le XXIIIIe jour d'avril, l'an mil v^c et dix. Vostre bon père Maxi. — Plus bas, *Renner*.

---

201. — MAXIMILIEN A MARGUERITE.

Il lui envoie des députés à l'effet de conduire à bonne fin l'affaire du comte Félix de Verdemberg. — (*Original.*)

(Augsbourg, le 27 avril.)

Très chière et très amée fille, nous avons donné charge à noz amés et féaulx chevaliers et conseilliers, messires Jehan de la Maison et Jehan Bontemps, seigneur de Salans, de vous dire et déclairer aucunes choses de nostre part touchant nostre cousin, le conte Félix de Werdemberg, et vous requérons les croire de ce qu'ilz vous en diront de par nous, et en ce faire de sorte qu'il soit mis une fin en cest affaire. En quoy faisant, vous nous ferez plaisir bien agréable. A tant, très chière et très amée fille, nostre Seigneur soit garde de vous.

Donné en nostre cité d'Ausbourg, le XXVIIe jour d'avril, l'an mil v^c et dix. *Per Regem.* — Plus bas, *Renner*.

202. — MAXIMILIEN A MARGUERITE.

Il lui mande qu'il a réuni trente-quatre à trente-six mille hommes pour marcher contre les Vénitiens. Aide des princes de l'Empire. Recommandation pour les enfants du feu roi Philippe. Collation d'une prébende de Soignies et d'une autre de Béthune. — (*Original.*)

(Augsbourg, le 14 mai.)

Très chière et très amée fille, depuis les lettres que vous avons dernièrement escriptes touchant nos nouvelles, nous avons rassemblé, tant par l'ayde de nos pays d'Austriche et de Thirol, que de nostre frère le roy de France, environ le nombre de XXXIIII à XXXVI^{m} hommes de guerre, pour eulx mettre aux champs contre les Vénissiens et croyons qu'ils y soient desjà de ceste heure.

Et d'autre part, les princes et gens des estaz de nostre saint-empire icy assemblez nous ont fait la tauxe de l'ayde qu'ilz nous ont accordé, laquelle est bonne et de longue durée, et nous préparons et délibérons de à tout icelle ayde aussi nous tirer en personne contre lesdits Vénissiens.

Et si aucune chose nous survient qu'il requière de vous en advertir, nous le vous ferons adez sçavoir, vous requérant vouloir tousjours avoir bonne et soingneuse garde de nos très chiers et très amez enffans par delà, et vous employer aus affaires qui vous y surviendront au mieulx que pourrez.

Vous nous avez adverty par une voz lettres de la provision qu'avez faicte, au frère de vostre secrétaire Marnix, d'une chanoinie de Soignyes, ensuivant les lettres que pour ce vous en avyons escriptes, et aussi d'une autre chanoinie de Béthune, soubz nostre bon plaisir, au prouffit d'un chantre de nostre filz l'archiduc Charles, dont desdites provisions audit cas sommes bien contens.

Au regard de l'envoy en Angleterre, nous y envoyerons nous mesmes ung de nos serviteurs de par deçà, par lequel nous vous ferons advertir de sa charge, ensemble de nostre intention sur icelles. A tant, très chière et très amée fille, nostre Seigneur soit garde de vous.

Escript en nostre cité d'Ausbourg, le XIIII[e] de mai, l'an XV[c] et dix. Vostre bon père, MAXIMILIEN. — Plus bas, *Renner*.

---

203. — MAXIMILIEN A MARGUERITE.

L'Empereur mande à Marguerite et aux gens de ses finances de fournir à Guillaume de Roghendorff les fonds nécessaires pour se rendre auprès de l'Empereur. — (*Original.*)

(Augsbourg, le 16 mai.)

DE PAR L'EMPEREUR.

Très chière et très amée fille, et très chiers et féaulx, pour ce que avons affaire par deçà du service de nostre amé et féal conseillier, Guillamme, seigneur de Roghendorff, nous le mandons présentement de incontinent venir devers nous, et à ceste cause désirons et vous requérons bien acertes que luy vueilliez faire avancer par delà quelques deniers dont il se puisse deslogier à tous ses grans chevaulx pour venir par deçà en nostre service, et à ce l'avoir pour recommandé, que sondit vouaige ne soit par faulte d'argent retardé. En quoy faisant, vous nous ferez chose agréable. A tant, très chière et très amée fille, et très chiers et féaulx; nostre Seigneur soit garde de vous.

Donné en nostre cité d'Ausbourg, le XVI[e] jour de may, l'an mil V[c] et dix. *Per Regem.* — Plus bas, *Renner.*

---

204. — MAXIMILIEN A MARGUERITE.

L'Empereur accorde au fils du greffier de l'ordre une prébende vacante en l'église de Lens. — (*Copie.*)

(Augsbourg, le 18 mai.)

Très chière et très amée fille, sur ce que nous avez escript et requiz vouloir donner à l'ung des enffans du greffier de nostre ordre [1] la prébende en nostre ville de Lens en Artois, présentement vacant par le trespaz de maistre Ysambert d'Arout, vous avertissons que pour les causes contenues en vosdites lettres, donnons et accordons audit greffier pour l'ung de ses enffans ladite prébende de Lens dont lui ferez expédier noz lettres de collation pertinentes, et tel est nostre plaisir.

Donné en nostre cité d'Ausbourg, le XVIII[e] jour de may, l'an XV[c] et dix. *Per Regem.* — Plus bas, *Hannart.*

[1] Laurent du Blioul, chevalier, seigneur de Sart, élu greffier de l'ordre de la Toison d'or en 1496, mort en 1542.

205. — MAXIMILIEN A MARGUERITE.

Dispositions d'hostilités contre les Vénitiens. Office de maître-d'hôtel du prince Charles, exercé alternativement par Philippe Dalle et Pierre de Loquinghien. Prébende de Gertruyt-Roede, près Bois-le-Duc, conférée à l'organiste de la chapelle du prince Charles. — (*Original.*)

(Augsbourg, le 21 mai.)

Très chière et très amée fille, vous nous escripvez par une de voz lettres du xie de ce présent mois, entre autres choses du désir que avez que apprestons nostre armée pour marchier contre nos ennemys, affin que nostre frère le roy de France ne s'en excuse sur nous et que souvent vous vueillons advertir de noz nouvelles.

Surquoy, quant à l'aprest de noz gens de guerre et de noz nouvelles, nous vous en avons adverty dernièrement par noz lettres bien et au long, et d'abondant vous advertissons que avons nouvelles certaines que noz gens de guerre qui estoient à Véronne et ceulx de nostredit frère le roy de France sont à présent aux champs contre nosdits ennemys; aussi que noz gens d'armes d'Austriche sont toutz prestz à marchier avant contre lesditz ennemys du quartier de Friole et sommes bien délibéré de tenir la main en ceste affaire que par nostre faulte riens ne demeurera à faire.

Semblablement, de la provision à maistre-d'ostel de nostre filz Charles ou lieu de Charles de Latre pour aucuns personnaiges y dénommez, dont aussy vous avons naguères adverty que nostre intencion estoit, comme en ce est que noz amez et féaulx escuiers, Philippe Dalle et Pierre de Loquinghien, fussent commis en icelluy estat, pour l'avoir et desservir par demi an, l'un à l'encontre de l'autre. Et désirons que, selon ce, leur en faictes despeschier lestres patentes à ce pertinentes, se desjà fait ne l'avez.

Et par autres voz lettres du ve de cedit mois, vous et nostredit filz Charles nous recommandez maistre Henry, organiste de la chappelle d'icelluy nostre filz, à une prébende vacquer à Sainte-Getruyt-Roede lez nostre ville de Bois-le-Duc. Surquoy vous advertissons que pour les causes au long contenues en vosdites lettres, sommes bien content que, le cas advenant de la vacation d'icelles prébende, vous en pourvéez ledit maistre Henry. A tant, très chière et très amée fille, nostre Seigneur soit garde de vous.

Escript en nostre cité d'Ausbourg, le xxı^e jour de may, l'an xv^c dix. *Per Regem.* — Plus bas, *Renner.*

---

206. — MAXIMILIEN A MARGUERITE.

Il lui adresse ses rectifications au traité à conclure avec l'évêque d'Utrecht contre le duc de Gueldre; il l'entretient de ce qu'il y aura à faire pour mener à bonne fin la guerre contre ce dernier. — (*Original.*)

(Augsbourg, le 21 mai.)

Très chière et très amée fille, nostre très chier et très amé cousin, l'évesque d'Utrecht, nous a présentement fait remonstré le contenu de certains articles que luy avez envoyé sur le fait de l'aliance d'entre nous, nostre filz Charles et noz pays de par delà et icellui nostredit cousin et ses pays d'Utrecht, par lesquelz articles nous entendons, entre autres choses, comment luy mectez en avant de prendre avec luy et sesdits pays, ou nom de nous nostredit filz Charles, et nosdits pays de par delà, une bonne et amiable aliance pour le temps et terme de six moys à commancier au premier jour de ce présent mois, et que chacune partie sera tenu de aidier et assister l'un l'autre, cedit temps pendant, à tout cinq cens chevaulx et mil piétons, lesquelz ils entretiendroient et payeroient chacun à leurs despens durant lesdits six mois.

De quoy icellui nostredit cousin d'Utrecht soustient qu'il seroit trop chargié; car s'il luy convenoit entretenir à ses despens autant de gens que nostredit filz et sesdits pays deveroient entretenir, il luy semble que ce ne seroit pas chose raisonnable pour ce qu'il, ne sesdits pays, ne sont à beaucop prez si puissans que nostredit filz et sesdits pays, et nous a fait requerre de le vouloir sur ce pourveoir d'autres meilleurs moyens.

Pourquoy nous, ce considéré, et mesmement que le nombre des gens dessusdits ne seroit assez souffisant pour povoir faire quelque bon exploict et exécution de guerre contre ledit messire Charles, escripvons présentement devers vous, et vous avertissons que désirons et voulons que vous, ensemble ceulx de nostre conseil privé de par delà, concluez et mectez à fin ceste matière avec nostredit cousin d'Utrecht ou ses commis, auquel avons mandé pour ce les renvoyer d'envers vous, à sçavoir que, ou nom dessusdit et de nosdits pays de par delà, lesdits v^{c} chevaux et mil piétons seront par vous entretenuz comme dit est, et que, oultre ce, nous entretiendrons avec eulx de noz propres deniers mil piétons et trois cents chevaulx, desquelz nostre cousin le marquis Philippe de Baden aura charge de cinquante desdits chevaulx et de mil piétons et le conte de Zoorn des autres IIc et L chevaulx, lesquelz nous envoyerons par delà, incontinent que ladite aliance sera faicte et que en serons advertis. Et que au demeurant icellui nostre cousin d'Utrecht et sesdits pays entretienne pour leur part xvc piétons et vc chevaulx, et le surplus desdits articles se face ainsi que lui avez présenté.

Et en faisant ce que dit est, nous semble que d'iceulx gens de guerre l'on pourra bien garder noz pays de par delà ceulx d'Ustrecht dudit Utrecht et deffendre qu'ilz ne seront point adommaigiez de messire Charles de Gheldres et aussi tenir le Rin ouvert.

Avec ce nous semble encoires estre le plus expédient que par lesdits gens de guerre qui ne seront point nécessaires pour garder et deffendre les frontières desdits pays dessusdits l'on face faire et tenir ung belouwart devant la ville de Wagghéminghen et asségier icelle ville du cousté oultre le Rin nommé Lec, comme autreffois avons avisé et en sorte que l'on la puisse gaignier ou effamer et tout ledit pays dessusdit.

Laquelle alliance dessusdite nous avons à cueur et désirons, tant affin que nostredit cousin d'Utrecht et sesdits pays ne puisse avoir occasion d'appoinctier avec ledit messire Charles, sans nostre sceu et consentement, que pour une foys mectre une fin à la maulvaise voulenté dudit messire Charles, que à présent l'on peult mieulx joindre à raison que jamais, et aussi pour mectre nosdits pays de par delà en bonne paix; car autrement nous n'en sçaurons venir à boult.

Et d'abondant, incontinent que ladite aliance sera conclute, nous sommes bien content de vous envoyer par delà nostre cousin le sieur de Reux, à tout sa compaignie et celle de Belle-Ferrière, et le vous envoyerons, toutesfois que vous le ferez payer et ses gens de ce qu'il leur est deu du temps passé, et que leur ferez avoir quelque argent pour faire leur despens en retournant par delà. Et alors vous pourrez prendre et entretenir ledit seigneur de Reux à tous sesdits gens dessusdits, ou lieu desdits v^c chevaulx que entretiendrez et luy ferez furnir icelluy nombre. A tant, très chière et très amée fille, nostre Seigneur soit garde de vous.

Escript en nostre cité d'Ausbourg, le xxie jour de may xv^c et dix. Vostre bon père Maxi. — Plus bas, *Renner.*

---

207. — MARGUERITE A MAXIMILIEN.

Marguerite est d'avis qu'il ne faut pas demander les maîtrises d'Espagne pour l'archiduc Ferdinand, mais bien pour le prince Charles, son frère. Elle conseille de ne pas communiquer en détail, au roi de France, les instructions du président de Bourgogne pour le voyage d'Espagne. Elle demande que l'Empereur écrive de nouveau à Louis XII au sujet de l'évêché d'Arras. — (*Minute.*)

(Malines, le 21 mai.)

Mon très redoubté seigneur et père, très humblement à vostre bonne grâce me recommande.

Monseigneur, ayant veu les lettres qu'il vous a pleu m'escripre touchant la despesche du président de Bourgoingne pour faire le voyaige d'Espaigne, j'ay communicqué le double des instructions que m'avez envoyé avec icelles à vostre privé conseil par deçà, lequel a esté d'advis que pour riens du monde l'on ne doit demander les maistrisatz de Saint-Jacques Callatrave et Alcantre pour l'infante don Fernando, comme les susdites instructions le contiennent, ayns pour monseigneur le prince, car si ledit infante les avoit, se seroit assez pour faire ledit prince quicte des royaulmes de par delà, et ay de cecy averty ledit président, après la despesche duquel l'on est maintenant et se fera dedens deux ou trois jours, combien que les finances soyent en l'estat que savez. Parquoy, Monseigneur, me semble que ferez bien d'avertir incontinent ledit président d'ensuyvir nostre advis sur ce.

Monseigneur, j'ay entendu que avez advisé que ledit président se hâte tyrer devers le roy de France et luy communicquer lesdites instructions, ce que ne semble aucunement se devoir faire particulièrement, ains généralement; car il y a deux ou trois articles qui luy engendreront plustôt souspicion que bien; mais j'espère que ledit président sera si saige qu'il en usera bien.

Monseigneur, je seroye d'advis que escripvissiés encoires une bonne lettre audit roy de France touchant l'éveschié d'Arras[1], et autre au légat et ordonner à messire Andréa[2] de solliciter ceste matière; car si à faulte de poursuyte elle se pert, ce sera grant honte et dommaige pour ceste maison. Si vous supplie ainsi le vouloir faire; et le plus tôt est le milleur; encoires si lesdites lettres y povoient estre avant le partement dudit président, se seroit bien venu. Mon très redoubté seigneur et père, je prie à tant nostre Seigneur qu'il vous doint bonne vye et longue.

Escript à Malines, le[3] .... jour de may xv^{c} et x.

[1] Il s'agissait de faire ratifier l'élection de François de Melun à l'évêché d'Arras. Marguerite écrivit elle-même au roi de France à ce sujet. Voyez *Lettres de Louis XII*, I, 234.

[2] André de Burgo, ambassadeur de l'Empereur auprès de Louis XII.

[3] Cette lettre, dont la date est en blanc sur la minute, est du

208. — MAXIMILIEN A MARGUERITE.

L'Empereur accorde à Symonnet de bon vouloir une place d'archer auprès de l'archiduc Charles. — (*Original.*)

(Augsbourg, le 25 mai.)

Très chière et très amée fille, Symonnet de bon vouloir nous a présentement remonstré comment, dernièrement vacant l'estat et office de portier des bois à La Haye par le trespas de feu Henriet de Besoye, dernier possesseur d'icelny, à la requeste de nostre cousin, le conte de Nassou, son maistre, l'impétra et obtint de vous, comme appert par certaines lettres patentes qu'il en a sur ce expediées; et néantmoins pour ce que feu ledit Henriet, premier et avant sondit trespas, l'avoit resigné de nostre grâce et consentement à ung serviteur du conte de Bueren, ledit remonstrant n'a peu joyr dudit estat et ne luy ont esté vosdites lettres d'aucun fruyct et effect, qui luy tourne à grant intérêt, préjudice et dommaige, nous requérant très humblement de, en faveur de nostredit cousin de Nassou, son maistre, le vouloir pourveoir et luy donner une place d'archier devers nostre très chier et très amé filz, l'archiduc Charles, lequel estat semblablement nostre très chier et très amé filz, le feu roy de Castille, luy avoit accordé en Espaigne, et de quelque autre office à luy duisable et propice. Et pour ce, très chière et très amée fille, que avons ledit Symonnet en bonne recommandacion, en faveur mesment de sondit maistre, et en

21 mai, comme l'indique la réponse ci-après de l'Empereur, du dernier du même mois.

récompence de ce que dit est, nous luy avons donné et accordé une desdites places d'archier devers nostredit filz, dont vous advertissons et vous ordonnons que de ce vous luy faictes expédier par delà noz lettres patentes à ce pertinentes; car nostre plaisir est tel.

Donné en nostre cité d'Ausbourg, le xxv[e] jour de may xv[c] x. *Per Regem.* —Plus bas, *Renner.*

209. — MAXIMILIEN A MARGUERITE.

L'Empereur adhère aux avis de sa fille sur les maîtrises d'Espagne et sur la communication discrète des instructions au roi de France, à qui il a écrit au sujet de l'évêché d'Arras. Nouvelles aides à solliciter. Maison du prince Charles. Affaire de Gueldre. Conquêtes en Italie. — (*Original.*)

(Augsbourg, le dernier mai.)

Très chière et très amée fille, depuis les lettres que vous avons dernièrement écrit, nous avons receu deux vos lettres du xxie de ce mois, faisant entr'autres choses mention de la communication qu'avez faite à ceux de nostre conseil de par delà des instructions que vous avons envoyées pour l'affaire d'Espaigne, ensemble de vostre avis sur ce.

Surquoy, quant à ce qu'il vous semble et à ceux de nostredit conseil de par delà sur le contenu desdites instructions, que ce sera mieux fait que l'on demande les maistristrats de Saint-Jacques Callatrave et Alancantre pour nostre fils l'archiduc Charles, que pour nostre fils, l'infant dom Fernande, nous sommes bien en ce de vostre avis, et désirons que le mandez incontinent à vostre président de Bourgogne, pour selon ce se conduire.

Quant à la communication de nosdites instructions à nostre frère le roy de France, nous vous avertissons que avons fait despescher audit président deux instructions dont il pourra communiquer le contenu de l'une qui est bien commune et de guères d'importance; mais l'autre il la doit tenir secrète et en user de nostre honneur et proffit, comment créons qu'il sçaura bien faire dont aussy l'en pourrez encore avertir.

Quant à ce que nous requérez que écrivions encore à nostredit frère, le roy de France, et à nostre ambassadeur, messire Andrea de Burgo, pour l'affaire de l'éveschè d'Arras, nous l'avons voulentiers fait comme entendrez plus aplain par le double de nos lettres que vous envoyons avec cestes.

Quant au fait de nos aides de par delà, qui comme contiennent vosdites lettres, doivent brief expirer, parquoy avez trouvé, par l'advis de ceux de nostredit conseil, estre nécessaire de faire rassembler ceux des Estats de nos pays de par delà en général, et leur demander continuation nouvelle desdites aydes, ce nous plaist bien et désirons que y tenez la main et faites solliciter ledit affaire par tous les meilleurs moyens que sçaurez, et que faites ladite demande pour trois ou quatre ans, nonobstant que aucuns de nostre conseil de par delà soient d'opinion la demander pour durant le tems de nostre mainburnye.

Et pour ce que, par une autre vos lettres du xvie de ce mois, nous advertissez aussy de cest affaire, et entr'autres choses estre très nécessaire pour le contentement des gentils hommes de par delà, et afin qu'ils induisent ceux des pays, chacun en son quartier, à ladite continuation d'aydes, que vous renvoyons l'addition des gentils hommes de nostredit fils Charles pour la faire publier avant la dessusdite assemblée, sur ce vous avertissons que sommes en volonté de brief faire l'estat de la maison d'iceluy nostre fils, et le vous envoyer pour le faire publier.

En tant que touche la pacification des differends de Gheldres, vous sçavez bien les devoirs en quoy nous nous sommes adez mis pour y parvenir; et si nous n'en pouvons venir à bout en raison, nous créons que nos sujets de par delà ne délaisseront pourtant à nous accorder lesdites aydes, mais nous ayderont et assisteront plus-tôt à garder le droit de nos enfans à leur honneur que autrement.

Nous avons ce jourd'huy eu nouvelles comment nos gens ont prins nostre ville de Vincentz [1] à nostre volonté, et plusieurs autres petites villes et forts alentour, et se part nostre armée pour aller audit Vincentz et prendre les autres villes de Morastica [2], Bassan; et d'icellui quartier; et l'armée de nostre frère, le roy de France, se tire devant Lignago, dont du tout espérons brief avoir bonnes nouvelles, priant à tant, nostre Seigneur, qu'il, très chière et très amée fille, soit garde de vous.

Escrit en nostre cité d'Ausbourg, le derrenier jour de may, l'an xv^{c} x. Vostre bon père Maxi. — Plus bas, *Renner*.

[1] Vicence.

[2] Marostica, petite ville voisine de Bassano.

210. — MAXIMILIEN A MARGUERITE.

Il donne charge à Jehan Bontemps et au docteur Jacques Menuel, de rechercher, à Haspres en Hainaut et à Poligny, les chartes et chroniques propres à éclaircir la généalogie des maisons d'Autriche et de Bourgogne. — (*Original.*)

(Augsbourg, le dernier mai.)

Très chière et très amée fille, nous avons donné charge à nostre amé et féal chevalier et conseillier Jehan Bontemps, et au docteur Jacques Menuel, nostre serviteur, de veoir et visiter toutes les viezes lettres et cronicques qui font mention de la descente et venue de nos maisons d'Austriche et de Bourgogne, estans en ung lieu en Haynnau, appellé Happres[1], et ès chartres de Poligny. Parquoy nous vous requérons que vueillez mander et ordonner expressément au lieutenant dudit Happres, et au garde des chartres dudit Poligny, que ausdits Bontemps et docteur Menuel, ils monstrent et laissent veoir toutes lesdites viezes lettres et cronicques faisant mencion de la descente de nosdites maisons d'Austriche et de Bourgogne, sans de ce leur riens céler, affin que nous puissions mieulx sçavoir nostre généalogie et l'ordonner en cronicques, comment il appertient. A tant, chière et très amée fille, nostre Seigneur soit garde de vous.

Donné en nostre cité d'Ausbourg, le dernier jour de may, l'an mil v^{c} et x. *Per Regem.* — Contresigné *Renner.*

[1] Haspres, bourg du Hainaut, sur la Selle, à une lieue et demie de Bouchain. Il y avait en ce lieu un prieuré de bénédictins, dépendant de Saint-Vaast d'Arras.

211. — MAXIMILIEN A MARGUERITE.

L'Empereur entend que Christophe de Barouze se désiste de l'empêchement qu'il mettait à la jouissance d'une prébende de Tenremonde par Guillaume Isaac. — (*Original.*)

(Augsbourg, le dernier mai.)

Très chière et très amée fille, nous avons entendu que, sur ce que vous avons pluiseurs fois escript et mesmement par vostre secrétaire, Marnix, faire joyr Guillamme Ysaac, clerc de nostre trésorier, Jaques Villingher, de la prébende de Tenremonde que lui avons donnée, en avez, par vos lettres, adverty messire Christoffle de Barouze à celle fin de faire déporter son filz de l'empeschement qu'il mect audit Guillamme sur la joyssance d'icelle prébende. Néantmoins entendons qu'il n'y a voulu entendre et contre nostre vouloir et intencion en soustient procez; nous escripvons présentement audit seigneur Christoffle en lui ordonnant faire déporter sondit filz de toutes procédures et premièrement laissier joyr ledit Guillamme d'icelle prébende, dont vous advisons, et si ledit de Barouze est défaillant de ce faire, le privons du don que luy avons fait de pourveoir sondit filz de la première prébende qui vaqueroit audit Tenremonde et oudit cas, voulons que donnez toute faveur et adresse à ce que le don que avons fait audit Guillamme sortisse effect, et vous nous ferez chose agréable. A tant, très chière et très amée fille, nostre Seigneur soit garde de vous.

Donné en nostre ville d'Ausbourg, le dernier jour de may, l'an xv^{c} dix. *Per Regem.* — Plus bas, *Renner.*

A cette lettre était annexé un billet ainsi conçu :

Ma fille, je ne vous escripz cestes pour vous mescontenter, mais seullement pour vous deffaire et excuser des importunes poursientes que ledit Barouze vous en pourroit aincores faire.

Per Regem.

212. — MAXIMILIEN A MARGUERITE.

Conditions auxquelles l'Empereur veut donner sa petite-fille Isabelle d'Autriche en mariage à Charles de Gueldre. Cette princesse ne sera pas remise aux mains des Gueldrois ; mais les États du pays la recevront dans un lieu convenu, et la reconnaîtront comme héritière du pays. Age auquel le mariage sera consommé. Villes et forteresses réservées à l'archiduc Charles. —(*Autogr.*)

(10 juin.)

Ma bonne fylle, j'ay receu vos lestres escriptes à Lovain, responsives à aulcunes poins que vous ay escript touchant de donner assistence à nostre cousin d'Utrecht[1]. J'ay aussi veu les artykles que m'avez présentement envoyés touchant la matère de Geldres dont vous say bon gré de ce que sy ouvertement m'avez escript et singnifié desdites matères et y cognoes vostre bon et léal devoer; mès vous promés que les affertisemens que me donnés par vous lestres de ces matières me rendent perplexe; maes, puisque, selon vostre adviz et de ceulx de nostre privé conseil de par delà, la meilleure voye est de trayctyer la paes, je vous veuls croyre et ensuir vostre aviz. Vous avez assés entendu mon intencion et résolucion de traitter en ceste ma-

[1] Frédéric de Bade, évêque d'Utrecht, cousin germain de l'Empereur par sa mère Catherine d'Autriche.

tère par les lestres que vous ay nagaires escript de ma main; néantmoins je suis ancor content que besungnyés audit traittié selon lesdits artikles que m'avés présentement envoyés, pourveu que troes poins soent resonablement changiés et modérés : le primier cy est que nostre fille Ysabeau ne sera mené à la pusance de Geldroes, mès à ung liu convenable cumme sur la bort de la rivier de Grave [1] ou de Gorykaem [2]; et yllec les Estas de pays de Geldres le resceveront là et congnoestrunt pour dame hérytière du pays; le secund, que le mariage ne se consommera point tant qu'elle soet venne à l'eage de XVI ans après la viansage (*fiançailles*) par parole de XII ans; pour le troixime, que tousjours la ville de Bommel et Boumlerwerde, set le pais de Bomil [3], demourera anexé en nos pais et de nostre fylz Charles hérytablement. De la ville et chateau de Grave, yl n'y a, cumme créuns, question; car s'est una singnoria à part, aliàs anexé au paìs de Brabant et principalement au saint-empir et samblablement Oy (*Oyen*), la chateau, Brule près de Grave. Item, touchant Montfort et Bachtendonnk, vostre bon moyen et avys soet faet cumme désirés. Nous ne soumes nullement d'intencion rendre la ville de Arnem pour ravoer la ville de Reumonde [4]; car nous ne pourrons avoer sy tost ung fortalyze d'entré; car si la fortalyce devra estre fortifié à la nécessité, yl coustera trop; car le villeins ne terrunt (*tiendront*) jamès leor serement; maess,

[1] La rivière de Grave c'est la Meuse qui, en effet, dans cet endroit, sépare le Brabant du duché de Gueldre.

[2] Gorcum, en latin *Gorichemum*.

[3] L'Empereur veut parler sans doute de la petite île formée par la Meuse et le Wahal, et dont Bommel est le chef-lieu.

[4] Ruremonde.

touchant les villes de Hardevyk et Hastem, faetes selon qu'il vous samble consell, ou garder ou rendre, cumme la ville de Tielt; et après la consummacion de mariage [1], quant elle sera en eage compétant, nous renderuns ladite ville d'Arnem; sela comment yl nous samble que en toute raeson yl se doyt faere et selon quoy vous pourrés conduire et rigler [2]. Très chière et très amée fylle, Dieu soet garde de vous.

Escript de la main de vostre bon et léal père MAXI., le disime jour de juyn, l'an 1510.

[1] Ce mariage ne se fit pas. Le duc de Gueldre épousa, en 1518, Isabelle de Brunswick. Quant à Isabelle d'Autriche elle fut mariée, l'an 1515, à Christiern II, roi de Danemarck.

[2] Cette lettre et plusieurs autres qui ont rapport à la même affaire perdraient tout leur intérêt et seraient même peu intelligibles, si nous ne faisions connaître les dispositions de ce projet de traité avec le duc de Gueldre. Voici donc quelles en étaient les clauses principales : 1°. Mariage de Charles de Gueldre avec Isabeau d'Autriche. 2°. La princesse étant mineure, on se bornera pour le présent aux fiançailles par paroles. 3°. Le dédit sera la perte du droit prétendu par chacune des parties et une amende de deux cent mille florins du Rhin, d'or. 4°. La princesse Isabeau sera amenée à Bois-le-Duc où les députés des États de Gueldre la reconnaîtront comme dame héritière du pays. 5°. Madame Isabeau sera ensuite ramenée à l'Empereur et à la duchesse sa tante, et demeurera en leur garde. 6°. Moyennant ce, un mois après la conclusion du traité, les villes de Thiel, Hattem et Hardewick seront rendues à M. de Gueldre, ainsi que le duché de Gueldre et le comté de Zutphen, sauf la ville de Grave et le pays de Cuick. 7°. La ville d'Arnhem restera ès mains de l'Empereur et de l'archiduc; mais les revenus qui en proviendront seront remis à M. de Gueldre. 8°. La ville de Bommel et le Bommelswert demeureront à perpétuité à l'Empereur et à l'archiduc, comme annexes du Brabant. 9°. Montfort sera restitué au duc de Gueldre, qui devra rendre les deniers de l'engagère; mais la place de Oyen, avec ses revenus, sera aux mains de l'Empereur et de l'archiduc jusqu'à la consommation du mariage. 10°. L'archiduc fera à M. de Gueldre une pension annuelle de seize mille florins philippus. 11°. L'Empereur inféodera, sans dépens, M. de Gueldre de ce duché et du comté de Zutphen; mais à

213. — MAXIMILIEN A MARGUERITE.

L'Empereur attend les députés qui doivent lui apporter une somme de cinquante mille livres. Il espère, à l'aide de ce subside et de ce qu'il obtiendra d'ailleurs, mettre ses affaires en bon ordre et recouvrer ce que détient encore l'ennemi. — (*Original.*)

(Fribourg en Brisgau, le 10 juin.)

Très chière et très amée fille, sur ce que vous avons puis brief jours escript touchant la venue vers nous des

défaut d'hoirs mâles de ce mariage, lesdits duché et comté feront retour à l'archiduc pour lui et ses successeurs. 12°. Il en serait de même si M. de Gueldre venait à décéder avant la consommation du mariage, auquel cas l'archiduc paierait aux héritiers dudit seigneur de Gueldre cent mille livres de quarante gros pour une fois. 13°. Si dudit mariage il ne naissait qu'une fille, elle aurait pour dot cent mille livres de quarante gros; s'il en naissait deux, la seconde aurait cinquante ou soixante mille livres, et s'il y en avait davantage, elles auraient ensemble deux cent mille livres pour une fois. 14°. En cas de prédécès de madame Isabeau, M. de Gueldre ne pourra se remarier que du consentement de l'Empereur et de l'archiduc. Alors on lui rendrait la ville d'Arnhem et la seigneurie d'Oyen pour en jouir sa vie durant. 15°. Les enfants qui naîtraient de ce second mariage ne succéderont ni au duché de Gueldre ni au comté de Zutphen; mais l'archiduc cédera aux mâles le comté d'Oistervandt, la Briéle et le pays de Voirne, ou douze mille florins philippus de rente héritière, au choix des parties. 16°. Le duché de Gueldre et comté de Zutphen formeront un arrière-fief tenu du duché de Brabant. 17°. Le duc de Gueldre accordera rémission pleine et entière à tous ceux qui auraient tenu le parti de l'Empereur contre lui, et nommément au duc de Clèves, aux comtes d'Egmond et de Buren frères, de Hornes, de le Berghe, Jean de Schoenberg, au baron d'Iselstein, et aux seigneurs de Batembourg et de Wysheindel. 18°. L'évêque d'Utrecht est aussi compris au traité, mais il y aura suspension d'armes de quatre mois pour ce qui concerne le pays d'Oversticht. 19°. Si à l'époque où madame Isabeau sera nubile, M. de Gueldre renonçait à l'épouser, tous ses pays écherraient de droit à l'archiduc.

contes de Nassou, sires de Chièvres, de Berghes et nostre trésorier général, et nous apporter avec eulx la somme de cincquante mil livres de XL gros, nous tenons que vous et eulx aurez desjà fait le debvoir et si bien besoignié, que ladite somme sera de ceste heure preste, ou pour le moins la plus grant partye; et en cas que tout ne soit prest, ferez tellement que la reste nous sera bien tost après envoyée. Ensieuvant quoy, et désirans aincoires tost mectre ordre, bonne conclusion et fin au bien d'iceulx, escripvons présentement ausdits seigneurs de incontinent eulx partir et venir en assez bonne dilligence vers nous en ceste nostre ville de Fribourg en Brisco, et prendre leur chemin par nostre pays de Luxembourg, Metz, Saint-Nicolas, et aprez le plus droit icy et haster leur venue à celle fin qu'ilz nous puissent aincoires trouver en cestuy nostre pays de Ferrette, et leur direz que nostre désir est qu'ilz n'amaynent trop grand train, mais viennent à la moindre compaignie que honnestement et gracieusement faire pourront.

Nous espérons que, tant aû moyen desdits Lm l. que de l'ayde que aurons de pluiseurs autres costez, noz affaires en estre dressez et mis en si bon train que brief par guerre ou paix aurons tous les pays et seigneuries que aincoires nous détiennent noz communs ennemys, les Vénéciens, et que toutes choses se conduiront au bien, avanchement et honneur de nous et de noz enffans et conséquamment de tous noz pays et subgectz. Si vous requérons de rechief fort affectueusement et acertes de ne faire faulte à nous envoyer lesdits Lm livres, comme dit est, mais à ce vous employer comme en vous en avons la confidence.

Advertissez-nous du jour que partiront lesdits seigneurs et par eulx nous faictes savoir et entendre tou affaires de par delà. Nous désirons fort aussi qu'ilz nou apportent une bonne résolucion touchant les cinquant mil livres que demandons, nostre vye durant. Et à tant, très chière et très amée fille, nostre Seigneur soit garde de vous.

Donné en nostre ville de Fribourg en Briesco, le x[e] jour de j.... [1] xv[c] x. Vostre bon père, MAXI. — Plus bas, *Hannart*.

---

214. — MAXIMILIEN A MARGUERITE.

Il lui raconte ses exploits de chasse. — (*Autographe.*)

(12 juin.)

Très chière et très amée fille, nous vous donnrons bien tost respons sur les lestres que vous nous avez escript de vostre main touchant les deux materes, set assavoer de France et des nostres lettres rudes.

Vous entendres aussy de nous bien tost estranges novelles de nostre guerre de Venise; mès je espoer en Diu que yl les adresere pour nous en toute reson, cumme il est aparant.

Nous avons hier prins, au plus beau deduit, IIII grand cerfs du matin, et après diner, V hérons. Anetes [2] et mylans nous prenduns journelement sans nombre; mesmement aujourduy nous avons ancor prins quatre hérons et XIII anetes ou useau de revières en duse volés

[1] Il y a doute pour le nom du mois, qui pourrait bien être janvier au lieu de juin.

[2] Canards sauvages.

en ung demy liu, nous avons mys nous secret pour mylan à la mue; nous prenduns journelement III mylan, car illya par deçà tant que merveylles et tout volerie au plus belle pays de......

Plaet à Diu que vous veet une foys nostre garen des chasses et volerie de par deçà et les beau pays plain de toutes jeujosité.

Escript de nostre main, le XII[e] jour de jouin XV[c] X.

Vostre bon père Maxi.

---

215. — MAXIMILIEN A MARGUERITE.

Anna Carla et Catherine de Hermèle sont nommées demoiselles d'atour des jeunes princesses d'Autriche. Prébende de l'église Saint-Pierre de Middelbourg conférée à sire Robert Robins. — (*Original.*)

(Mindelheim, le 13 juin.)

Très chière et très amée fille, veullans pourveoir à noz très chières et très amez filles, dames Eléonora et Ysabeau, de damoiselles d'actor, et ayans regard aux long et bons services que ont faiz à nosdites filles, donna Anna Carla et damoiselle Catherine de Hermele et au bon rapport que l'on nous a fait de leur honnesté et sage conduite, et affin d'elles incliner à continuer en leurdit service, voulons et vous ordonnons que commettez et ordonnez lesdits donna Anna Carla damoiselle d'actor de nostredite fille Eléonora et icelle Catherine de Hermele, de nostredite fille Ysabeau.

Par voz lettres du premier de ce mois nous recommandez sire Robert Robins, aulmosnier de nostre très chier et très amé filz, l'archiduc, à la prébende de l'église Saint-Pierre de Middelbourg, présentement vacant par le trespas de sire Fréderick Jacopz. Surquoy vous advertissons que, à vostredite recommandacion, donnons ladite prébende audit sire Robert Robins, dont luy ferez expédier noz lettres patentes de collacion. Car tel est nostre plaisir.

Donné en nostre ville de Mudelhem, le XIIIe jour de juing XV^c X. *Per Regem.* — Plus bas, *Hannart.*

---

216. — MAXIMILIEN A MARGUERITE.

Promesse d'une prébende à Bruxelles ou à Louvain en faveur du fils de Laurent du Blioul. — (*Copie.*).

(Mindelheim, le 14 juin.)

Très chière et très amée fille, par vos lettres du IIIe de ce mois, nous escripvez comment nostre amé et féal secrétaire et greffier de nostre ordre, maistre Laurent Dublioul ait, à vostre requeste et pour honneur de nous et vous et nous complaire, libéralement délaissié la prébende de Lens, que lui avions nagaires donnée et conféré pour l'ung de ses enffans, à sire Nicole le Liégeois, chapellain et chantre de la chapelle de nostre très chier et très amé filz, l'archiduc Charles, soubz espoir aussi de nostre grace et récompense d'autre bénéfice. Nous, à vostre faveur et requeste, désirans en récompenser ledit greffier, luy avons donné et accordé, pour l'ung de ses enffans, l'une et la première prébende qui prouchainement vaquera en l'une de nos églises de Sainte-Goudèle à Bruxelles et Saint-Pierre de Louvain. Si vous requérons et néantmoins ordonnons que, vacant une et la première prébende en l'une de nosdites églises indifféramment, vous luy en faites expédier nos lettres de collation, au prouffit de l'ung de sesdits enffans, sans pour ce attendre aultre ordonnance de nous que cestes, ne avoir regard à dons ou accords faiz ou à faire, ne à tour de rolle au contraire. Car tel est nostre plaisir.

Donné en nostre ville de Mundelhem, le XIIIIe jour de juing, l'an XV^{c} dix. *Per Regem.* — Plus bas, *Hannart.*

---

217. — MAXIMILIEN A MARGUERITE.

Jacques Villinger est commis pour recevoir les vingt mille écus d'or que doit payer le roi d'Aragon par suite du traité conclu avec lui. — (*Original.*)

(Augsbourg, le 20 juin.)

Très chière et très amée fille, nous avons commis et ordonné nostre amé et féal conseillier et trésorier de noz finances, Jaques Villinger[1], pour doresenavant lever et recevoir les XX^{m} escuz d'or au soleil par an que nostre frère et cousin, le roy d'Arragon, a promis baillier par le traictié dernièrement fait avec luy, comme savez, et à nostredit trésorier sur ce fait expédier noz lettres de commission dont vous advisons et vous requérons donner et faire donner à icelui nostre trésorier en la cherge que dessus toute adresse, et vous nous ferez chose agréable. A tant, très chière et très amée fille, nostre Seigneur vous ait en sa garde.

Donné en nostre cité d'Ausbourg, le XXe jour de juing, l'an XV^{c} X. Vostre bon père MAXI. — Plus bas, *Hannart.*

[1] Jacques Villinger, trésorier général des finances de l'Empereur, était en relation avec Érasme. Voir *les Lettres* de ce dernier, 5 octobre 1520.

218. — MAXIMILIEN A MARGUERITE.

Le seigneur de La Roche est nommé conseiller, tenant lieu de chef ou président du conseil privé. — (*Original.*)

(Augsbourg, le 21 juin.)

Très chière et très amée fille, pour ce que avons le seigneur de La Roche en bonne et singulière recommandacion, tant pour les bons et agréables services à nous faiz par feu son père, en son vivant nostre chancellier, que aussi pour ce que congnoissons le grant désir que ledit de La Roche a de continuer de nous bien servir à la conduite et adresse de noz affaires, lesquelz luy sont congneuz par l'expérience qu'il en a, par avoir hanté et fréquenté noz consaulx et chancellerie depuis XIIII ans ençà, nous vous advertissons que nous le désirons tellement traicter qu'il ait occasion de persévérer de bien en mieulx, comme espérons qu'il fera, et que semblablement par voz lettres vous le nous recommandez le pourveoir, pourveu qu'il ne soit préjudiciable aux offices que tient pour le présent messire Jehan le Sauvaige. Nostre vouloir est, en attendant meilleure promotion de nous, qu'il nous serve de conseillier tenant le lieu du président ou chief de nostre privé conseil, et desservir icellui estat en son absence aux gaiges de XXVIII sous par jour, tousjours comptés par les escroes, comme les maistres des requestes, oultre la pension qu'il a de nous. Toutesvoyes, nous ne luy en avons point voulsu faire despescher noz lettres à ce pertinentes, sans premier vous en advertir et avoir sur ce vostre advis. Parquoy vous requérons que, incontinent cestes veues, vous nous vueillez advertir de vostredit advis en ceste partie, affin que nous puissons faire finale despesche audit seigneur de La Roche. A tant, très chière et très amée fille, nostre Seigneur soit garde de vous.

Escript en nostre cité d'Ausbourg, le xxie jour de juing, l'an xv^c x. Vostre bon père Maxi. — Plus bas, *Renner*.

---

219. — MAXIMILIEN A MARGUERITE.

Prise de Lignago; approche de Montsoli et de Padoue. Les Français ont mis le feu à une caverne, près de Lignago, où s'étaient réfugiés plusieurs hommes, femmes et enfants. — (*Original.*)

(Augsbourg, le 23 juin.)

Très chière et très amée fille, depuis que vous avons dernièrement adverty du départ de noz gens de guerre et de ceulx de nostre frère, le roy de France, lesdits gens de guerre de nostredit frère ont prins par force la ville et le chasteau de Lignago, et y ont rué jus environ de deux mil hommes, après laquelle prinse, iceulx gens de guerre ont esté en voulenté d'eulx retirer et de renvoyer leurs soldoyers. Touteffois, ilz se sont depuis ravisez, et s'est joinct à présent nostre cousin, le grant maistre, à tout lesdits gens de guerre d'icellui nostre frère avec noz gens de guerre en voulentez et délibérez de tirer devant Montsoliz [1], et deslà faire une rase pour faire le gast devant Padoue, comme par noz autres lettres que vous envoyerons brief vous ad-

[1] Sans doute Monselese, sur le *Fiume nuovo*, au sud-ouest de Padoue.

vertirons plus au long, et espérons en avoir bonnes nouvelles, Dieu aydant; qu'il, très chière et très amée fille, soit garde de vous.

Escript en nostre cité d'Ausbourg, le XXIIIe jour de juing, l'an XV^c X.

P. S. Et prez dudit Lignago lesdits François ont mis le feu deans ung trou estant en une montaigne là où pluiseurs hommes, femmes et enffans sont demeurez.

Per Regem. — Plus bas, *Renner.*

220. — MAXIMILIEN A MARGUERITE.

Il la prie de lui faire savoir si la princesse d'Angleterre doit arriver bientôt, et quelle est la cause qui a retardé sa venue. — (*Original.*)

(Augsbourg, le 23 juin.)

Très chière et très amée fille, avertissez-nous incontinent si dame Marguerite (Marie) d'Engleterre doit estre briefvement amenée devers nostre très chier et très amé fils, l'archiduc Charles, en noz pays de par delà, et sinon, à quoy il tient et pour quelle cause sa venue est retardée, ensemble tout ce que en povez savoir et entendre; et nous donne merveilles que en long temps n'avons de cest affaire riens entendu. A tant, très chière et très amée fille, nostre Seigneur vous ait en sa garde.

Donné en nostre cité d'Ausbourg, le XXIIIe jour de juing XV^c X. Vostre bon père MAXI. — Plus bas, *Hannart.*

221. — MAXIMILIEN A MARGUERITE.

Dépêches pressées et secrètes à envoyer au roi d'Aragon. Maîtrises d'Espagne demandées par l'archiduc Charles ou Ferdinand son frère. — (*Original.*)

(Augsbourg, le 27 juin.)

Très chière et très amée fille, nous vous envoyons avec cestes certeines noz lettres à nostre frère et cousin, le roy d'Arragon, et vous requérons affectueusement et acertes que, incontinent cestes veues, vous envoyez icelles noz lettres à nostredit frère par courrier à grand dilligence, le plus secrètement, et par le plus seur chemin que faire se pourra. Vous les pourrez faire envoyer par mains de marchans et autrement, ainsi que verrez estre le meilleur selon nostredite intencion.

Quant aux trois maistrisat d'Espaigne [1], nous en escripvons présentement, selon vostre oppinion, à nostredit frère, luy requérant que iceulx soient bailliez à nostre filz, l'archiduc don Charles, ou à nostre filz, don Fernande. A tant, très chière et très amée fille, nostre Seigneur vous ait en sa garde.

Escript en nostre cité d'Ausbourg, le XXVIIe jour de juing, l'an XV^{c} X. *Per Regem.* — Plus bas, *Hannart.*

[1] Il s'agit de la grande maîtrise des ordres de Saint-Jacques de Calatrava et d'Alcantara.

222. — MAXIMILIEN A MARGUERITE.

Promesse d'une prébende à Bruxelles pour le fils de Laurent du Blioul. — (*Copie.*)

(Augsbourg, le 27 juin.)

Très chière et très amée fille, comme povez avoir veu, par lettres que vous avons nagaires escript, nous avons, singulièrement, à vostre faveur et pryère, pour récompenser nostre amé et féal secrétaire et greffier de nostre ordre, maistre Laurent Dublioul, de la prébende de Lens, que luy avions donné pour l'ung de ses enffans, et laquelle, à vostre requeste, il a délaissié à sire Nicole le Liégeois, chapellain et chantre de la chapelle de nostre fils l'archiduc, promis et accordé audit greffier pour l'ung de sesdits enffans, l'une et la première prébende que prouchainement vaquerait ès églises de Sainte-Goudèle, à Bruxelles, et de Saint-Pierre, à Louvain, indifféramment. Depuis l'accord d'icelle nostre promesse sommes esté adverti avoir longtemps auparavant aussi donné et accordé à Thoison d'Or, pour son fils, ladite première prébende qui vaqueroit en ladite église de Sainte-Goudèle, et luy en fait expédier nos lettres de vicariat irrévocable; ce que voulons estre entretenu audit Thoison. A ceste cause, voulons et déclarons que la promesse, don et accord que avons fait audit greffier pour l'ung de sesdits enffants, comme dit est, ait lieu et sortisse effect sur la seconde prébende que de cy en avant vaquera en ladite église de Sainte-Goudèle, le tout au surplus, selon et en suyant le contenu de nosdites lettres que vous en avons escript, dont vous requérons de rechief très acertes le faire joyr sans aucune difficulté; car tel est nostre plaisir.

Donné en nostre ville de d'Ausbourg, le XXVIIe jour de juing, l'an XV^{c} X. *Per Regem.*—Plus bas, *Hannart.*

223. — MAXIMILIEN A MARGUERITE.

Il répond aux plaintes de la princesse sur la rudesse de ses lettres. Lui envoie une escarboucle. Affaires d'Espagne. Affaires de France. Griefs contre le pape Jules II et contre les cardinaux qui craignent la réformation. Alliance de l'Angleterre avec la France. — (*Autographe.*)

(Le 29 juin.)

Très chière et très amée fille, yllia aulcuns jours que vous m'avés escript une lestres, responsives sur les miennes, qui estiunt responsives sur vos précédentes lestres, en quoy vous nous avés redargué que je vous escrivoe lestres, suvant rudes, dont de vostre bon opinion, selon vous dernières lestres, je me coutente; et certes je ne cuidoes vous escripre rudes lestres; car yl nous est point de nécessité devers vostre person que vous eseüs (*conduisez*) si bien en toutes chose par mondit adresse; et, pour faere dessus la paes assemble, je vous envoye yssy enclos ung charbuncle que vostre grand père, l'empereur Frédéric, emoet fort, lequel je trovy hier d'avanture in une vielle capse ou couvre; car i me semble que vous émés bien les charbunkles.

Touchant la matère d'Espagne, dont Thoison d'Or a esté devers nous, le roy d'Aregon, nostre frère, nous a faet aussy depuis par son ambassadeur avertir de ceste matère, mès nous ly n'avons ancor point donné repons, comme vous savés, car je trouve la matère fort difficile et ancor plus mervuilleos.

Et, pour ce que vous vées mestinant que les Françoes nous donnont publikement et offertement les menasses et crainte, et font aussy la commancement de ce que yl nous volent abandonner, yl est tans mestinant de besungner sur sela, que Toeson le hérault nous a aporté, si le chose vient aux oraelles des Françoes, yl nous chaude de riens plus, combien que les Angloes sunt grant pensionares entre eos du cuté des Françoes, cumme nous savons pour frae; car l'autre jour yl ount toutes les pratikes du pape et du roy d'Arogon, révelé et offert au roy de France; toutefoes le susdit pape mete et faet journelement tant de pratikes au roy de France, que yl met les oraelles après, aussy fait à nous, mais nous soumus toujours leal, comme savés; le maudit preter pape pour nulle chose du monde peult souvrir que nous alions en armes pour nostre coron imperial à Rome, accompaingné des Françoes; car yl creint d'y estre chapitré de nous deos, veu ses grans piechiés et abusions que ly et ses prédécesseurs ont fait et font journelement et aussy aulcuns cardinauls, lesquels crindont tourtous le réformation, coumbien yl ount tort de nous, et sur sela je seré bientost d'opinion de mettre le chose du Toison d'Or en pratike. I me semble que l'alliance d'Angleterre, nagueres faet avec les Françoes, nous empeschera bien petit, car yl n'y a point tant cumme les Françoes d'onnur par le monde à entendre par leor avantage.

Incontinent que je puis savoer ce que l'ambascadeor Blinsoeld [1], qui est mentinant devers vous, de par le roy d'Englater devers vous, nous apporte, je vous manderé et escripré incontinent mon opinion, cumme

[1] Wingfeld, ambassadeur d'Angleterre.

nous deos voluns commencer cette intelligence ou provit; le tans pendant je entertiendra l'ambascadeor d'Aragon qui nous pourchasses ſort de ceste matère, jusques à la venuson vostre information du susdit ambascadeor Blinsveld; en attendant aussy vostre conseil sur la retrette de l'armée du roy de France, et les paroles estranges de son lutinant et capitaen général, le sieur de Chamont[1], grand mestre de France, et après nous commanceruns faere par l'avis dudit ambascadeor d'Arrogon quelque projet, et vous envoyeré pour achever et mettre en ung bon fin tell matière. Néanmains j'ay remis mes pratikes bien fort devers le roy de France, en espérant que il nous abandonnera point, combien que il branlet ſort; et adieu, ma bonne fille.

Escript, ce 29 de juin, l'an 1510, de la main de vostre bon père MAXIMILIANUS.

P. S. Il nous semble que yl sera bien fait que vous renvoyassiés devers nous Toison-d'Or incontinent; car tels matères sont dangeroses à escripre par la chemin.

224. — MAXIMILIEN A MARGUERITE.

Il lui envoie un pouvoir pour traiter l'affaire de Gueldre. — (*Autographe.*)

(Augsbourg, le 1er juillet.)

Ma bonne fille, j'ay resceu vos lestres escriptes de vostre main touchant l'affère de Geldres, sur quoy nous vous faesons présentement respons par une nostre lestre, comme entendérés; et pour ce que en toutes

[1] Charles d'Amboise, seigneur de Chaumont, maréchal, amiral et grand-maître de France, mort cette même année, 1510. Il était neveu du cardinal George d'Amboise.

nos affères nos avons une entière fiance à vous comme à nostre fylle unique et celle à qui la chose touche, nous vous envoyons le povoir que désires aveoir pour besungnier audit affère de Geldres, et vous requérons chièrement que y vuellés entendre selon nosdites lestres et le plus à l'honneur et profytt de nous et de noz enfans et pais de par delà qu'il sera possible; car ceste matère nous touche grandement et est de grand consequence. Ce scet nostre Seigneur qu'il, ma bonne fylle, vous doint bonne vie et longue.

Faet à Auxpourg, le premier jour de julet, l'an 1510, et de la main de vostre bon père Maxi....

225. — MAXIMILIEN A MARGUERITE.

Il lui annonce qu'il veut se rendre en Bourgogne pour traiter personnellement des affaires d'Italie avec le roi de France, et comme il désire aussi, dans cette entrevue, régler quelques affaires des Pays-Bas, il prie sa fille de lui envoyer les seigneurs de Chièvres, de Berghes et Roland Lefebvre, pour l'accompagner dans ce voyage. Il demande de l'argent. — (*Original.*)

(Augsbourg, le 10 juillet.)

Très chière et très amée fille, nous vous avons nagaires bien et au long escript de noz affères d'Italye, et pour ce que par noz lettres est faicte mention que avons ung peu mieulx asseuré nostre cas qu'il n'estoit, et que en brief vous signiffierions nostre oppinion sur iceulx afferes, nous vous voulons bien à présent adverty que nous ne congnoissons moyen de povoir pourter oultre nosdites affères d'Ytalie ne en venir à boult, sans nostre frère, le roy de France. Par quoy, pour le bien et esclaircissement d'iceulx et de tous autres affères, nous nous sommes délibérez de nous trouver devers luy en Bourgogne, pour illec par ensemble fraternellement traictié de toutes choses; car autrement nous doubtons que le pape le pourroit gaingné et tant praticqué contre nous et à la partie de Vénissiens qu'ilz nous pourroient déchasser de toutes les Ytales, et, oultre ce, faire quelque alliance contre nostre frère, le roy d'Arragon, et le royaulme de Naples; de quoy pourroit advenir de grans dommaiges à nous, nostredit frère et à noz enffans et successeurs.

Et pour ce que à nostredite assemblée, il se pourra traictier de pluiseurs choses, qui touchent noz pays d'embas, et que aussi il nous sera convenable et honnorable de nous y trouver bien accompaigniés, nous désirons que y envoyez les seigneurs de Chierves, de Berghes et le trésorier Rolant Le Fèvre, et que leur dictes qu'ilz se vueillent faire prestz pour, incontinent que les manderons, venir devers nous pour nous accompaignier ou dessusdit vouaige; avec lesquelz nous adviserons de besoingner sur toutes choses qui seront nécessaires, tant pour le fait de noz finances de par delà que autres. Et se vous avez quelque grans affères qui soit besoing de nous en advertir, vous le pourrez faire par eulx ou l'un d'eulx que vouldrez.

Nous désirons semblablement que dictes au seigneur de Nassauw et à tous autres grands personnaiges de par delà que bon vous semblera, qu'ilz se vueillent pareillement faire prestz pour nous venir accompaigner au dessusdit vouaige, comme dit est.

Et à cause qu'il nous conviendra avoir une bonne somme de deniers pour soustenir et furnir aux frais dudit vouaige, et que pour les grands charges que avons adez euz de la guerre et avons encoires journellement pour entretenir noz gens de guerre contre lesdits Vénissiens, nous sommes bien à l'arrière d'argent et en avons à présent grant faulte, nous vous requérons que advisez avec les dessusdits de noz finances que, par tous moyens, ilz nous recouvrent la plus grant somme de deniers qu'il sera possible; et que icelle ilz nous appourtent avec eulx, affin que soyons tant mieulx furnis d'argent pour parfaire ledit vouaige à nostre honneur, et que aussi ilz nous appourtent la déclairation de tous les affères de par delà qui seront nécessaires à traictié avec nostredit frère. A tant, etc.

Escript en nostre cité d'Ausbourg, le xe jour de juillet, l'an xv^c^ dix. Vostre bon père MAXIMILIEN. — Plus bas, *Renner*.

226. — MAXIMILIEN A MARGUERITE.

L'Empereur veut que les sommes destinées par sa fille aux ambassadeurs, en Espagne, lui soient envoyées pour être appliquées au paiement des troupes espagnoles.

(Augsbourg, le 12 juillet.)

Très chière et très amée fille, nous avons receu voz lestres par lesquelles, entre autres choses, nous escripvez comment, actendu l'estat de noz finances, par l'advis de ceulx de nosdites finances, avez fait dresser quelque somme pour la despesche de noz ambassadeurs en Espaigne; assavoir le président de Bourgoingne et Claude de Silly, pour son deu jusques à la somme de VII^{m} escuz d'or et leur en fait despeschier quictance sur les XX^{m} escuz d'or que doit furnir, chacun an, nostre frère et cousin, le roy d'Arragon. Sur quoy vous signissions ouvertement que voulons entièrement avoir lesdits xx^{m} escuz pour l'entretenement et payement des gens d'armes espaignars que tenons en nostre service en Ytalie. Pourtant advisez de autrement faire dresser le deu de nosdits ambassadeurs, et que pour cause de l'assignacion et quictance que leur en a esté baillié, lesdits xx^{m} escuz ne demeurent à nous estre furniz; car autrement ne serions content. Vous debvez considérer les grands cherges que avons, pour cause de la guerre d'Ytalie, et que tout ce que faisons est pour le bien et avanchement de noz enffans. Sy faictes en selon nostre désir et comme en vous en avons la confidence.

Nous avons escript à nostre trésorier général, messire Rolant Lefèvre, nous envoyer en ceste cité d'Augsbourg, par Bullette, les x^{m} escuz, dont il a les lestres de change sur marchans d'Anvers. Sy fait ne l'a, commandez luy qu'il le face incontinent.

Nous voulons aussi lesdits xx^{m} escuz doresenavant nous tousjours estre délivrez ès mains de nostre trésorier Villingher, et sur sa quictance seullement.

Donné en nostre cité d'Augsbourg, le XIIe jour de juillet, l'an XV^{c} dix. Vostre bon père MAXI. — Plus bas, *Hannart*.

227. — MAXIMILIEN A MARGUERITE.

L'Empereur persiste à vouloir aider l'évêque d'Utrecht, si le roi de France continue à prêter secours à Charles d'Egmond.—(*Orig.*)

(Augsbourg, le 14 juillet.)

Très chière et très amée fille, nous avons receu voz lestres, ensemble la lestre que vous a escript nostre frère et cousin, le roy de France, contenant que donnez ordre et provision de faire cesser de baillier ayde à nostre cousin, l'évesque d'Utrecht; du contenu en laquelle lestre avons incontinent parlé et en pluiseurs devises et disputacions avec l'ambassadeur de nostredit frère, lequel en escript à son maistre, ainsi que verrez par le double de sa lestre cy encloz, de laquelle avons fait en la meisme forme la concepcion; et espère icelui sur ce avoir bonne responce. Néantmoins, nous ferons tousjours aprester noz gens pour envoyer à l'ayde de nostredit cousin d'Utrecht, en caz que nostredit frère persiste d'envoyer ses gens au secours de messire Charles d'Egmonde; car nullement ne voulons habandonner ne laissier fouler ledit d'Utrecht.

Nous vous savons bon gré du devoir que avez fait d'avoir envoyé en si bonne dilligence noz lestres à noz ambassadeurs en Espaigne et aussi que avez fait mettre postes jusques à Bloiz.

Après que les ambassadeurs de nostre frère et cousin, le roy d'Engleterre, qui sont en chemin vers nous, nous auront proposé leur cherge, vous en advertirons et par manière de devises leur parlerons pour la venue par delà de dame Marguerite (Marie) d'Engleterre.

Donné en nostre cité d'Augsbourg, le XIIIIe jour de juillet, l'an XV^c dix.

228. — MAXIMILIEN A MARGUERITE.

L'Empereur désire que le seigneur de Castres soit pourvu du bailliage de Bruges, et que son concurrent, Jérôme Vent, reçoive du titulaire une juste indemnité. — (*Original.*)

(Willamen, le 19 juillet.)

Très chière et très amée fille, nous avons receu les lestres que nous avez escript touchant le bailliaige de Bruges, par lesquelles, entre autres choses, est faicte mencion comme, sur consentement que povons avoir autreffois donné à vostre maistre d'ostel, Jéromme Vent, dudit bailliaige, vous, à celle cause et pour autres raisons au long contenues en vosdites lestres, avez nagaires pourveu dudit office icellui Jéromme par manière de provision et comme vacant à nostre disposicion par le trespas du sieur de Pitthein, dernier possesseur d'icellui, nous requérant vouloir agréer et conserver vostredite provision. Et pour ce, très chière et très amée fille, que de piéça nous avons fait promesse à nostre amé et féal chevalier, le seigneur de Castre, le pourveoir dudit office, le cas de la vacacion dessusdite advenant, tant en faveur des bons et loyaulx services qu'il nous a parcidevant faiz que pour la bonne loyaulté que congnoissons estre en sa personne dez sa jeunesse qu'il nous a servy, et que ledit Jéromme n'est pas du pays ne ne scet le langaige, par quoy, comme vous avons dernièrement fait dire par vostre secrétaire Marnix, ne le sçaurions bonnement admettre audit office; mais, en lieu de ce, lui en ferions avoir quelque récompence. Combien qu'il soit homme prudent et nostre loyal serviteur, nous vueillans entretenir nostredite promesse et désirans aussi bien pourveoir audit office pour le prouffit de nous et du pays, avons présentement fait don audit seigneur de Castre d'icellui office et lui en avons fait despeschier noz lestres patentes que vous envoyons avec cestes signée de nostre main, pour les faire sceller par delà, et vous requérons que en ensuivant ce, vous faictes mettre en possession et joyssance ledit seigneur de Castre dudit office de bailly, ou son procureur pour luy, puisqu'il est à présent par deçà occupé en nostre service, parmy ce toutesvoyes qu'il récompencera ledit Jéromme dudit bailliaige, comme dit est, de mil livres pour une fois et selon que vous avons autreffois mandé. A tant, très chière et très amée fille, nostre Seigneur soit garde de vous.

Donné en nostre ville de Willamen, le XIXe jour de julet, l'an XV^{c} dix. *Per Regem.* — Plus bas, *Botechou.*

229. — MAXIMILIEN A MARGUERITE.

L'Empereur autorise la résignation que veut faire, du bailliage de Lens, le seigneur de Montigny en faveur de Charles de Bugnicourt. — (*Original.*)

(Veylheym, le 24 juillet.)

Très chière et très amée fille; de la part de nostre amé et féal chevalier, conseillier et trésorier général de noz demaine et finances, messire Roland Le Fèvre, nous a esté exposé comme nostre amé et féal conseillier, Anthoine de Lalaing, seigneur de Montygny, soit en intencion de résigner au prouffit de Charles de Bugnicourt, son beau filz, le bailliaige de nostre ville de Lens en Artois, possesseur d'iceluy, pourveu que ce feust nostre plaisir, en nous requérant vouloir agréer ladite résignacion. Nous inclinans favorablement à la requeste de nostredit trésorier, sommes content que acceptez et passez de nostre part la résignacion dudit bailliaige de nostre ville de Lens, au prouffit toutes voyes dudit Charles, son beau filz, et autrement, non. Et si desjà vous aviez, avant cestes veues, receu et passé icelle résignacion, soubz nostre bon plaisir, nous l'avons pour agréable, et sur ce luy en pourrez faire expédier noz lestres pertinentes; car ainsi nous plaist-il.

Donné en la ville de Weylheym, le XXIIIIe jour de juillet, l'an XV^c dix. *Per Regem.* — Plus bas, *Hannart.*

230. — MAXIMILIEN A MARGUERITE.

George van Landauw est admis parmi les officiers de l'hôtel du prince Charles. — (*Original.*)

(Rutte, le 28 juillet.)

Très chière et très amée fille, en faveur des bons et notables services que nostre amé et féal chevalier, conseillier et trésorier de nostre sainct-empire, messire Hans van Landauw, nous a parcidevant faiz et fait encoires journellement, nous lui avons accordé mettre George van Landauw, son filz, de l'ostel de nostre très chier et très amé filz, l'archiduc Charles, prince d'Espaigne, etc.... Et à ceste cause, il s'en va présentement par delà, portant cestes. Nous vous requérons que incontinent vous le mettez de l'ostel de nostredit filz, et le faire compter par les escroes d'icelluy son hostel aux gaiges de douze solz par jour, tout l'an durant, et le faire servir de pannetier, attendant que vous envoyerons l'estat ouquel le ferons couchier; car ainsi nous plaist-il et le voulons.

Donné à Rutte, le XXVIII^c jour de juillet, l'an XV^c dix. *Per Regem.* — Plus bas, *Hannart.*

231. — MAXIMILIEN A MARGUERITE.

Affaire de l'évêché d'Arras. Procès de Nevers. Bailliage de Bruges donné à Jean de Praet. Incompatibilité de cet office avec celui d'échevin du Franc.

(Nazareit, le 30 juillet.)

Très chière et très amée fille, nous avons receu deux vos lettres du XXIe de ce mois, par l'une d'icelles nous escripvez vouloir donner charge à noz ambassadeurs que envoyons devers nostre frère et cousin le roy de France, de parler du fait de l'évesché d'Arras et du procès pendant en la court de parlement à Paris entre les héritiers du feu conte de Nevers d'une part, et nostre filz l'archiduc d'aultre. Par l'autre lettre, nous requérez vouloir agréer l'apointement par vous fait du bailliage de Bruges entre vostre maistre d'ostel, Jéromme Vent et Jehan de Praet.

Surquoy, très chière et très amée fille, quant au premier point, nous avons ordonné à l'évesque de Gurce, lequel avons conclu envoyer devers nostredit frère et cousin le roy de France et partira brief, de parler et besoignier avec nostredit frère, touchant lesdits eveschié d'Arras et procèz de Nevers et de toutes autres matières dont lui escripverez et manderez que sont pour le bien et affaire de nous et de noz enffans, et que à ceste cause luy envoyerez instruction. Pour quoy voulons que envoyez quelque ung devers ledit évesque de Gurce, quant il sera devers nostredit frère, bien amplement et au long instruit et informé desdites matières, pour en aussi savoir bien instruire, et informer ledit de Gurce et le solliciter de cesdites matières.

Quant au fait dudit bailliaige de Bruges, nous vous avons jà signiffyé en avoir dispozé au sieur de Caestre, et vous envoyé noz lettres de commission à son prouffit pour les faire seller, moyennant la somme de mil livres de XL gros la livre qu'il en seroit tenu donner à vostredit maistre-d'ostel pour une foiz. Toutesvoyes, veu et considéré que nous escripvez que ledit de Caestre n'est cappable à tenir ledit bailliage, à cause qu'il est eschevin du Francq, sy ainsi est, nous sommes content que l'appointement que avez fait d'iceluy bailliaige sortisse effect et qu'il demeure audit de Praet, en furnissant audit Jéromme Vent les XIIc livres, selon que entre eulx en a esté convenu; mais s'il estoit que ledit de Caestre feust cappable à tenir ledit office, nous désirons qu'il l'ayt, en furnissant aussi préalablement audit Jéromme mil livres, comme dit est. Et oultre ce, veullans à vostre faveur encoires faire quelque bien à iceluy vostre maistre-d'ostel Jéromme, nous luy donnons et accordons le premier office que cy en avant escherra vacant en noz pays de Haynnaut et Artois à luy convenable, et sommes content et vous requérons que dès maintenant pour lors luy en faictes expédier noz lettres patentes.

Nous avons commandé à nostre chancelier la despesche des provisions et lettres dont nous avez requiz pour ceulx de noz pays de Hollande, Zellande et Frize, contre ceulx de Lubecke et leurs adhérens, et bien brief vous seront icelles envoyées. A tant, très chière et très amée fille, nostre Seigneur vous ayt en sa garde.

Donné à Nasareth, le pénultième jour de juillet XVc dix. *Per Regem.* — Plus bas, *Hannart.*

P. S. Depuis ces lettres escriptes, noz ambassadeurs à Rome nous ont escript que le pape a fait despeschier les bulles touchant l'éveschié d'Arras au prouffit de l'esleu dudit Arras.

Escript à Ysbroeck, le derrain jour dudit juillet.

232. — MAXIMILIEN A MARGUERITE.

Prise de Montselis près Padoue. Le château fort dans lequel la garnison s'était retirée, est aussi emporté d'assaut. Huit cents hommes y sont mis à mort en représailles de la mort d'un gentilhomme français. Tentative du pape pour engager les Suisses contre le duché de Milan. On ne sait si ceux-ci accepteront des écus ou des ducats. Négociation avec le roi de Hongrie qui aura le royaume de Dalmatie.

(Inspruck, le 31 juillet.)

Très chière et très amée fille, nous eusmes hier nouvelles de nostre cousin le prince d'Anhalt et autres noz capitaines, comment il y eust samedi passé huit jours, qu'ils, avec les gens de guerre de noz frères les roys de France et d'Arragon, vindrent devant la ville de Montseliz lez Padoue et que, du premier cop, ilz la gaingnarent. Mais les ennemys qui estoient dedans, se retrarent ou chasteau d'icelle ville, qui estoit bien fort et assiz sur une bonne roche et lequel ilz avoient aupavant fortiffié et fort garny de toutes choses à eulx nécessaires. A raison de quoy les dessusdits gens de guerre commencèrent dès ledit samedi à battre icellui chasteau d'artillerie jour et nuyt, si jusques au lundi suyvant environ les XI heures du matin que aucuns desdits gens de guerre, véant que nostre artillerie avoit bien besoingné et fait plus grant rompture ès murailles dudit chasteau que celle des François, par quoy elle empourtoit le pris et renommée, commancèrent de escarmucher, et ceulx dudit chasteau de saillir contre et aussi escarmucher par plus d'une heure. Pendant lequel temps VI^{c} Allemans gaingnèrent la montagne du cousté que lesdits ennemys ne se mescréoyent point; de quoy lesdits du chasteau furent bien estonnez. Et subit iceulx Allemands leur donnarent l'assault devers ladite montaigne, et les François et Espaignolz coparent le chemin par devant ausdits escarmucheurs et leur donnarent aussi assault, tellement que ledit chasteau a esté gaingné. En quoy faisant, lesdits ennemys ont perdu par compte fait VIII^{c} hommes qui ont esté mis à mort, y comprins XL qui s'estoient retirez en une grant tour dudit chasteau. Lesquelz pour ce que lesdits ennemys estans audit Padoue, avoient mis à mort vilainne ung gentil homme françois qu'ilz tenoient prisonnier, a esté advisé par nosdits capitaines, nostre cousin le grant maistre et le duc de Carniole, chief des gens d'armes de nostre frère le roy d'Arragon, de faire tous pendre devant les portes dudit Padoue.

Bien est vray que le pape fait son effort de praticquer les Suiches et autres gens, pour les faire entrer en guerre et courre sus au duché de Millan et au duc de Ferrare, et desjà les gens dudit pape ont gaigné quatre villes sur ledit duc de Ferrare et si a envoyé son armée jusques à Gennes. Toutesvoyes ledit grant maistre se retirera; et quant ausdits Suyches, nous ne saurions jugé s'ilz prandront des escuz ou des ducatz.

D'autre part, nous avons eu nouvelles de nos ambassadeurs qui ont esté vers nostre frère le roy d'Ungherie, comment à la journée qui a esté tenue devers luy, il s'est déclairé à la guerre contre lesdits Vénissiens et a juré nostre lighe et de entreprendre incontinent la guerre; et pour sa porcion luy a esté donné le royaume de Dalmatie qui est party de la coronne d'Ungherie. A tant, très chière et très amée fille, nostre Seigneur soit garde de vous.

Escript en nostre ville d'Ynsprugg, le derrain jour de juillet, l'an xv^{c} dix. *Per Regem.* — Plus bas, *Botechou.*

---

233. — MARGUERITE A MAXIMILIEN.

Urgence de traiter avec Charles de Gueldre; appréhension sur la bonne volonté de ce prince. Bonne amitié à entretenir avec le roi de France. Les seigneurs de par deçà sont disposés à aller joindre l'Empereur; mais Marguerite craint de manquer d'assistance pour la conduite des affaires. Disette des finances. — (*Minute.*)

(Juillet.)

Mon très redoubté seigneur et père,

Monseigneur, j'ay receu voz letres, escriptes à Ausbourg, le xe de ce présent mois, contenant que, pour mener à fin voz affaires d'Italye, vous estes délibéré de vous trouver en Bourgongne devers le roy de France, me commandant de faire tenir prestz aucuns seigneurs et bons personnaiges de par deçà; et aussi recouvrer la plus grand somme de deniers que l'en pourra finer pour la vous envoier, ainsi que vosdites letres contiennent plus à plain.

Monseigneur, je me suis jà piéçà bien doubtée que les choses viendroient ainsi que l'en dist qu'elles sont; et à ceste cause ay tousjours désiré que le traicté de Gheldres feust fait, pour vostre seureté et celle des pays de par deçà; et crains que, quand maintenant nous y vouldrons entendre, messire Charles de Gheldres reculera; toutesvoies je feray ancoires mon mieulx de radoubber les différens si avant qu'il me sera possible.

Monseigneur, quant à vostre allée en Bourgoingne, si le roy de France s'y veult trouver, dont je faiz grand doubte, je loe vostre voiaige; et me semble, Monseigneur, que par tous moyens vous debvez contendre d'entretenir bonne et ferme amitié avec lui, veu mesmement que n'estes ancoires fermement allié que je sache avec autres princes; et vous pourra ladite amitié venir à propost en tous voz affaires.

Au regard des seigneurs que vous avez mandez, Monseigneur, vous les trouverez tousjours prestz à faire ce que vous plaira leur commander; mais quant iceulx seront dehors, je demeureray assez petitement accompaignée pour praticquer les aydes et conduire les autres affaires nécessaires de la maison.

Touchant les deniers que vous demandez, Monseigneur, vous savez que les aydes de par deçà expirent et qu'il n'y a plus que le terme de Noël prochain, lequel est desjà assigné à gens telz que, sans grande confusion et esclandre, n'est possible rompre leurs assignations; et si est ledit terme plus chargé de la moistié qu'il ne monte, et ne voy, Monseigneur, qu'il soit possible de finer aucun argent par deçà par moyen que ce soit, que premiers les aydes que l'on demande présentement ne soient accordées; avec ce seroit bien difficil de les obtenir si le peuple entend que voz affaires d'Italye soient mal dreschez. Parquoy, Monseigneur, ne vous povez attendre d'avoir pour le présent aucun argent de par deçà, selon que ceulx de voz finances m'ont assez dit et déclairé; dont, Monseigneur, en toute humilité vous advertiz, et me desplait qu'il n'y a de quoy furnir à vostre désir. Monseigneur, je prie nostre Seigneur, etc.

---

234. — MAXIMILIEN A MARGUERITE.

Le seigneur de Castres ayant opté pour l'office du bailliage de Bruges, il faut lui en dépêcher la commission, à moins que les Brugeois ne démontrent clairement que leurs priviléges s'y opposent. — (*Original.*)

(Inspruck, le 9 août.)

Très chière et très amée fille, depuis que vous avons dernièrement escript touchant le bailliaige de Bruges, nous avons icy mandé le sieur de Castres et nous sommes enquis de luy auquel il se vouloit tenir, ou audit bailliaige ou à l'eschevinaige du Franc, attendu que ce sont deux offices qui ne se pevent desservir par une personne; lequel nous a instamment requis de luy entretenir nostredit don dudit bailliaige et qu'il estoit content que disposons dudit office d'eschevin à nostre bon plaisir. A ceste cause désirons et vous requérons que, ou cas que ceulx dudit Franc ne vous face deuement apparoir de privileiges au contraire, vous faictes sceller audit sieur de Castres noz lestres de don que vous avons envoyées, et en vertu d'icelles le faire mectre en possession, parmi furnissant à vostre maistre-d'ostel, Jéromme Vent, la récompence de mil livres, selon que par autres noz lestres vous avons mandé; et ou cas que trouvez par les prévileiges desdits du Franc que ledit sieur de Castre ne puisse avoir et tenir ledit bailliaige de Bruges, si nous en vueillez advertir, avant que plus avant y riens ordonner et nous envoyer le double autenticque desdits prévileiges; car nostre plaisir est tel. A tant, très chière et très amée fille, nostre Seigneur soit garde de vous.

Escript en nostre cité d'Imsbrugg, le IXe jour d'aoust, l'an XV^{c} dix. Vostre bon père, MAXI. — Plus bas, *Botechou*.

235. — MAXIMILIEN A MARGUERITE.

Le pape et les Vénitiens voudraient faire enlever le jeune duc de Milan qui est auprès de l'archiduc. Nécessité de veiller secrètement sur ce prince. — (*Original.*)

(Kématen, le 13 août.)

Très chière et très amée fille, nous sommes secrètement et à la vérité informé et adverti que le pape et les Vénéciens font par touttes subtilitez et praticques charcier moyen de povoir prendre et desrober nostre cousin, le jeusne duc de Mylan, qui est de par delà devers nostre très chier et très amé filz l'archiduc; et autres personnages sont en intention et praticque de le povoir faire mourir; desquelles choses vous advisons et vous requérons affectueusement et acertes faire prendre le plus secrètement que pourez bon regard sur la personne de nostredit cousin, le jeusne duc, et en manière qu'il ne s'en puist apercevoir; et en faittes comme en vous en avons la confidence. Car, comme vous povez congnoistre, la chose nous touche beaucoup et dont de grands inconvéniens et maulx pourroient advenir, si les dessusdits povoient avoir leur désir de cedit jeusne prince. A tant, très chière et très amée fille, nostre Seigneur vous ait en sa garde.

Donné en nostre village de Kematen, le XIIIe jour d'aoust XV^{c} X. *Per Regem*. — Plus bas, *Hannart*.

236. — MAXIMILIEN A MARGUERITE.

L'évêque de Gurce, qui se rend auprès du roi de France, pourra y traiter les affaires dont Marguerite voudrait le charger. L'Empereur désire que les postes de la route de France soient entretenues jusqu'au retour de cet envoyé. — (*Original.*)

(Inspruck, le 13 août.)

Très chière et très amée fille, nous envoyons présentement nostre très chier et féal premier conseillier, l'évesque de Gurcz, devers nostre frère, le roy de France, pour traictier d'aucuns noz affaires touchant la guerre des Vénissiens et autres; et combien qu'il ne sera pas longuement devers nostredit frère, toutesvoyes si vous avez par delà quelque matières à desmesler, vous l'en porrez advertir et luy en envoyer bonnes et amples instructions et mémoires; car nous luy avons donné charge de à ce soy employer et acquitter à son povoir.

En oultre, nous désirons et vous requérons que faictes entretenir la posterie en France jusques après le retour devers nous dudit évesque de Gurcz; car ainsi nous plaist-il. A tant, très chière et très amée fille, nostre Seigneur soit garde de vous.

Escript en nostre ville d'Ymsprugg, le XIIIe jour d'aoust, l'an XV^c dix. Vostre bon père MAXI. — Plus bas, *Botechou*.

237. — MAXIMILIEN A MARGUERITE.

Les États n'osent donner leur avis sur les propositions du traité avec Charles de Gueldre. Acceptation provisoire des articles par Marguerite. L'Empereur les ratifie, sauf deux points à ajouter et un article à modifier. Il désire que les États lui fassent une pension viagère de cinquante mille livres. — (*Original.*)

(Au village de Nazareit, le 18 août.)

Très chière et très amée fille, nous avons receu voz letres du IIIe de ce mois, par lesquelles nous signiffiez la communicacion et déclaracion que avez au long fait aux principaulx des Estas de noz pays de par delà pour ce assemblez devers vous du demène de l'affaire de Gheldres, en leur monstrant le povoir que avez sur ce de nous avec les articles sur ce conceuz, en leur requérant donner leur conseil et advis sur ladite matière; et après avoir esté par lesdits députez des Estas respondu qu'ilz n'avoient cherge de leurs maistres, si non de oyr et rapporter ce que leur seroit ouvert et proposé, et qu'ilz ne se oseroient avancer de donner oppinion ne advis en icelle matière, sans préalablement avoir fait rapport, requérant retraitte et terme pour y respondre; voyant que ne povyez avoir autre responce d'eulx, considérant la hastiveté et importance de ceste matière, avez remis la matière en délibéracion avec ceulx de nostre privé conseil pour ce assemblez en bon et notable nombre; par l'advis desquelz avez accepté lesdits articles, soubz nostre bon plaisir et ferme espoir qu'ilz nous seroient agréables, et en baillié le double au commis de messire Charles de Gheldres, l'advertissant que, en vertu dudit povoir que vous avons baillié, avez accepté iceulx articles ainsi que ces choses vosdites letres le contiennent plus à plain.

Sur quoy, très chière et très amée fille, les communicacions et délibéracions que avez tenu, et la forme de vostre besongnie en ceste matière, avant avoir accepté lesdits articles, nous a très bien pleu. Nous avons bien et au long veu et entendu lesdits articles, lesquelz vous renvoyons; et puisque avez si avant besongnié en ceste matière que d'avoir accepté iceulx articles, ne vous voullons désadvouer, ains déclarons qu'ilz nous plaisent et les avons pour agréables, et sommes content que procédez au parfait et cloture du traittié de paix et mariage avec ledit messire Charles de Gheldres, selon la teneur d'iceulx articles. Toutesvoyes, nous désirons merveilleusement que, avant ladite totale conclusion, s'il est possible, vous faciez davantage adjouster deux points et en changier aucunement ung autre èsdits articles [1], selon qu'il est contenu ou billet que vous envoyons en cestes, signé de nostre main; lesquelz trois points nous semblent estre si raisonnable que ledit messire Charles n'en fera difficulté; nous vous requérons faire vostre mieulx de les y povoir mettre.

[1] Voici quels étaient ces additions et changements : 1°. « Que la « place et maison Oyen avec ses appartenances demeure à jamais de ce « costé, ainsi que aultrefois a esté requis, quand ores l'on en deust « donner récompense au denier de la valeur du revenu d'icelle : 2°. que « l'Empereur et l'archiduc retiendront aussi le tiltre de duc de Ghel- « dres et conte de Zutphen, attendu que par le moyen de ce traictié, « ledit pays leur doit escheoir, au cas que de cedict mariage ne viengne « hoir masle. M. de Gheldres joyra aussi dudict tiltre : 3°. Supprimer « à l'article XVI la clause portant que la ville d'Arnhem et la seigneurie « d'Oye seront rendues audit seigneur de Gheldres, pour en joyr sa vie « durant. »

Nous n'entendons point, jaçoit ce que vous ayons nagaires escript et respondu sur le point concernant Aernhem et Remunde (Ruremonde), que en faciez autrement qu'il est contenu ès articles que dessus.

Et après que aurez absolutement passé et conclud ledit traittié, en vertu du povoir que vous en avons baillié, come dit est, serons prest en baillier noz letres de ratiffication et aprobacion, et faire tout ce que par icellui traittié sera requis.

D'autre part, très chière et très amée fille, attendu que maintenant noz subgetz de par delà, par ce traittié de paix, seront en grant repoz et tranquilité, et deschergé de grant despence, nous voullons et vous requérons affectueusement et acertes, ensievant ce que par pluiseurs foiz vous avons escript, que commenciez à praticquier que les Estas de noz pays de par deçà nous acordent, nostre vie durant, cinquante mil livres, à payer par égale portion aux deux foires d'Anvers; et à ce vous employez de tout vostre povoir selon la fiance que en avons en vous; et vous nous ferez ung très singulier et agréable service et plaisir. A tant, etc.

Donné en nostre village de Nazareth, le XVIII[e] jour d'aoust, anno XV[c] et X. Vostre bon père MAXI. — Plus bas, *Hannart*.

238. — MAXIMILIEN A MARGUERITE.

L'Empereur est toujours disposé à se diriger vers l'Alsace et la Bourgogne pour faire une bonne alliance avec le roi de France. Nouvelle journée convoquée pour la Saint-Martin à Haguenau. L'Empereur mande vers lui le comte de Nassau, les seigneurs de Chièvres, de Berghes, et le trésorier général, avec recommandation de lui apporter de l'argent. — (*Original.*)

(Au château de Berneck, le 30 août.)

Très chière et très amée fille, comme vous avons escript, nous sommes encoires en propoz de deschendre et tirer vers noz pays d'Elsatte et Bourgoingne, à intencion de nous trouver et parler avec nostre frère et cousin, le roy de France, pour prendre une bonne, ferme et vraye amityé, alliance et intelligence, ensemble au bien de nous deux, noz successeurs et pays et conséquemment de toute la chrétienté.

A la dernière journée que avons tenu à Augsbourg avec les princes et Estaz de l'empire, feust conclu que se tiendroit une autre journée, et se rassembleroient audit Augsbourg ou à Worms au jour de la Chandelleur prochaine; mais affin et d'ung train prendre une bonne conclusion, tant avec ledit roy de France, que avec les princes et Estas de l'empire, et de bonne heure pourveoir à l'affaire de nostre guerre d'Ytalie contre l'esté avenir, et aussi affin que lesdits princes soient plus prochain dudit roy de France, avons conclu et advisé de remettre ceste journée à plus brief jour, et desjà mandé et convoquié lesdits princes et Estas de l'empire au jour de Sainct-Martin prochain, en nostre cité de Hagenauw.

Selon que vous avons aussi escript, nous désirons que faciez tenir prest pour partir et venir vers nous, si tost que le vous signiffierons, noz très chiers et féaulx les conte de Nassau, sieur de Chièvres, noz cousins, sieur de Berghes et nostre trésorier général, ausquelz présentement aussi l'escripvons, leur ordonnant de rechief faire tout devoir et dilligence de praticquier et nous apporter les deniers dont à vous et à eulx avons par noz dernières lestres escript; et à ce faire vous requérons que les assistez et vous employez, comme en vous en avons la confidence. Nous voulons aussi que lesdits seigneurs viennent instruiz et chargez des affaires de nos pays de par delà, à quoy il sera besoing de donner ordre et provision pour le bien d'iceulx; ce que sommes entièrement délibérez et enclin de faire. A tant, etc.

Donné en nostre chastel de Berneck, le pénultième jour d'aoust, l'an xv[c] dix. Vostre bon père Maxi. — Plus bas, *Hannart*.

---

239. — MAXIMILIEN A MARGUERITE.

L'Empereur entend que le seigneur de Castres ait l'office de bailli de Bruges et du Franc, nonobstant les réclamations des Brugeois. Quant à Jehan de Praet, le premier office vacant dans le comté de Flandre ou dans l'échevinage du Franc lui sera conféré. — (*Original.*)

(Au château de Landeck, le 30 août.)

Très chière et très amée fille, nous avons voz letres concernans l'office du bailliaige de Bruges et du Franck, et avons veu les letres et avis que ceulx de Bruges et du Franc vous ont escript, ensamble une requeste à vous présentée de la part du sieur de Caestre; et pour ce, très chière et très amée fille, que en désirez faire selon nostre vouloir et bon plaisir, nous vous advertissons que nostre vouloir est que faictes sceller noz letres, lesquelles vous avons despiéça envoyées au proffit dudit sieur de Caestre, veu mesmement que lesdits de Bruges et du Franck ne vous ont fait apparoir ne à nous des prévilléges en vertu duquel il soit incapable de desservir ledit office, et que de l'eschevinaige du Franck qu'il a autreffois tenu, l'avons déporté au proffit d'autre, dont vous avertirons par noz letres.

Et quant à Jehan de Praet, seigneur d'Oelende, nous sommes content, tant en faveur de vous que de nostre cousin, le sieur de Fiennes, que nous avez fort recommandé, de le pourveoir du premier office qui escherra vacant en nostre conté de Flandres ou eschevignaige du Franck, et de ce sommes contens que, pour sa sceurté, lui dépeschez lettres de promesse en bonne et ample forme. Très chière, etc.

Escript en nostre chasteaul de Landeck, le pénultième jour d'aoust, l'an xv^c dix. Vostre bon père Maxi. — Plus bas, *Botechou.*

240. — MAXIMILIEN A MARGUERITE.

Projet d'alliance entre les plus grands princes de la chrétienté. Intrigues du pape pour détacher de la France l'Empereur, les rois d'Aragon et d'Angleterre. Manœuvres du seigneur Constantin et de sa femme. Maximilien veut rester fidèle allié de la France et observer le traité de Cambrai. Conquêtes du pape dans le duché de Ferrare. Craintes pour le Milanais. —(*Orig.*)

(Au château de Landeck, le 31 août.)

Très chière et très amée fille, nous avons receu voz lettres du xiiie jour de ce mois, par lesquelles nous escripvez comment entendez que praticques se maisnent entre les plus grans princes de la chrétienté pour faire alliances ensemble et que sommes requis de divers costez d'icelles, dont et l'adviz que sur ce nous bailliez vous savons grand gré et vous en mercions.

Sur quoy vous escripvons voulluntiers qu'il est vray que le pape envoyoit vers nous le seigneur Constantin[1], ouquel, comme son ambassadeur, avions donné saufconduit venir en nostre pays de Tirol, sans toutesvoyes souffrir qu'il soit venu jusques vers nostre personne. Néantmoins si avons fait entendre dudit sieur Constantin sa cherge, laquelle estoit en effect que le pape nous faisoit requérir de nous vouloir déclarer contre nostre bon frère et cousin, le roy de France et le duc de Ferrare, et qu'il nous feroit avoir bon apointement avec les Vénéciens. Nous avons bien congneu qu'il n'envoyoit vers nous, sinon à intention de nous entretenir de parolles, attendant qu'il verroit que les Suysses feroient. La femme dudit sieur Constantin, à laquelle avions aussi donné saufconduit de venir veoir son mary en nostredit pays de Tirol, a secrètement en sadite venue porté argent du pape aux Suysses, dont n'avons riens sceu, tant qu'elle ait esté en nostre ville de Brixen vers sondit mary. Contre elle ne nous en voullons prendre, cognoissant que est une femme qui l'a fait par commandement de sondit mary qui, comme dit est, a saufconduit de nous.

Le pape a fait requérir le semblable, comme à nous, à nostre frère et cousin, le roy d'Arragon.

Pareillement le pape escripvoit lettres au roy d'An-

[1] Probablement Constantin Commène, prince de Macédoine.

gleterre, lui faisant aussi semblable requeste et l'advisant que nous serions pour lui et que le roy d'Arragon envoyoit à son assistence son armée par mer contre Gennes, lesquelles lettres sont esté prinses et aportées audit roy de France.

Par l'adviz de nostre conseil, nous sommes résolu de demourer et tenir bonne alliance avec nostredit bon frère, le roy de France, et les autres princes de nostre lighe, faicte à Cambray et ensieuvyr le traittié dudit Cambray. Et à ceste fin, et pour tant mieulx asseurer nostre fait avec ledit roy de France, avons envoyé, comme savez, l'évesque de Gurce vers lui.

Nous sommes icy assez près du pays des Suysses, praticquant de tous cotez vers eulx, qu'ilz ne marchent avant, et avons mis en armes contre eulx tous leurs voisins, tant du costé de nostre saint-empire, que de nostre maison d'Austrice. S'ilz ne passent, le pape aura à souffrir et espérons avoir bonne yssue de nostre affaire contre lui et les Vénissiens; et s'ilz passent, soyez asseurée qu'ilz seront ruez jus à leur retour et espérons en estre bien près pour le veoir.

Le pape a ung XII^{m} hommes ytaliens, faisant la guerre au duc de Ferrar et desjà lui ont fait grand domage en son pays, prins et gaigné la ville de Mondène qui est tenue de nostre saint-empire et non de l'église. Pareillement ont prins la ville de Carpy et sont maintenant devant la ville de Mirandula et tantost auront gaignié jusques aux limites de la duché de Mylan, et craindons par ce qu'ilz aprochent si près dudit quartier de Mylan, que le grand maistre de France sera constraint de remander les III^{m} Franchois qui sont avec nostre cousin et capitaine général, le prince d'Anhalt.

De ce que nous en surviendra plus avant, vous en ferons participante. Et à tant, nostre Seigneur vous ait en sa garde.

Donné en nostre chasteau de Landeek, le dernier jour d'aoust xv^{c} x. Vostre bon père MAXIMILIEN. — Plus bas, *Hannart.*

---

241. — MAXIMILIEN A MARGUERITE.

Plaintes du roi de Danemarck contre les habitants de Lubeck. Protection à accorder au roi et à la reine de Navarre contre le roi de France. Réclamation des gentilshommes de feu le roi Philippe, pour être admis dans la maison de l'archiduc. Réglement à faire pour la maison des princesses. — (*Original.*)

(Insprack, le 31 août.)

Très chière et très amée fille, nous avons receu voz lettres du xxIIII^{e} du mois passé, ensemble les lettres que nous escripvent les roy et reyne de Dennemarck, touchant le différent qu'ilz ont avec ceulx de nostre cité de Lubeck, en nous complaignant les grandz tors, oultraiges et cruaultéz que ceulx dudit Lubeck ont nagaires fait sur leurs subgects du royaume de Dennemarck.

Nous vouldrions bien que accord et amitié feust faite entre ledit roy de Dennemarck et ceulx de nostredite cité de Lubeck, et désirons que vous meismes vous veullez à ce employer et entremectre et, avec ceulx de nostre conseil de par delà, adviser quelque moyen comment le pourriez faire, et nous semble qu'il viendra fort bien à propoz que le faciez maintenant, attendu que vous avez envoyé ung de noz conseilliers audit Lubeck pour le fait des navires qu'ilz ont prins sur nos subgectz et tout ce que verrez que y pourrons faire, nous le ferons vouluntiers.

Et quant à ce que par vosdites lettres nous escripvez que les roy et royne de Navarre vous ont par leurs lettres requiz nous recommander leur affaire et qu'il nous plaise tenir main vers nostre frère et cousin, le roy de France, qu'ilz ne soient par luy et son assistence destruiz et affoulez sans cause raisonnable, nous penserons à ce que y povons et debvons faire.

En oultre, sur ce que nous escripvez que estes incessamment poursuyvie des gentilz hommes qu'estoient à feu le roy dom Philippe, nostre filz, pour estre mis et couchié en l'estat de nostre filz, l'archiduc Charles, en nous requérant en vouloir faire une fin, nous vous signiffions que sommes en intencion de ainsi le faire, et pour à ce savoir tant mieulx procéder y voulons premiers avoir vostre adviz. Pourquoy appelerez vers vous ceulx que feront y estre appelez et secrètement faictes ung concept de l'estat tel qu'il vous semble qu'il doit estre et iceluy nous envoyez, ensemble le double de l'estat que nostredit filz a présentement, en y nottant ceulx qui y sont à laisser et oster, en nous advisant au surplus aussi à quel jour en ce nouvel estat se debveront commenchier les deux demi ans. A tant, etc.

Donné en nostre ville d'Ysbreuck, le derrain jour d'aoust, l'an xv^{c} dix.

P. S. Faites aussi une concepcion d'estat à part comment nos filles deveront estre servies et de quel gens, mesment quant nostre filz l'archiduc sera arière d'elle, qui pourra de cy en avant souvent estre affaire et le nous envoyez.

Escript comme dessus.

Vostre bon père MAXIMILIEN. — Plus bas, *Hannart.*

242. — MAXIMILIEN A MARGUERITE.

Difficultés élevées par Charles de Gueldre sur divers articles du traité à conclure. L'Empereur veut bien céder Arnhem, pourvu qu'il obtienne Ruremonde en échange. Pour Aldezée, il s'en remet à la prudence de sa fille. — (*Original.*)

(Insprack, le dernier août.)

Très chière et très amée fille, nous avons receu voz letres du XXIIIIe jour de juillet, par lesquelles nous signiffiez estre retourné vers vous Faulquier, serviteur de messire Charles de Gheldres, et vous rapporte response d'icelui messire Charles, son maistre, sur trois articles que auparavant lui aviez proposé pour finalle résolucion sur le fait du traictié d'entre nous, nostre filz, l'archiduc, et sondit maistre, touchant le pays de Gheldres, assavoir de Arnhem et de Bommel et Bommelreweert en la façon que le vous avions mandé, et davantaige de aussi rendre la ville de Aldezée en la forme et manière que avons veu par la copie desdits trois articles que nous avez envoyez encloz en vosdites letres, et que en effect vous a dit ledit Faulquier que sondit maistre pour riens du monde n'accorderoit lesdits trois articles; parquoy a mis la chose du tout à rouptture en s'en veullant retourner, et que, aprez ce, avez fort fait enquérir ledit Faulquier de la matière, s'il ne seroit possible de conduire son maistre esdits trois poinctz. Et pour conclusion a dit que, pour honneur de nous, son maistre seroit encoires content de faire de Bommel et de Bommelreweert à nostre plaisir; quant à Arnhem, que pour rien il ne consentira qu'elle demeure hors de ses mains, mais bien lui semble il que ainçoires, pour honneur de nous, son maistre seroit content, pour récompence dudit Arnhem, nous laissier les villes de Hardewyck ou Hattem.

Et quant au IIIe point de la ville de Aldezée, sondit maistre sera content de faire une abstinence de guerre, ainsi que ces choses vosdites letres le contiennent plus à plain.

Sur quoy, très chière et très amée fille, vous advertissons, puisque ledit messire Charles contend et persiste si fort à vouloir avoir la ville de Arnhem, et veullant ainçoires que par ce la chose ne tourne à roupture de nostre costé, sommes content de luy baillier Arnhem, moyennant qu'il nous baille pour ce la ville de Remunde, comme cy-devant nous avez escript qu'il estoit content faire; aussi le contiennent les derniers articles, que nous en avez envoyé, que disiez estre la résolucion d'icelui messire Charles de Gheldres sur tous les points du traictié; et aussi que audit Remunde il face faire à la porte par où l'on va vers Tricht, nommée la Roure-porte, à ses despens, ung blochuys comme y a audit Arnhem, pour si tost que ledit bloschuys sera fait et avoir premiers icelle ville en noz mains, et autrement non luy baillier ladite ville de Arnhem; et par nous tenir et possesser ladite ville de Remunde en tous droiz, haulteur et seigneurie totalement, comme faisons présentement dudit Arnhem, jusques à la consommacion du mariaige.

Nous vous advisons aussi que nostre intencion est encoires que Bommel et Bommelreweert, en tous droiz, prouffitz et seigneurie, seront à perpétuité annexez à la duchié de Brabant, ainsi que vous avons escript.

Et quant à ce qui touche Aldezée, nous le remectons à vous pour en faire le mieulx cumme verrez la chose disposée et que nostre honneur y soit gardé, actendu que l'évesque d'Utrecht est prince du sainct-empire et que sommes son souverain et supérieur seigneur, et tenu le aydier et favoriser en son bon droit. A tant, très chière et très amée fille, nostre Seigneur vous ait en sa garde.

Donné en nostre ville d'Ysbrouck, le dernier jour d'aoust, l'an xv^c dix. Vostre bon père Maxi. — Plus bas, *Hannart*.

243. — MAXIMILIEN A MARGUERITE.

Affaires de Gueldre. Intervention du roi de France. Le seigneur d'Aremberg envoyé en Italie contre les Suisses et le pape. Les Grisons ont été séduits par belles paroles. Espoir de gagner les Suisses qui, après avoir mangé les ducats du pape, ont faim de manger les écus de France. — (*Original.*)

(Au château de Wysbourg, le 2 septembre.)

Très chière et très amée fille, nous avons piéça receu les lettres que nostre frère, le roy de France, vous avoit escriptes pour messire Charles de Gheldres à l'encontre de nostre cousin, le sieur d'Yselstain, et autres qui favorisent nostre cousin, l'évesque d'Utrecht.

Sur quoy, à celle mesme heure, nous eusmes grans devises avec l'ambassadeur de nostredit frère, le maistre d'ostel Rigault d'Oreilles; et après que nous eusmes déclairé et disputé pluiseurs choses sur ceste matière, il nous asseura de en adverty nostredit frère, son maistre, et sur ce nous faire avoir responce; ce qu'il n'a fait jusques à oires.

Et, à la vérité, nous n'avons point trop sollicité ledit ambassadeur de ceste matière, car elle est odieuse; mais si monsieur d'Aremberg fust allé par delà, nous avions desjà praticqué avec noz cousins, les marquis de Bauden et conte de Zoorn, qu'ilz eussent donner secours à nostredit cousin d'Utrecht d'une bonne bande de gens à cheval et de piedz.

Hier, nous receusmes lettres du dessusdit maistre d'ostel, par lesquelles il nous signiffie comment il passe oultre avec nostre premier conseiller, l'évesque de Gurcz, pour aller vers nostredit frère, son maistre, bien contens de toutes choses. Parquoy nous entendons bien que nous n'aurons plus avant responce sur ceste matière.

Et aussi noz conseilliers et ambassadeurs, les docteurs Mota et Andrea de Burgo, nous ont escript que nostredit frère, le roy de France, avoit despesché en leur présence ledit Aremberg pour aller ès Ytales à tout sa bande, à l'encontre des Suyches et du pape.

Toutes fois nous garderons bien ceste lettre pour en temps et lieu, si vient à propos, et selon que le monde se tournera, la mectre en avant.

Nous avons gaingné par belles parolles et autrement les Grisains (Grisons), et en sorte que d'un mois ilz ne donront secours aux Suyches ne audit pape, mais feront secours audit roy, nostre frère.

Nous espérons aussi praticquer les Suyches que sans cause ilz retourneront, veu qu'ilz ont desjà assez maingé des ducatz du pape, et qu'ilz ont grant fain de maingier des escus de France. Et sommes leur cusenier qui leur apreste lesdits escus, en si bonne ordre qu'ilz les maingeront voulentiers; car vous povez penser que lesdits Suyches sont commenaultez qui ne tiennent foy ne léaultez. Ce scet bien nostre Seigneur qu'il, très chière et très amée fille, soit garde de vous.

Escript en nostre chasteau de Wysburg, le IIe jour de septembre, l'an XV^c dix. *Per Regem.* P. S. — Plus bas, *Botechou.*

244. — MAXIMILIEN A MARGUERITE.

L'Empereur déclare qu'il croit avoir assez fait pour Philippe de Bourgogne, à qui il a accordé les seigneuries de Blaton et Crubeke. Il ratifie la commission de contrôleur de l'hôtel donnée à Jehan Pignouwart. Il promet en outre de ne pas réintégrer Philippe de Chassey dans ses charges sans l'aveu de Marguerite. — (*Original.*)

(Veltkirken, le 8 septembre.)

Très chière et très amée fille, nous avons veu la responce que nous avez faitte sur le don et accord que avons fait à nostre cousin, messire Philippe de Bourgoingne, des seignouries de Blaton et Crubeke, affin de tant mieulx parvenir à mariage avec la fille de nostre cousin, le conte d'Egmonde, et à son avancement d'icellui, en nous requérant que, en luy ampliant nostre grâce et don, lui voulsissions accorder lesdites seignouries pour lui et ses hoirs venant dudit mariage. Sur quoy il nous semble qu'il doit bien suffire de ce que avons fait et vous escript pour nostredit cousin desdites seignouries, sans nous presser plus avant ne audehors du contenu de nosdites letres, selon lesquelles vous vous réglerez.

Par autres voz letres nous signiffyez avoir, ensievant nostre ordonnance, commis Jehan Pignouwart, controlleur de la despence ordinaire de l'ostel de nostre très chier et très amé filz, l'archiduc Charles, pour servir par demy an, à l'encontre de Laurens Sterck; nous vous déclarons que avons pour agréable la commission dudit Pignouwart oudit estat.

Et quant à ce que nous avez escript et requiz par voz letres du XXIIe d'aoust de, pour les causes contenues en icelles, non réintégrer et remettre Philippe de Chassey aux offices de trésorier de Dôle et de receveur général de Bourgoingne, nous vous signiffions que ne ferons en ce riens à vostre regret; mais s'il nous fait poursieulte de ce que dit est, l'en remettrons à vous et en soyez toute asseurée.

Donné en nostre ville de Veltkirchen, le VIIIe jour de septembre XV^c X. Vostre bon père MAXI.... — Plus bas, *Hannart.*

---

245. — MAXIMILIEN A MARGUERITE.

Plusieurs villes voudraient empêcher la conclusion du traité de Gueldre. Néanmoins, l'Empereur en désire la prompte conclusion. Il ordonne d'envoyer douze cents florins à l'évêque de Gurce, en mission auprès du roi de France. — (*Original.*)

(Veltkirken, le 9 septembre.)

Très chière et très amée fille, nous avons receu voz letres du premier jour de ce mois par lesquelles nous signiffiez que estes advertye que ceulx de noz villes de Dordrecht, Boisleduc et autres, leurs assisteurs, envoyent aucuns leurs députez vers nous pour empechier, comme croyez, la conclusion de la matière de Gheldres, et pour nous advertir d'aucunes choses dont bien petit fruit est apparent d'ensievyr.

Vous avez bien fait de nous avoir adverti la venue des dessusdits, ensemble ce que autreffois leur avez dit et demandé, quant sur le mesme propoz ilz ont esté vers vous, et que sur icelle vostre demande ne sceurent donner responce; car nous en aurons meilleur regard et advis sur le tout.

Toutes voyes, ces choses non obstant, nous voulons et vous requérons que incontinent vous procédez au parfait et conclusion du traictié de Gheldres, selon et ensuivant les letres que dernièrement vous en avons escript; et nous donnons merveilles à quoy il peult rester que desjà ledit traictié ne soit conclud.

Advisez nous ouvertement lesquels sont en cause de retarder et empeschier l'accord des aydes; et nous y remédierons de sorte que ceulx y ayans coulpe congnoistront que n'en sommes content.

Combien que ayons ordonné et expressément chargié à l'évesque de Gurce de parler et besoignier avec nostre frère et cousin, le roy de France, des matières dont lui escripverez, touchant nostre filz et noz pays de par delà, néantmoings nous luy escripvons présentement en lui ordonnant de rechief ainsi le faire, et vous envoyons avec cestes nosdites letres, lesquelles luy pourrez envoyer par celuy que avez délégué aller vers lui pour l'informer desdites matières.

Et pour ce que, comme savez, avons présentement de grandes charges à supporter, à cause de nostre guerre en Ytalie, n'avons bonnement peu furnir audit de Gurce tant d'argent que lui est de besoing pour son voiaige. Pour quoy, veu que icelui voiaige est pour le bien de tous noz pays et subgectz, et espérons qu'il y traictera choses moult prouffitables pour nosdits pays de par delà, nous désirons et vous requérons affectueusement et acertes que faciez par les gens de noz finances incontinent envoyer audit de Gurce en France la somme de XIIᶜ florins de Rin d'or, et nous signiffier de ce que fait en aurez; et en ce ferez nostre plaisir et chose agréable. Sy vous requérons de rechief n'y faire faulte. A tant, très chière et très amée fille, nostre Seigneur vous ayt en sa garde.

Donné en nostre ville de Veltkircken, le IXᵉ jour de septembre, l'an XVᶜ X. Vostre bon père Maxi. — Plus bas, *Hannart*.

---

246. — MAXIMILIEN A MARGUERITE.

Le baron de Viry est nommé conseiller ordinaire et chambellan de l'archiduc Charles. — (*Original.*)

(Buchorn, le 13 septembre.)

Très chière et très amée fille, pour la bonne congnoissance et expérience que avons de la personne de nostre amé et féal, le baron seigneur de Viry, et le désir que avons de nous servir de luy, nous l'avons retenu et commis nostre conseillier ordinaire auprez de vous et chambellan de nostre filz, l'archiduc Charles, aux gaiges de trente six solz de deux groz de nostre monnoye de Flandres le solt par jour, et lui avons chargié pour ce soy tirer devers vous. Par quoy nous vous requérons que incontinent après que ledit baron sera arrivé devers vous avec cestes, vous luy faictes despeschier noz lestres patentes de retenue desdits estaz dessusdits, et dès là en avant le faictes payer desdits gaiges en la manière accoustumée. Et au surplus le évoquez et appellez tousjours en voz consaulx, touchant noz affaires de par deçà et d'embas, comme nostre conseillier et commis à ce de par nous; car ainsi nous plaist-il. A tant, très chière et très amée fille, nostre Seigneur soit garde de vous.

Donné en nostre ville de Buchorn, le XIIIe de septembre, l'an mil ve et dix. *Per Regem.* — Plus bas, *Renner.*

---

247. — MAXIMILIEN A MARGUERITE.

Il mande à sa fille et aux gens de ses finances de payer à Philippe Lombart, fourrier de l'hôtel, cent cinquante florins du Rhin, d'or, pour solde de ses gages. — (*Original.*)

(Lindaw, le 14 septembre.)

DE PAR L'EMPEREUR.

Très chière et très amée fille, et très chiers et féaulx, nous avons présentement accordé à nostre bien amé fourrier de nostre hostel, Philippe Lombart, recouvrer par les mains de nostre receveur général de Flandres, Liévin de Pottelberghe, et sur les deniers de sa recepte, la somme de cent cinquante florins de Rin d'or que lui devons de reste, à cause des gaiges qu'il a prins et prent de nous jusques à ores dudit estat de fourrier; et vous requérons et ordonnons à vous de noz finances de audit Philippe despeschier noz lettres de descherge d'icelle somme sur nostredit receveur de Flandres, ainsi comme en tel cas appertient, et de sorte qu'il puisse recouvrer sondit deu; car ainsi nous plaist-il. A tant, très chière et très amée fille, et très chiers et féaulx, nostre Seigneur soit garde de vous.

Donné en nostre ville de Lindauw, le XIIII[e] jour de septembre, anno XV[c] et dix. *Per Regem.* — Plus bas, *Hannart.*

248. — MAXIMILIEN A MARGUERITE.

Par suite des lettres de l'Empereur, les Suisses se sont retirés du service du pape. Découverte d'un complot qui devait éclater le même jour à Vérone, à Ferrare et à Brescia. Mort du prince d'Anhalt, qui est remplacé par le duc de Brunswick comme chef de l'armée d'Italie.

(Lindaw, le 17 septembre.)

Très chière et très amée fille, pour nouvelles nous advertissons que, après que les Suysses, lesquelz estoient en nombre de dix mil hommes desjà marchié avant et entrez sur les limites de Mylan, pour aller au service du pape, ont veu et entendu les lettres que aigrement leur escripvions, sont tous séparez et se retirent en leurs maisons, et prendent couleur de leur retraicte en partie pour ce que leur payement et soldée n'estoit venu comme il leur avoit esté promis; et sommes bien acertenez par aucuns de leurs propres gens qui estoient en leur compaignie et qui ont veu et sceu toutte leur intencion et raison de ladite retraite, que nosdites lettres en ont esté la principale cause.

Noz ennemis avoient conspiré et maciné une trahison, que se devoit exécuter tout en ung jour sur les villes et cités de Véronne, de Ferrare et de Bresse. Mais ceste trahison a esté descouverte avant ledit jour;

par quoy sera maintenant à ce pourveu, et d'aucuns coupables a esté fait la justice de tous les trois costez.

Aujourd'huy a VIII jours que trespassa, en nostredite cité de Véronne, nostre cousin, capitaine général et chief de nostre présente armée d'Italye, le prince d'Anhalt [1], dont Dieu ait l'âme, et avons regret; car nous avons perdu à luy ung bon vertueux prince et léal serviteur que toute sa vie nous a esté tel.

Nous envoyons maintenant le duc de Brunswyck pour estre chief de nostredite armée, ou lieu dudit bon deffunct prince.

L'armée du pape par mer et par terre contre le roy de France et duc de Ferrar est puissante; mais puis que lesdits Suysses sont retirez, croyons que ne feront gaires de proffit.

De ce que au surplus nous surviendra vous en ferons participante. A tant, très chière et très amée fille, nostre Seigneur soit garde de vous.

Donné en nostre ville de Lindauw, le XVII[e] jour de septembre XV[c] x. *Per Regem.* — Plus bas, *Hannart.*

[1] Rodolphe, prince d'Anhalt, était très attaché à Maximilien, pour qui il s'était mis autrefois en otage entre les mains des Brugeois révoltés. Nommé grand-écuyer en récompense de ce dévouement, il commanda, en 1507, les troupes impériales dans la guerre de Gueldre. L'année suivante il fut appelé au commandement de l'expédition d'Italie. On prétendit que sa mort, arrivée le 7 septembre 1510, était l'effet du poison.

249. — MAXIMILIEN A MARGUERITE.

L'Empereur ne veut pas délivrer sur-le-champ une décharge de cinq mille écus sur le trésorier d'Espagne au profit de Claude de Cilly, son ambassadeur en Aragon. Il recommande de n'envoyer en Bourgogne que le bailli d'Amont. — (*Original.*)

(Constance, le 25 septembre.)

Très chière et très amée fille, nous avons receu voz lettres du XVIIe de septembre par lesquelles nous escripvez que le trésorier de nostre frère et cousin, le roy d'Arragon, a envoyé de par delà la despesche pour recevoir les X^m escus que se doibvent baillier à ceste feste d'Anvers, à XII^c escuz prez qu'il a délivrez à nostre président de Bourgoingne, et oultre, nous requérez vouloir faire despeschier une descherge sur ledit trésorier d'Espaigne de V^m escuz, au prouffit de Claude de Cilly, nostre ambassadeur devers nostredit frère, ledit roy d'Arragon, sur le terme de l'année à venir, en nous asseurant que, endedens ledit terme, nous feriez rembourser de ladite somme de deniers de par delà.

Sur quoy vous advisons que postposons faire despeschier ladite descherge jusques à la venue vers nous de nostredit trésorier général, messire Roland Le Fèvre, que sera brief, auquel lors parlerons de cest affaire, et luy en déclairerons nostre intencion et plaisir.

Nous voulons que envoyez le bailly d'Amont en Bourgoingne, et nul autre.

Donné en nostre cité de Constance, le XXV^c jour de septembre XV^c X. Vostre bon père MAXI. — Plus bas, *Hannart.*

250. — MAXIMILIEN A MARGUERITE.

Il l'autorise à confirmer l'alliance et *entrecours* qui existaient avec le feu roi d'Angleterre. — (*Original.*)

(Constance, le 27 septembre.)

Très chière et très amée fille, nous vous avons dernièrement escript comment l'ambassadeur de nostre frère, le roy d'Angleterre, estans icy devers nous, nous a requis de vouloir confermer l'amitié et entrecours qui fut prinse du vivant du feu roy de Castille, nostre filz, que Dieu absoille, pour l'amitié et entrecours de tous noz pays et subgectz. Et pour ce que c'est une chose qui touche le bien publicque de tous nosdits pays, à quoy sommes fort enclins, et mesmement d'entretenir les bonnes aliances qui ont parcidevant esté faictes avec le feu roy Henry, nous vous requérons que vous vueillez confermer à nostredit frère, ou nom de nous, ladite amitié et entrecours prinse, comme dit est, et selon que trouverez estre affaire pour le mieulx, affin que la chose soit despeschié et puisse sortir à effect. A tant, très chière et très amée fille, nostre Seigneur soit garde de vous.

Donné en nostre cité de Constance, le XXVII[e] jour de septembre, l'an XV[c] et dix. Vostre bon père MAXI. — Plus bas, *Renner*.

251. — MAXIMILIEN A MARGUERITE.

Il lui requiert de s'informer secrètement s'il est vrai que le duc de Juliers soit mort. — (*Original.*)

(Constance, le 28 septembre.)

Très chière et très amée fille, pour ce que avons entendu que nostre cousin, le duc de Juilliers, est allé de vie à trespas[1], ou qu'il est malade jusques à la mort, et que désirons en sçavoir la vérité, nous vous requérons que secrètement vous vous faictes informer de ce qu'il en est, et que, incontinent après, nous en advertissez bien amplement. A tant, très chière et très amée fille, nostre Seigneur soit garde de vous.

Escript en nostre cité de Constance, le XXVIIIe jour de septembre, l'an XVe dix. *Per Regem.* — Plus bas, *Renner.*

252. — MAXIMILIEN A MARGUERITE.

Ce n'est pas le moment de réclamer le duché de Bourgogne et la vicomté d'Auxonne. Pratiques du pape pour faire alliance avec la France et les Vénitiens contre l'Empereur. Les Suisses mauvais vilains. Intrigues des cardinaux. L'Empereur se défie du roi d'Angleterre qui l'a trompé deux fois; il compte sur la loyauté du roi de France. — (*Autographe.*)

(Le 7 octobre.)

Très chière et très amée fille, je me recommande à vous de bon ceur; j'ay resceu vous lestres escriptes le 21 jour de septembre, par lesquelles vous nous faites

[1] Guillaume VIII, duc de Juliers et de Berg, mourut, suivant l'*Art de vérifier les dates*, le 6 septembre ou décembre 1511.

mencion de demander par honnestes moyens la duché de Bourgogne et la visconté d'Auxon; il nous semble que yl n'y a point tans mestinant; car les Françoes sont mestinant au-dessus du pape de tous les affaères, et nous et nous affaères pour sela en très grand dangier; car aussy le pape est tout désespéré et tout esragé; disant publikament que il est tombé à la guerre contra le roy de France pour la salvation d'Italie et sur l'espoir que nous et le roy d'Arregon ly aiderunt; et que sur sela il est abusé, et a orduné aux six principaulx cardinaulx pour besungner avec la reyna de France [1], comme cele qui est plus devota que son mary le roy de France, pour trouver fachon pour faere aliance avec les Françoes et Vénéciens allencontre de nous. Et cumbien que les Françoes sevont bien que je leur ai tenu bon leaulté contra le pape, mesmement que j'ay assés esté cause que les Suisses, mavès villeins, sunt retournés du service du pape, toutefois nous creinduns et sumus empeu afferti bien acertes que lesdits Françoes scharcherunt faere leur profit de nous et du roy d'Arregon. Le roy de France tient tout suspect ledit roy d'Arregon que il a esté cause que le papa ly a couru sus. Aussy le bruit curt semblablement par touta Italia les susdits six cardinaulx maves tousjours à l'encontre de nous; est le principal le cardinal Volteranus [2] qui dit que le roy d'Aregon a esté la premier cause de la perdition de son sanc du ream de Naples; l'autre cardinal est le légat de Boullony [3], qui est le principal

[1] Anne de Bretagne, femme de Louis XII.

[2] François Soderini, Florentin, mort en 1524, évêque d'Ostie et doyen du sacré collége.

[3] François Acidolius, cardinal du titre de Sainte-Cécile, légat de Bologne, tué à Ravenne en 1511.

gouverneor du papé, orgulos et erragé, comme son mester; le tiers le patriarche, le quart le cardinal Grimanus [1], tous deux Vénitiens, le cardinal de Montua [2], le cardinal de San Severin [3], le cardinal de Final [4], tertous papistes françoes et vénéciens; leor machination est que le roy de France deubt avoer de nous, comme desja yl a, le plus grand pié dedans la cyté de Vérona et la reaume de Naples, la pluspart, et que le papa deut avoer la duchié de Ferrar et bouter hors d'Italie tous les Espangers et Almans; le velà les beaux pratikes de la sainte mère de Église.

Les ambaxadeurs d'Aregon et d'Angleterre avons l'autre jour conclu par paroles l'aliance, lesquels est si fort en vostre ceur et opinion, par raport du Guillaume, nostre ferlet (*valet*) de chambre [5]; mès je creins mervillosement le roy d'Angleterre [6]; car son père m'a deux foes lurdement trompé. L'ambaxadeurs d'Aregon qui sunt devers le pape et la mien sont fort attonés desdits pratikues; car leor roi est point furny mestinant de gendermes, feu (vu) les voles (folles) entreprises que yl a fait d'Afrika pour la conqueste du port de Tripoly ou les Mores ont ytérativement mis les siéges.

Jé bon espoer ancor que le roy de France, par le

[1] Domenico Grimani, fils d'Antoine, doge de Venise, patriarche d'Aquilée, cardinal du titre de Saint-Marc, mort en 1523.

[2] Sigismond de Gonzague, cardinal, fils de Federico, marquis de Mantoue et de Marguerite de Bavière, mort en 1525.

[3] Le cardinal de San Severino, depuis ennemi déclaré de Jules II, mort à Rome, le premier des cardinaux diacres, en 1516.

[4] Charles Dominic de Caretto, des marquis de Final, fort affectionné à la France, mort en 1514.

[5] Guillaume ou Guislain Pingon, valet de chambre de Maximilien, souvent employé par Marguerite.

[6] Henri VIII.

moyen de l'évesque de Gurce, ma tiendra léalté, cumme je ly a tenu léalté contra le pape.

Escript le 7e jour de octobre, de la main de vostre bon père Maxi. 1510.

---

253. — MAXIMILIEN A MARGUERITE.

L'Empereur règle le différend qui existait entre Pierre Botechou et Jehan Vors, au sujet d'un canonicat vacant à La Haye. — (*Original et copie collationnée.*)

(Constance, le 8 octobre.)

Très chière et très amée fille, nous avons receu voz lettres touchant la contrariété qui a esté faicte au don que avions fait à Pierre Botechou, frère de nostre amé et féal secrétaire, maistre Jehan Botechou, de la première chanoinie qui dès lors escharroit en nostre chapelle de La Haye, naguères vacant, par le trespas de feu maistre Albrecht, Albrechts, et le tout soubz couleur de ce que Ghysbrecht Vofs disoit avoir don de nous de la seconde qui escharroit à ladite chapelle de La Haye, pour Jehan Vofs, son filz, et que la dessusdite prébende estoit la seconde qui estoit vacquée depuis sondit don. Et pour ce, très chière et très amée fille, que ledit maistre Jehan nous faiz journellement de bons services, par quoy pour pluiseurs raisons, dont il n'est besoing faire déclaration, il fait à préférer à autre, nous vous advertissons que nostre vouloir et plaisir est que ledit Pierre Botechou soit pourveu de ladite prébende de La Haye vacant, comme dit est. Mais en récompense de ce, et affin que ledit Ghysbrecht ne soit frustré de nostredit don, nous accordons dès maintenant à sondit filz la première prébende qui escherra à ladite chapelle de La Haye; et à ceste cause l'avons fait inscripre ou roolle de nos bénéfices de pardelà, en vous donnant puissance par cestes, ladite vacation advenant, luy en faire despescher noz lettres de collation en forme deue, sans attendre autre commandement de nous que cestes. Et vous requérons que, sans aucune difficulté et nonobstant tous empeschemens au contraire, vous faictes délivrer audit Pierre Botechou noz lettres de collation de la dessusdite prébende de La Haye; car ainsi le voulons estre fait. A tant, très chière et très amée fille, nostre Seigneur soit garde de vous.

Escript en nostre cité de Constance, le VIIIe jour d'octobre, l'an XV^{c} dix. Ainsi signé, *Per Regem*, et du secrétaire *Renner*. — Collationné à l'original par moy *Le Moyne*.

254. — MAXIMILIEN A MARGUERITE.

L'Empereur recommande à sa fille maître Jacques Botechou pour un emploi de conseiller au parlement de Dôle. — (*Original.*)

(Villingen, le 22 octobre.)

Très chière et très amée fille, nostre amé et féal secrétaire, maistre Jehan Botechou nous a exposé comment il y a environ an et demi, vacant ung estat de conseillier de vostre parlement à Dôle, son cousin, maistre Jaques Botechou, docteur ès droiz, vous fut nommé par ceulx dudit parlement pour estre commis audit estat de conseillier, et que combien que à ce estiés bien incliné, toutesvoyes, à la requeste d'aucuns de voz serviteurs, ledit maistre Jaques se dépourta lors de sa poursuyte, soubz espoir qu'il eust de vous d'avoir le premier estat de conseillier qui dès lors escharroit vacant. Parquoy et que depuis naguères en est vaqué ung, ledit maistre Jehan nous a requis vous en escripre à la recommandacion de sondit cousin; et pour ce que entendons icellui maistre Jaques estre homme doct et qualifié pour vous povoir bien servir oudit estat, au moyen de quoy, et en faveur dudit maistre Jehan, nostre serviteur, verrions voulentiers qu'il fut pourveu dudit estat de conseillier. A ces causes, escripvons présentement devers vous et vous requérons que audit estat de conseillier, vous veuillez avoir ledit maistre Jaques pour recommandé, et en icellui pour l'amour de nous le préférer à autre. En quoy faisant, vous nous ferez chose bien agréable, et si espérons que en serez bien servye. A tant, très chière et très amée fille, nostre Seigneur soit garde de vous.

Escript en nostre ville de Willinghen, le XXIIe jour d'octobre, l'an XV^c^ X. *Per Regem.*—Plus bas, *Renner.*

---

255. — MAXIMILIEN A MARGUERITE.

Il lui commet le soin de régler le différend qui existe entre les seigneurs de Vergy d'une part, et les seigneurs de Thalemey et de Flagy, d'autre part. — (*Original.*)

(Entbourch, le 24 octobre.)

Très chière et très amée fille, pour ce que désirions mectre quelque bon appoinctement ès différendz estans entre nostre cousin, le seigneur de Vergy et les seigneurs de Thalemer et de Flegy frères, nous avions retenu à nous la congnoissance de leursdits différendz;

mais obstant les grans affaires qui nous sont tousjours depuis survenuz, nous n'y avons peu entendre ne trouver moyen qui y ait sceu prouffiter. Parquoy et que ne voulons que les parties s'excusent plus sur nous ou nous chargent d'injustice, ains que la raison soit faicte à ung chacun d'eulx, comme il appartient, nous désirons et vous requérons bien acertes que prenez cest affaire en main et que vous employez par tous les moyens qui vous seront possibles de appoinctier lesdites parties amiablement, et ou cas qu'il ne se puisse ainsi faire, les pourvéez de sorte que la raison leur soit faicte et administrée, comment le cas le requiert; et à ceste cause nous escripvons présentement ausdites parties de pour ce eulx tirer devers vous, dont vous advertissons. Très chière et très amée fille, nostre Seigneur soit garde de vous.

Escript en nostre logis de Entbourch, le XXIIIIe jour d'octobre, l'an XV^c dix. Vostre bon père MAXI. — Plus bas, *Renner*.

---

256. — MAXIMILIEN A MARGUERITE.

Nouvelles difficultés au sujet du traité de Gueldre. Députés de Hollande. États de Brabant. — (*Original.*)

(Villingen, le 26 octobre.)

Très chière et très amée fille, nous avons receu voz letres du XVIIIe de ce mois; et, quant à ce qui touche que vous avons mandé conclure l'affaire de Gheldres, et que en ensuyvant ce, vous avez baillé la copie des articles à vous envoyez, et renvoyez aux depputez de messire Charles de Gheldres, il est vray que le vous avons mandé tousjours, entendant que les premiers articles conceuz sur ceste matière fussent observez et entretenuz.

Et de ce qui concerne le fait de Haernam et Oyen comprins ou xve article, tenez vous sceure que nous avons bien entendu icellui article et que pour pluiseurs raisons, mesmement que c'est ung article d'addiction, que jamais ne fut couchié deans les anciens articles, nous ne povons à nostre honneur autrement passer la chose; parquoy vous requérons que vous vous vueillez reigler selon ce.

Des depputez de Hollande vous nous en avez desjà autreffois adverty et ne sont encoire arrivez devers nous; et à leur venue nous aurons souvenance de ce que nous en avez escript et n'y ferons riens sans premier vous en advertir.

Quant à vostre besoingne avec les Estas de Brabant, nous l'avons bien agréable; et pour avancer l'affaire, nous avons fait despeschier letres à ceulx desdits Estas, selon que nous avez escript, lesquelles nous vous envoyons avec cestes pour vous en aidier, si en avez affaire; et vous requérons que ayez bon regard oudit affaire et que faictes à ce toutes choses requises pour obtenir la continuacion des aydes.

Et combien que vous ayons parcidevant escript de vous envoyer les dessusdites letres et aussi faire responce à autres matières dont nous avez escript, toutesvoyes, obstant les grans affaires qui depuis nous sont journellement survenuz, nous n'y avons encoires peu entendre; mais nous espérons de en brief vous faire sur tout ample responce, aydant nostre Seigneur qu'il, très chière et très amée fille, vous ait en sa sainte garde.

Escript en nostre ville de Villingen, le xxvie jour d'octobre, l'an xv^c dix. Vostre bon père, Maxi. — Plus bas, *Renner*.

---

257. — MAXIMILIEN A MARGUERITE.

L'Empereur demande le portrait de la reine Jeanne de Castille, veuve de son fils don Philippe, et de plus la généalogie des rois de France. — (*Original.*)

(Villingen, le 27 octobre.)

Très chière et très amée fille, nous vous requérons que nous envoyez incontinent, par noz postes, contrefaicte en painture, nostre très chière et très amée sueur et belle-fille, donna Johanna, royne de Castille, vefve de feu nostre très chier et très amé filz, le roy dom Philippe, que Dieu absoille, le plus au vif que sera possible, et vous nous ferez plaisir. A tant, très chière et très amée fille, nostre Seigneur vous ait en sa garde.

Escript en nostre ville de Villingen, le xxviie jour d'octobre xv^c dix.

P. S. Nous vous requérons aussi nous envoyer la généalogie des roys de France qui sont imprimez; et en trouve l'on à vendre en nostre ville d'Anvers; nous en avons une, mais elle est demourée en noz offices à Ysbroeck.

Donné comme dessus.

Per Regem. — Plus bas, *Hannart*.

258. — MAXIMILIEN A MARGUERITE.

Collation d'une prébende de Louvain au fils du greffier, Laurent du Blioul. — (*Copie.*)

(Villingen, le 27 octobre.)

Très chière et très amée fille, nous avons receu voz lettres du xvie de ce mois contenant que ayez, de nostre part, conféré et disposé au filz de nostre amé et féal secrétaire et greffier de nostre ordre, maistre Laurens Dublioul, la prébende de Louvain nagaires vacant par le trespaz de maistre Huges de Vers, en vertu de deux noz lettres que vous avions auparavant escriptes, par lesquelles vous ordonnons pourveoir au filz dudit greffier de la première prébende qui vaqueroit audit Louvain, en récompense d'une prébende de Lens qu'il avoit délaissié, à vostre requeste, à ung chapellain et chantre. Au surplus nous signiffiez que estes avertye que nous ayons disposé de la mesme prébende au filz de Guillame Pinchon, en nous requérant ne vous faire ceste honte que de révocquier ce que en avez fait par nostre expresse ordonnance pour ledit greffier, ains luy vouloir délaissier; sur quoy vous déclarons que la disposition que povons avoir fait d'icelle prébende au filz dudit Pinchon a esté, comme vous avez records, de nostre don que dessus fait auparavant audit greffier, néantmoins affin qu'il soit en ce fait et usé selon vostre désir, nous remettons le tout à vous, en vous donnant povoir d'en ce contenter les parties, comme il vous en plaira, sans plus de renvoy vers nous.

Donné en nostre ville de Villinghen, le xxvii octobre, l'an xv^{c} x. Ainsi signé, *Per Regem*, et du secrétaire *Hannart*.

259. — MAXIMILIEN A MARGUERITE.

La cure d'Audenarde est accordée à l'un des enfants de Roland Le Febvre, trésorier des finances. — (*Original.*)

(Neustadt, le 30 octobre.)

Très chière et très amée fille, pour les bons et grands services que nous fait journellement nostre amé et féal conseillier et trésorier général de noz finances, messire Rolant Le Fèvre, et satisfaire à la promesse que luy avons par ci-devant faicte de pourveoir ses enffans de quelque bénéfice, luy avons donné et accordé, pour l'ung de sesdits enffans, la cure de nostre ville d'Audenarde, présentement vacante par le trespaz de sire Édouard Trotin, comme entendons; ouquel caz voulons et vous ordonnons très acortes luy en faire expédier noz lettres patentes de collacion, sans vous arrester à quelque don que en pourriez avoir fait à aultre, soubz nostre bon plésir; car ainsi nous plaist.

Donné à Nyeustadt, le pénultième jour d'octobre xv[c] dix. *Per Regem.* — Plus bas, *Hannart.*

260. — MAXIMILIEN A MARGUERITE.

L'Empereur mande derechef qu'il veut que celui qui, l'an dernier, était premier commis au renouvellement de la loi d'Anvers, soit le second cette année, et qu'on alterne ainsi tous les ans. — (*Original.*)

(Brisach, le 7 novembre.)

Très chière et très amée fille, nous vous avons, passé a ung an, escript que nostre vouloir et intencion est que cellui qui fut commis, l'année passée, le premier au renouvellement des loix de nostre ville d'Anvers fut ceste année le second, et cellui qui estoit lors le second fut cestedite année le premier, et tousjours selon ce d'an en an. Et pour ce que voulons que ladite ordonnance soit ainsi observée, nous vous en voulons bien de rechief advertir pour selon ce vous sçavoir reigler, selon nostre intencion, car nostre plaisir est tel. A tant, très chière et très amée fille, nostre Seigneur soit garde de vous.

Escript en nostre ville de Brisack, le VIIe jour de novembre, l'an XV^c dix. *Per Regem.* — Plus bas, *Renner.*

---

261. — MAXIMILIEN A MARGUERITE.

L'Empereur mande vers lui son fauconnier Art Von Minge, et recommande aux gens de ses finances de lui payer ce qui lui est dû, afin qu'il n'ait pas de motif d'excuse. — (*Original.*)

(Brisach, le 7 novembre.)

DE PAR L'EMPEREUR.

Très chière et très amée fille, et très chiers et féaulx, nous escripvons présentement à nostre amé et féal escuier et faulconnier, Art von Minge, venir incontinent vers nous; nous voulons que lui ordonnez aincores de nostre part le faire, et que le dressez et contentez de l'appointement et provision que luy avons donnée, en sorte qu'il n'ait pour ce, cause d'excuse; et n'y faites faulte, car tel est nostre plaisir.

Donné en nostre ville de Brisach, le VIIe jour de novembre XV^c dix. *Per Regem.* —Plus bas, *Hannart.*

262. — MAXIMILIEN A MARGUERITE.

L'Empereur demande que sa fille lui envoie son secrétaire Marnix avec qui il veut conférer sur l'affaire de Gueldre. — (*Original.*)

(Brisach, le 7 novembre.)

Très chière et très amée fille, nous désirons et vous requérons que incontinent vous vueillez envoyer devers nous vostre secrétaire Marnix et que l'informez et advertissez bien et au long à quoy le traictié de Gheldres se tient, de l'estat d'icellui et en quel termes il est; car nous avons eu quelque nouvelles de nostre frère, le roy de France du fait dudit Gheldres. Parquoy nous voulons sur ce plus avant disputer avec vostredit secrétaire. A tant, très chière et très amée fille, nostre Seigneur soit garde de vous.

Escript en nostre ville de Brisack, le VIIe jour de novembre, l'an XV^c^ dix. *Per Regem.* — Plus bas, *Renner.*

263. — MAXIMILIEN A MARGUERITE.

L'Empereur accorde aux enfants de Roland Le Febvre les secondes prébendes qui seront vacantes à Lière et à La Haye. —(*Orig.*)

(Brisach, le 14 novembre.)

Très chière et très amée fille, pour considéracion des bons et agréables services que nous fait chacun jour nostre amé et féal chevalier conseillier et trésorier de noz finances, messire Rolant Le Fèvre, luy avons donné et accordé pour ses enffans les secondes prébendes qui decy en avant escherront vacant en noz églises de Tenremonde, de Lyère et de La Haye, et avons icellui nostredit don et accord fait inscripre au rolle de noz bénéfices, dont vous advertissons et vous requérons très acertes que, la vacation advenant, desdites prébendes, en faictes expédier au prouffit de l'ung de sesdits enffans, qu'il vous dénommera, noz lestres de collacion sans pour ce attendre autre ordonnance ou commandement de nous que cestes ne avoir regard à chose que en puissions cy après faire au contraire; car tel est nostre plaisir.

Donné en nostre ville de Brisach, le XIIIIe jour de novembre, l'an mil vc et dix. *Per Regem.* — Plus bas, *Renner.*

---

264. — MAXIMILIEN A MARGUERITE.

L'Empereur veut que, tout empêchement cessant, Paul Pingeon soit mis en possession du canonicat qui lui a été conféré à Saint-Pierre de Louvain. — (*Original.*)

(Kufstein? le 18 novembre.)

Très chière et très amée fille, nous vous avons escript les causes pourquoy nous avons pourveu messire Paule Pingeon de la chanoinie de Sainct-Pierre de Louvain, dernièrement vacant à nostre disposicion, et requis de luy faire sceller noz lestres de collacion que à celle cause luy avons fait despescher par deçà; touteffois nous entendons que l'on luy mect à ce encoires empeschement, soubz umbre d'aucune promesse qu'ilz entendent de ladite prébende; et pour ce que nostre vouloir est que ledit messire Paule soit pourveu de ladite chanonie sans aucun empeschement, nous escripvons de rechief devers vous et vous requérons que, tous empeschemens cessans, vous faictes sceller audit messire Paule nosdites letres de collation, et le mectre en possession et joyssance de ladite chanoinie de Louvain, sans sur ce de nous attendre autres letres; car nostre plaisir est tel, et sommes contens que les prétendens avoir droit à ladite chanonie soyent récompensez en autres bénéfices advenir. Très chière et très amée fille, nostre Seigneur soit garde de vous.

Escript en nostre ville de Kunſstein, le XVIIIe jour de novembre, l'an XV^c^ dix. *Per Regem.* — Plus bas, *Renner.*

265. — MAXIMILIEN A MARGUERITE.

L'Empereur remet à sa fille le soin de satisfaire comme elle l'entendra, au désir du roi d'Angleterre, qui demande la continuation des traités et alliances conclus avec son père. — (*Orig.*)

(Enghessen, le 22 novembre.)

Très chière et très amée fille, nostre frère, le roy d'Angleterre, nous a à présent fait requerre de vouloir consermer ce que avons dernièrement traicté avec le feu roy d'Angleterre son père, que Dieu pardoint, comme tuteur et mainbour de noz très chiers et très amez enffans touchant la continuacion des confédérations et aliances faictes par nous et feu nostredit filz, le roy dom Philippe, avec icellui feu roy, son père, sur quoy nous avons remis ceste matière à vous et à ceulx de nostre conseil de par delà et désirons et vous requérons que y faictes, comme nous sçaurions en ce cas faire pour le mieulx et au plus grant bien, honneur et prouffit de nous et nosdits enffans que bonnement faire pourrions, et que plus amplement entendrez de noz conseilliers, que brief envoyerons devers vous. Très chière et très amée fille, nostre Seigneur soit garde de vous.

Escript en nostre ville d'Enghessen, le XXIIe jour de novembre, l'an XV^c dix. Vostre bon père MAXI. — Plus bas, *Renner*.

---

266. — MAXIMILIEN A MARGUERITE.

Traité de Gueldre. Si les députés gueldrois n'adhèrent pas aux dernières propositions de l'Empereur, il faut suspendre les conférences. Négociations de mariage avec le duc de Lorraine. — (*Original.*)

(Enghessen, le 22 novembre.)

Très chière et très amée fille, nous avons entendu, par voz letres du XIIIe de ce mois, comment vous avez receu noz letres faisant mencion de nous envoyer vostre secrétaire Marnix pour disputer de la matière de Gheldres, et qu'il vous semble, veu que les depputez de messire Charles de Gheldres sont à présent devers vous pour besoingnier sur ladite matière, qu'il n'est pas nécessaire de nous envoyer vostredit secrétaire, se ce n'est pour autre matière; car vous avez déclairé ausdits depputez que s'ilz se condescendent au contenu des dernières letres que vous en avons escriptes, vous procéderez avec eulx, en vertu du povoir que avez de nous, à la finale conclusion de cestedite matière, sans pour ce les plus renvoyer.

Sur quoy, très chière et très amée fille, nous sommes contens que, ou cas que les Gheldrois acceptent les articles, selon que nosdites dernières letres contiennent, que en ce cas procédez avec eulx à ladite finale conclusion et que besoingniez tousjours à ce par l'advis et en la présence de noz conseilliers de pardelà, affin que nous et vous en puissons tant mieulx respondre; mais s'ilz ne se vueillent à ce condescendre, nous voulons que ne procédez plus avant en ladite matière, ains que nous envoyez incontinent vostredit secrétaire et que mectez ladite matière en délay jusques à ce que vous aurez autres nouvelles de nous par vostredit secrétaire.

Quant à ce que nous escripvez par autres voz letres dudit XIIIe de ce mois touchant l'anvoy par vous fait de nostre greffier de l'ordre en Lorraine pour le traictié de mariaige et de son besoingne ensemble de voz advertissemens y contenuz, nous avons le tout prins en bonne part.

Et affin que saichez plus asseurement besongnier en ceste matière, nous vous voulons bien advertir que avons icelle matière à cueur et que désirons que la chose se parface, s'il est bonnement possible. Par quoy vous requérons que à la venue des depputez dudit Lorrainne vous y vueillez entendre et faire pour le mieulx comment bonnement faire se pourra, et vous nous ferez chose fort agréable; et retenez tousjours cependant messire Jehan de la Maison et Jehan Bontemps, chevaliers, pour vous assister de nostre part oudit affaire, ausquelz à celle cause en escripvons présentement. Très chière et très amée fille, etc.

Escript en nostre ville de Enghessen, le XXII[e] jour de novembre, l'an XV[c] dix. *Per Regem.* — Plus bas, *Renner.*

267. — MAXIMILIEN A MARGUERITE.

Il la prie de faire peindre et de lui envoyer la généalogie des rois de France et d'Angleterre, telle qu'elle se trouve dans la maison du seigneur de Berghes. — (*Original.*)

(Fribourg, le 28 novembre.)

Très chière et très amée fille, nous désirons et vous requérons que envoyez ung propre paintre en la maison de nostre très chier et féal, le seigneur de Berghes, pour nous paindre la généalogie des roys de France et d'Angleterre comment elle est en painture en sadite maison de Berghes, et que icelle painture vous nous envoyez par nostre bien amé fourrier de nostre hostel, Philippe Lombart, auquel avons donné charge de vous en solliciter. Très chière et très amée fille, etc.

Escript en nostre ville de Fribourg, le XXVIII[e] jour de novembre, l'an XV[c] dix.

P.S. Nous désirons aussi que veuillez ordonner à nostre faulconnier Aert qu'il se tire incontinent devers nous à tous ses oyseaulx.

Per Regem. — Plus bas, *Renner.*

268. — MAXIMILIEN A MARGUERITE.

Il lui mande qu'elle doit attendre la venue des conseillers qu'il lui envoie, avant de confirmer en son nom les traités conclus récemment avec le feu roi d'Angleterre. Mauvaises dispositions du roi d'Aragon qui paraît vouloir chasser l'Empereur de l'Italie et placer son fils naturel sur le trône de Naples. Nécessité de brouiller l'Angleterre avec ce prince. A cet effet faire un cadeau à l'ambassadeur anglais. — (*Original.*)

(Fribourg, le 28 novembre.)

Très chière et très amée fille, combien que vous ayons escript que pour ce que nostre frère, le roy d'Angleterre, nous a encoires fait requerre par son ambassadeur qui a esté icy devers nous, lequel s'en retourne par delà, que voulsissions confirmer les traictiez et aliances que, comme mainbour de noz très chiers et très amez enffans, feismes dernièrement avec le feu roy Henry, son père, que Dieu absoille, nous désirions et voulions que, en nostre nom, vous y feissiez comme trouverez estre affaire pour le bien, honneur et prouffit de nous noz très chiers et très amez enffans. Toutesvoyes, pour pluiseurs raisons que brief vous ferons déclairer par noz conseilliers que envoyerons devers vous, nous voulons que ne besoingnez riens sur ceste matière, ains que donnez pour responce audit ambassadeur que attendez la venue d'aucuns noz conseilliers que vous devons brief envoyer, lesquelz doivent avoir de ce et autres affaires toute entière charge de nous, et que pour ce que leur demeure luy pourroit estre trop longue, vous luy direz qu'il se retire vers sondit maistre; car à leurdite venue, vous besoingnerez surcedit affaire et que vous envoyerez après devers nostredit frère, aucuns noz conseilliers qui de ce auront charge, ou que vous luy ferez sçavoir la conclusion que aurez prinse sur ledit affaire. Toutesfois, s'il vous semble que en ce que dit est vous sçaurez faire quelque chose à nostre honneur et prouffit, nous vous en donnons le choiz.

Nous vous signiffions en secret que le roy d'Arragon a subitement mandé le duc du Terme qui estoit à Véronne à tout III ou IIII^c lances, ou nombre de VII^c combatans, sans nous en advertir, et, comme l'on dit, pour les faire joindre avec les gens du pape, contre nous et le roy de France, et que aussy nous sommes pour vray advertys que ledit roy d'Arragon a desjà fait aliance avec le pape et les Vénissiens, et contre nous et ledit roy de France pour nous dégecter tous deux hors des Ytales et pour faire son filz bastard roy de Naples, qui seroit à nous et à nosdits enffans grant déshonneur.

Et à ces causes, nous vouldrions voulentiers desjoindre dudit roy d'Arragon ledit roy d'Angleterre, et avons pour ce disputé avec ledit ambassadeur d'Angleterre et luy avons déclairé l'affaire dudit roy d'Arragon, lequel ambassadeur nous trouvons à ce bien entendu et vous signiffierons par nosdits conseilliers les moyens comment nous espérons desjoindre ledit roy d'Angleterre dudit roy d'Arragon, et comme le tout par eulx entendrez plus au long.

Et pour ce que désirons que, ou partement de vous dudit ambassadeur, luy soit donné quelque gracieuseté et souvenance, nous vous requérons très acertes que ou nom de nous, vous luy faictes baillier par ceulx de noz finances de par delà, cinquante marcs d'argent et que luy faictes le plus gracieux congié que pourrez et vous nous ferez chose agréable. Très chière et très amée fille, nostre Seigneur soit garde de vous.

Escript en nostre ville de Fribourg, le XXVIIIe jour de novembre, l'an XV^c dix. Vostre bon père MAXIMILIEN. — Plus bas, *Renner*.

---

269. — MAXIMILIEN A MARGUERITE.

Il s'informe si elle a écrit au roi d'Angleterre, 1°. pour lui demander deux mille archers; 2°. pour solliciter le pardon du jeune duc de Suffolck; 3°. pour obtenir, en faveur du duc de Wirtemberg, deux dogues femelles et un mâle. — (*Original.*)

(Fribourg, le 22 décembre.)

Très chière et très amée fille, nous vous avons nagaires escript par nostre garde-robe, Guillaume Pinjon, envoyer ung de noz secrétaires devers nostre frère et cousin, le roy d'Engleterre, pour le requérir de nostre part de trois choses, assavoir : de nous vouloir baillier à noz despens, contre le temps que luy signiffierions, II^{m} archiers à piet de son royaume, pour nous servir en nostre voyaige de Romme; en oultre et à nostre honneur et contemplacion, vouloir donner grâce et pardon au jeusne duc de Suffolc qui est par deçà, et lui consentir retourner en sondit royaume; tiercement, qu'il voulsist aussi, à nostre faveur, donner à nostre beau nepveur, le duc de Wertenberch, deux beaux doghes femelles et ung masle, ainsi que nosdites letres le contenoient plus à plain. Nous désirons savoir si vous avez, selon nostredit vouloir et intencion, envoyé devers nostredit frère, le roy d'Engleterre, et la responce qu'il aura sur ce fait, dont voulons que à dilligence nous advertissez. A tant, très chière et très amée fille, nostre Seigneur vous ait en sa saincte garde.

Donné en nostre ville de Fribourg, le XXIIe jour de décembre, anno XV^{c} dix. *Per Regem.* — Plus bas, *Hannart.*

---

270. — MAXIMILIEN A MARGUERITE.

L'Empereur veut que Sébastien de Haro soit inscrit sur l'état de la maison de l'archiduc Charles. — (*Original.*)

(Fribourg, le 22 décembre.)

Très chière et très amée fille, pour considéracion de ce que Sébastien de Haro a esté serviteur domesticque de feu nostre très chier et très amé filz, le roy de Castille, que Dieu absoille, jusques à son trespaz, sommes de plus enclin et d'intencion de le faire mettre et couchier présentement en l'estat de nostre très chier et très amé filz, l'archiduc Charles, lequel brief vous envoyerons par aucuns noz conseilliers et serviteurs. A ceste cause ledit Haro s'en va de nostre sceu par delà attendre que y envoyons ledit estat pour en aprez servir nostredit filz, l'archiduc, selon que verrez qu'il sera couchié eu icelui estat, ce que vous signiffions.

Donné en nostre ville de Fribourg, le XXIIe jour de décembre XV^{c} dix. *Per Regem.* — Plus bas, *Hannart.*

---

271. — MARGUERITE A MAXIMILIEN.

Rupture des négociations avec Charles de Gueldre. Nécessité de veiller à la sûreté des frontières, et d'assembler les États afin de leur faire connaître la situation des choses. Proposition d'une entrevue à Diest avec l'évêque d'Utrecht et celui de Munster, l'électeur de Cologne, les ducs de Clèves et de Juliers. — (*Minute.*)

(Malines, le 23 décembre.)

Mon très redoubté seigneur et père, très humblement à vostre bonne grâce me recommande.

Monseigneur, les depputez de messire Charles de Ghel-dres ont longuement esté devers moy, et ont tousjours contendu et persisté d'avoir aucuns articles du traicté conceu muez et changez à leur voulenté et principallement deux, assavoir cellui de la délivrance de madame ma niepce et cellui de la renonciacion de toutes aliances, à l'opposite desquelz ilz demandent madite dame et niepce estre dès maintenant délivrée audit messire Charles; et quant à la renonciacion desdites alliances ledit messire Charles n'entend pas elle faire jusques après la consumacion dudit mariage, combien qu'il eust ça devant esté advisé et conclut avec eulx autrement, ainsi que vous ay escript; et si veulent absolutement avoir la somme de VIII^{m} philippus par an de récompense pour Bommel et Bommelwart, qui ne vault point XIIII^{c} florins de rente annuelle. Lesquelles choses ont ressemblé à moy et à ceulx de vostre privé conseil toutes desraisonnables, et non se devoir faire, considéré que vostre intencion n'estoit telle, laquelle pour rien je n'ay voulu excéder. Au moyen de quoy, monsieur, ilz se sont départiz et est demourée la chose enterrompue. Par quoy est de besoing maintenant regarder ce que l'on a à affaire et pourveoir aux frontières, assavoir tant en Hollande que en Brabant, affin que ledit messire Charles n'y surprende quelque ville ou endommage lesdits pays et subjectz.

Et au regard de moy, Monseigneur, vous sçavez que je suis femme et que ce n'est point bien mon cas de moy mesler de la guerre, veu qu'il y a petite assistence des subgectz de par deçà, ainsi que en semblable cas, j'ay bien expérimenté.

Sy vous supplye, Monseigneur, avoir sur le tout bon advis, et y tellement pourveoir que les pays de ce jeusne prince ne soyent piglez et adommaigez durant sa minorité; car ce vous seroit honte et à moy regret merveilleux.

En oultre, Monseigneur, vostredit conseil et moy sumes résoluz, si vostre plésir est tel, de faire assembler tous les Estatz en général pour leur déclarer les devoirs en quoy l'on c'est mis pour appaisier cest affaire de Gheldres, affin de leur demander conseil et ayde pour garder les pays et subgectz de mondit seigneur et nepveur; sur quoy est aussi de besoing savoir à diligence vostre bon plésir.

D'autre part, Monseigneur, congnoissant, ja aucuns jours a, que cest affaire de Gheldres ne prendroit bonne yssue pour les practicques que se demenoient sur ce par ledit messire Charles devers le roy de France, lequel lui a fait déclairer que aviez par voz ambassadeurs poursuy devers lui qu'il l'habandonnast, ay eu quelque converçacion avec les depputez de monsieur d'Utrecht et de monsieur de Clèves, qui ont esté d'advis de faire une assemblée en la ville de Dyest, et y convocquer et semondre lesdits sieurs d'Utrecht, de Clèves, avec les sieurs de Julliers, de Coloigne et de Munstre pour une ligue et confédération contre ledit messire Charles, auquel lieu j'ay desjà cejourduy envoyé voz depputez, affin que si les autres si treuvent, conclure et faire quelque bonne chose contre ledit messire Charles pour nostre deffense, puisque ne povons avoir paix à luy. Et me semble, Monseigneur, ferez bien d'escripre à diligence bonnes et expresses lettres ausdits cinq personnaiges à ce qu'ilz soyent plus enclins d'entendre à ladite matière.

Mon très redoubté seigneur et père, je prye à tant nostre Seigneur vous donner bonne vye et longue.

Escript à Malines, ce XXIII[e] de décembre, anno XV[c] et dix.

272. — MARGUERITE A MAXIMILIEN.

Elle recommande à son père les enfants de feu messire Bauduin le B...., son parent. — (*Minute.*)

(Malines, le 28 décembre.)

Mon très redoubté seigneur et père, très humblement à vostre bonne grâce me recommande.

Monseigneur, les enffans de feu messire Bauduin le B., mon cousin, m'ont remonstré comment ilz ont estez par delà les mons en vostre service, et deppuis s'en sont par vostre ordonnance revenuz par deçà, me requérans à ceste cause vous en escripre en leur faveur. Et pour ce, monseigneur, que lesdits enffans sont josnes et en estat pour bien servir, aussi que le plus josne d'eulx a habandonné la court de France pour venir servir la maison de céans, de laquelle ilz sont issuz, comme sçavez, vous prie les avoir pour recommandez en quelque estat à eulx convenable devers mon seigneur et nepveur; et sur ce me mander vostre bon vouloir et plésir pour selon icelluy me régler et conduyre.

Mon très redoubté seigneur et père, je prye à tant nostre Seigneur vous donner bonne vye et longue.

Escript à Malines, ce XXVIIIe de décembre, anno XV^c dix.

273. — MAXIMILIEN A MARGUERITE.

Mariage projeté du duc de Lorraine, qui ne pourra envoyer ses ambassadeurs que dans le délai d'un mois. — (*Original.*)

(Fribourg, le 30 décembre.)

Très chière et très amée fille, nostre cousin, le duc de Lorrainne, a icy envoyé devers nous son secrétaire par lequel il fait traictier avec nous les choses touchant le fait du mariaige que sçavez [1], parquoy devant ung mois nostredit cousin ne pourra envoyer par delà ses ambassadeurs, comme le tout plus à plain entendrez par noz conseilliers que envoyerons brief devers vous; et vous requérons que de ce tenez pour excusé nostredit cousin. A tant, très chière et très amée fille, nostre Seigneur soit garde de vous.

Donné en nostre ville de Fribourg, le pénultième jour de décembre, l'an mil v^c et dix. *Per Regem.* — Plus bas, *Renner.*

274. — MAXIMILIEN A MARGUERITE.

Il lui recommande de ne rien statuer sur les nouvelles difficultés de l'affaire de Gueldre, avant l'arrivée des conseillers qu'il lui envoie. — (*Original.*)

(Fribourg, le 30 décembre.)

Très chière et très amée fille, nous avons receu voz lestres du VIIe de ce présent mois, touchant le fait de Gheldres, lesquelles et les nouvelles charges et difficultez que les depputez de messire Charles de Gheldres

[1] Il s'agit sans doute du mariage du duc de Lorraine avec Léonor d'Autriche. Voyez ci-après une lettre du 29 mai 1511.

vous ont mises en avant nous avons entendues bien et au long, ensemble sur ce vostre advis et de ceulx de nostre conseil de par delà.

Sur quoy nous désirons et vous requérons que ne procédez ou traictez aucune chose plus avant sur ceste matière, mais remectez le tout jusques à la venue de noz conseilliers que nous envoyerons brief par delà, par lesquelz nous vous advertirons amplement de nostre intencion sur ladite matière. A tant, très chière et très amée fille, nostre Seigneur soit garde de vous.

Escript en nostre ville de Fribourg, le pénultième jour de décembre, l'an xv^{c} dix. Vostre bon père MAXIMILIEN. — Plus bas, *Renner*.

---

275. — MAXIMILIEN A MARGUERITE.

Il lui mande qu'il a renouvelé la ligue et les traités contre les Vénitiens avec le roi de France et le roi d'Aragon. Il compte aussi engager le pape dans cette même ligue. Il veut pousser la guerre avec vigueur et demande de l'argent. — (*Original.*)

(Fribourg, le 31 décembre.)

Très chière et très amée fille, vous povez assez avoir entendu la renovacion et revalidicion des confédéracions et amitiez qui a esté naguères faite et conclud à Bloiz entre nous et nostre bon frère et cousin, le roy de France, et mesmement la bonne et grande assistence que par icelle nous a promis faire nostredit frère en nostre commune guerre contre les Véniciens, jusques à tant que aurons d'eulx recouvré les pays et seigneuries que nous appartiennent. Est aussi conclud que nous deux en propres personnes devons tirer ce prouchain esté à ladite guerre.

Nous tenons vous avoir pieçà signiffié que le roy de Hungherie s'est mis en nostre lighe, et que à ce printemps, il doit emprendre à recouvrer le royaume de Dalmacie.

Le roy d'Arragon nous a de nouveau accordé baillier à nostre assistence pour ladite guerre, cinq cens lances et II^m piétons.

Nous sommes en praticque et espoir que le pape se remettera en nostredite lighe et nous fera aussi ayde et assistence.

Par icelle renovacion est dit et spéciffié que ledit roy de France nous doit baillier et entretenir à nostre assistence aux champs XII^c lances et X^m hommes à pied, tous gens d'armes à l'eslite; et que de nostre costé devons aussi avoir et tenir aux champs X^m hommes à piet et IIII^m combatans à cheval pour nostredite commune guerre, à l'exécution de laquelle sommez déliberez nous tellement employer, au moyen de l'ayde et assistence de nosditz allyez et bons subgectz, que espérons en Dieu venir à chief de nostre emprinse contre lesdits Véneciens, au bien, gloire et louenge de nous et de nostre postérité. Ensievant quoy, nous est besoing de bonne heure pourveoir à nostredite affaire; ce que toutes voies ne povons bonnement faire, comme povez mesmes congnoistre, sans l'ayde de nos bons et léaulx subgetz au bien desquelz nostre prospérité et bonne yssue d'icelui nostre affaire tout redunde.

Noz subgetz d'Austrice, Styer, Karinte, Crain et Tirol, nous ont tousiours fait en icelle guerre très bonne ayde et assistence, et aincores sont déliberez y continuer.

Vous savez aussi l'accord que les Estaz de l'empire

nous ont fait l'année passée, et espérons qu'ilz nous tiendront promesse.

Mais aincores, considéré la grandeur de nostredite affaire, nous est nécessaire ceste foiz estre subvenuz généralement de tous nosdits bons subgetz, tant de par delà que de par deçà. A ceste cause voulons et vous requérons très affectueusement, et acertes que veulliez tellement faire et vous employer par tous moyens, de nous envoyer en deniers comptans pour subvenir à nosdits grans affaires, la somme de cinquante mil livres de XL gros des deniers de noz domaine et aydes de par delà, par les contes de Nassou, sires de Chierves, noz cousins de Berghes, et nostre trésorier général, messire Rolant le Fèvre, ausquelz présentement escripvons et ordonnons venir par ensemble vers nous, et eulx employer et faire tout leur possible avec vous pour finer et nous apporter lesdites L^{m} livres, en les advisant qu'ilz entendront sur ce et autres choses nostre intencion plus à plain de vous.

Pourquoy les convocquerez incontinent vers vous et leur déclarerez ce que dessus, avec ordonnance et instante requeste de nostre part d'eulx employer et trouver façon et moyen de nous apporter en leurdite prouchaine venue iceulx L^{m} livres; et s'il ne se povoit si hastivement recouvrer toute ladite entière somme, que pour le moins ils nous en apportent la plus grand partie, et que soit tant fait que la reste nous soit tantost aprez envoyée et furnye.

Et si tost que lesdits seigneurs seront prest à partir à tout ledit argent, nous en advertissiez à dilligence, et nous leur signiffierons le chemin qu'ilz devront tenir et où ilz nous pourront trouver.

Vous donnerez cherge et instruction à iceulx seigneurs de toutes choses, matières et affaires qui touchent nosdits pays de par delà, à quoy il est besoing mettre ordre, pollice et provision.

Pareillement leur donnerez cherge et déclaracion de la disposition de la matière de Gheldres des difficultez qui se trouvent sur le traitter d'icelle et vostre adviz sur le tout; car nous sommes résolu d'y mettre une bonne et totale fin.

Faites-nous aussi savoir par lesdits seigneurs, ce qui a esté fait et besoingnié touchant les cincquante mil livres que demandons, nostre vye durant, de nosdits pays de par delà, dont nous vous avons par pluiseurs foiz escript, et que sur ce ilz nous apportent une bonne résolution.

Nous vous requérons de rechief que, à l'adresse et effect de ce que dit est dessus, vous employez et faites comme en vous en avons la fiance, et vous nous ferez ung fort agréable service et plaisir. A tant, très chière et très amée fille, nostre Seigneur vous ait en sa garde.

Donné en nostre ville de Fribourg en Brisco, le dernier jour de décembre xv[c] x.

P. S. Ma bonne fylle, faetes en ceste matère cumme avons confidence en vous, *per manum propriam.*

MAXI. — Plus bas, *Hannart.*

276. — MAXIMILIEN A MARGUERITE.

L'Empereur ordonne de publier dans les Pays-Bas le traité conclu récemment à Blois entre lui et le roi de France. Il ordonne que le président de Bourgogne soit payé de manière qu'il n'ait plus à se plaindre. — (*Original.*)

(Fribourg, le dernier décembre.)

Très chière et très amée fille, nous voulons et vous ordonnons que faictes publyer, par tous les lieux et ainsi qu'il est acoustumé, le traictié, renovacion et revalidacion nagaires fait et conclud à Bloiz [1], entre nous et nostre bon frère et cousin, le roy de France, lequel vous a esté porté par nostre amé et féal conseillier, maistre Jehan Caulier; et dudit traictié nous envoyez ung double ou vidimus auctenticque ès mains de nostre amé et féal secrétaire, maistre Jacques de Banissis, et après faictes mectre et garder l'original d'icelluy traictié en la trésorie de noz chartres où sont les autres et semblables traictiez. Pour ce que entendons le président de Bourgoingne, nostre ambassadeur par devers nostre frère et cousin, le roy d'Arragon, soy condouloir de sobre appoinctement et payement pour son entretenement en ladite ambassade, et à ceste occasion contend à retourner, nous, désirans estre encoires servy de luy en icelle légacion et ambassade, vous requérons et néantmoings ordonnons le faire tellement traictier, appoinctier et payer qu'il s'y puist honnestement entretenir, et n'ayt cause de soy plus condouloir.

[1] Ce traité, pour la ratification et prorogation de celui de Cambrai, de 1508, a été signé à Blois, le 17 novembre 1510. Il est inséré dans le *Corps diplomatique* de Dumont, IV, 1re part., 122.

Nous voulons aussi que faciez tousjours entretenir les postes depuis vous jusques en court de France. A tant, très chière et très amée fille, nostre Seigneur vous ayt en sa garde.

Donné en nostre ville de Fribourg, le derrenier jour de décembre xv^{c} dix. *Per Regem.* — Plus bas, *Hannart.*

---

277. — MAXIMILIEN A MARGUERITE.

Il lui annonce l'état maladif de l'impératrice. Il désire avoir pour elle une consultation des plus doctes médecins des Pays-Bas. — (*Original.*)

(Fribourg, le dernier décembre.)

Très chière et très amée fille, nous vous avertissons que nostre compaigne, la royne, vostre belle-mère, a desjà esté par aucun temps toute maladieuze et traveillié d'ung excez de fièvre, lequel tire sur l'éticque; elle ne désire que tousjours boire et riens mengier: parquoy elle commenche à chergier l'eauwe. Nous vous requérons que faites secrètement convenir avec voz médecins, deux ou trois des plus doctz médecins qui sont par delà ou à Louvain, et leur faire tenir une consultacion pour le moyen du remède de ceste maladie; et ce qu'ilz trouveront pour conseil et adviz le nous envoyez par escript en extrême dilligence, et vous nous ferez plaisir. A tant, très chière et très amée fille, nostre Seigneur vous ait en sa garde.

Escript en nostre ville de Fribourg en Brisco, le derrenier jour de décembre xv^{c} x. Vostre bon père Maxi. — Plus bas, *Hannart.*

278. — MAXIMILIEN A MARGUERITE.

L'Empereur demande l'arbre généalogique des rois d'Espagne et celui des rois d'Angleterre. Il désire aussi une histoire d'Espagne intitulée *la Valeriana*.

(Fribourg, le dernier décembre.)

Très chière et très amée fille, comme vous avons desjà escript, nous désirons et voulons que nous envoyez incontinent l'abre de la généalogie des roys d'Espaigne, lequel se trouvera devers ung marchant tapissier de Bruxelles qui a cherge de faire de la tapisserie pour le roy d'Arragon de ladite généalogie; pareillement nous envoyez la généalogie des roys d'Engleterre qui se trouvera en la maison du sieur de Berghes audit Berghes.

Nous escripvons présentement à nostre secrétaire, maistre Pierre Ximaines, pour ung livre des histoires d'Espaigne imprimé, appellé *la Valeriana* [1], que l'on dit qu'il a; et si d'aventure il ne l'avoit, nous luy ordonnons faire dilligence d'en recouvrer ung et le nous envoyer par les postes; nous voulons que luy ordonnez aussi faire ladite dilligence, et baillier autant d'argent qu'il fauldra pour l'achat d'icelui livre, et n'y faictes faulte; car tel est nostre plaisir.

Donné en nostre ville de Fribourg en Brisco, le dernier jour de décembre xv^{c} dix. *Per Regem.* — Plus bas, *Hannart.*

[1] Sans doute *la Cronica de España abreviada, por Diego de Valera*, imprimée plusieurs fois dans le xve siècle.

279. — MAXIMILIEN A MARGUERITE.

L'Empereur évoque à lui la décision à prendre sur la convocation d'un concile demandé par les cardinaux. — (*Original.*)

(Fribourg, le 6 janvier.)

Très chière et très amée fille, nous avons receu voz lettres par lesquelles nous advertissez comment six cardinaulx vous ont escript et requis de vouloir escripre à nostre saint Père de mectre sus ung consille, nous requérant vous mander sur ce nostre advis, et comment vous leur devez faire responce.

Sur quoy vous signiffions que désirons que remectez la matière à nous pour la poursuyr devers nous; car ces choses appartiennent à nous, comme tuteur et mainbour de nostre filz l'archiduc Charles. A tant, très chière et très amée fille, nostre Seigneur soit garde de vous.

Donné en nostre ville de Fribourg, le VIe jour de janvier, l'an mil V^c et dix. *Per Regem.* — Plus bas, *Renner.*

280. — MAXIMILIEN A MARGUERITE.

Il lui mande de recevoir et entretenir parmi ceux de l'hôtel de l'archiduc Charles, le fils de Jacques d'Albion, ambassadeur du roi d'Aragon auprès du roi de France. — (*Original.*)

(Bolzanne, le 10 janvier.)

Très chière et très amée fille, à la prière et requeste du senor Jacques d'Albion, présentement ambassadeur de nostre frère et cousin, le roy d'Arragon, pardevers nostre bon frère et cousin, le roy de France, pour traitté l'accord d'entre nous et nostre frère, le roy d'Arragon, au fait du gouvernement du royaume de Castille, nous lui avons accordé prendre et retenir son filz de l'ostel de nostre très chier et très amé filz l'archiduc; ce que vous signiffions et requérons que quant icelluy son filz viendra de par delà que le faictes mettre et couchier en l'estat de l'ostel de nostredit filz à tels gaiges que ceulx qui sont des quatre estaz de sondit ostel. Et tel est nostre plaisir, très chière et très amée fille, nostre Seigneur vous ait en sa garde.

Escript en nostre ville de Bolzaenne [1], le xe jour de janvier xv^c^ x. *Per Regem.* — Contresigné *Botechou.*

281. — MAXIMILIEN A MARGUERITE.

Il la remercie du retard des joutes qui doivent se faire à Bruxelles. Il annonce sa prochaine arrivée en cette ville. — (*Original.*)

(Le 13 janvier.)

Très chière et très amée fille, nous avons à ceste heure par le porteur de cestes receu voz lettres par lesquelles nous avertissez des joustes qui se doivent faire en nostre ville de Bruxelles, et du délay que y avez fait mectre pour les causes contenues en vosdites lettres; dont vous mercions, vous advisant que nous entendons estre audit Bruxelles mercredy prochain, et désirons que pour nous acompaignier nous envoyez voz archives, et qu'ilz soient icy lundy au soir. Et quant

[1] Il paraît que l'Empereur datait suivant le style du pays où il se trouvait; de sorte que cette lettre-ci pourrait bien être du 10 janvier 1509, style de Rome. Cette remarque s'applique à d'autres lettres que nous ne signalons pas.

aux jousteurs, s'ilz veullent faire leursdites joustes jeudy par tout le jour, nous les verrons voulentiers, et s'ilz povoient suractendre jusques au dimence après ensuivant, ilz auroient plus largement jousteurs pour leur donner du passe-temps; remectant néantmoins le choix de l'un desdits deux jours à leur arbitraige. A tant, très chière et très amée fille, nostre Seigneur soit garde de vous.

Donné en nostre ville de Bruxelles [1], le XIIIe jour de janvier. Vostre bon père MAXI. — Plus bas, *Haneton.*

282. — MAXIMILIEN A MARGUERITE.

Il l'invite à payer à Simon de Ferrette et au capitaine Audrelin les sommes qui leur étaient assignées sur le comté de Bourgogne, avant que ce comté fût échu à Marguerite. — (*Original.*)

(Fribourg, le 15 janvier.)

Très chière et très amée fille, avant le transport et baillement que vous avons fait de nostre conté de Bourgogne, avions baillié certaine assignation et lettres de descherge à messire Simon de Ferrette et le capitaine Audrelin sur Jacques Luc, nostre trésorier de Salins, de la somme d'environ III[m] l. de x gros, procédans à cause de semblable somme qu'ils avoient prestée. Lequel Jacques dit que, après que ladite conté avoir esté en voz mains, ne luy a par vous volu estre passé ne couchié en son estat ladite assignation. Par quoy lesdits de Ferrette et Audrelin sont demourez impayez et

[1] C'est sans doute par erreur que cette lettre est datée de Bruxelles, puisque l'Empereur déclare ne pouvoir y arriver que sous quelques jours.

en sommes journellement fort poursievy et traveillié. Toutesvoyes vous savez assez que entendions toutes assignations faictes et bailliés avant ledit transport devoient avoir lieu et sortir effect. Et désirans contenter et satisfaire les dessusdits de Ferrette et Audrelin et estre deschergié des importunes poursuytes que l'en nous en fait, vous requérons fort affectueusement et acertes nous vouloir donner et baillier les III^{m} frans que vous sont nagaires esté donnez et accordez par les estaz de nostredit pays de Bourgogne pour leur en faire payement et pour ce nous envoyer telles voz lettres qu'il vous semble que en aurons de besoing et meisment une commission sur Anthoine Glammet, nostre receveur général des aydes audit pays, à celle fin de recouvrer, lever et recevoir lesdit III^{m} frans avec nostre ayde et nous ferez grand plaisir. Sur ce, nous escripvez une bonne et briefve response.

Donné en nostre ville de Fribourg en Brisco, le XVe jour de janvier XV^{c} X. *Per Regem.* — Plus bas, *Hannart.*

P. S. Ayés ceste matère pour recommandé, *per manum propriam.*

---

283. — MAXIMILIEN A MARGUERITE.

Il lui mande d'envoyer sur-le-champ, dans le pays de Ferrette où il se trouve, le comte de Nassau, les sires de Chièvres et de Berghes, ainsi que le trésorier général. — (*Original.*)

(Fribourg, le 17 janvier.)

Très chière et très amée fille, pour ce que nostre intencion est ne faire aucun long séjour en cestui nostre pays de Ferrette, voulons que faictes incontinent partir noz très chiers et féaulx les conte de Nassou, sire de Chievres, noz cousins de Berghes et nostre trésorier général et haster leur venue vers nous le plus qu'il sera possible comme leur avons desjà mandé, à celle fin qu'ils nous puissent encoires trouver en nostredit pays, sans y faire faulte. A tant, très chière et très amée fille, nostre Seigneur vous ait en sa garde.

Donné en nostre ville de Fribourg en Brisco, le XVIIe jour de janvier XV^c^ X. Vostre bon père MAXIMILIEN. — Plus bas, *Hannart*.

---

284. — MAXIMILIEN A MARGUERITE.

Il demande que ses écuyers et fauconniers lui soient envoyés avec leurs oiseaux. — (*Original*)

(Fribourg, le 17 janvier.)

Très chière et très amée fille, pour ce que renvoyons par delà nostre amé et féal chevalier et grant faulconnier, messire Jehan van den Aa; nous escripvons présentement à noz amez et féaulx escuiers et faulconniers, le sieur de Herlaer, Aert van Meeghem et Colin de Lestre, qu'ilz viengnent incontinent devers nous avec leurs oyseaulx. Sy vous requérons que faictes payer et contenter ledit Aert de ce que lui peut estre deu à cause de sa pension, et lesdits sieur de Herlaer et Colin leur faire délivrer autant d'argent que besoing leur sera pour venir devers nous; et si les dessusdits ne peullent estre brief despesché, nous en vueilliez advertir. A tant, très chière et très amée fille, nostre Seigneur soit garde de vous.

Donné en nostre ville de Fribourg, le XVII^c^ jour de janvier, l'an mil V^c^ et dix. *Per Regem*. — Plus bas, *Renner*.

285. — MAXIMILIEN A MARGUERITE.

Il lui recommande, pour être sergent d'armes massier de l'archiduc Charles, Gérart Stassart, ancien huissier de chambre de la reine de Castille; mais il ne veut pas que cet office soit exercé avant la majorité du prince. — (*Original.*)

(Fribourg, le 19 janvier.)

Très chière et très amée fille, pour considéracion des bons et agréables services que Gérart Stassart a par cidevant et dès loings tamps fais à nostre très chière et très amée seur et belle fille, la royne donna Johanne de Castille, de laquelle il a esté son huissier de chambre, et que encoires journellement nous fait soubz révérend père en Dieu nostre très chier et féal conseiller, l'évêque de Gurck, veullans audit Gérart pour ces causes et mesment à la très instante prière et requeste dudit de Gurck, pourveoir de quelque estat à lui convenable, à l'entour de nostre très chier et très amé filz, l'archiduc Charles, lui avons donné et accordé l'estat de sergant d'armes machier de nostredit filz, pour en joyr quant icellui nostre filz sera hors de minorité; car nous ne voulons que durant icelle sa minorité, soit porté masse devant lui. Et d'icellui nostre don expectatif voulons incontinent lui faictes expédier noz lettres patentes, par vertu desquelles il soit dès maintenant pour lors couchié ès papiers, registres et ordonnances de l'ostel de nostredit filz. Toutesvoyes, affin que ledit Gérart ait quelque entretenement et provision, attendant qu'il poura exercer ledit office de machier, lui avons donné et accordé l'estat de varletz servant devers noz filles, pour dès maintenant les servir et estre tousjours compté par les escroes, à telz et semblables gaiges que ont les autres varletz servans, dont voulons et vous requérons très acertes que le faictes mectre incontinent en joyssance et possession. A tant, très chière et très amée fille, nostre Seigneur soit garde de vous.

Donné en nostre ville de Fribourg, le XIIe jour de janvier, l'an mil v^{c} et dix. Ainsi signé, *Per Regem*, et du secrétaire *Hannart*.

---

286. — MAXIMILIEN A MARGUERITE.

L'Empereur recommande à sa fille de veiller à ce que la seigneurie d'Usier, en Bourgogne, ne soit pas achetée par le comte de Dunois. — (*Original.*)

(Fribourg, le 21 janvier.)

Très chière et très amée fille, nous sommes adverty que le conte de Dunois et de Nieubourge, seigneur de Hanrez, est en train et terme d'acheter le chastel et seigneurie de Usier, en nostre conté de Bourgogne, que entendons estre très bonne et forte place et dont, en temps de guerre, ou si ceulx qui le tiennent vouloient maligner pourroient porter obsécrables maulx et dommaiges à nostredit pays. Ce considéré et que ledit de Dunoiz ne se tient du tout en nostre obéyssance et que peult estre il a quelque ymaginacion de, par ce moyen, cy-après après revenir à la place de Jou, voulons et vous requérons très acertes que incontinent ordonnez à nostre mareschal de nostredit pays de Bourgogne, vostre lieutenant des fiefs en icelluy, ne passer ladite vendicion et aliénacion dudit chastel de Usier au prouffit dudit de Dunois. Mais est nostre advis et conseil que vous meismes plustost faictes ledit achat ou le faire faire par quelque aultre nostre subgect, avant le laissier aller en tel main. Car nous entendons que pour trois ou quatre mille frans, il se pourroit faire. Sur ce vostre response. Et à tant, très chière et très amée fille, nostre Seigneur soit garde de vous.

Donnée en nostre ville de Fribourg en Brisco, le XXIe jour de janvier XVc X. *Per Regem*, MAXI.

287. — MARGUERITE A MAXIMILIEN.

Elle recommande à l'Empereur Jehan de Hornes, médecin de l'archiduc. — (*Minute.*)

(Malines, le 24 janvier.)

Mon très redoubté seigneur et père, très humblement à vostre bonne grâce me recommande.

Monseigneur, maistre Jehan de Hornes, médecin ordinaire de monsieur mon nepveur, homme ecclésiastique, s'en va présentemant avec ces seigneurs par devers vous, soubz espoir de povoir obtenir quelque bonne provision de bénéfice, dont de mieulx il se puist entretenir au service de mondit seigneur et nepveur, et pour ce, monsieur, que lui et les siens ont bien et longuement servy, ainsi qu'il vous dira. Je vous supplie qu'il vous plaise l'avoir en bonne et espéciale recommandation et vous me ferez honneur et plésir.

Mon très redoubté seigneur et père, je prie à tant nostre Seigneur vous donner bonne vye et longue.

Escript à Malines, ce XXIIIIe de janvier, anno XVc et dix.

288. — MARGUERITE A MAXIMILIEN.

Elle sollicite la faveur de son père pour Philippote de la Perrière qui va épouser un gentilhomme du quartier d'Alost. — (*Orig.*)

(Malines, le 27 janvier.)

Mon très redoubté seigneur et père, si très humblement que faire puis à vostre bonne grâce me recommande.

Monseigneur, Philippote de la Perrière, à présent femme de chambre de mes niepces, puis nagaires est entrée en fiançaige et promesse de mariage avecq ung gentilhomme du quartier d'Alost; elle a longtemps servy en ceste maison; si ont fait par cy devant feurent son père et aultres ses parens. Et d'aultre part j'entens que ledit gentilhomme, son futur mary, ait tousjours observé sa léaulté vers vous et feu monsieur le roy, mon frère, cui Dieu pardoint, et tant l'ung comme l'autre m'ont requis accorder audit gentilhomme l'ung dez quattre estatz en l'ostel de monsieur mon nepveu ou de mesdames mes niepces. Et, combien, Monseigneur, que la requeste soit bien raisonnable et que l'en ait bien acoustumé avantagier les serviteurs et servantes de céans, quant venoit à leur mariage, si ne leur ay volu accorder sans sur ce sçavoir vostre bon plaisir, lequel je vous supplie déclarer à mon cousin, le seigneur de Chièvres, et avoir ladite Philippote et son futur mary pour singulièrement recommandez. A tant, mon très redoubté seigneur et père, nostre Seigneur vous donne prospérité avec les entiers accomplissements de vos très haultz et très nobles désirs.

Escript à Malines, ce XXVIIe de janvier. Vostre très humble et très obéisante fille MARGUERITE.

289. — MARGUERITE A MAXIMILIEN.

Elle recommande à l'Empereur Ector de Bruyelle, seigneur de la Hovardrie, pour une place de chambellan. — (*Original.*)

(Malines, le 28 janvier.)

Mon très redoubté seigneur et père, le plus humblement que je puis à vostre bonne grâce me recommande.

Monseigneur, vous savez que, tost après le trespas du feu seigneur du Fresnoy, je vous escripvis en faveur de messire Ector de Bruyelle, chevalier, seigneur de la Hovardrye, ung de voz anchiens serviteurs, affin de le pourveoir d'estat de chambellan, pour servir devers monsieur mon neveu, comme il a fait autrefoiz devers vous : ce que à vostre derrain partement des pays de par deçà lui promistes faire; soubz umbre de laquelle promesse, il est demouré devers mondit seigneur et neveu, où il est encoires présentement actendant vostre provision, dont il n'a encoires eu quelque nouvelles, comme il dit, requérant vous vouloir de rechief escripre en sa faveur. Pourquoy, Monseigneur, et que ledit seigneur de Bruyelles est bon anchien chevalier qui a bien servy et despendu largement du sien, comme j'entens, je vous supplie très humblement l'avoir pour recommandé et le pourveoir selon ses qualité et services, qui vous sont mieulx congneuz que à moy, comme verrez à son estat appartenir, me mandant et commandant tousiours voz bons plaisirs, pour les acomplir à mon povoir, comme tenue y suis. Ce scet le benoit filz de Dieu, auquel je prie vous donner bonne vie et longue, avec l'entier accomplissement de voz désirs.

Escript à Malines, le XXVIIIe jour de janvier, anno XV^c dix. Vostre très humble et très obéisante fille MARGUERITE.

290. — MARGUERITE A MAXIMILIEN.

Elle recommande à son père Adrien de Wyntre et son fils, qui ont donné de belles étrennes à l'archiduc Charles. — (*Original.*)

(Malines, le 28 janvier.)

Mon très rdoubté seigneur et père, si humblement que faire puis à vostre bonne grâce me recommande. Monseigneur, Adrian de Wyntre, à présent huissier de chambre de monsieur mon nepveu, le jour de l'an dernier passé fist ung présent à mondit nepveu pour son nouvel an, assavoir d'un sien petit-filz nommé Franskin de Wyntre, pour le servir de paige, et avec ce ung bien beau chien et ung bel espieu de chasse pour le sanglier, duquel présent mon nepveu fut bien joyeulx et l'accepta bien agréablement. Il a longuement servi en ceste maison, si on fait par ci-devant ses feuz père et grand père et autres ses parens du quartier de Hulst. Ledit Adrian m'a requis que sondit petit filz puist estre receu pour paige vers mon nepveu ou de mes dames mes niepces, et combien, Monseigneur, que la requeste soit raisonnable et que l'en ait bien accoustumé avantagier les bons serviteurs de céans, se ne lui ay vollu accorder sans sur ce savoir vostre bon plaisir, lequel je vous supplie me déclarier et avoir ledit Adrian et son filz pour singulièrement recommandez. A tant, mon très redoubté seigneur et père, nostre Seigneur vous donne prospérité, avec les entiers accomplissemens de voz très haulz et très nobles désirs.

Escript à Malines, ce XXVIII[e] jour de janvier XV[c] et dix. Vostre très humble et très obéisante fille MARGUERITE.

291. — MARGUERITE A MAXIMILIEN.

Elle dénonce à l'Empereur une atteintc portée aux priviléges de son hôtel par le magistrat de la ville de Bruxelles. — (*Minute.*)

(Malines, janvier.)

Mon très redoubté seigneur et père, très humblement à vostre bonne grâce me recommande.

Monseigneur, je vous tiens bien adverty, comme de toute ancienneté, il est loisible aux concierges de vostre hostel de Bruxelles vendre en icellui vins en gros et en détail à gens francz sans aucune maltote, ainsi que jusques à icy ils ont joy et usé. Et combien que, par voz lettres patentes dépeschées au prouffit du concierge estant à présent, ayez déclaré icellui concierge devoir joy dudit prévillége, ce non obstant ceulx de la ville de Bruxelles se parforcent journellement diminuer et estaindre icellui prévillége, donnant, à ceste cause, audit concierge plusieurs empeschemens, et pour ce, Monseigneur, que cecy touche non seullement audit concierge, ains grandement à l'autorité de vous et monsieur mon nepveur, vous supplie que si lesdits de Bruxelles, par moyens indiretz, poursuivent par devers vous aucune provision sur ce, y vueilliez avoir bon regard, et non permectre si légièrement ung tel privillége estre aboly; car ce seroit chose de maulvaise conséquence.

Mon très redoubté seigneur et père, je prie à tant nostre Seigneur vous donner bonne vie et longue.

Escript à Malines, ce de janvier, l'an xve dix.

---

292. — MARGUERITE A MAXIMILIEN.

Les seigneurs de Nassau, de Chièvres, de Berghes et le trésorier général, vont se rendre auprès de l'Empereur, suivant son désir; mais l'état des finances ne permet pas de lui porter beaucoup d'argent. Marguerite pense que le moment n'est pas venu de demander pour son père une pension viagère de cinquante mille florins d'or. Affaire de Gueldre. Maladie de l'impératrice. Publication du traité avec la France. Traitement du président de Bourgogne. Postes de France, etc. — (*Minute.*)

(Vers le mois de janvier.)

Mon très redoubté seigneur et père, tant et si très humblement que faire puis, à vostre bonne grâce me recommande.

Monseigneur, j'ay, par la dernière poste qu'avez dépesché de par delà, receu plusieurs voz lettres ensemble, contenans plusieurs diverses matières, esquelles n'ay bonnement peu respondre jusques à présent, à cause que les personnaiges ausquelz me ordonnez parler n'estoient devers moy; lesquelz m'a convenu, en obtempérant au contenu de vosdites lettres, mander et leur communicquer vosdites lettres.

Et pour respondre particulièrement à icelles, Monseigneur, j'ay parlé avec les seigneurs de Nassau et de Chierves, mes cousins, de Berghes et de Thamise, trésorier général, qui trestous, pour l'onneur de vous et pour le bien et avancement des affaires de monseigneur mon nepveur, ont esté contens, jaçoit qu'ilz eussent ung chescun en droit soy plusieurs excuses légiptimes, entreprendre et accepter le voiage qu'il vous plaist leur ordonner par devers vous[1]. Et pour icelluy faire et acomplir, se prépareront affin de partir endeans x ou XII jours ou plus tard. Par quoy, Monseigneur, ferez bien leur signiffier le chemin qu'ilz devront tenir à ce qu'ilz soient tant plus tost devers vous, et pour ce aient bonne et briefve dépesche; car, Monseigneur, ilz sont personnaiges dont l'on a continuellement affaire de par deçà, comme sçavez, et qui sont bien séantz et nécessaires à l'entour de monseigneur mon nepveur.

Et quant à la somme d'argent que désirez ilz vous portent, Monseigneur, je ne cuyde point que les affaires de par deçà, dont journellement vous ay averty, vous soient sy incogneuz que ne saichiez bien que c'est chose impossible vous furnir comptant ladite somme du revenu de par deçà. Toutes voyes, Monseigneur, je vous promectz qu'ilz font leur extrême devoir de vous porter ce que sera possible; et de ma part m'y emploie de tout mon povoir.

Au regard, Monseigneur, des L mil florins d'or que désirez avoir tous les ans des pays de par deçà, vostre vie durant, selon que m'avez plusieurs fois escript, Monseigneur, je n'ay encoires trouvé, par conseil de nul de voz serviteurs, qu'il ait esté temps de parler de ladite matière, tant pour non destourner l'accord des aydes que pour non avoir fait encoires conclusion en la matière de Gheldres; au moyen de quoy et saichant

[1] Voyez ci-dessus une lettre du 30 août 1510.

assez qu'il en viendroit petit fruict, je l'ay jusques à icy différé, et encoires ne voy nul moyen d'y besongnier pour les causes que entendrez desdits seigneurs dessus nommez, lesquelz vous informeront bien à plein de l'estat et disposicion de tous les affaires de par deçà.

Quant au fait de Gheldres, Monseigneur, je me treuve fort estonnée et perplexe de surceoir ladite matière, en cas qu'ilz se condescendent à choses raisonables et par vous mises en avant. Dont, Monseigneur, et de l'estat dudit affaire je vous avertirey par la poste suivant bien à plein.

Monseigneur, j'ay aussi par vosdites lettres entendu bien à plain la graefve maladie de la royne ma bellemère[1], dont je suis fort desplaisante pour l'amour de vous et d'elle. Et ensuyvant le conteuu de vosdites lettres ay fait consulter son affaire que ressemble aux médecins fort estrange et dangereux; et disent que, sans avoir plus ample informacion dudit affaire, ilz n'y seroient seurement délibérer. Par quoy seroit de besoing que par ung médecin entendant ledit affaire fust reddigé par escript l'estat de sa maladie, dont je prie Dieu par sa grâce que, si c'est pour le mieulx de son âme, elle puisse eschapper et néantmeng, Monseigneur, s'il plaisoit à Dieu en disposer d'aultre sorte, il s'en conviendroit conformer à sa voulenté.

Touchant le nouvel traictié de France, que désirez estre publié, Monseigneur, il a esté publié et ne reste que

[1] La lettre par laquelle Maximilien informe sa fille de la maladie de l'impératrice, est du 31 décembre 1510. (Voyez ci-dessus, p. 367.) D'après cela il est permis de donner à celle-ci la date de janvier, même année.

d'en faire faire la coppie que demandez; ce que j'ay ordonné estre fait à l'audiencier qui l'a mys ou trésor des chartres et se envoyera à maistre Jacque de Banissys, vostre secrétaire, ainsi que l'avez mandé.

De l'entretenement du président de Bourgoingne, dont aussi m'avez escript, Monseigneur, il est en vous de luy faire tel traictement qu'il vous plaira; car je ne voys par deçà qu'on luy sceust furnir ung denier; et s'il n'est aydié de vous il luy en prendra, comme à Claude de Cilly, dont il est très grant honte et maulvais exemple à toutes gens de bien désirans servir, comme vous ay par plusieurs fois escript.

D'entretenir encoires les postes de France, Monseigneur, c'est très grant despence et quasi inutile; touteffois vostre bon plésir sera ensuyvy, si avant qu'il sera possible.

Monseigneur, je vous remercie très humblement ce qu'il vous a pleu m'escripre touchant mon fait de Bourgoigne, dont je vous supplie en temps et lieu avoir bonne souvenance, et moy y garder mon honneur qu'est le vostre.

293. — MARGUERITE A MAXIMILIEN.

Lettre de créance pour les seigneurs de Nassau, de Chièvres, de Berghes, etc. — (*Minute.*)

(Malines, janvier.)

Mon très redoubté seigneur et père, très humblement à vostre bonne grâce me recommande.

Monseigneur, en suivant vostre bon plésir, j'envoie les seigneurs de Nassou et de Chierves, mes cousins, de

Berghes, les trésorier et receveurs généraulx et mon secrétaire, Marnix, par devers vous, ausquels j'ay donné charge vous dire et exposer pluseurs choses de ma part, concernans grandement le bien et honneur de vous et de monsieur mon nepveur et ses affaires de par deçà. Sy vous supplie, Monseigneur, les vouloir oyr et croyre comme moy-mesmes et bien penser au contenu de leur charge pour y pourveoir et ordonner ainsi qu'il est expédient. Car de leurdite charge deppend toute la ressource de ceste maison.

Mon très redoubté seigneur et père, je prie à tant nostre Seigneur vous donner bonne vie et longue.

Escript à Malines, ce..... de janvier, anno xv^c dix.

294. — MARGUERITE A MAXIMILIEN.

Recommandations pour l'ambassadeur d'Angleterre. — (*Minute.*)

(Malines, le 7 février.)

Mon très redoubté seigneur, etc.

Monseigneur, l'ambassadeur du roy d'Angleterre s'en va présentement par devers vous pour les causes qu'il vous dira, lequel a passé par moy et l'ay trouvé fort enclin à faire tout plésir et service, tant à vous, à monsieur mon nepveur que à moy, pourquoy, Monseigneur, vous supplie que, quant il se trouvera devers vous, luy faictes, en faveur de son maistre et de moy, le meilleur et plus gracieulx recueil que pourrez, et vous me ferez honneur et plésir.

Mon très redoubté, etc.

295. — MARGUERITE A MAXIMILIEN.

Elle prie son père de lire et de prendre en bonne part les conseils qu'elle lui adresse pour la direction de ses affaires. — (*Autogr.*)

(Malines, le 14 mars.)

Monseigneur, je me recommande très humblement à [1] vostre bonne grâce. Monseigneur, ayant pansé aux affères que avés de présant qui ne son pas petiz et que je connois que sur iceulx ſault prandre unne bonne conclusion, laquelle, je prie Dieu, estre selon vostre dessir pour vostre bien et repoz sy après et de vostre mayson, qu'est la chose que plus dessire voir, me suis ingérée de vous anvoier aucun escript sur lequel je croy, Monseigneur, sy vous plet prandre la paine de le lire ou ſère lire an vostre présance par Marnix et non à autre, et après, Monseigneur, l'avoir veu, vous plese le rendre. Je croy, Monseigneur, que y trouverés des vérités tropt plus que ne voldroie et plusieurs autres chosses, de quoy déjà peult estre en avés bien connoissance. Mès, Monseigneur, comme celle qui nuit et jour ne pance que de vous faire service, ne me saroie tenir de vous avertir de tout se que puis panser vous peult servir, vous supplie, Monseigneur, de prandre de bonne part et me pardonner, sy je me suis hanardie de vous envoie mondit escript; je prie Dieu, Monseigneur, vous donner bonne vie et longue.

De Mallines, le XIIIIe jour de mars. Vostre très humble et très obéisante fille MARGUERITE.

[1] A cette lettre se trouvait annexé un billet par lequel la princesse mande au secrétaire Marnix d'examiner et de remettre, s'il y a lieu, le mémoire à l'Empereur, avec diverses précautions qu'elle lui indique.

Vostre bonne grace monseigneur ayant pensé aux
[illegible] de presant que ne sont pas [illegible]
[illegible] que [illegible] peult faict prandre bonne
conclusion la quelle je prie Dieu estre [illegible]
[illegible] de [illegible] vostre bien et repos [illegible]
de vostre [illegible] qui est la chose [illegible] plus [illegible]
voir [illegible] de vous autant au [illegible]
estoit [illegible] le roy monseigneur [illegible] plus
grande la paine de [illegible] du [illegible] an
[illegible] personne par Marcine et [illegible] a autre [illegible]
[illegible] monseigneur la voir [illegible] le [illegible]
le roy monseigneur que recommande des [illegible] trop
[illegible] plusieurs autres choses
de [illegible] peult estre icy a vostre [illegible]
[illegible] mes [illegible] nostre [illegible]
[illegible] ne [illegible] de vous [illegible]
[illegible] de vous [illegible] tout [illegible]
[illegible] pansez vous peult [illegible] vous supplie [illegible]
de prandre de bonne part et me pardonnez
[illegible] de vous [illegible] moy
[illegible] estoit je prie Dieu monseigneur vous donner
bonne vie et longue de Malines le xxiiij
de mars

Vostre tres humble et tres [illegible]
[illegible] fille
Marguerite

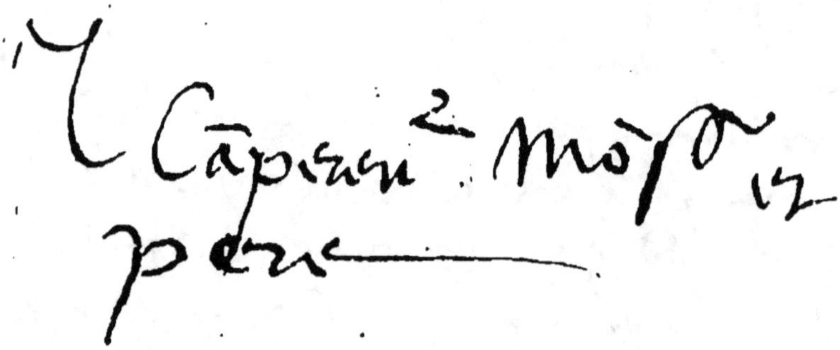

296. — MARGUERITE A MAXIMILIEN.

Elle renvoie vers son père la demande d'André de Burgo qui désire être payé de ce qui lui est dû. — (*Original.*)

(Malines, mars.)

Mon très redoubté seigneur et père, très humblement à vostre bonne grâce me recommande.

Monseigneur, messire Andrea de Burgo a envoyé par delà l'un de ses serviteurs, afin d'avoir payement de ce que luy peult estre deu de sa pension; et pour ce, Monseigneur, que ceulx des finances sont présentement par devers vous et que ne seroie à présent trouver nul moyen par deçà pour avoir argent, l'ay renvoyé par devers vous, priant, Monseigneur, le faire appoinctier tant de ce que luy peult estre deu de sadite pension que pour son entretenement cy après, et vous me ferez honneur et plésir.

Mon très redoubté seigneur et père, à tant prie nostre Seigneur vous donner vos désirs.

Escript à Malines, le..... jour de mars xve dix.

Vostre très humble et très obéisante fille MARGUERITE.

297. — MARGUERITE A MAXIMILIEN.

Elle compte peu sur un bon accommodement dans l'affaire de Gueldre. Siége d'Iselstein. Si les habitants d'Utrecht ne le lèvent par négociation, il faudra les y contraindre. Rupture de la paix qui se négociait en Italie. — (*Minute.*)

(Vers la fin de mars.)

Mon très redoubté seigneur et père, etc.

Monseigneur, je vous envoye avec cestes unes lestres[1] que messire Andrea de Burgo m'a nagaires escriptes touchant l'affaire de Gheldres, dont il s'excuse ne vous avoir peu avertir, me requérant vous envoyer lesdites lettres avec le double d'une lestre que le roy de France a escripte à messire Charles de Gheldres; sur quoy j'ay bien peu de bon espoir. Si vous prie, Monseigneur, bien veoir et entendre le tout pour m'avertir de vostre advis sur le tout.

Au demeurant, Monseigneur, je vous ay adverty du siége d'Ilsestayn, lequel se renforce journellement; et doubtant que la ville ne fust surprinse, ay advisé, par l'advis de vostre privé conseil, d'envoyer le conte de Nassau et l'admiral, ensemble le sieur de Thamise, vostre trésorier, celle part pour entendre de ceulx d'Utrecht qu'il ont délibéré faire et y trouver quelque voye amyable, s'il est possible, moyennant laquelle ilz lièvent ledit siége; et si ainsi ne le vueillent faire, l'on fera son devoir de le lever par force; car de laisser ainsi surprendre et bactre les villes de l'obéissance et subgection de vous et de monseigneur mon nepveur, me semble que ce seroit grant honte et déshonneur. Monseigneur, de ce que icy ensuyvra serez averty à diligence. Monseigneur, j'entens aussi la rupture de la paix que se espéroit ès Ytalles; parquoy me semble que vous y debveriez conduyre de sorte que y puissez avoir honneur et prouffit.

Mon très redoubté seigneur et père, etc.

[1] La lettre d'André de Burgo, que Marguerite envoie ici à son père, est certainement celle qui est insérée dans les *Lettres de Louis XII*, II, 125, sous la date de Blois, 12 mars 1510.

298. — MAXIMILIEN A MARGUERITE.

Différend à concilier entre le fils du greffier de l'ordre et le fils de Guillaume Pinjon, au sujet de bénéfices auxquels ils prétendaient l'un et l'autre. — (*Copie certifiée.*)

(Offenbourg, le 12 avril.)

Très chière et très amée fille, nous vous avons autreffois escript affin d'apaisier le différent d'entre le filz du greffier de nostre ordre, et le filz de Guillame Pinjon[1], pour raison d'une prébende en l'église Saint-Pierre de Louvain, de donner et conférer de nostre part à celuy d'eulx qui mieulx vous plairoit et vous sembleroit le moins estre fondé à ladite prébende, l'escolasterie nagaires et depuis vacante en ladite église. Or est que entendons iceluy différent n'estre aincores vuydié et estre présentement de nouveau vacante une prébende audit Louvain, laquelle s'ainsy est que elle soit vacante ou qu'il y ait apparence d'en vaquier une; et à celle fin de faire cesser les procédures d'entre lesdites parties et les appaisier dudit différent, la donnons et conférons à iceluy filz dudit Pinjon et aprez ladite escolasterie la donnons et conférons à Pierre Morren, cousin de nostre secrétaire maistre Jehan Hannart; dont vous advisons et requérons très acertes faire à chacun d'eulx, selon noz dons que dessus, expédier noz lettres de collation partinentes sans y faire faulte; car tel est nostre plaisir.

Donné en nostre ville de Offenbourg, le XIIe jour d'avril XV^c^ X, avant Pasques. *Per Regem.*

[1] Valet de chambre de l'Empereur.

Et dessoubz est escript de la main de l'Empereur : *Besongniés à diligence, affin que ceste matière soit bien adressée.*

Donné par copie, *Hannart.*

---

299. — MARGUERITE A MAXIMILIEN.

Elle espère peu que le roi de France fera restituer la ville d'Hardewic surprise par le duc de Gueldre. Prise de quelques marchands flamands par les Gueldrois. Projet de mariage du duc de Gueldre avec la fille du duc de Clèves. Ligue secrète entre ces deux ducs, la France, le duc de Juliers et l'archevêque de Cologne. Les troupes, aux environs de Turnhout, *mangent le bonhomme,* faute de paiement. — (*Minute.*)

(Gand, le 15 avril avant Pasques.)

Mon très redoubté seigneur et père [1].

Monseigneur, je vous ay desjà adverty du petit espoir que j'avoye à la restitution de Hardewic, combien que le roy de France vous ait escript vouloir icelle faire rendre par messire Charles de Gheldres, et que à ces fins, il envoyoit ung sien secrétaire devers luy pour de sa part en faire les poursuytes comme il a fait. Toutesfois, Monseigneur, après avoir ledit secrétaire qui est icy sur son retour dudit pays de Gheldres, j'ay trouvé mon ymaginacion en ceste partie véritable; car il n'y a point d'apparence de se actendre à randre ladite ville de Ardewichs si ce n'est par force; et quoy que ledit seigneur roy de France vous face quant à ce dire ou escripre, je sçay et congnois assez qu'il assiste et favo-

[1] Cette lettre est imprimée avec quelques variantes dans les *Lettres de Louis XII*, II, 157. Il paraît que l'éditeur s'est servi de l'expédition originale ou d'une copie ayant la date qui manque sur notre minute.

rise ledit messire Charles et n'est pour rien délibéré de l'abandonner quoi qu'il luy doi-je couster. Au moyen de quoy je ne voy aultre chose d'apparence pour le présent en noz affaires fors qu'il sera encoires bien venu, s'il se tient à tant.

En oultre, je vous avertyz comme puis naguères estans les marchans de par deçà au nombre de plus de quatre vingtz, en chemin pour aller à Francfort, et estans avec ung ghelay[1] de monseigneur de Julliers, assez près de Coulogne, y sont survenuz cent chevaulx gheldrois qui ont rué jus lesdits povres marchans et iceulx prins et mené en forte et estroicte prison, tellement que il sont délibérez les mectre à grandes ranchons qui excédront la somme de c^m florins; qu'est retourné à grant esclandre et perte desdits povres marchans dont par ceulx d'Anvers et de Malines ilz nous ont fait faire leurs doléances. Surquoy en avons escript par tout où il apartenoit; maiz l'espoir y est bien petit; et si nous en demourra la honte et déshonneur.

Au demeurant, Monseigneur, je suis avertye que le mariage d'entre ledit messire Charles de Gheldres et la fille du duc de Clèves[2] se traicte présentement par le moyen des seigneurs de Coulongne et de Julliers et que les choses sont desjà, par la pratique dudit roy de France qui s'en veult entremesler, fort avancées; tellement qu'on en espère bonne yssue. Se dit aussi que

[1] Ce mot inintelligible, que nous craignons de n'avoir pas bien lu, se trouve aussi dans la lettre imprimée.

[2] Ce mariage, soit qu'il ait été projeté ou non, n'eut pas lieu. Charles d'Egmond, duc de Gueldre, épousa, en 1518, Isabelle, fille de Henri, duc de Brunswick-Lunebourg.

après ilz feront entre eulx quelque secrète lighe et alliance dont, Monseigneur, je vous averty et supplie y vouloir pensé affin d'y pourveoir, ainsi que ou cas apartiendra.

Monseigneur, noz piétons sont aussi maintenant ès champs lez Turnoud et mangent le bonhomme à faulte de paiement; dont les villes d'Anvers et de Bois-le-Duc ont très grant regret et ne s'en peulent aucunement contenter. Sy vous supplie, Monseigneur, considérer le tout et me mander comme me doiz conduire; car par ung bout ou aultre il y convient remédier, et bien tost, qui n'en vouldra souffrir bien grant esclandre, comme assez povez congnoistre. Priant avoir sur ce briefve responce de vous.

Mon très redoubté, etc. A Gand, le xv d'avril.

300. — MAXIMILIEN A MARGUERITE.

L'Empereur se plaint des lettres malgracieuses de sa fille. Elle doit être persuadée qu'il fait de son mieux. Il soupçonne l'évêque de Gurce d'avoir fait le bon valet auprès d'elle. — (*Autographe.*)

Ma bonne fylle, jé receu vous mal gracioses lestres touchant la despeche du l'évesque de Gurce atout beacop de grandes matères, etc., certes vous devés penser, sy vous avez au cœur la matière de France, jé au ceur la matère de mon honneur en la guerr et perplexité dont je suys; poer ma negligence vous n'arés domaige ou interesse; mès vous deves penser que yl est point posible que ung grand chateaw soet édifié sur ung jour. Jé soubson sur sela monsieur de Gurce susdit qui a volu faere du bon faerlet (*valet*) ou devant de vous, mès yl partira d'yssi incontinent devers vous et vous portera, tout ce que ly avez chargé de aporter de nous à vous.

Escript de la main de vostre bon père MAXIMILIEN, merkedi.

301. — MARGUERITE A MAXIMILIEN.

Elle expose à son père les difficultés qu'éprouve le jeune duc de Milan pour toucher l'argent que l'Empereur lui a alloué. — (*Minute.*)

Mon très redoubté seigneur et père.

Monseigneur, le jeusne duc de Milan m'a fait par l'uug de ses gens remonstrer, comment jaçoit que pour se [illegible] biller et acoustrer pour ceste esté, luy convient et fust très nécessaire avoir argent et que sur ce, luy eussiez ordonné prendre et avoir de voz propres deniers pour les mains des Folkres, la somme de mil florins d'or, oultre et par dessus son qu'il pert de par deçà, ce nonobstant, lesdits Folkers se sont excusez de la délivrance desdits deniers, tellement que icellui jeusne duc demeure dépourveu dudit argent; ce qu'ilz m'a fait prier et requérir vous voloir escripre affin que vostre plésir soit y avoir regard et le pourveoir de remède convenable, vous suppliant, Monseigneur, ainsi le voloir faire et vous me ferez heur et plésir, et s'il eust esté possible sçavoir tirer argent ès finances de par deçà, je luy eusse volentier, pour l'amour de vous, fait toute l'assistence à moy possible. Maiz, Monseigneur, elles sont en tel estat que je n'y voy que prendre.

Mon très redoubté seigneur et père, etc.

302. — MARGUERITE A MAXIMILIEN.

Heureuses dispositions du jeune prince Charles. Nécessité de demander la continuation des aides, qui ne s'obtiendront qu'après l'arrangement de l'affaire de Gueldre. — (*Minute.*)

Mon très redoubté seigneur et père, je me recommande très humblement à vostre bonne grâce.

Monseigneur, j'ay receu les lettres qu'il vous a pleu m'escripre du XIIIIe de ce mois et par icelles entendu de voz nouvelles dont je vous remercie et prie en estre continuellement averty.

Monseigneur, il n'y a nulles nouvelles par deçà. Monsieur mon nepveur et mesdames mes nyepces sont en bonne disposicion et sancté, la Dieu grâce, et croit mondit sieur journellement et s'adresse bien fort à toutes choses honnestes, et espère y prendre telle garde que y aurey honneur.

Monseigneur, voyant que les aydes fauldront à ce Noël prouchain, j'ay advisé, par l'advis de vostre privé conseil, de faire assembler les Estatz en général pour leur demander continuacion desdites aydes sans lesquelles nous ne sçaurions vivre.

Toutes fois, Monseigneur, j'entens par le rapport d'aucuns que avoie de pieça commis pour induyre les villes principalles que, sans paciffier le différent de Gheldres, l'on n'aura nul accord desdits Estatz. Par quoy, Monseigneur, vous supplie y bien penser et me mander et commander voz bons plésirs pour les acomplir de tout mon povoir, aydant nostre Seigneur, auquel je prie, mon très redoubté seigneur et père, vous donner bonne vie et longue.

Escript, etc.

303. — MARGUERITE A MAXIMILIEN.

Elle demande pour maître Henri, organiste de la chapelle, une prébende qui doit bientôt vaquer à Rodde-lez-Bois-le-Duc. — (*Minute.*)

Mon très redoubté seigneur et père, etc.

Monseigneur, il y a desjà plusieurs jours que vous escripvy en faveur de maistre Henry, organiste de la chappelle de monsieur mon nepveur, à ce que vostre plésir fust l'avoir pour recommandé en aucune prébende qui soit alors aparente de vacquer, ce que eussiez fait, si desjà n'en eussiez fait don ailleurs. Et encoires despuis par maistre Loys, secrétaire du sieur de Berghes, me mandastes dire que, quant quelque chose vacqueroit, l'auriez pour recommandé avant ung aultre, en faveur des lettres que avez reçu de monsieur mon nepveur et myennes. Or, Monseigneur, il m'a avertye présentement qu'il y a une prébende à Rodde-lez-Bois-le-Duc assez apparente de tost vacquer que luy viendroit bien appoint. Par quoy, Monseigneur, et qu'il est bon serviteur de mondit sieur et nepveur et de mesdames mes niepces, ausquels il a aprins à jouer sur le manucordium et les sert si bien que le me recommandent journellement, vous supplie luy accorder ladite prébende, cas advenant de la vacacion d'icelle, et me ordonner sur ce vostre bon plésir; et suractendant vostredite responce, si la chose venoit à vacquier luy ferey despescher voz lettres par provision et soubz vostre bon plésir.

Mon très redoubté seigneur et père, je prie, etc.

304. — MARGUERITE A MAXIMILIEN.

Elle fait des vœux pour la réussite des affaires de son père. Elle est d'avis qu'il ne faut pas envoyer d'ambassadeur en Angleterre. L'argent manque pour le voyage du président de Bourgogne. Légitimation de mademoiselle de Savoie et son mariage projeté avec le seigneur d'Epinoi. Prébendes vacantes à Soigny et à Béthune. — (*Minute.*)

Mon très redoubté seigneur et père, très humblement à vostre bonne grâce me recommande.

Monseigneur, j'ay receu voz lettres et par icelles entendu de voz bonnes nouvelles desquelles j'ay esté bien joieuse et serey tousjours etendre d'icelles, priant Dieu qui vous doint grâce de tellement exploitier voz bonnes emprinses que en puissiez venir à chief, et me semble que debvez sur toutes choses diligenter vosdites emprinses, affin que en temps et lieu puissiez faire voz affaires.

Monseigneur, quant à ce que m'escripvez despescher l'ambassadeur pour aller en Angleterre avec voz instructions que avez pieça envoyez, il me semble, Monseigneur, si vous estez bien remis du contenu en icelles n'estre nul besoing d'envoyer à présent icelle ambassade; car, tout le contenu desdites instructions est estainct, tant par l'alliance que le roy d'Angleterre a nouvellement fait en France, que par l'absolucion que le pape a accordé aux Vénéciens, pour quoy ne seroit que despence perdue, si ce n'estoit que voulsissez renouveller lesdites instructions.

Quant à l'allée du président de Bourgogne en Espaigne, Monseigneur, si le sieur de Melun eust volu entreprendre le voyage, il n'eust tenu oudit président, maiz aiant nouvelles de plusieurs excès que se faisoient en Bourgogne pour y donner ordre ly ay donné congié y aller; toutesfois je croy que, quant vous le voudrez, il laissera toutes choses pour obéir à voz commandemens et déjà ly ay escript se faire prest, maiz je ne sçay quant l'on trouvera argent pour le despécher; car il n'y a point moyen de trouver ung solz en noz finances.

Aussi il semble n'avons que le sieur de Ve seroit bien propice pour ledit voyage, ainssi vous y pourrez penser et en faire vostre bon plésir.

Et touchant le fait de Gheldres dedans aucuns jours ensuivant vous en ferey savoir des nouvelles et de la dispencation de la matière.

Au surplus, Monseigneur, je vous supplie vouloir faire depescher la légitimation de ma seur, la bastarde de Savoie, de laquelle j'escrips à maistre Jaques de Bannissiis vous soliciter; car je traicteroie voulentier le mariage d'elle et du sieur d'Espignoy, et si vostre plaisir estoit en escripre une bonne lettre de renonciation à la dame d'Espignoy, sa mère, qu'est de ceulx de Luxembourg, l'affaire eu pourroit estre de mieulx, estre redressié.

Monseigneur, il a vacqué une prébende à Soigny et une des petites à Béthune par le trespas de sire Pierre Le Fevre, dont assavoir de celle de Soigny, j'ay eñ vertu de voz lettres pourveu le frère de mon secrétaire Marnix, lequel j'entretiens aux estudez, et celle de Béthune ay donné soubz vostre bon plésir à ung chantre de monsieur l'Empereur, vostre père, qu'est du lieu et qui en avoit la promesse du feu roy, mon frère. Sy vous supplie, Monseigneur, en estre content, vous recevant très humblement l'accord que avez fait a mondit secrétaire, lequel est continuellement prest à vous bien et loiallement servir.

Mon très redoubté seigneur et père, etc.

---

305. — MARGUERITE A MAXIMILIEN.

Elle réclame l'état additionnel de la maison de l'archiduc, et recommande Hector de Bruyelle pour succéder au seigneur du Fresnoy en qualité de chevalier d'honneur et chambellan des princesses. — (*Minute.*)

Mon très redoubté seigneur et père, je me recommande très humblement à vostre bonne grâce.

Monseigneur, je vous ay déjà escript comme il estoit fort nécessaire que renvoyssiez l'addition de l'estat de monsieur mon nepveur que a ceste nagaires faicte par l'advis de vostre privé conseil et de ceulx de voz finances de par deçà, affin de le faire publier pour le contentement des gentilz hommes y denommez, lesquelz ont bien servy le feu roy monseigneur et frère, cuy Dieu absoille. Sy vous supplie, Monseigneur, ainsi le vouloir faire.

Monseigneur, je vous ay aussi escript comment il avoit pleu à Dieu, prendre à soy le seigneur du Fresnoy qu'estoit chevalier d'onneur de mesdames mes niepces, et chambellain toujours compté à XXXVI s. par jour; lequel estat de chambellan messire Hector de Bruyelle obtiendroit volentier et ma requis très instamment vous en escripre, ce que je faiz voulentier en faveur des services qu'il vous a faiz dès longtemps que il dit, et encoires dès près vostre partement a icy continuellement résidence : par quoy, Monseigneur, vous supplie l'avoir en ce pour recommandé et vous en faiz haste et plésir.

Mon très redoubté seigneur et père, je prie, etc.

306. — MARGUERITE A MAXIMILIEN.

Elle conseille à son père d'en venir à un bon accommodement avec le duc de Gueldre. Elle donne, avec discrétion, son avis sur une négociation secrète et importante. — (*Minute* [1].)

Monseigneur, j'ay receu les bonnes et cordiales lettres qu'il vous a pleu m'escripre par la derraine poste de vostre main, ensemble la belle bague y enclouse, dont je vous remercie très humblement, et suis délibérée la garder pour l'amour de vous jusques à la mort.

Monseigneur, j'ay aussi receu le povoir du fait de Gheldres, lequel je ne suis point délibérée d'amploier hors de vostre intencion. Combien, Monseigneur, que avois mys en avant ce que désirez aux députez de M. de Gheldres qui estoient icy, ilz l'ont trouvé le changement bien estrange, disant qu'ilz congnoissoient bien par les termes qu'on leur tenoit et par les changemens qu'on n'avoit nul vouloir de besoigner avec eulx, allégant ouvertement que en tout à ce traictié, il n'y avoit nulle seurté pour leur maistre; et sur ce sont départiz pour aller faire le rapport desdites difficultez à leurdit maistre, duquel il doubtent n'avoir jà bonne responce. Toutes fois je verrey qu'il en ensuyvra, et me semble que à peu de chose l'on ne devroit laisser

[1] Cette lettre, retrouvée pendant l'impression, fait réponse à celle du 29 juin 1510.

à conclure ladite affaire; car autrement par ledit apoinctement l'on gardera de ce cousté la descente des François que ne sera pas petite chose; et si vous pourrez servir dudit de Gheldres au temps advenir.

Monseigneur, quant au demeurant de ce que vosdites lettres contiennent, je vouldroie estre saige pour vous y bien conseillier. Maiz la matère est de si grant poix que je ne vous en oseroie riens dire que par manière de devise, persistant, Monseigneur, en l'opinion que j'ay tousjours esté qu'est de meotre secrètement en effect la matère, dont par Thoison vous feiz avertir, de laquelle l'ambassadeur d'Angleterre vous poursuyvra aussi, et à ceste fin ay envoyé devers vous avec luy Guillaume Pingeon, par lequel je vous en escriptz de ma main mon intencion, et luy en ay aussi dit quelque chose; car c'est ung vray et seur moien de resourdre nostre maison et de vous eslever le plus grant prince qui soit au monde. Et si ne laisserez par ce d'entretenir tousjours le roy de France par bons moyens si voulez, affin qu'il n'en praingne nulle maulvaise ymagination; et ne restera, sinon de conduyre l'affaire secrètement; et pleust à Dieu, Monseigneur, que vous me eussiez voulu croire au commancement; car le tout seroit desjà résolut sans bruit; et encoires vault-il mieulx tart que jamais, pourveu qu'il se face de bonne sorte; maiz je crains, puisque l'ambassadeur d'Aragon vous en a parlé et l'ambassadeur d'Angleterre vous en parlera aussi qu'il ne vienne à la connoissance des François; ce que je ne vouldroie pour riens; ains vous loue les entretenir jusques ayez fait d'eulx, combien que je suis seure, à parler entre vous et moy, que quelque amytié qu'il y ait, qu'ilz vous feront le moings de bien que pourront; et à cause que j'ay envoyé ledit Pingeon pour la matère susdite, il ne m'a point semblé expédient de vous envoyer Thoison. Toutesfois vous m'en manderez vostre bon plésir lequel je acomplirey tousjours de tout mon povoir. A ce sait nostre Seigneur, auquel je prie vous donner bonne vie et longue.

Nota. A cette minute est jointe une note en chiffres dont voici la traduction.

Du fait de Gheldres. — Le roy d'Aragon dict, puisque ladicte guerre emporte tant à ceste maison, il est bien d'avis d'y chercher quelque bon appoinctement plus au prouffit et à l'honneur que seroit possible pour obvier que, venant à quelque rompture contre le roy de France, lesdits François ne puissent plus bactre l'Empereur et monsieur le prince de celle verge et empescher plus grant bien, et luy semble que à ceste cause ou par guerre ou par paix, l'on doit tacher d'i mectre une fin.

Et touchant le moien du mariage, combien qui luy semble trop difforme et d'eaige et de dignité [1], et qu'il désireroit bien que mesdames voz niepces fussent toutes mariées en maisons royalles, néantmoins, si l'on ne peust trouver autre expédient, il consentiroit plustost qu'il se fist de la dernière, pourveu qu'elle demeurast en voz mains, ensemble les villes que tenez jusques à la consumacion du mariage; car par ce moyen pendant le temps l'on pourra avoir le bout des autres plus grans affaires.

[1] Il est sans doute là question du projet de mariage entre l'une des jeunes princesses et le duc de Gueldre.

1511

Commençant le 20 avril, finissant le 10 avril.

307. — MARGUERITE A MAXIMILIEN.

Marguerite fait des propositions à son père pour régler le différend qui existe entre Jehan Le Sauvaige et le seigneur de La Roche, au sujet de la chancellerie du Brabant et la présidence du conseil privé. — (*Copie.*)

(Gand, le 23 mai.)

Mon très redoubté seigneur et père, très humblement à vostre bonne grâce me recommande.

Monseigneur, suivant les lestres que jà piéça il vous a pleu m'escripre faisant mention des deux estaz, assavoir de la chancellerie de Brabant et présidence de vostre privé conseil, ay par pluiseurs et souventesfois persuadé et requis messire Jehan Le Sauvaige [1] prendre et choisir lequel des deux offices il vouldroit, afin que sur ce vous puisse faire réponce selon que le désirez; lequel, après pluiseurs remonstrances par luy à moy faictes, pour résolucion, en présence de messieurs de Nassau, Chièvres, Fiennes, Berghes et trésorier Le Fèvre, a dit et déclairé pour responce que, considérant

[1] Jehan Le Sauvaige, seigneur d'Escaubecq, Itterbeeck, Bierbeeck, Ligny, etc., avait été nommé, en 1509, chancelier de Brabant, en remplacement de Jean van der Vorst, seigneur de Loonbecke. Il mourut le 7 juin 1518, âgé de soixante-trois ans et cinq mois. Érasme le loue souvent comme un patron éclairé des gens de lettres. Voyez *Erasmi Opera*, III, coll. 179, 180, 214, 215, 1625, etc.

mesmement le aige en quoy il estoit, il se arrestoit à son estat de chancellier de Brabant et se délibéroit l'aler desservir, suppliant, Monseigneur, qu'il vous pleust de ce vous vouloir contenter, actendu que de vostre grâce l'en avez pourveu. Laquelle responce n'ay voulu accepter ne d'icelle vous advertir jusques à ores, espérant qu'il changeroit de propoz. Et pour ce, Monseigneur, que par vosdites lettres désirez le sieur de La Roiche[1] estre pourveu de l'ung desdits offices, je vouldroie bien que vostre plésir fust d'envoyer ledit sieur de La Roiche devers moy, et je mectroye peine à treuver quelque bon moyen et appoinctement sur cest affaire entre lesdits Saulvaige et de La Roiche, s'il est possible, saichant que, à leur bon ayde et conseil, en pourroye de mieulx guyder et conduyre voz affaires de par deçà, qui ne sont pas de petite importance; et si je ne les puis appoincter et accorder et se treuve ledit Sauvaige en son propoz tel que dessus, vous advertiray à la vérité de mon advis, pour après en faire vostre bon vouloir et plaisir, lequel en ce et toutes autres choses mectray peine de à mon pouvoir accomplir, aydant nostre Seigneur, ouquel je prie que, mon très redoubté seigneur et père, vous doint voz désirs.

Escript à Gand, le XXIIIe de may, anno XV^c XI; soubscriptes vostre très humble et très obéissante fille *Marguerite*. Superscriptes, à l'Empereur, mon très redoubté seigneur et père.

[1] Gérard de Pleine, seigneur de La Roche. La réponse à cette lettre est ci-après, p. 406.

308. — MAXIMILIEN A MARGUERITE.

Difficultés pour conclure un traité avec le duc de Gueldre. En cas de mariage de la princesse Léonor avec le duc de Lorraine, il faudra faire renoncer celui-ci à ses prétentions sur le pays de Gueldre. — (*Autographe.*)

(Le 29 mai.)

Ma fylle, je me recommande à vous; j'ay au long entendu de mon trésorier Villinger ce que luy avez escript touchant le faet du traectié de Gueldres et deux overtures qu'il m'a mis en avant. Ma fille, avoer sur ce beacop pensé et sur le choses que en escriez nous nous trouvons perplex. Toutefoes nous vouldrions bien, cumme vous, qu'il y eust tractié qui feust à nostre honneur; maes nous ne voyons point que, sans grant hunte et déshonneur, pussons délivrer nostre fylle et les villes que tenons avant la consommation du mariage. Mès pour pervenir à une fin de ceste matère, sommes content et vous donnons povoir de faere besongnier et traittier avec mysser Charles d'Egmond, selon les artikles que vous avons envoyé d'Isbrouck et que aucores vous faesons renvoyer par le susdit Villinger, lesquelz nous semblent estre les meillieurs et plus honnorables moyens; et verrés que à la parfin ledit messire Charles les acceptera.

En besongnant sur l'aliance du mariage de nostre fille Léonora avec le duc de Lorraine[1] aurons regard de la faere renonchier à ce qu'il vouldroit prétendre sur

[1] Ce mariage n'eut pas lieu. Antoine, duc de Lorraine, épousa, en 1515, Renée, fille de Gilbert de Bourbon, comte de Montpensier. Quant à Léonor d'Autriche, elle fut mariée, comme on sait, 1°. à Emmanuel, roi de Portugal, 2°. à François Ier, roi de France.

ladite pais de Geldres, affin que cy après n'en soit nulle question; car il nous samble aussi, sy le mariage de Lorrain alyst avant, que par le main du duc, ceste paes sera plus facilement conduit; et adiu.

. Escript de la main, le xxixe jour de may, de vostre bon père Maxi.

---

309. — MARGUERITE A MAXIMILIEN.

Marguerite prie l'Empereur d'accorder à Jacques de Sucre l'office du gavène de Cambrai qui doit vaquer prochainement par la mort de celui qui en est pourvu. — (*Minute.*)

(Bruges, mai.)

Mon très redoubté seigneur et père, très humblement à vostre bonne grâce me recommande.

Monseigneur, Jaques de Sucre [1], mon serviteur, que bien congnoissez et qui vous a servy en vostre guerre d'Italye, m'a adverty que celluy que tient l'office de gavene [2], en vostre cité de Cambray, est très fort malade et en dangé de mort, et m'a supplié vous escripre en sa faveur à ce qu'il vous pleust, le cas advenant, le pourveoir dudit office. Par quoy, Monseigneur, désirant son bien et avancement, vous supplie

[1] Jacques de Sucre ou plutôt de Succre, chevalier, seigneur de Bellain en Ostrevant, portait d'argent à la fasce de gueule, à la bordure engrelée de même. Il épousa Antoinette d'Esclaibes. Un frère de Jacques de Succre, nommé Philibert, fut gouverneur de Milan.

[2] Gave, gavène, *gabalum*, *gablum*, *gaulum*, *gavelum*, droit payé par les églises du Cambrésis au comte de Flandre, à condition d'être protégées par ce prince envers et contre tous. Le droit de gave était fixé à un demi-muid de froment et autant d'avoine par chaque charrue. Le manouvrier, serviteur d'église, qui n'avait pas de terre à cultiver, ne payait qu'un mencaud (56 litr. 30 cent.) de blé et autant d'avoine.

en toute humilité de, à ma requeste, ledit cas advenant, donner et accorder dès maintenant audit Jaques de Sucre, en faveur mesmement des bons services qu'il et son père pevent avoir faiz à vostre maison, ledit office de gaverie en vostredite cité de Cambray. Ce faisant, Monseigneur, me ferez honneur et plésir, et tiens qu'il vous servira bien et léaulment oudit office.

Mon très redoubté seigneur et père, je prie à tant nostre Seigneur vous donner voz désirs.

Escript à Bruges, le..... de may MV^{c} XI.

---

310. — MAXIMILIEN A MARGUERITE.

Accommodement à espérer entre Jehan Le Sauvaige et le seigneur de La Roche [1]. — (*Original.*)

(Rotembourg, le 10 juin.)

Très chière et très amée fille, nous avons veu les lettres que nous avez escriptes touchant les deux offices que tient présentement messire Jehan Le Sauvaige, par lesquelles, entre autres choses, nous requérez vous vouloir envoyer le seigneur de La Roiche, affin de faire quelque bon appoinctement entre ledit messire Jehan Le Sauvaige et luy. Et pour ce que fusmes présentement sur nostre partement pour aler ès Ytales et mectre une entière fin à la guerre qu'avons à l'encontre des Vénétiens, ouquel voyaige avons nécessairement affaire dudit sieur de La Roiche, et ne nous pouvons bonnement passer de luy, nous vous requérons de rechief vouloir pour finale résolucion sçavoir audit messire Jehan Sauvaige lequel desdits deux offices il entend retenir; car

[1] Voyez ci-dessus une lettre du 23 mai.

de cellui qu'il délaissera, nous voulons pourveoir icellui sieur de La Roiche; et de ce nous vueillez advertir au plus tost que pourrez. A tant, très chière, etc.

Donné en nostre ville de Rootbourg, le xe de juing xv^{c} et xi.

Ainsi souscript : *Per Regem.* — *Renner;* et de la main de l'Empereur : *Nous vous requérons, faictes en une fin.*

---

311. — MAXIMILIEN A MARGUERITE.

L'Empereur mande à sa fille qu'elle a bien fait d'empêcher le clergé de Flandre d'assister à l'assemblée de l'église gallicane que le roi Louis XII avait fait convoquer à Lyon; mais que s'il est nécessaire, le clergé de Flandre pourra se rendre à cette assemblée par son ordre, et non par celui du roi de France, lui mandant ce qu'elle doit faire au sujet de deux offices vacants. — (*Copie.*)

(Rotembourg, le 10 juin.)

Très chière et très amée fille, nous avons receu deux vos lettres contenant les remonstrances, causes et excuses pour lesquelles ceulx de nostre clergé de Flandres ont fait difficulté de non avoir allé et comparu à la journée de l'église gallicane, qui naguères a esté tenue et ordonnée par nostre bon frère et cousin, le roy de France, en sa ville de Lyon.

Sur quoy, puisque ainsy est que lesdits du clergié ont prévilége et de tout temps accoustumé estre francs et exemps de eulx trouver à telles et semblables congrégations de ladite église gallicane; et que ce seroit chose de très dangereuse conséquence pour nostredit pays de Flandres, avez très bien fait de les avoir conseillié et assisté; et ne verrions aussy vouluntiers que, contre leur anchienne coustume, libertez, exemptions et préviléges en tels cas, ils feussent molestez et travailliez; ains les vouldrions en iceulx maintenir et soustenir. Toutezfois pour ce que sommes présentement en toute bonne amitié et alliance avec nostredit frère, le roy de France, et que par ensemble dressons ung concile pour le bien de l'universelle église en la chrestienneté et que la chose en cest endroit touche aussy lesdits du clergié de Flandres, nous désirons bien que, s'il est plus nécessaire de l'assemblée de ladite église galicane, que vous leur commandez d'eulx y trouver, pour autant qu'il leur touche, comme à ce enjoinct et commandez de vostre part en nostre nom, et non comme à la semonce et évocation dudit roy de France. Et de ce que dit est escripvons à nostre ambassadeur devers nostredit frère luy faire les excuses dudit clergié de Flandres et luy démonstrer les exemptions et préviléges qu'ils ont au contraire, et aussy que s'il est plus nécessaire, que à nostre ordonnance ils se trouveront à ladite assemblée.

Par autres vos lettres nous signiffiez ce que avez fait touchant la recepte de l'artillerie et que avez à icelle recepte continué messire Daniel le Clerc, veu que messire Thiéry le Begge n'y estoit capable, ne aussi ne sçavoit furnir au remboursement de mil livres que avoit presté ledit messire Daniel sur ledit office, et à icelluy messire Thierry avez fait despeschier lettres de retenue de trésorier de ladite artillerie aux gaiges et pension de trois cents livres par an et le fait dresser des autres parties que luy avons ordonnées estre payées; le tout à son bon contentement. Surquoy sy avant que ainsy soit que ledit messire Thierry soit content, nous avons pour agréable ce que en avez fait, comme dit est.

Au surplus, quant à l'estat de conseillier vacant en nostre grand conseil, par le trespas de maistre Thomas de la Papoire, vous nous en avez premiers escript et requis pour maistre Claude de Chassey, comme ydoine et souffisant et que luy y avez commis par manière de provision; à quoy vous avons fait response que estions content de vostredite provision. Depuis avons reçeu autres vos lettres par lesquelles nous escripvez que maistre Jehan vander Straten, lequel par longue espace a servy de conseillier oudit conseil, aux gaiges de six sols par jour, actendant et ayant don et promesse du premier lieu ordinaire qui y vaqueroit, et que par ce moyen ne seroit son lieu impétrable qu'estoit supernuméraire, que avez, en ensuivant sondit don, fait despescher audit maistre vander Straten lettres de retenue dudit estat vacant, en nous suppliant l'avoir aussy pour agréable. Sur quoy, vous advisons que sommes content que pourvoyez et laissez icelluy estat de conseillier à celluy des deux dessusnommez, selon vostre bon advis et que y verrez estre le plus ydoine et propice. A tant, très chière et très amée fille, nostre Seigneur soit garde de vous.

Donné en nostre ville de Rotembourg, le xe jour de juing, l'an mil cinq cens et onze. Vostre bon père Maxi.

312. — MAXIMILIEN A MARGUERITE.

La troisième prébende qui vaquera dans l'église de Ziriczée est accordée à Clais Liévins, beau-frère de Jean Micault, receveur général des finances. — (*Original.*)

(Halle, le 12 juin.)

Très chière et très amée fille, à la faveur et très humble réqueste de nostre receveur général de toutes noz finances, Jehan Micault, avons donné et accordé à Clais Liévins, son beau frère, la troixiesme prébende qui de cy en avant escherra vacant en nostre église de Zéérixée [1], et l'avons ainsi fait inscripre ou rolle de noz bénéfices; dont vous advisons et requérons que, ladite vacacion advenant d'icelle prébende, vous en faictes audit Clais Liévins expédier noz lettres de collacion, sans pour ce attendre aultre ne plus ample commandement ou ordonnance de nous que cestes; car tel est nostre plaisir.

Donné en nostre ville de Halle, le XIIe jour de juing XV^c^ XI. *Per Regem.* — Plus bas, *Hannart.*

313. — MARGUERITE A MAXIMILIEN.

Manœuvres qui se pratiquent en Italie pour contrarier les entreprises de l'Empereur et du roi de France contre les Vénitiens. La princesse voudrait être *plus sage* pour donner de bons conseils en cette occurrence. Le roi d'Aragon persiste à déclarer qu'il n'a aucune intention sur le royaume de Naples. Marguerite est d'avis qu'il faut faire une secrète alliance avec les rois d'Aragon et d'Angleterre. — (*Minute.*)

(Anvers, le 22 juillet.)

Mon très redoubté seigneur et père, très humblement à vostre bonne grâce me recommande.

[1] Ziriczée, ville de Zélande, dans l'île de Schowen, à l'embouchure de l'Escaut.

Monseigneur, je suis advertie des grandes praticques que présentement se demeinent ès Ytalles, pour rebouter les bonnes emprinses que vous et le roy de France avez contre les Vénéciens, dont, Monseigneur, je tiens estes assez adverty et mesmes que povez bien considérer à quelz fins le tout se fait pour en temps et lieu y remédier, comme le cas le requiert; car vostre bien et honneur et des vostres en deppend.

Monseigneur, je vouldroie estre bien saige pour vous donner bon conseil; toutefois lesdits affaires sont si grans et si pesants qu'ilz trapassent mon entendement; si vous supplie, Monseigneur, y avoir bon regard à ce que n'y soyez surprins.

Monseigneur, vous avez peu entendre ce que, de par les rois d'Arragon et d'Angleterre, vous a esté dit et offert, et pareillement ce que le roy de France a fait et peult faire pour vous et comment voz affaires sont disposez, et sur le tout choisir le meilleur et le plus seur party pour vostre bien et honneur; et jaçoit qu'il ne m'apartiendroit me mesler si avant de vosdites affaires, pour estre femme non expérimentée en telz affaires, néantmoins le grant devoir que j'ay à vous m'a enhardy à faire ce que cy devant en ay fait et faiz présentement, vous suppliant, Monseigneur, le prendre de bonne part et besongnier, pendant qu'il en est temps.

Monseigneur, ledit seigneur, roy d'Arragon, m'a envoié ung sien privé serviteur et varlet de chambre par lequel il m'a assez fait déclairer que la souspeçon que aviez touchant le royaulme de Naples estoit vaine et sans cause; et de ce est bien content vous asseurer, comme peult estre il vous aura fait dire par Haro qui est devers vous. Parquoy, Monseigneur, persiste tousjours en mon petit advis qu'est si poviez avoir une bonne et secrète aliance et intelligence avec lesdits seigneurs, roys d'Arragon et d'Angleterre, qui sont vos aliez et parens, que pour la seurté de vostre estat et de monseigneur vostre filz, la debvriés prendre, et faire par leur advis un bon appoinctement avec les Véniciens, moiennant qu'ilz vous rendissent voz pièces et se mettissent à la raison, comme l'on dit qu'ilz se offrent faire; et ce, ou cas que ne les puissez promptement vaincre par force et conquester le vostre, sans toutes voyes faire par ce aulcun tort au roy de France, l'amitié duquel devez aussi entretenir par bon moien.

Monseigneur, vous estes bon et saige, et entendez les affaires pour y pourveoir ainsi qu'il vous plairra, vous suppliant prendre mon petit advertissement de bonne part et me mander et commander tousjours voz bons plésirs, pour iceulx accomplir, aidant nostre Seigneur, auquel je prye, mon très redoubté seigneur et père, vous donner bonne vie et longue.

Escript à Anvers, le XXII[e] de juillet XV[c] XI.

---

314. — MAXIMILIEN A MARGUERITE.

L'Empereur veut que Josse Quévin, son conseiller, jouisse des biens et revenus qu'il a en Zélande, malgré l'empêchement qu'y met le seigneur de Berghes. — (*Original.*)

(Peerssen, le 10 août.)

Très chière et très amée fille, pour ce que, par nostre ordonnance, nostre amé et féal conseillier, maistre Josse Quevin, est icy en nostre service, et par ce désirons qu'il joysse de ses biens, rentes et revenus scituez en noz pays de par delà, et que entendons le sieur de Berghes tient en arrest certaine rente que ledit maistre Josse a et luy appartient sur la ville de la Tule en Zéellande, nous vous requérons que, incontinent cestes veues, vous ordonnez audit sieur de Berghes de baillier audit maistre Josse la main-levée et joyssance de ladite rente, ensemble les arréraiges escheuz, car tel est nostre plaisir. A tant, très chière et très amée fille, nostre Seigneur soit garde de vous.

Escript en nostre chasteau de Peerssen, le xe jour d'aoust, l'an xvc xi. *Per Regem.* — Plus bas, *Botechou.*

---

315. — MARGUERITE A MAXIMILIEN.

Marguerite n'est point d'avis de donner passage à l'ambassade du seigneur de Chillon que le roi de France envoie vers les rebelles de Gueldre. Situation et progrès de l'armée impériale dans le pays de Gueldre. Demande à faire aux ducs de Juliers et de Clèves. Besoin de poudre. — (*Minute.*)

(Août.)

Mon très redoubté seigneur et père.

Monseigneur, actendant les lettres du roy de France adressées aux villes rebelles de Gheldres, telles que vous avois escript avoir solicité devers luy, avant que permectiez l'allée de sieur de Chillon, son ambassadeur, devers messire Charles de Gheldres, me sont survenues lettres[1] dudit seigneur roy conformes à celles qu'il a autreffois escriptes et à sondit ambassadeur avec

[1] Cette lettre de Louis XII à Marguerite est datée de Valence, 25 juillet 1511. Voyez *Lettres de Louis XII*, II, 287-289.

tant seulement deux lettres de crédence par lui adressées aux villes d'Arduic (Hardewick) et de Bommel.

Parquoy, Monseigneur, considérant la tardité desdites lettres et le petit effect qu'en estoit apparant ensuivir, et à l'opposite les inconvéniens que de sadite allée nous fussent et estoient apparans venir, mesmement le découraigement de noz gens d'armes qui sont en train de faire trop meilleur et plus prouffitable exploit que de recouvrer lesdites deux villes, ay, avec le seigneur de Berghes, esté d'opinion de retarder ledit ambassadeur son allée en Gheldres; et me devisant avec ledit ambassadeur et luy déclarant mon advis premièrement, pour austant que l'ay trouvé homme de bien, luy ay fait congnoistre que j'estoie bien meuhe le renvoyer. Néantmoins, oultre ce, affin que ledit seigneur roy n'eut cause s'en mescontenter, encoires luy ai-je consenti que s'il vouloit aller en Gheldres qu'il y pourroit aller, mais pour la restitucion tant seulement desdites deux villes, ne feroie retirer nostre armée; ce que toutesvoyes il n'a voulu accepter, ayns a esté tout contant de s'en retorner. Surquoy, et pour de mieulx entretenir la bonne amytié qu'avons avec ledit seigneur roy de France, ay advisé de luy escripre par ledit ambassadeur aucunes bonnes lettres dont je vous anvoye la coppie cy encloses, à ce, Monseigneur, que véez et entendez bien le tout, et que, se d'aventure ledit seigneur roy le prenoit aultrement que bien, ce que je ne crois, luy en puissez de mieulx respondre.

Au surplus, Monseigneur, nostre armée est maintenant à Arsen, entre Vanello et Gheldres; et si tost qu'elle aura provision de vivres dont ilz ont grande disette et aultres choses servantes à leur affaire, dont je faiz icy faire les poursuytes, ilz iront assiéger Vanello ou Ruremonde, et ne faiz à ce difficulté, comme suis advertye par aucuns, qu'ilz ne l'emportent et moyennant ce, pourrons réduire, au bon plésir de Dieu, ledit carier de Gheldres à nostre obéissance, qui sera l'un des grans biens qu'on sçauroit faire pour les pays de par deçà.

D'aultre, je faiz faire à l'entour de Bommel deux blocus par lesquelz la ryvière de Bosledu sera gardée de ce cousté là.

Et pendant que cecy se conduyra et exploitera, si voz affères le peuvent porter, pourrez mieux exploiter le surplus; ce que désirerois bien, pourveu qu'il fust à nostre honneur et prouffit, et de la sorte que entendrés bien brief par maistre Loys Maraton.

Monseigneur, j'ay receu les lettres qu'il vous a pleu escripre de VIIIe d'aoust, et vous dois responce de leur contenu et de voz bonnes nouvelles, et ensuyvant le contenu d'icelles ay envoyé devers le chancellier de Brabant estant à Bruxelles à ce qu'il m'envoya incontinent les...... et instructions à voz députez devers les seigneurs de Clèves et de Julliers, et s'il povoit, faire que puissions avoir, fust desdits de Julliers ou de ceulx de Collogne...... caisson de pouldre, elle vous viendroit bien à propoz, car l'on n'en peult recovrer par deçà pour argent. Toutesfoiz je y ferai telle diligence que, si je puis, il n'y en aura faute.

316. — MARGUERITE A MAXIMILIEN.

Levée du siége d'Isselstein. La garnison de Thielt a repoussé une tentative des Gueldrois. Importance de ne pas disjoindre l'armée. Somme de vingt mille florins délivrée à la troupe. — (*Minute.*)

(Août ou juillet.)

Mon très redoubté seigneur et père.

Monseigneur, j'ay eu à ce seoir nouvelles de la levée du siége d'Ilsesteyn [1] qui a esté faicte en la fourme et manière que verrez par les lettres cy enclouses que à ceste cause vous envoye.

Monseigneur, il me semble que noz gens ont eu en ce très bonne adventure, et que se Dieu nous a...... ung cousté, qu'il nous a aydé de l'autre et fera encore mieulx sy luy plait.

Et d'avantaige, Monseigneur, venant n'agaires aucun bon nombre de piétons gheldrois pour entrer à Bommel [2] et surprendre Thielt [2], ilz ont par la garnison de ladite ville de Thielt, que monseigneur d'Ilsesteyn avait raffermée, esté rué jus que a esté très bonne adventure pour nous. Dieu doint que en icelle puissions continuer.

En ce, Monseigneur, affin de contrarier les pratiques de noz ennemis, il a semblé à moy et à ceulx de vostre conseil estans lez moi, que pour ung peu de despens l'on ne deveroit suffrir que nostre armée se desjoindist sans faire quelque bon exploit ou du moings qu'on ne sceust l'intencion de nosdits ennemis; car

[1] Ysselstein, petite ville de Hollande, sur l'Yssel, à deux lieues sud-ouest d'Utrecht.

[2] Villes fortes de la Gueldre, sur le Wahal.

s'il entendoient la séparacion de noz gens, pendant qu'ilz sont eschauffés, quelque grief et inconvénient bien grant se pourroit facilement exécuter sur nous.

Et à cause que ladite armée ne se peult entretenir sans paiement, j'ay avec ceux de vos finances estans devers moy, advisé de leur furnir la somme de xx^{m} florins pour les entretenir ung mois; et ce pendant j'aurey novelles de Gheldres et aussi de vostre intencion; et peult estre que ceulx de Thielt, durant ce temps, se ennuyront; et pour furnir ledit argent a esté de nécessité....... toutes assignacions bailliées sur ce terme de la Saint Jehan, lesquelles se continueront à terme de Noël en suivant dont, Monseigneur, je vous averty....

317. — MAXIMILIEN A MARGUERITE.

L'Empereur mande à sa fille et aux gens de ses finances qu'ils aient à payer à Christophe Stachthuis ce qui peut lui être dû. Il désire en outre que ledit Christophe soit admis parmi les hallebardiers ou les archers de l'archiduc Charles. — (*Original.*)

(Brixen, le 12 septembre.)

DE PAR L'EMPEREUR.

Très chière et très amée fille, et très chiers et féaulx, de la part de Christoffle Stacthuys a nous esté poursuy de lui faire payer certaine somme de deniers qu'il dit lui estre deue pour chose concernante noz affaires de par delà, que comme il dit, fera deuement apparoir. A celle cause, et que désirons qu'il en soit contenté, nous l'envoyons présentement devers vous et vous requérons et ordonnons à vous de noz finances que, de ce que ledit Cristoffle fera deuement apparoir lui estre deu à la cause dite, vous le faictes payer ou contenter de sorte qu'il n'ait cause de en faire plus de poursuyte devers vous.

Et d'autre part, pour ce qu'il nous a adez bien et longuement servy, nous désirons aussi que lui ordonnez quelque entretenement par delà vers nostre filz, l'archiduc Charles, soit d'estat d'albardier ou archier de nostredit filz et autrement, comme trouverez estre à ce propice; et que de ce vous lui despeschez noz lettres à ce requises; car ainsi nous plaist-il.

Donné en nostre cité de Brixen, le XII[e] jour de septembre, l'an XV[c] et onze. *Per Regem.* — Plus bas, *Renner.*

---

518. — MAXIMILIEN A MARGUERITE.

L'Empereur, mécontent des mauvais services que lui rendent les Français et les Aragonais, va se rendre en personne à l'armée et presser les opérations. Prise de deux villes par l'armée impériale. — (*Autographe.*)

(Le 17 septembre.)

Ma bonne fylle, nous avons despesché maistre Loys, nostre secrétaere, à vostre contentement cumme espéruns, et aussy il vous dira de nous novelles et de nostre guerr bien largement. Les Franchoes et les Arrogoneses nous font des mavèses services en ceste guerr contre les Vénéciens; et selà a esté la cause, et aussi vostre consell, que nous ne sommus en person entré au champs; mès nous alons mestenant pour gueingner le Bass-Codobre (Cadore) en person au champs avec ung novel armé et mesnuns hastivement sur le grand armé de Franchoes et de nostres...... les tans pendant mestre la siége davant Eunian (?) et Tervy, cumme le susdit messer Loys vous avertira. Si nous sumus bien joyeulx que vostre guerr de Geldres est en bon train, et prions Diu qu'il veult ceste bon fortun continuer et vous tousjours avoer en bonne prospérité; et pour ce que doubtons que Guillaume Fuerlet Dehambre n'est à présent devers vous, nous vous donnons mesmes la respons sur sa lestres par ung altre lestres avec cestes.

Escript de la main, ce XVIIe jour de setembre, l'an XI. Vostre bon père MAXI.

P. S. Après cestes lestres escriptes, nostre armé a prins Eunian (?), belle et grande ville, et Brandscate, pour XV[m] ducas, ne point forte ne tenable; ilz saront prenre ancor des aultres petites villes, etc.

319. — MAXIMILIEN A MARGUERITE.

L'Empereur adresse à sa fille Vincent Hammerer, en la priant de lui procurer un emploi.

(Lients, le 30 septembre.)

Très chière et très amée fille, pour ce que nostre bien amé serviteur et pensionnaire, Vincent Hammerer, natif de Suyches, nous a adez bien et loyaulment servy, et que à présent nous ne nous servons point de Suyches dont luy puissons bailler charge et conduicte, nous l'envoyons par delà et vous requérons que lui faictes avoir quelque charge et entretenement, soit comme capitaine, à quoy l'avons tousjours trouvé ydoine, ou autrement, comment adviserez; car si vous avez besoing de Suyches ou autres piétons, il est homme pour vous en trouver assez et pour loyaulment exécuter sa charge; parquoy nous le vous recommandons. A tant, très chière et très amée fille, nostre Seigneur soit garde de vous.

Donné en nostre ville de Lients, le xxxe jour de septembre, l'an mil v^{c} xi. *Per Regem.* — Plus bas, *Renner.*

320. — MARGUERITE A MAXIMILIEN.

Marguerite demande les intentions de l'Empereur au sujet de la convocation du concile de Pise. — (*Minute.*)

Mon très redoubté seigneur et père. Monseigneur, les cardinaulx de Saincte-Croix, de Narbonne, de Bayonne (Bayeux?) et de Sainct-Séverin, ont envoyé ung leur messagier devers moy, aux fins d'obtenir certaines lettres plus à plein contenues et déclairés en certain billiet qu'il m'a présenté en langue castillanne, dont je vous envoye la coppie cy enclouse et le tout à intencion de mectre sus le concile. Lesquelles lettres j'ay différé vouloir faire expédier tant et jusques à ce que j'eusse sur ce entendu vostre bon vouloir et plésir. Quoy voiant, ledit messagier s'en est hastivement allé en Angleterre pour la mesme cause; et pour ce que à son retour suis seure qu'il me poursuyvra de ladite dépesche, vous supplie, Monseigneur, par la première poste m'en mander et ordonner vostre bon plésir pour icellui tousjours ensuyr et acomplir moyennant l'ayde de nostre Seigneur ouquel je prie, mon très redoubté seigneur et père, vous doint bonne vie et longue.

321. — MARGUERITE A MAXIMILIEN.

Marguerite conseille à son père de s'en remettre à l'avis des rois d'Angleterre et d'Aragon pour régler son différend avec les Vénitiens. Elle l'invite aussi à ne pas se mêler du concile de Pise dont la connaissance n'appartient qu'au pape. Enfin elle voudrait que l'Empereur remerciât le roi d'Angleterre de ses bons offices. — (*Minute.*)

(Septembre.)

Mon très redoubté seigneur et père, très humblement, etc.

Monseigneur, je vous ay à diverses fois escript et fait sçavoir mon advis sur le différent qu'avés avec les Vénéciens lequel, Monseigneur, ne sçay remectre en meillieurs mains pour le vuyder à vostre honneur et prouffit que en celles des roy d'Angleterre et d'Arragon qui sont voz bons frères, amys et alliez, désirans vostre bien et honneur, comme journellement ilz démonstrent par effect, et singulièrement ledit seigneur roy d'Angleterre. Parquoy, Monseigneur, vous supplie, actendu la qualité et disposicion de voz affaires, qu'il vous plaise condescendre audit appoinctement et procéder en icelluy par l'advis desdits seigneurs roiz; car après que cecy sera vuydé, vous aurés l'opportunité d'entendre à voz aultres grans affaires de par deçà esquelz ilz vous ayderont et assisteront de leur povoir.

Semblablement, Monseigneur, il me semble, soubz vostre bonne correction, que pour l'onneur et révérence de Dieu, ne vous debvés mesler de l'assemblée de ce concile qu'on veult tenir à Pise [1], ayns en debvés

[1] Le concile de Pise, convoqué pour le 1er septembre par les cardinaux opposés à Jules II, ne put s'ouvrir que le 29 octobre; encore les

laisser faire et convenir au pape à cuy la congnoissance en apartient [1].

D'aultre part, Monseigneur, il me semble que ferez bien de remercier ledit seigneur roy d'Angleterre de la bonne assistence qu'il me fait pour l'amour de vous en l'affaire de Gheldres et le prier qu'il vueille continuer en icelle cependant, comme la necessité le requerra; et me pourrés envoyer lesdites lestres pour les envoyer audit seigneur roy, me faisant responce sur ce que dessus.

Mon très redoubté seigneur et père, etc.

pères, effrayés du mauvais accueil des Pisans, durent-ils se transporter à Milan d'où ils ne tardèrent pas à revenir à Lyon. Les trois signataires de l'indiction de cette assemblée furent Bernard de Carvejal, cardinal de Sainte-Croix, François Borgia, cardinal de Cosenza, et Guillaume Briçonnet, cardinal de Saint-Malo.

[1] Ferdinand, roi d'Aragon, insistait aussi auprès de l'Empereur pour qu'il ne se mêlât point de ce concile. Il lui faisait dire par ses ambassadeurs que « ayant un seul pape indubite et obéy par tout, ne « pouvoit nulluy convocquer le concille, sinon le mesme pape, espé« ciallement que ledit pape n'eust esté primièrement requis par les « princes qui convocquent ledit concile, et aussy combien Dieu seroit « offensé en divisant l'unitey de l'église, et les sismes et grands dom« maiges que de ce pourroyent ensuyr en la crestientey..... » *Lettre de Claude de Cilly et Paul de Armestorff à l'Empereur*. Valladolid, 31 juillet 1511. Henri VIII, roi d'Angleterre, dans une lettre du même mois de juillet, après avoir conjuré l'Empereur de ne pas donner son adhésion à ce concile contre le gré du saint Père, ajoute : « *Non « sumus nescii V. M. probe nosse Christi vicarium judicem nullum « in terris habere, nosque ei debere vel dyscholo auscultare, nec « honeste posse contradicere, præterquam in crimine hæreseos, modo « in ea perseveret.* » *Lettres de Louis XII*, III, 307. Henri VIII a tenu depuis un tout autre langage et une tout autre conduite.

322. — MARGUERITE A MAXIMILIEN.

Marguerite mande à l'Empereur qu'elle s'est rendue en la ville qu'il lui a indiquée. Dispositions pour la guerre. Faible concours de la part de ceux du conseil privé. Bon état de l'artillerie. Envoi de l'archiduc et des princesses à Malines. Soins pris pour leur sûreté.

(Anvers ?)

Mon très redoubté seigneur et père, etc.

Monseigneur, je me suis tirée en ceste ville, selon que vous ay escript, pour faire marcher avant nostre armée, laquelle il fait très bon veoir, ensemble l'artillerie, et vous asseure que les capitaines et conductors d'icelle sont bien délibérés y faire quelque bon exploit; et espère, Monseigneur, que deans deux jours ilz auront passé l'eau sur la terre de noz ennemys et illec adviseront ce que se pourra faire pour le mieulx; car il n'y a celluy qui n'y voise de bon cueur; parquoy, s'il plait à nostre Seigneur de vouloir estre ung peu de nostre cousté, je ne faiz doubte que quelque bon exploit ne se face; et aujorduy ou demein se doit conclurre avec l'admiral, seigneurs d'Ilsestain, de Romy, le capitaine d'Angleterre et aultres qui sont icy ce que se debvra premier exploitier, dont, Monseigneur, serez cy-après averty.

Monseigneur, j'ay receu voz lestres du XXI de juillet[1] et vous mercie de leur contenu et de ce que par icelles vous plait agréer ce que j'ay jusques icy fait touchant nostre armée. Monseigneur, je faiz tout pour le mieulx et le plus à vostre honneur et prouffit que m'est pos-

[1] Cette lettre ne s'est pas retrouvée.

sible, m'y conduisant par l'advis de vostre conseil par deçà duquel, réserve d'aucuns, je suis petitement assistée pour le présent; maiz je ne laisserey d'en faire mon mieulx, j'ay tant seulement icy avec le sieur de Berghes, le bailly d'Amont[1] et mes gens; et tous les aultres de robbe courte et longue se retirent arrière pour ce que, comme je croy, en matière de guerre n'a nul prouffit pour eulx.

Quant au fait de l'artillerie, Monseigneur, tous les capitaines et gens entenduz au fait de guerre disent qu'on ne peult sans cella, et moyennant icelle ont espóir faire quelque bon exploit; car elle est très bien esquippée et tiennent beaucoup de gens nostre armée de maintenant tant de gens que d'artillerie mieulx à point qu'elle ne fust oncques du temps du feu roy.

Car il y aura xv^{c} bons chevaulx ou environ et vi^{m} bons piétons, xiiii bons cortauls (?) et xxvi serpentines avec leur suyte; bien est vray que l'on n'a pas fort grande quantité de pouldre, maiz je faiz toute diligence pour en recouvrer de tout coustez et ne crains que faulte d'argent; à quoy je ferey mon mieulx d'obvier, s'il est possible.

Monseigneur, je vous envoye le double de nostre estat de la guerre, tant de la grande armée que de l'artillerie, affin que puissés plus au long congnoistre ce que y a esté fait.

Et voiant, Monseigneur, qu'il m'estoit nécessaire icy venir, ay fait incontinent conduyre monseigneur mon nepveur à Malines avec mesdames mes nyèpces, où j'ai donné ordre qu'il demeure continuellement

[1] Claude de Carondelet, depuis chef du conseil privé à Bruxelles, mort en 1518.

sans partir de ladite ville jusques à mon retour, que me sera si brief, affin qu'il soit bien sceurement gardé et que aucun dangier ou inconvénient n'en puisse advenir; car aujorduy l'on ne scet en cuy l'on se doit fier. J'ay aussi ordonné aux gouverneurs de ladite ville de Malines d'y prendre bonne et soigneuse garde; ce qu'ilz m'ont promis faire tellement que, j'espère, nul inconvénient ne s'en pourra ensuyvir dont, Monseigneur, je vous ay bien voulu avertir à ce que le saichant en soiez de mieulx à vostre repoz.

D'aultre part, Monseigneur, je vous averty que suis sur traictié avec ceulx d'Utrecht tellement que j'espère bien brief y mectre quelque bonne conclusion à vostre honneur et prouffit dont, Monseigneur, je vous avertirey incontinent; et ont pour ledit affaire esté envoyez de par vous en ladite ville le sieur de Gaesbèke, le doyen de Louvain, Thoison d'Or et ung pensionnaire d'Anvers, lesquelz ont mys les choses en bon train par le moyen du sieur de Monfort, et tiens que deans trois ou quatre jours tout sera conclut; et si aurons ceulx de...... qui nous assisteront à la guerre contre monsieur de Gheldres; de quoy je les feray solliciter.

Monseigneur, j'ay receu les placcars et les ferey exécuter; j'avoye mandé Meteney devers messieurs de Clèves et de Juilliers, maiz ilz font assez sèche responce et veulent vendre leur service bien chier. Si vous en sçavez mieulx faire que moy, ce seroit bien fait.

323. — MARGUERITE A MAXIMILIEN.

Détails sur la guerre de Gueldre. Siége de Venloo. Bonne assistance dès Anglais. Convenance d'écrire à ce sujet au roi d'Angleterre, qui voudrait être pris pour arbitre du différend de l'Empereur avec les Vénitiens, et qui désire qu'on s'en remette au pape touchant le concile de Pise.

(Septembre.)

Mon très redoubté seigneur et père, etc.

Monseigneur, je vous mercie très humblement les bons advertissemens qu'il vous a pleu m'envoyer par voz lestres du VIe de ce mois concernans la manière et conduicte de nostre guerre de Gheldres. Sur quoy, Monseigneur, vous averty que, longuement avant la récepcion de voz lestres, nostre armée estoit au siége devant Vanello, soubz espoir de bien tost l'emporter par le moyen d'aucune intelligence qui se praticqueroit, laquelle n'a peu sortir effect. Et par ainsi, obstant aussy que noz gens n'avoient assés gens pour clourre ladite ville entièrement, a l'affaire esté prorogée jusques à présent que l'on a advisé de la prendre par force, combien qu'on extime y avoir dedans environ VIII[c] hommes de guerre. Et pour ce faire les ay renforcé de gens et artillerie tellement que ay bon espoir, à l'ayde de Dieu et de nostre bonne et juste querelle, que briefz ilz emporteront ladite ville dont, Monseigneur, ne deppent pas petite chose; car par la prinse d'icelle ne faiz doubte que, sans coup férir, aurons Ruremonde et conséquamment le hault cartier de Gheldres; que donnera couraige aux subgectz de à ce prins temps conquester le reste dudit pays de Gheldres.

Ce que jespère, Monseigneur, vous mesmes pourrés exécuter, moyennant que ayés mys une bonne fin à voz affaires d'Ytalie.

Et vous asseure, Monseigneur, que les Angloix se acquictent très bien et font plus de guerre aux ennemys que tous les aultres; ilz n'avoient esté pourveuz que pour trois mois; par quoy ay escript au roy leur maistre vouloir continuer leur provision; ce qu'il a fait pour ung moys, pendant lequel espère qu'il sera fait ou failly de Vanello.

Si me semble, Monseigneur, que en debvés remercier ledit seigneur roy avec bonnes lettres et luy prier vouloir continuer sadite ayde, suivant que la nécessité le requerra.

D'aultre part, Monseigneur, ledit seigneur roy m'a fait requérir que vous voulsisse escripre à ce que du différent estant entre vous et les Vénéciens vous voulsissés soubmectre sur luy et sur le roy d'Arragon, et aussi que ne voulsissés consentir ny adhérer à ce concile de Pise, ayns, quant audit concile, en laisser convenir au pape [1]. Monseigneur, vous entendés ces affaires mieulx que moy et avez ouy ce que par maistre Loys vous en ay fait dire. Par quoy y prononcerés ainsi que vostre bon plésir sera, mectant voz affaires en meillieure sceurté que pouvrés.

Au surplus, Monseigneur, je vous supplie vouloir despeschier ledit maistre Loys le plus tost que possible vous sera, et me tousjours mander et commander voz bons plésirs pour les accomplir, Dieu en ayde, ouquel je prie, etc.

[1] Voyez la lettre précédente.

Monseigneur, je men irey brief d'icy jusques à La Haye poursuyr l'accord de la continuance de l'ayde ordinaire qu'est desjà expirée; de là m'en retourneray icy pour adviser ce que sera à faire, et vous advertiroy de toutes choses que surviendront; priant aussi avoir de voz nouvelles.

324. — MARGUERITE A MAXIMILIEN.

Marguerite renvoie vers son père le président de Bourgogne pour être soldé des frais du voyage qu'il a fait par ordre de l'Empereur. — (*Minute*[1].)

(Septembre.)

Mon très redoubté seigneur et père, je me recommande très humblement à vostre bonne grâce.

Monseigneur, j'ay receu les lettres que m'avés escriptez en faveur du président de Bourgongne : pour le taux et poyemant de son voyagie et des extraordinaires en icelluy faiz, et ay faictz le tout communiqué au bureau de voz finances de par deçà, auquelz et aussi à moy a semblé que ledit président devoit estre ranvoyé devers vous, tant pour le taux que le poyemant de ce que luy peult estre dehu de reste desdits voiage et extraordinaires, actendu que vous avez prins en vostre charge le poyemant et entretenement dudit président pour sondit voyage, comme appert par les instructions et mémoires par vous baillées au seigneurs qui furent devers vous en Ferrete, desquelles envoye cy encloz l'article concernant ceste matière. Et néantmoyns,

[1] Cette minute est écrite de la main même de Mercurin de Gattinarc, le président du parlement de Bourgogne.

Monseigneur, ceulx desdites finances, soubz vostre bon plaisir, ont visitez les parties dudit président et les journées de sondit voyage et faict et dresser ung taux que leur semble raisonnable, par lequel, oultre les mil et six centz escus que ledit président a receu sur les deniers d'Espaigne, treuvent estre ancore deu la somme de deux mil deux centz xx livres, dix solz tournois. Combien que ledit président ne se soit contenté dudit taux affermant avoir beacoup plus despendu oudit voiage, toutesfois ledit taux est ainsy demouré. Mais quant au payemant, Monseigneur, ensuyvant l'article de vosdites instructions et aussi que bien cognoissiés les grans charges que sont à présent par deçà, à cause de ceste guerre de Gheldres, n'a esté ledit président aulcunement apoincté de sondit payement.

Purquoy, Monseigneur, si est vostre bon plaisir, le pourrés fère assigner sur les deniers d'Espagne de ce que luy peult estre dehu. Ce que vous supplie très humblement de ma part voloir faire, afin que ledit président, en récompense de la poyne qu'il ha prinse, ne perde le sien. Et ce pendant envoye ledit président en Bourgongne pour résider en son office et radresser ung peu les affères de par delà vous assurant, Monseigneur, que celle part les pays ont bien mestier de sa présence.

Mon très redoubté seigneur et père.

325. — MARGUERITE A MAXIMILIEN.

Expédition de Gueldre. Réduction prochaine de Venloo, et par suite de la Haute-Gueldre. Difficulté d'entretenir l'armée sur le pied où elle est, à moins qu'on n'y consacre les vingt mille écus attendus d'Espagne. — (*Minute.*)

(Septembre.)

Mon très redoubté seigneur et père, etc.

Monseigneur, je vous tiens bien averty de la belle et grosse armée qu'avons aux champs pour remectre et réduyre en vostre obéissance les pays et subgectz de Gheldres qu'est la chose, comme croy et à bonne cause que plus désirons en ce monde, pour la fellonnie et desloiaulté de messire Charles de Gheldres. Laquelle armée se acroist journellement, et espère qu'elle exploitera tellement que les premières nouvelles que en aurés seront que la ville de Vannello, qu'est des meilleures et plus puissantes dudit pays, sera mise et réduicte en vostre obéissance; par le moien de laquelle emporterons ligièrement le hault pays et cartier de Gheldres; que ne sera petit exploit pour cest yver; car nous mectrons les pays de Brabant en seurté et clourrons le passaige des François et Liégeois; et si ferons bonne et seure ouverture aux marchans pour traffiquer et aller seurement ès Allemaignes, et sy espère que encoires plus grans biens s'en ensuyvront.

Or, Monseigneur, par les estaz que vous ay envoyez avez assez peu veoir que telle armée ne se peult entretenir sans grande despence qu'est intollérable, et n'y scevent furnir nulz revenuz, aydes et assistences que Monseigneur mon nepveur ait de par deçà, à cause des grandes charges que sont desjà sur iceulx, comme bien sçavés, actendu mesmement la diminucion des aydes dont avés assés esté averty; par quoy, Monseigneur, je ne voy moien qu'il ne faille bientost rompre ladite armée, si ce n'est que vostre plésir fust vouloir permectre et consentir qu'on se puist, à ceste grande et urgente nécessité, ayder de x^{m} escuz venant d'Espaigne qui se paieront à ceste sainct Remy prouchaine, ensemble des aultres x^{m} du terme de la Pentecouste ensuyvant; dont, Monseigneur, pour austant qu'il touche vostre honneur et le mien, si grandement vous supplie et requiers en toute humilité. Et ledit affaire de Gheldres mys oultre, Monseigneur, ceulx des finances et moi tiendrons main que en serés remboursé au double.

Monseigneur, je tiens que auriés merveillieux regrect que ceste emprinse de Gheldres par si peu de choses vint tellement en roupture, actendu que l'avés tant à cueur; et de ma part, Monseigneur, ne suys délibérée y riens espargnier et vous asseure que je y ay desjà employé plus de x^{m} frans du mien, et suis preste à y mectre le tout pour le tout, cuydant faire à vous et à Monseigneur mon nepveur bien grant honneur et service.

Monseigneur, je vous supplie avoir sur ce briefve responce avec les despesches nécessaires.

Mon très redoubté seigneur et père, etc.

326. — MAXIMILIEN A MARGUERITE.

Mort du duc de Juliers. Journée impériale à Augsbourg pour régler les différends entre les ducs de Saxe et de Gueldre. Floris d'Isselstein, lieutenant du gouverneur de Hollande. — (*Orig.*)

(Lients, le 4 octobre.)

Très chière et très amée fille, nous avons receu voz lettres du XIe de septembre dernier passé, par lesquelles nous signiffiez la mort de nostre cousin, le duc de Juillers [1], dont Dieu ait l'âme, et entendu ce que nous avez sur ce fait dire par nostre secrétaire, maistre Hans Renner, auquel nous avons donné charge de vous faire responce que, en ce et autres choses à nous possibles, nous faisons et ferons le mieulx que povons, pour le bien et prouffit de nous et noz très chiers enffans.

Depuis, par autres voz lettres du XVIe dudit mois, vous nous escripvez comment estes advertye que, se povons tant faire que nostre cousin, le duc de Zaxssen, voulsist quicter ou du moins mectre en délay la querelle qu'il prétend à la duché de Juillers, le jeusne duc de Clèves et son père se condescendroient facilement à eulx déclairer à la guerre et aydier à la réduction de nostre pays de Gheldres. Sur quoy vous advertissons que remecterons l'affaire dudit différend sur la journée impériale qui se doit tenir à Ausbourg pour alors trouver quelque moyen de appoinctier lesdites

[1] Suivant quelques historiens, Guillaume VIII, duc de Berg et de Juliers, mourut à Dusseldorf, le 6 décembre 1511. Cette lettre prouve que sa mort eut lieu avant le 11 septembre de la même année, comme d'autres écrivains l'ont avancé.

parties amiablement, et désirons que vueillez praticquier avec lesdits ducz de Clèves, que, ce temps pendant, ilz se vueillent déclairer seullement de bailler vivres et victuailles à noz gens et de non point souffrir envoyer dez leur pays aucune assistence ne vivres ausdits de Gheldres, et que se ledit appoinctement se fait à ladite journée d'Ausbourg, alors ilz se déclaireront à la guerre, comme dit est.

D'autre part, très chière et très amée fille, nous avons veu les lettres que nous avez escriptes touchant nostre cousin Floris d'Isselstain, à cause de l'estat de lieutenant et coadjuteur du gouverneur de nostre pays de Hollande, ainsi que plus à plain est déclairé en une copie de ce confaicte que semblablement nous avez envoyée, et sommes bien contens et voulons que, en ensuivant nostre promesse que lui en avons présentement faicte, vous despeschez par delà à nostredit cousin d'Yselstain ses lettres comment ladite mynute contient, car nous l'avons bien agréable audit estat. A tant, très chière et très amée fille, nostre Seigneur soit garde de vous.

Donné en nostre ville de Lients, le IIIIe jour d'octobre, l'an XVe XI. Vostre bon père Maxi. — Plus bas, *Renner*.

---

327. — MAXIMILIEN A MARGUERITE.

L'Empereur prie sa fille de pourvoir d'un emploi convenable, auprès du prince Charles, Ferdinand de Mécrane, qui lui est recommandé par la reine de France. — (*Original.*)

(Lients, le 6 octobre.)

Très chière et très amée fille, nostre bonne sœur, la royne de France, nous a escript à la recommandacioñ de Fernande de Mecrane, porteur de cestes, comme entendrez par ses lestres que vous envoyons avec cestes, à celle fin que vueillions pourveoir ledit Fernande de quelque estat vers nostre filz, l'archiduc Charles. Et pour ce que sommes bien enclins à ladite rescription et que icellui Fernande nous a servy en nostre guerre contre les Vénissiens, nous l'envoyons devers vous et vous requérons que lui bailliez présentement entretenement pour nous servir en Gheldres; et quant quelque estat escherra vacant devers nostredit filz Charles où il soit ydoine, que l'ayez en ce pour recommandé; et nous ferez chose agréable. A tant, très chière et très amée fille, nostre Seigneur soit garde de vous.

Donné en nostre ville de Lients, le vi[e] jour d'octobre, l'an xv[c] xi. *Per Regem.* — Plus bas, *Renner.*

328. — MAXIMILIEN A MARGUERITE.

Traité avec les Suisses. Dispositions diverses. — (*Original.*)

(Ciliaen, le 14 octobre.)

Très chière et très amée fille, pour pluiseurs bonnes causes et raisons et mesmement pour la seurté des pays de noz maisons d'Austriche et de Bourgoigne, nous avons fait ung traictié héritable [1] avec les Suyches, où tous nosdits pays d'Austriche et de Bourgoingne sont comprins; et mesmement est déclairé comment nostre conté de Thirolle, les pays devant les montagnes, comme Zubane, Ferrette et la conté de Bour-

[1] Ce traité avec les Suisses n'est consigné ni dans le *Corps diplomatique* de Dumont, ni dans le supplément audit recueil par Rousset.

goingne se doivent conduire et converser l'un avec l'autre, et aussi avoir regard l'un sur l'autre en tous actes et affaires tant de paix et de guerre. Et quant à tous noz autres pays d'Austriche et de Bourgoingne, est aussi déclairé que jamais ilz ne doivent faire guerre ne servir conte lesdits Suyches, ne semblablement lesdits Suyches contre eulx; et à ceste cause, et qu'ilz ont ainsi prins iceulx pays de nostredite maison de Bourgoingne oudit traictié, nous leur avons accordé de leur baillier des deniers d'iceulx pays de Bourgoingne, ascavoir à chacun quanton nommé oudit traictié IIc florins d'or; à l'abbé et ville de Saint-Gale et au pays de Axsel chacun cent florins d'or par an, comme du tout vous advertira plus au long nostre conseillier, maistre Jerômme Boidues, que envoyons pour ce devers vous et que entendrez aussi par la copie dudit traicté, lequel vous envoyons par ledit maistre Jéromme. Et vous requérons que sur ce vueillez croire ledit maistre Jéromme et, en tant qui touche la conté de Bourgoingne, que faictes par eulx observer ledit traictié; et quant au payement, comme dit est, que tenez la main vers ceulx de noz finances de par delà que icellui soit fait et asceuré aux termes et selon qu'il est contenu oudit traictié. A tant, très chière et très amée fille, nostre Seigneur soit garde de vous.

Donné en nostre logis de Ciliaen, le XIIIe jour d'octobre, l'an XVc XI. Vostre bon père, MAXI. — Plus bas, *Renner*.

329. — MAXIMILIEN A MARGUERITE.

Division entre les seigneurs de Chièvres et de Berghes, au sujet du renouvellement des lois d'Anvers. Chercher à les arranger entre eux. — (*Original.*)

(Au château de Emvels, le 16 octobre.)

Très chière et très amée fille, vous sçavez comment nous vous avons autreffois mandé et fait sçavoir nostre voulenté touchant l'ordre que voulons estre tenue au renouvellement des loix de nostre ville d'Anvers, et pour ce qu'il y a tous les ans débat entre les sieurs de Chièvres et de Berghes pour sçavoir lequel doit estre nommé le premier audit renouvellement, au moyen de quoy se pourroit sourdre une parcialité et division en nostredite ville à nostre grant désavantaige, regrect et desplaisir. A ceste cause nous désirons et vous requérons que vueillez serchier par tous bons moyens de appoinctier et appaiser lesdits seigneurs de ladite nominacion; et si vous ne le povez appoinctier, que nous en advertissez et de cellui à qui il tiendra, affin que nous y povons pourveoir. A tant, etc.

Donné en nostre chasteau de Emvels, le XVIe jour d'octobre XV^c XI. *Per Regem.* — Plus bas, *Renner.*

330. — MAXIMILIEN A MARGUERITE.

Maximilien invite de nouveau sa fille à faire inscrire le fils de maître Loys Marlien, médecin de l'archiduc Charles, parmi les gentilshommes de ce prince. — (*Original.*)

(Innekingen, le 21 octobre.)

Très chière et très amée fille, combien que vous ayons parcidevant escript de mettre le filz de maistre Loys Marlyen[1], médecin de nostre filz, l'archiduc Charles, ès escroes de nostredit filz en l'estat de l'un de ses gentilz hommes, ce nonobstant nous entendons que n'en avez encoires riens fait. A ceste cause, et que sommes présentement adverty une place desditz gentilz hommes d'icellui nostre filz estre vacant par le trespas d'ung nommé Witenhorst, nous vous requérons que d'icelle place vacant comme dessus vous en pourveez le filz dudit maistre Loys; car ainsi nous plaist-il.

Donné à Innekinghen, le xxi[e] jour d'octobre, l'an xv[c] xi. *Per Regem.* — Plus bas, *Renner.*

---

331. — MARGUERITE A MAXIMILIEN.

Marguerite n'a pu savoir au juste si le roi de France a envoyé des secours en argent au duc de Gueldre. Incertitude au sujet du mariage du duc de Lorraine. — (*Minute.*)

(Bois-le-Duc, le 28 octobre.)

Monseigneur, j'ay fait extrême devoir par divers moyens de savoir si le roy de France a envoyé nulz deniers à messire Charles de Gueldres[2]; ce que ne puis

[1] Louis Marlien, Marlian ou de Marillan, partageait avec Pierre Picot le service médical auprès de l'archiduc et de sa tante Marguerite. Mercurin de Gattinare, écrivant de Dôle à l'archiduchesse, sous la date du 12 février 1514, lui annonce que le 10 janvier précédent, il a paru dans le ciel trois soleils et trois lunes, et l'invite à consulter, sur les présages à tirer de ce singulier événement, ses deux médecins, *Loys de Marillian et Pierre Piquot.*

[2] Marguerite, qui avait reçu une lettre anonyme dans laquelle on l'avertissait que le roi de France fournissait de l'argent au duc de Gueldre, envoya la lettre en original à Louis XII. Le roi avait déjà déclaré précédemment que ceux *qui disent telles paroles ont menti.*

savoir à la vérité; bien treuvé-je que ledit de Gueldres en fait assez courir le bruyt par ses pays rebelles et que ses gens sont tous payez en escuz; l'on dit aussi que puis aucuns jours en çà Hédar est retorné de France, lequel a apporté quelque somme d'escuz; mais à la vérité n'en puis riens savoir par prisonniers ny autrement.

Quant au mariage de Lorraine, je le tenoye, à la dernière assemblée qui en fust faite à Lyon, pour tout rompu, et revient Monseigneur de Lorraine en ses pays. Ne sçay deppuys que s'en est ensuyvy; ne que par messire Andréa de Burgo vous en pourra avoir advertir à la vérité.

332. — MARGUERITE A MAXIMILIEN.

Marguerite fait savoir à l'Empereur que le pape, dont on lui avait annoncé la mort, est en pleine convalescence. — (*Minute.*)

(Octobre.)

Mon très redoubté seigneur et père, etc.

Monseigneur, je receuz avant hier les lettres qu'il vous pleust m'escripre par lesquelles m'avertissiés des certaines nouvelles de la mort du pape[1] que avez eues, lesquelles, Monseigneur, je tenoie pour certaines et estoie en grant soucy jusques à ce que eusse entendu la créacion du nouvel pape. Quoy pendant, Monsei-

Cette fois il ajouta que *si ledit personnage estoit pareil à luy, il le deffieroit; et s'il n'estoit son pareil, il trouveroit assez de gens pareils en son royaulme pour combattre et soustenir le contraire.* Lettres d'André de Burgo à Marguerite, Blois, 17 septembre 1511.

[1] Jules II n'est mort que le 20 février 1513.

gneur, me survinrent nouvelles de France, du IIIe de ce mois, comme le roy de France avoit eu certaines nouvelles par lettres de Rome et de Florence, du xxx d'aoust, de la convalescence dudit pape, dont, Monseigneur, je tiens cestes bien averty et eusse bien voulsu que ceulx qui vous ont averty de ladite mort, non en sachant la vérité se feussent theuz à ce que n'eussiés mys par ce nul trouble en voz affaires.

Mon très redoubté seigneur et père.

---

333. — MARGUERITE A MAXIMILIEN.

Marguerite fait des vœux pour la prospérité des affaires de l'Empereur : il lui importe peu par qui elles se font, pourvu qu'elles se fassent bien. Elle pense qu'il faut donner encore un assaut à la ville de Venloo avant d'en lever le siége. Le duc de Gueldre fait des préparatifs menaçants. Les États de Hollande ont accordé une nouvelle aide pour trois ans. Motifs de la lenteur du siége de Venloo. Marguerite a reçu les instructions pour négocier avec le roi d'Angleterre. Nomination du sieur de Bossu à l'office de prévôt-le-comte. Difficulté d'envoyer des députés au concile de Pise. Désunion entre les sieurs de Chièvres et de Berghes. Portrait du prince de Castille. (*Lettres de Louis XII,* III, 86-91.) — (*Minute.*)

(Octobre.)

Mon très redoubté seigneur et père, etc.

Monseigneur, j'ay receu voz lettres par maistre Loys Maraton, vostre secrétaire, et veu bien et au long la despesche qu'il vous a pleu luy faire sur sa charge, laquelle, Monseigneur, je treuve toute bonne, moyennant qu'elle se exécute comme il apartient; ce que j'espère sçavoir bien faire à vostre honneur et prouffit;

et pour ce, Monseigneur, que à diverses fois vous en ay bien et au long fait dire mon petit advis, tellement que l'avés bien peu comprendre et entendre, et les causes que à ce m'ont meu, ne suis plus délibérée vous ennuyer ou traveillier, remettant le tout au bon plésir de Dieu; lequel par sa bonté vous doint grâce de conduyr et guyder toutes choses à vostre honneur et prouffit, comme je le désire; car après vous suis celle qui du bien aurey plus de consolacion et plésir, et du mal, s'il advenoit, que Dieu ne vueille, plus d'ennuy et regret que personne qui vive.

Et néantmoing, pour ce que les choses vont journellement en plus grande commocion, ne me seroie abstenir vous encoires supplier y prendre garde et avancer vosdites affaires pour les causes que entendés mieulx que moy; vous asseurant, Monseigneur, que, où que les choses se traictent, pourveu que ce soit à vostre honneur et prouffit, n'en seroie avoir que tout plésir et esjouyssement et n'ay tant de désir de m'en mesler que j'ai désir que tout voise bien et que, en voz vieulx jours et durant la minorité de ce josne prince, vous puissés trouver en paix et repoz, pour le mectre à l'avant et entendre soigneusement au gouvernement de sa personne et de ses biens, qu'est la chose que plus vous touche, après le salut de vostre âme.

En oultre, Monseigneur, j'ay despuis receu aultres voz lettres par lesquelles estes d'advis qu'on lève le siége de Vannello pour les causes contenues en vozdites lettres. Sur ce, Monseigneur, désire bien vous advertir que, vueillant ensuyvre vostredit advis, les seigneurs d'Ilsestin et le cappitaine des Angloix, Edoart Poingnyon, n'ont esté de cest advis; ayns ont conclut de faire la batterie trois jours durant, et après, venir à l'assault soubz espoir que ceulx de ladite ville, comme aucuns prisonniers leur ont dit, n'attendront ledit assault. Et quant oires ilz l'attendront, si ont espoir nosdits gens l'emporter et offrent lesdits Angloix faire leur devoir les premiers, monstrant que par honneur l'on ne pourroit lever ledit siége sans donner ung assault. Au moyen de quoy et que leur ay accordé à leur allée croire leur advis sans contraincte leur en laisser faire, et ne fust la diversité du temps, qui est bien estrange, en fust desjà fait ou failly; mais deans huit jours espère que en aurey le plésir ou le desplésir, et après fauldra adviser de faire le gast autour Nymèghe, ainsi que avez ordonné, et après, mettre les garnisons qui pourra; car je suis avertye que messire Charles de Gheldres ne dort pas et est bien délibéré cest yver nous réveillier qui luy laissera faire. Pour laquelle cause ay mandé les Estatz de Brabant et de Hollande au VIe de novembre à Breda, lesquelz je me parforcerey induyre à continuer leur ayde pour la guerre, veu que c'est pour leur bien et seurté, et que sans cella, n'y sçay aucun moyen qui ne faille du tout rompre l'armée à nostre grant déshonneur, dommaige et confusion.

Ceulx de Hollande ont continué leur ayde ordinaire pour trois ans avec certaines conditions et quictances qu'il leur a convenu faire en la manière accoustumée; et en ce se sont très bien acquittez le seigneur de Berghes et le chancellier de Brabant et le trésorier général; lequel trésorier est icy revenu devers moy, et ledit de Berghes est demeuré malade à La Haye. Le petit exploit que nostre armée devant Vannello a jusques icy fait, procède pour deux raisons : l'une, que à l'encommencement du siége, ilz n'assiégèrent du tout ladite ville; en quoy ilz s'excusent sur le petit nombre des gens qu'ilz avoient; toutes fois je suis seuré, que s'ilz eussent mys le siége comme ilz devoient et povoient bien faire avec les gens qu'ilz avoient, ilz l'eussent emporté.

L'aultre, à cause que mon cousin, le conte de Nassau, qui estoit capitaine général, n'y est peu aller pour sa maladie, et l'admiral y estant en son lieu est demeuré malade, qui s'en est icy venu, et a le seigneur d'Ilsestin sur ce eu la charge de ladite armée. Par ainsi, pour la diversité des capitaines ou, affin que à la vérité je dye mieulx, pour l'insouffisance d'iceulx, les choses ont esté conduictes de ceste sorte jusques à présent, à mon très grant regret et desplésir, combien que ne suys encoires hors d'espoir de ladite ville, si le temps ne nous veult pas trop estre contraire.

Monseigneur, vous saurés, comme je croy bien, qu'il y a deans ladite ville et assés près d'icelle une grosse et haulte tour, de laquelle l'on regardoit au camp des Angloix, et leur faisoit l'on des lourdes venues; ilz ont fait abbatre la moytié de ladite tour, tellement que à ceste heure l'on n'y peult plus monter; et si ont eslevé ung hault monceau de terre avec du fient et fagoz pour dessus asseoir leur artillerie, de laquelle ilz pourront battre à voulenté au long de la ville, jusques au marché; que portera grant dommaige à ceulx de dedans et plus que feroient six mortiers. Et au demeurant, Monseigneur, s'acquictent merveilleusement bien et trop mieulx que nulz aultres qui soient à ladite armée, dont ilz sont à louer.

Monseigneur, j'ay aussi receu voz lettres avec les instructions d'Engleterre, lesquelles j'ay bien au long veues et entendues, et icelles disputé et débatues avec le seigneur de La Roche; et enfin, Monseigneur, je n'y treuve riens à adjouster ou diminuer, et que tout le contenu ne soit bien nécessaire et requis pour vostre justifficacion; et si treuve que l'allée dudit seigneur de La Roche pourra servir grandement à l'entretenement de l'amytié dudit seigneur roy, et que le plus tost le despescher seroit le meilleur. J'adviserey aussi, s'il m'est possible, envoyer avecq luy l'ung de mes secrétaires, comme le m'escripvés.

En oultre, Monseigneur, j'ay veu par aultres voz lettres comme il vous a pleu accorder au filz du feu seigneur de Boussu l'office de prevost le conte[1]; en quoy, Monseigneur, m'avez fait honneur et plésir, et en avez fait de sorte que en aurez grande louange de par deçà; et ny à celluy de ceulx qui le poursuyvoient qui ne disent que en ayez très bien fait; et pour ce qu'il est encoires bas d'aige, commectray le seigneur de Barbançon, son oncle, à l'exercice d'icelluy et en son lieu jusques il soit en aige compétent, par lequel suis seure que ledit office sera bien exercé.

Touchant d'envoyer au concille de Pise, comme m'escripvés, il me semble, Monseigneur, que, veu que estes tuteur comme vous estes de monseigneur mon nepveu, et mon seigneur et père, qu'il souffist que

[1] Le *prevôt-le-comte*, à Valenciennes, est un officier du prince chargé, dit d'Oultreman, de *calenger les crimes*. Il avait sa demeure et tenait ses prisons dans le palais appelé la *salle-le-comte*. Durant la dernière moitié du xve siècle, les illustres familles de Maingoval et de Hennin-Bossu se sont constamment disputé cet office de prévôt-le-comte. A la fin les seigneurs de Bossu l'emportèrent.

y envoyés de par tous nous; aussi, Monseigneur, à dire vérité, les finances de par deçà sont si courtes que on ne soroit trouver ung denier pour faire la despesche.

Au regard d'appoincter les seigneurs de Chièvres et Berghes pour le renouvellement de la loy d'Anvers, comme aussi le m'escripvés, Monseigneur, il est bien mal faisable à moy, à cause de la picque qu'est entre eulx. Si vous vouldroie bien prier que dès maintenant il vous pleuist m'en escripre vostre bon plésir pour ma descharge; aultrement il en pourra venir du mal et inconvénient.

Au surplus, Monseigneur, je feray faire la peinture de monseigneur mon nepveu pour la vous envoyer le plus tost que je pourray; priant à tant nostre Seigneur, mon très-redoubté seigneur et père, qu'il vous doint bonne vie et longue.

334. — MAXIMILIEN A MARGUERITE.

L'Empereur renvoie avec son approbation le rôle des bénéfices dont sa fille lui avait soumis le projet. — (*Original.*)

(Inspruck, le 6 novembre.)

Très chière et très amée fille, nous avons depieça receu, par maistre Gilles Ryngot, le pourgect du rolle des bénéfices de noz pays d'embas, ainsi que l'avez advisé et conclu par delà pour le mieulx, auquel nous avons adjousté quelque petite chose, comme verrez, et au demeurant ensuyvant vostredit advis; et vous renvoyons icellui rolle signé de nostre main, cloz et scellé par ledit Ryngot, pour icellui doiresenavant entretenir et observer comme il appertient en tel cas. A tant, très chière et très amée fille, nostre Seigneur soit garde de vous.

Donné en nostre ville d'Insproug, le vi[e] jour de novembre, l'an xv[c] xi. *Per Regem.* — Plus bas, *Renner.*

---

335. — MAXIMILIEN A MARGUERITE.

Sire Jacques Poytel, chapelain de la dame de Cicon, recommandé pour la cure de Vaure, près Vesoul. — (*Original.*)

(Brisach, le 12 novembre.)

Très chière et très amée fille, damoiselle Katherine de Lobevec, vesve de feu le sieur de Cicon, nous a remonstré comme sondit feu mary et elle ont eu par longue espace de temps ung chappellain, natif de Bourgoingne, nommé sire Jacques Poytel, qui les a bien servy et meismement ou temps qu'ilz ont esté en nostre service et du siége que les Vénéciens ont tenu devant nostre chasteau de La Pierre au Galéan, où estoit lors ledit chappellain; en nous suppliant vouloir, en l'honneur de Dieu, pourveoir audit chappellain de la cure de Vaure prez Vesou, en nostre conté de Bourgoingne. Et pour ce que telles requestes de dames sont favorables et meismement d'icelle damoiselle, que par nous a esté mariée et tousjours eslevée avec nostre compaigne la royne, veullans obtempérer à sa supplication, vous requérons affectueusement que, à nostre contemplacion, veuillez donner et conférer audit sire Jacques ladite cure quand elle escherra vacant, ou aultre bénéfice de vostre collacion, en nostredit conté de Bourgoingne. Et vous nous ferez chose agréable.

Donné en nostre ville de Brisach, le XIIe jour de novembre, l'an XV^c XI. *Per Regem.* — Plus bas, *Hannart.*

---

336. — MAXIMILIEN A MARGUERITE.

Maximilien voudrait, comme sa fille, conclure une bonne paix, pour mettre une fin à ses affaires d'Italie. Assaut à livrer à Venloo et autres opérations pour empêcher le duc de Gueldre et les siens de passer d'un côté à l'autre des rivières. Différend des seigneurs de Chièvres et de Berghes, pour le renouvellement des lois d'Anvers. Prise du seigneur de Rœux. — (*Original.*)

(Inspruck, le 18 novembre.)

Très chière et très amée fille, nous avons receu voz lettres du XXVIII d'octobre dernier passé, et entendu bien et au long le contenu d'icelle et le désir que avez à ce que ayons quelque bonne paix et fin en noz affaires d'Ytalie, en ensuyvant lesquelles, nous nous délibérons de tout y entendre; et vous advertissons entièrement, par autres noz lettres que vous avons naguères envoyées par ung de noz paiges, en quel estat iceulx nosdits affaires sont pour le présent, et en attendons vostre responce.

Et pour ce que deans V ou VI jours après la date d'icelle, noz gens de guerre de par delà devoient baillier l'assault à ceulx de Vennelo et qu'il y a desjà plus de dix jours que ne nous avez escript, nous demeurons encoires d'oppinion que, se nosdits gens congnoissent qu'ilz ne sçauroient ou pourroient donner ledit assault et le gangnyer, ou qu'ilz le perdroient, que les faictes retirer et faire le belouwarck devant Waghemighen, comment autreffois vous avons escript, tant pour effamer ceulx de Nymeghen, que rasser tout le pays à l'entour; car, par ce moyen, messire Charles de Gheldres et les siens ne pourront passer les rivières et donner secours à l'un et à l'autre consté; et si, en ce faisant, pourra l'on surattendre l'esté advenir que nous délibérons aller par delà en personne pour à nostre povoir et, Dieu en ayde, parachever ladite guerre de Gheldres.

Touchant ce que ne sçavez moyen d'appoinctier les sieur de Chièvres et de Bergues sur le fait des commissions du renouvellement des loiz de nostre ville d'Anvers et que voulons y estre pourveu, que, par leurs discentions, aucun inconvénient n'en adviengne à nous et à nostredite ville, nous entendons, et voulons que au prouchain renouvellement desdites loiz, vous commectez pour ceste fois, ès lieux desdits sieurs de Chièvres et de Berghes, autres deux bons personnaiges de par delà telz que adviserez, ausquelz donnez charge expresse de vaquer et entendre audit renouvellement.

Nous avons eu nouvelles comment, par cas d'infortune, le sieur de Reux[1] a esté prins par les gens d'armes vénissiens ou fait d'armes et qu'il n'y a tuez ou prins avec luy que seullement cinq ou six hommes de la compaignye des François. A tant, très chière et très amée fille, nostre Seigneur soit garde de vous.

Escript en nostre ville d'Ynsprugg, le XVIII[e] de novembre XV[c] XI. *Per Regem.* — Plus bas, *Renner.*

[1] Ferri de Croy, chevalier de la Toison d'or, seigneur du Rœux, l'un des généraux de l'Empereur en Italie. La terre du Rœux, située dans le Hainaut, fut érigée en comté, l'an 1530, en faveur d'Adrien de Croy.

337. — MAXIMILIEN A MARGUERITE.

Prébendes de Saint-Aubin de Namur réglées entre Philippot Lombart, le Breton, et Germain Parisot. — (*Original.*)

(Sterzinghen, le 20 novembre.)

Très chière et très amée fille, nous vous avons par plusieurs fois escript et fait dire comment nostre intencion estoit que nostre fourrier, Philippot Lombart, eust la chanoinie de Saint-Aubain de Namur, que ung nommé le Breton, clerc de vostre oratoire, tient et occupe. A quoy nous avez adez fait bonne responce, mais à cause que ledit Breton est vostre serviteur, comme dit est, nous avons bien voulsu tenir ceste matière en délay, espérant d'y trouver quelque bon appoinctement; et soubz icellui espoir, avons mis ou rolle des bénéfices de nostre collation de par delà ledit Philippot. Or est que sommes présentement advertis que une chanonye dudit Saint-Aubain est vacant à nostre disposition par le trespas de feu maistre Guillaume de Jodyon, à laquelle toutes voyes nostre secrétaire, maistre Germain Parisot, prétend droit, en vertu de noz lestres patentes qu'il dit en avoir obtenues à l'encontre dudit feu maistre Guillaume.

Par quoy, vueillant mectre une fin oudit présent affaire à nostre désir; et que ledit maistre Germain prouffite de sondit droit, vous signiffions que nostre plaisir et intencion est que ladite première chanonye demeure audit Philippot, la seconde vacant par le trespas dudit Jodyon audit Breton, et la première qui vaquera audit maistre Germain, dont vous advertissons et requérons de aux dessusdits faire de ce despeschier noz lettres à ce requises et telles que besoing leur seront en avoir; car nostre plaisir est tel. Très chière et très amée fille, nostre Seigneur soit garde de vous.

Escript en nostre ville de Sterzinghen, le xxe jour de novembre, l'an xv^c^ xi. *Per Regem*. — Plus bas, *Botechou*.

338. — MARGUERITE A MAXIMILIEN.

Marguerite recommande à son père le roi et la reine de Navarre, pour être compris dans les traités qu'il pourrait conclure. Le roi de France se montre hostile à la Navarre. —(*Minute*.)

(Breda, le 23 novembre.)

Mon très redoubté seigneur et père, très humblement à vostre bonne grâce me recommande.

Monseigneur, combien que sçay avez bonne affection aux affaires des roy et royne de Navarre, et que les désirez traicter en toute faveur, ce néantmoing, congnoissant le bon vouloir qu'ilz ont à vous, leur désire faire tout honneur et service. Par quoy, j'ay voulentier prins charge vous en ramenteroir et escripre, vous suppliant, Monseigneur, que si l'oportunité se ordonnoit, et quelque bon traicté de paix ou amitié se faisoit, vostre plaisir soit les y comprendre et les avoir en bonne et singulière recommandacion, comme voz bons parens, amyz et aliez qui désirent la prospérité et accroissement de vostre magesté, et vous faire tout plésir.

Mon très redoubté seigneur et père, je prie à tant nostre Seigneur vous donner bonne vye et longue.

Escript à Breda, le XXIII[e] jour de novembre XV[c] XI.

P. S. Monseigneur, lesdits seigneurs roy et royne vous feront informer bien à plain et par certaines escriptures sur ce faictes et envoyées à leur ambassadeur, estant devers vous, du tort que le roy de France se parforce leur faire. Au moyen de quoy, Monseigneur, aurez meilleur ochoison, entendant leur droit et devoir où ilz se vueillent mettre, les avoir pour recommandez.

339. — MAXIMILIEN A MARGUERITE.

Défaite du seigneur de la Palisse en Italie. Expédition des Vénitiens contre le duc de Ferrare et le Frioul. L'Empereur se dirige vers ce pays pour leur livrer bataille, s'ils la veulent attendre. — (*Original.*)

(Doblach, le 24 novembre.)

Très chière et très amée fille, après que les Vénissiens ont congneu que les gens de nostre armée qui avoient esté en Friole, s'estoient retirez avec le seigneur de la Palisse[1] ou quartier de Véronne contre nostre commandement, le tout par l'enhort et moyen dudit seigneur de la Palisse, comme vous avons naguères escript, car s'il eust encoires voulsu demeuré et venir devers nous à Servalle, ainsi que luy avions escript, et que sur ce nous avoit fait responce, nous eussions sur tout mis si bon ordre que toute la Cadouer, ledit pays de Friole et autres fussent cest yver esté bien asceurez desdits Vénissiens, et qu'ilz ont aussi congneu que nosdits gens se retiroient et départoient l'un de l'autre pour eulx aller reffaire en leurs maisons des maladies et pouretez qu'ilz ont euz et supportez

[1] Jacques de Chabannes, depuis maréchal de France, tué à la bataille de Pavie.

l'esté passé, iceulx Vénissiens ont party leur armée en deux, et ont envoyé une partie d'icelle contre nostre cousin, le duc de Ferrare, et l'autre partie oudit pays de Friole, pour, à l'assistance d'aucuns rebelles d'icellui pays, le reprandre à leur obéissance; et desjà y ont prins, par le moyen desdits rebelles et maulvais paysans, pluiseurs villes; mais nous avons à diligence fait rassembler nouvelle armée et atout bon nombre de gens nous tirons présentement sur les frontières dudit pays de Friole pour rebouter lesdits Vénissiens et leur donner la bataille, quelque part qu'ilz soient, si attendre la vueillent; ce que espérons de faire à l'ayde de Dieu, deans huit jours au plus tart; et de la bonne fortune que Dieu nous donra, vous advertirons, luy priant à tant, qu'il vous doint sa grâce.

Escript à Douplach, le XXIIII[e] jour de novembre, l'an XV[c] XI.

P. S. Nous vous envoyons avec cestes une lettre au roy de Denmarck, que désirons que luy vueillez envoyer par homme sceur et n'est point fort hastive.

Per Regem. — Plus bas, *Botechou.*

---

340. — MAXIMILIEN A MARGUERITE.

Perte de l'assaut devant Venloo. L'Empereur se propose d'aller réparer cet échec l'été prochain, et s'y montrer le meilleur capitaine. Il faut tenir la main à ce que le blocus de Waghemmigen soit fait suivant les ordres transmis, afin d'affamer Nimègue et de donner facilité aux bateaux de Cologne et du haut pays de venir en Hollande. — (*Original.*)

(Munde, le 29 novembre.)

Très chière et très amée fille, par voz dernières lettres du XIIIe de novembre vous nous escripvez entre autres choses comment noz geus de guerre de par delà ont perdu ung assault devant Vennelo, et que, pour adviser que sera affaire cest yver en la guerre de Gheldres, vous avez fait assemblé les grans et notables personnaiges de par delà ensemble les estas.

Très chière et très amée fille, il nous desplaist bien de la perte dudit assault et encoires plus des bons et vertueux personnaiges qui y sont demeurez; mais ce sont fortunes de guerre que prenons comment Dieu les nous donne; et estoit bien tousjours nostre advis que nosdits gens ne prouffiteroient guères devant ledit Vennelo; car nous nous conguoissons quelque peu en telz affaires.

Nous sçavons bien qu'il n'a pas tenu à vous ne à autres gens d'honneurs et de vertus qui sont esté empeschez en cest affaire que n'ayons eu meilleur fortune, et, moyennant l'ayde de Dieu, nous espérons de, sur l'esté advenir, réparer et recouvrer le tout et aller par delà en personne, le plus tost que pourrons pour estre le chief et le plus féable capitaine que vous sçaurions ordonner ny envoyer en cestedite guerre, vous requérant non prandre à cueur ladite fortune, ains ensuyvant vostredit bon advis, et surattendant nostredite venue, mectre quelque bonne ordre en ladite guerre de Gheldres, que, durant cedit yver, noz bons subgectz de par delà ne soient foulez ou adommaigez desdits Gheldrois, leurs ennemis, et en faire tousjours pour le mieulx, comme avons nostre fiance en vous.

Nous avons fort agréable l'assemblée desdits bons personnaiges et estas de par delà; car nous espérons qu'ilz vous conseilleront et assisteront en cedit affaire comment bons vassaulx et loyaulx subgectz; et nous plaist aussi bien le gracieux département que avez donné aux Angloys.

Tenez tousjours la main que le blochuys devant Waghemmighen[1] soit fait comment autreffois vous avons mandé, affin de par ce effamer ceux de Nymeghen et tenir les rivières sceures que les basteaulx de Coulongne et du hault pays puissent descendre en Hollande sans dangier. A tant, très chière et très amée fille, nostre Seigneur soit garde de vous.

Escript à Munde, le pénultième de novembre, anno XV^{c} XI. Vostre bon père MAXI. — Plus bas, *Botechou.*

---

341. — MAXIMILIEN A MARGUERITE.

Maximilien recommande à sa fille François de Gosmans, espagnol, qui désire être admis au service du prince Charles. — (*Orig.*)

(Munten, le 30 novembre.)

Très chière et très amée fille, de la part de François de Gosmans, espaignart, pourteur de cestes, nous a esté exposé qu'il est en l'estat de nostre filz, l'archiduc, et qu'il désire aller par delà pour le servir, nous requérant à celle cause vous en escripre. Et pour ce qu'il nous a bien et honnestement servy en Ytalye soubz la charge de nostre cousin, le sieur de Reux, nous l'avons en singulière recommandation; et vous requérons que, quant il viendra devers vous, vous le vueillez aussi avoir pour recommandé, et en sondit estat et autrement luy faire toute l'adresse et entrete-

[1] Wagheningen, petite ville sur les confins de la seigneurie d'Utrecht et du duché de Gueldre, près du Rhin.

nement que pourrez. En quoy faisant, nous ferez chose agréable. A tant, très chière et très amée fille, nostre Seigneur soit garde de vous.

Escript à Munten, le dernier jour de novembre, l'an xv^{c} xi. *Per Regem.* — Plus bas, *Botechou.*

Nota. Semblable lettre à la même date pour Alfonce Montesnin, Pierre de Verdigo, et Pierre de Fonsecque, gentilshommes espagnols.

---

542. — MARGUERITE A MAXIMILIEN.

Marguerite mande à son père que Jehan Caulier ne peut aller en France remplacer André de Burgo, si on ne lui délivre de l'argent pour ses frais de voyage et des draps de soie pour son accoutrement. Difficulté pour trouver de quoi satisfaire à cette dépense et solder les piétons. — (*Minute.*)

(Novembre ou décembre.)

Mon très redoubté seigneur et père, très humblement à vostre bonne grâce me recommande.

Monseigneur, j'ay receu les lettres qu'il vous a pleu m'escripre datées du xxie de ce présent moys[1], par lesquelles me mandez et ordonnez despescher maistre Jehan Caulier, vostre conseillier, et envoyer incontinent devers le roy très crestien, au lieu de messire Andrea de Burgo, vostre ambassadeur[2].

Monseigneur, j'ay mandé de faire venir ledit Caulier devers moy; luy ay dit et déclairé le contenu en vosdites lettres, et qu'il se délibérast de soy apprester le

[1] La lettre de l'Empereur, ici mentionnée, ne s'est pas retrouvée.

[2] André de Burgo ayant demandé son rappel auprès de l'Empereur, en novembre 1511, il est très probable que cette lettre est de la même époque.

plus tost qu'il seroit possible pour aller devers ledit seigneur roy très crestien. Sur quoy, Monseigneur, il m'a fait réponce que, quant à sa personne, il estoit prest et appareillé de faire voz bons vouloirs èt commandements, mais qu'il n'estoit monté ny acoustré et n'avoit argent pour faire ung tel voiaige; requérant, Monseigneur, afin qu'il peust garder vostre honneur et le sien, regarder luy faire délivrer argent et quelques draps de soye pour de myeulx faire ses apprestes et que l'on luy ordonnast quelque somme d'argent pour tenir ung estat; et avec ce ledit maistre Jehan Caulier désireroit avoir voz lettres de crédance adressées audit seigneur roy, afin qu'il congneust qu'il va devers luy par vostre ordonnance, avec instructions telles qu'il vous plairoit, ou du maings luy mander et commander quelle chose il auroit à faire, luy venu devers icellui seigneur rey très crestien.

Monseigneur, pour regard au despesche dudit maistre Jehan Caulier ay mandé devers moy le trésorier Thamise, et...... lesquelz m'ont dit qu'il n'estoit possible trouver argent, qu'ilz n'avoient nulz deniers et ne leur seroit possible de furnir audit despesche et à la route. Monseigneur, depuis le partement des seigneurs de par deçà y a eu assez affaire de furnir argent aux messageries; parquoy, Monseigneur, s'il vous plait, puisque ceulx de voz finances sont présentement par delà, y mectre tel et si bon ordre que pour l'advenir l'on saiche où prendre argent; car, Monseigneur, à faulte de ce, voz affaires ne s'en portent de myeulx et en sont retardez.

Vous ferez regardé par lesdits de voz finances pour le despesche dudit Caulier et sur ce qu'il requiert, et l'envoyer le plus tôt qu'il sera possible de par deçà; ce pendant il se aprestera du surplus.

En oultre, Monseigneur, sera besoing que par lesdis de voz fynances soit aussi regardé où l'on prendra et trouvera argent pour paier les douze cens pyétons que avons, par l'advis de tous ceulx de vostre conseil, retenuz pour les causes et selon que desjà vous ay escript bien au long.

Sy vous supplie, Monseigneur, sur ce que dessus avoir regard, et mectre tel et si bon ordre au fait de vosdites fynances, que pour l'advenir voz affaires se puissent bien guider et conduyre; ce qu'est bien difficille chose à faire sans ordre en vosdites fynances.

Mon très redoubté seigneur et père.

343. — MAXIMILIEN A MARGUERITE.

Prise du château de Pleyff en Cadore. Ordre de le raser. Importance du pays de Cadore. Intention de fortifier le château de Putelstain. Agression des Suisses sur le duché de Milan. Les grands personnages de la Suisse ne se mêlent point de cette guerre. — (*Original.*)

(Aussée, le 13 décembre.)

Très chière et très amée fille, hier au soir nous eusmes nouvelles des gens de nostre armée commant, en passant leur chemin pour entrer en Friole, ilz ont le VII de ce mois assailly et gaingnyé par force le chasteau de Pleyff[1], qu'estoit le chief chasteau de Cadouer; mais pour ce qu'il n'est point fort, nous avons ordonné de le rasser par terre; car nous voulons toute ladite Cadouer estre sur la crainte et obéissance de

[1] Au nord de Ciudad di Friuli.

nostre chasteau de Putelstain[1], duquel ferons une place imprenable, et par icellui facillement garderons l'entière Cadouer qui vaultz plus de xx^m ducatz par an, à cause des bois qui convient que les Vénissiens viennent prandre oudit païs de Cadouer, tant pour faire leurs bastiaulx, maisonnement, que chauffaiges.

Et nous ont fait sçavoir nosdits gens de guerre qu'ilz sont bien délibérez de en oultre exécuter et exploicter bonne et forte guerre oudit pays de Friole et contre lesdits Vénissiens.

Aussi, depuis quelque jours ençà, nous avons eu novelles comment les Suyches avoient envoyé à Millan les lettres de deffiance contre nostre bon frère, le roy de France, et qu'ilz estoient desjà entrez ou pays de Millan à tout VIII^m combatans, le tout par l'enhort et pourchatz des quantons de Suyche. Oivach (?) et Glaris qui ne cessent de esmouvoir et eslever les autres quantons contre nostredit bon frère; mais nous ne povons croyre qu'ilz passent oultre; car ilz n'auront vivres ne artillerye ou capitaines pour ce povoir faire; et en attendons de jour à autre nouvelles.

Nous sommes bien avertis que les grans personnaiges de Suyches ne se vueillent mesler de cest affaire et que le tout ne se conduyt que par le moyen des villains de dessusdits quantons. A tant, très chière et très amée fille, nostre Seigneur soit garde de vous.

Escript à Aussée, le XIIIe jour de décembre, l'an XV^c XI. *Per Regem.* — Plus bas, *Botechou.*

[1] Peut-être Pittersberg, dans l'évêché de Brixen, au nord du pays de Cadore.

344. — MAXIMILIEN A MARGUERITE.

L'Empereur invite sa fille à écrire et à faire écrire, par l'archiduc Charles, au roi d'Aragon, pour qu'il laisse jouir le cardinal de Sainte-Croix des bénéfices qu'il a en Espagne. — (*Original.*)

(Aussée, le 14 décembre.)

Très chière et très amée fille, pour ce que sommes requis de la part du cardinal de Sainte-Croix[1] d'escripre à nostre frère, le roy d'Arragon, touchant ses bénéfices ès pays d'Espaigne, et que créons la recommandation de vous et nostre filz, l'archiduc Charles, luy prouffitera plus envers nostredit frère que la nostre, nous désirons et vous requérons que vous et nostredit filz vueillez escripre à icellui nostredit frère qu'il le vueille laissier et souffrir joyr des bénéfices qu'il a esdits pays d'Espaigne, comme il a fait parcidevant sans, au moyen de la privation que nostre saint Père le pape luy en a fait promectre qu'il en soit debouter ou dechasser.

Et vous nous ferez chose agréable. A tant, très chière et très amée fille, nostre Seigneur soit garde de vous.

Escript à Anssée, le XIIIIe jour de décembre, l'an XV^{c} XI. *Per Regem.* — Plus bas, *Botechou.*

[1] Bernard de Carvajal, qui avait été privé de sa dignité et de ses bénéfices par Jules, comme l'un des principaux adhérents du concile de Pise. Le chapeau lui fut rendu par Léon X, le 27 juin 1513.

345. — MAXIMILIEN A MARGUERITE.

Maximilien recommande de faire jouir Philippe Lombart du canonicat vacant à Saint-Gomard-de-Liere, sans avoir égard aux empêchements qu'on y voudrait mettre. — (*Original.*)

(Gémonde, le 15 décembre.)

Très chière et très amée fille, nous avons entendu que depuis naguères il a vaqué à Saint-Gomard de Lyere une chanonie qui, par le tour du rolle de noz bénéfices de par delà, doit appertenir à nostre fourrier, Philippot Lombart, mais que à ce l'on luy vueilt mectre empeschement, comme dit ledit Philippe. Par quoy et que nostre plaisir est qu'il joysse d'icelle chanonie, selon sondit tour du rolle, nous désirons et vous requérous que audit Philippe faictes despeschier par delà noz lettres de collacion de ladite chanonie vacant, comme dit est, sans aucune difficulté ne avoir regard à quelque empeschement au contraire, fors au tour dudit rolle que voulons estre entretenu. A tant, très chière et très amée fille, nostre Seigneur soit garde de vous.

Donné en nostre ville de Gémonde, le xve jour de décembre, l'an mil v^c^ xi. *Per Regem.* — Plus bas, *Botechou.*

346. — MAXIMILIEN A MARGUERITE.

Approbation de mesures prises par Marguerite. Différend des seigneurs de Chièvres et de Berghes. Le premier veut céder au comte de Nassau son office de commissaire au renouvellement de la loi d'Anvers. Débat sur la préséance entre le fils du duc de Milan et celui du duc de Saxe. Différer le départ du sieur de La Roche pour l'Angleterre. — (*Original.*)

(Gémonde, le 16 décembre.)

Très chière et très amée fille, nous avons receu troiz voz lettres du premier et IIe jour de ce mois et entendu bien en long le contenu d'icelle, lequel nous prenons en gré selon la fortune et espérons, Dieu en ayde, que le tout se chaingera brief plus à nostre avantaige.

En tant qui touche vostre proposicion aux Estas de nostre pays de Brabant, Hollande et Zeellande, nous avons vostre besoingnye à ce bien agréable et croyons qu'ilz se démonstreront bons subgectz.

Au regard de la continuation qu'avez faicte pour ceste année de nostre loy d'Anvers, nous en sommes bien contens et encoires autant de la résignacion que nostre cousin de Chierves vueilt faire à nostre cousin de Nassou de son estat de commissaire d'Anvers, si par ce moyen lesdits seigneurs de Chierves et de Berghes se pueillent trouver d'accord. Car nous le désirons bien et vous en donnons toute puissance.

Quant à la résignacion que nostre audiencier désire faire de son office d'audiencier, nous ne nous voulons point à ce consentir et nous peut encoires bien servir en noz affaires de par delà.

Du différend que avez du josne duc de Milan[1] et du josne duc de Zaxssen[2] il y a couleur à l'un et à l'autre; mais ilz sont trop josnes et ne voulons pas que l'on se arreste ains que le premier vient (venu) devant soit et entre devant, ou que l'on les reigle aternativement, l'un aujourd'huy premier et l'autre demain.

Du retardement du seigneur de La Roche, nostre président, pour aller en Angleterre, il nous plaist très bien et sommes bien d'opinion d'atendre quelle sera la fin des traictiez de paix qui sont sur main; car selon la besongnye d'iceulx l'on se pourra reigler audit envoy.

Et de voz excuses aux parolles qui nous avoient esté rapportées par les François, nous les avons adez soustenues telles que nous avez escript, mais pour leur complaire nous vous en avons bien voulsu advertir et leur envoyerons vostredite responce.

Au surplus, nous avons fait despeché les mandatz par vous requiz à noz cousins de Clèves et Julliers et à aucunes villes de leur pays que vous envoyons avec cestes pour leur envoyer et pour poursuyr l'aliance avec eulx, ensuivant vosdites lettres. A tant, très chière et très amée fille, nostre Seigneur soit garde de vous.

Escript en nostre ville de Gemonde, le XVIe jour de décembre, l'an XV^c^ XI. Vostre bon père MAXI. — Plus bas, *Botechou*.

[1] Maximilien Sforce, fils du duc Ludovic-Marie, et cousin germain de Blanche-Marie, seconde femme de l'Empereur. Après la défaite de son père, en 1500, par Louis XII, ce jeune prince vécut à la cour de l'Empereur, ou auprès de Marguerite d'Autriche, jusqu'à ce que la ligue formée en 1512, entre Jules II et Maximilien, le rétablît dans son duché de Milan.

[2] Je ne sais s'il s'agit ici de Magnus, duc de Saxe-Lawenbourg.

347. — MAXIMILIEN A MARGUERITE.

Nécessité de maintenir en bonne intelligence les pays de Bourgogne et de Ferrette. Écrire au maréchal de Bourgogne et aux magistrats de Ferrette de veiller à ce qu'on n'envahisse pas les terres de ces deux seigneuries.

(Wels, le 22 décembre.)

Très chière et très amée fille, pour ce que noz pays de Bourgoingne et de Ferrette ont beaucop de maulvais et dangereulx voisins, nous désirons qu'ilz soient entretenus en bonne amitié l'ung avec l'autre, comme pays prouchains l'ung de l'autre et retournant et appartenant à ung seul seigneur, affin que si aucuns voisins desdits pays vouloient invahir ou faire quelque emprinse sur l'ung d'iceulx pays, que l'ung donne secours à l'autre. A ceste cause escripvons présentement devers vous et vous requérons très acertes que, en tant que touche la conté de Bourgoingne, vous escripvez et ordonnez à nostre amé et féal cousin et marischal de Bourgoingne, le sieur de Vergy, que se aucuns desdits voisins faisoient quelque invasion ou emprinse sur nostre pays de Ferrette, il leur baille toute ayde et assistence pour y résister et obvier; et de nostre part nous avons ordonné à ceulx de nostredit pays de Ferrette de aussi faire le semblable à ceulx de ladite conté de Bourgoingne, si le cas leur advenoit. A tant, très chière et très amée fille, nostre Seigneur soit garde de vous.

Donné en nostre ville de Wels, le XXIIe jour de décembre, l'an XV^{c} XI.

P. S. Et pour adviser de faire ladite assistence et secours par ceulx de nosdits pays de Ferrette et Bourgoingne, le cas y advenant, nous désirons que commectiez audit sieur de Vergy et à aucuns de vostre conseil à Dôle d'eulx trouver avec nostre bailli de Ferrette, le sieur de Ribaulpierre, et aucuns de noz conseilliers, pour, en tel lieu qu'ilz adviseront, faire et conclure à ce propos une bonne ordonnance entre iesdits pays, ausquelz nostredit bailli et conseillier escripvons ainsi le faire.

Donné comme dessus.

Vostre bon père MAXI. — Plus bas, *Renner.*

---

348. — MAXIMILIEN A MARGUERITE.

Aide à obtenir des États d'Autriche, de Styrie et des princes de l'Empire. Paix négociée entre l'Empereur et les Vénitiens par le pape et le roi d'Aragon. Orgueil des Vénitiens. Le pape se déclarera leur ennemi s'ils n'acceptent pas les conditions offertes. — (*Original.*)

(Lyntz, le 25 décembre.)

Très chière et très amée fille, nous sommes icy venu vers les Estas de noz pays d'Austriche et de Steyre (*Styrie*) affin d'avoir et recouvrer d'eulx une bonne ayde pour nous aidier à garder par la force le pays de Friole; laquelle avons bien espoir de brief obtenir et de incontinent après nous tirer à la journée impériale ordonnée en nostre cité d'Ausbourg, pour semblablement obtenir des princes et Estas de nostre saint-empire une bonne ayde et assistence à l'encontre des Vénissiens; par laquelle espérons, si ne survient ce pendant quelque paix, les contraindre sur l'esté advenir que finablement ilz viendront à la raison.

Nous attendons de heure à autre nouvelles de la paix que nostre saint Père le pape et nostre frère, le roy d'Arragon, vueillent faire entre nous et lesdits Vénissiens. Mais lesdits Vénissiens ont adez différé à cause de quelque fortune qu'ilz avoient eue en Friole, à l'encontre de nous, laquelle, par l'exploict que noz gens de guerre ont naguerres fait contre eulx, et espérons que encoires feront, leur est bien chaingié et croyons qu'ilz rabasseront leur orgueil et espoir et qu'ilz se condescendront à ladite paix; car nostredit saint Père leur a expressément escript et déclairé que s'ilz n'acceptent ladite paix, selon les conditions qu'ilz ont autreffois consentu et entreprendent aucune chose sur nostre ville de Véronne et noz pays, il se déclairera leur ennemy et s'employera de cy en avant à leur destruction et ruyne, autant et plus qu'il a fait jusques à oires pour leur conservation; dont en secret vous advertissons. A tant, très chière et très amée fille, nostre Seigneur soit garde de vous.

Escript en nostre ville de Lyntz, le jour de Noël xv^c xi. Vostre bon père, MAXI. — Plus bas, *Renner*.

---

349. — MAXIMILIEN A MARGUERITE.

Nouvelles de l'expédition contre les Vénitiens. Prise de Civitate Belloni. Défaite de l'ennemi devant Gradisca et le château de Tollemain. — (*Original.*)

(Lyntz, le 27 décembre.)

Très chière et très amée fille, nous avons eu nouvelles de noz gens de guerre qui estoient en Cadouer, comment, depuis qu'ilz ont eu prins le chasteau de Pleyff dont vous avons dernièrement escript, ilz ont esté advertis que les Vénissiens leur estoient venuz près d'eulx, en une forte escluse, atout le nombre d'environ vi^{c} chevaulx et viii^{c} piétons. Sur quoy ilz sont allez à diligence surprandre lesdits Vénissiens par derrière, et en ont d'iceulx mis à mort sur la place bien iii^{c}.

Ce fait, sont tirez devant Civitate Belloni, laquelle ilz ont gaingniée; dont lesdits Vénissiens, qui avoient encoires près d'eulx environ iii^{m} hommes devant l'escluse du coble, ont esté bien estonnez, quant ilz ont entendu ces nouvelles, et se sont retirez et ont habandonner ledit coble.

Et d'autre part, lesdits Vénissiens qui estoient devant nostre ville de Gradis [1] en Friole, atout grant nombre de gens ont perdu sur ung jour cincq assaulx que nosdits gens de Gradis ont bien vitorieusement soustenuz. Ilz avoient aussi envoyer devant nostre chasteau de Tollemain xv^{c} hommes pour le surprandre et gangnyer par la force; mais après la perte desdits assaulx, ilz se sont retirez et ont habandonné lesdites places, et nosdits gens de guerre de Cadouer les suyvent pour les combatre quelque part qu'ilz les pourront trouver. A tant, très chière et très amée fille, nostre Seigneur soit garde de vous.

Escript en nostre ville de Lyntz, le xxviie jour de décembre, l'an xv^{c} xi.

P. S. Nous vous envoyons avec cestes une lettre que escripvons à nostre frère, le roy de France, que vous requérons lui envoyer incontinent.

Vostre bon père Maxi. — Plus bas, *Renner*.

[1] Gradisca, à peu de distance de Goritz.

350. — MAXIMILIEN A MARGUERITE.

Opérations militaires pour surprendre les Vénitiens. Bataille prochaine peu probable. — (*Original.*)

(Munde, le 29 décembre.)

Très chière et très amée fille, en suyvant ce que vous avons dernièrement escript que en brief nous espérions donner la bataille aux Vénissiens qui estoient descendu en Friole, nous faisons marchier noz gens d'armes par la Cadouer[1] pour les surprandre par derrière et nous sommes icy tirer à diligence, tant pour les abuser comme pour soustenir à l'encontre d'eulx noz pays de Carinte ausquels autrement ilz pourroient faire de grans dommaiges; et de ce qui nous surviendra vous advertirons. Nous trouvons que la bataille n'est point fort apparante; car ilz se pourront par la mer tousjours retirer en leurs fors, mais au moins ilz seront enchassez. A tant, très chière et très amée fille, nostre Seigneur soit garde de vous.

Escript à Munde, le XXIXe de décembre XV^c XI. *Per Regem.* — Plus bas, *Botechou.*

351. — MAXIMILIEN A MARGUERITE.

Mort de l'impératrice Blanche-Marie. — (*Original.*)

(Fribourg en Brisgaw, le 3 janvier.)

Très chière et très amée fille, aujourd'hui à nostre grand regret, dueil, perturbation et grief douleur de cueur, avons eu la doloreuse nouvelle du trespas de

[1] Le pays de Cadore en Frioul.

nostre très chière et très amée compaigne, Blance-Marie [1], vostre belle-mère, laquelle, le dernier jour de décembre derrain passé, après avoir receu tous ses sacremens catholicquement et ainsi qu'il apartenoit à une tant vertueuse et honneste princesse, a rendu l'esperit à Dieu nostre créateur, auquel pryons lui faire mercy. Et puis qu'il a pleu à sa divinité le vouloir et souffrir ainsi, sachant qu'il est tout puissant, le prendrons en patience, et nous déportons, en tant que nostre fragilité se peut refréner, de toutes voluntez répugnantes à la disposition divine. Toutes voies avons une consolation que créons fermement que, selon sa vertueuse et sainte vye, elle soit avec les bien eureux ou royaume de paradis. Laquelle chose, comme à nostre bonne fille, avons voulu, à nostre grant desplaisir, signiffier; car nous savons que, tout ainsi que estes joyeuse de nostre bonne prospérité, serez desplaisante de la perte de nostre si bonne et vertueuse compaigne, l'âme de la quelle, comme de vostre bonne belle mère, vous recommandons, et de vouloir faire pryer pour icelle par toutes les églises et monastères de par delà.

Nous voulons que en faites porter le dueil par noz très chers et très amez enffans et chevaliers de nostre ordre, et aucuns des principaulx de nostre privé conseil seulement qui les accompaigneront à l'offrande, selon vostre advis, et aussi en faire et tenir obsèques solennelles, selon qu'il est requis et de coustume pour telle princesse.

[1] Fille de Galéas-Marie Sforce, duc de Milan, et de Bonne de Savoie, avait épousé en premières noces Philibert Ier, dit le Chasseur, duc de Savoie.

Donné en nostre ville de Fribourg en Brisco, le IIIe jour de janvier XV^{c} XI. Vostre bon père MAXI. — Plus bas, *Hannart.*

---

352. — MAXIMILIEN A MARGUERITE.

Intrigues de l'ambassadeur d'Angleterre avec les Vénitiens. Ses manœuvres auprès du pape pour le chapeau de cardinal. En avertir le roi d'Angleterre, et lui mander qu'une journée doit se tenir à Mantoue entre tous les alliés de la ligue de Cambrai, en le priant d'y envoyer son ambassadeur. Affaire d'Aragon. Notification de la mort de l'impératrice au roi d'Angleterre. — (*Original.*)

(Fribourg, le 4 janvier.)

Très chière et très amée fille, pour ce que l'archevesque de Cantorbye, ambassadeur de nostre frère et cousin, le roy d'Engleterre, devers nostre saint Père le pape, traitte et praticque journellement avec noz communs ennemis les Vénéciens et conforte en ceste partie à nostredit saint Père, dont à nostre grand préjudice et desplaisir, et le fait icelui archevesque à celle fin et soubz espoir de parvenir à la dignité de cardinal et flate le pape pour en avoir promesse de luy, et si tost qu'il l'auroit s'en retourneroit en Engleterre. Pourquoy désirons et voulons que escripvez incontinent audit roy d'Engleterre en la meilleur sorte que pourrez, l'advisant de ce que dessus, et que ne croyez que ces choses se facent de son sceu, vouloir et consentement, en le requérant d'escripre et prohiber à sondit ambassadeur de le plus faire, ains et au contraire vouloir adhérer, assister et conforter à nosdits ambassadeurs et à ceulx de noz frères et cousins, les roys d'Arragon et d'Escoce, lequel ambassadeur d'Escoce s'en va aussi pour ayder à traitter la paix entre le pape et le roy de France.

En oultre, lui escripvez que, environ le xve de février prouchain, se doit tenir à Mantua une journée entre tous les confédérez et allyez de nostre lighe faite à Cambray pour traitter de paix entre le pape et le roy de France, et désirons fort que ledit roy d'Engleterre y voulsist envoyer ledit archevesque, son ambassadeur, pour ayder et assister nosdits ambassadeurs et ceulx desdits roys d'Arragon et d'Escoce qui tous se trouveront à ladite journée, à conduire et traittier ladite paix; et requérez fort affectueusement audit roy d'Engleterre de vouloir incontinent escripre et commander à sondit ambassadeur de se trouver de sa part à ladite journée et qu'il besongne et conforte léalment nosdits ambassadeurs et des roys dessusdits à la conduite d'icelle paix. Si voulons de rechef et vous requérons que incontinent et à dilligence ainsi l'escripvez audit roy d'Engleterre; et qu'il vous veulle pour ce envoyer ses lettres à sondit ambassadeur et que vous les luy ferez adresser; et en caz qu'il les vous envoye, les nous envoyerez, et signiffierez à dilligence la responce qu'il vous aura sur ce faicte.

Pour ce que avons de grandz et pesans affaires avec nostredit frère, le roy d'Arragon, désirons et avons advisé que mieulx vault les faire manyer, dresser et conduire par plus grand et nobles personnages que ceulx que avons de présent vers luy; et nous semble que le pourrons faire pour une mesme despence. Pour quoy pourrez mander à messire Claude de Cilly qu'il retourne vers vous et ordonner à nostre président de Bourgoingne qu'il y demeure aincores peu de temps et tant que y viendront les autres personnages que y avons proposé envoyer, dont serez brief avertie par aucuns noz conseilliers que entendons envoyer vers vous.

Nous vous requérons que faictes tousjours entretenir les postes depuis vous jusques en court de France.

Nous vous envoyons noz lettres audit roy d'Engleterre, par lesquelles luy signiffions les doloreuses nouvelles que avons eu du trespaz de nostre très chière et très amée compaigne, vostre belle-mère, à laquelle Dieu face mercy, affin que les luy envoyez avec celles que luy escripverez. Et à tant, très chière et très amée fille, nostre Seigneur vous ait en sa garde.

Escript en nostre ville de Fribourg en Brisco, le IIII[e] jour de janvier XV[c] XI. *Per Regem.* — Plus bas, *Hannart.*

353. — MAXIMILIEN A MARGUERITE.

Provision de chambellan de l'archiduc Charles pour Guilebert du Peschin. — (*Original.*)

(Lyntz, le 13 janvier.)

Très chière et très amée fille, pour ce que nostre chier et bien amé escuier, Guilebert du Peschin, a bien et honnestement servy feu nostre filz, le roy dom Philippe de Castille, que Dieu absoille, et nous aussi en toute nostre guerre d'Ytalie, nous, ce considérans et qu'il est homme pour encoires povoir bien servir nostre filz, l'archiduc Charles, luy avons accordé ung estat de chambellan de la maison d'icellui nostre filz, ou lieu du feu sieur de Boussu, ou autre vacant, tousjours compté comme les autres chambellans du nombre des gentilzhommes que avons dernièrement ordonnez à nostredit filz; et à celle cause se tire présentement devers vous. Sy vous requérons le recevoir et faire mectre en possession dudit estat de chambellan, et au surplus en ses affaires l'avoir pour recommandé. En quoy faisant vous nous ferez chose agréable. A tant, très chière et très amée fille, nostre Seigneur soit garde de vous.

Escript en nostre ville de Lyntz, le XIIIe jour de janvier, l'an XV^c XI. Vostre bon père MAXI. — Plus bas, *Renner*.

354. — MAXIMILIEN A MARGUERITE.

L'Empereur recommande à Marguerite de veiller à l'entretien des postes vers la France, afin qu'il puisse être informé avec promptitude des négociations de son ambassadeur auprès du roi de France. — (*Original.*)

(Lintz, le 14 janvier.)

Très chière et très amée fille, pour ce qu'il est aussi nécessaire d'entretenir la posterye jusques vers nostre frère, le roy de France, que jamais, à celle fin que d'heure à autre puissons estre adverty du besongne de nostre amé et féal chevalier et conseiller, messire Andrieu de Burgo, que despeschons présentement pour retourner vers nostredit bon frère, aussi que entendons que icelle posterye et celle dez noz pays de par delà jusques par deçà sont mal payées et entretenues, comme nostre maistre des postes nous a fait déclairer, et qu'il estoit délibéré de oster lesdites postes, par faulte de payement; à ces causes nous vous requérons très acertes que sur ce pourvéez que lesdites posteries puissent estre entertenues et payées, et mesmement celle de France, jusques à ce que ledit messire André aura la fin de sa présente charge; car nostre plaisir est tel. A tant, très chière et très amée fille, nostre Seigneur soit garde de vous.

Donné en nostre ville de Lints, le XIIII[e] jour de janvier, l'an XV[c] XI. *Per Regem.* — Plus bas, *Renner.*

355. — MAXIMILIEN A MARGUERITE.

Arrivée d'André de Burgo auprès de l'Empereur, avec une mission du roi de France. Le traité qui se conclut avec les Vénitiens ne permet pas de prendre une résolution sur les matières de cette mission. A. de Burgo se rend à Inspruck pour en délibérer avec d'autres conseillers. La mauvaise volonté des Vénitiens a retardé la paix. Le pape persévère en ses bonnes dispositions. Nécessité de conserver l'amitié de la France. — (*Original.*)

(Lintz, le 19 janvier.)

Très chière et très amée fille, nostre amé et féal chevalier et conseillier, messire André de Bourgo, est depuis naguères arrivé devers nous, lequel nous a déclaré la charge qu'il avoit à nous de par nostre bon frère, le roy de France, qui est fondée sur trois points principaulx, dont, comme il nous a dit, vous a par cy-devant adverty de la substance; c'est assavoir sur guerre, paix ou plus grande restrainte et intelligence, pour l'augmentation de nos deux maisons.

Et, pour ce que sommes en trahain, comme sçavés, de faire une paix avec les Vénissiens, et que de jour à autre attendons avoir la conclusion d'icelle, nous avons différé de prendre résolution sur la charge dudit messire André,

Et, pour éviter que nostredit frère ne prande à ce aucune suspicion sur nous, nous envoyons présentement ledit messire André en nostre ville d'Insprugg, atout nostre résolution, devers nos conseilliers, les évesques de Gurce, messire Paul de Liechterstain, et nostre chancelier Serutein, qui aussy se doibvent illec trouvé, avec le seigneur de la Villeneufve, ambassadeur de nostredit bon frère, pour, en présence d'iceluy ambassadeur, recevoir et prendre d'iceux nos conseillers, nostredite resolution sur sadite charge; car nous espérons que cependant surviendra la conclusion de la paix du pape, selon laquelle et que iceux nosdits conseillers trouveront lors nos affaires disposez, ils pourront bailler ausdits ambassadeurs et messire André nostre résolution; et de ce que en sera fait vous advertirons bien et au long.

Lesdits Vénissiens, par leurs maulvaises voulentés, ont adez retardé ladite paix, cuidans tant faire que lesdits pape et nostre frère, le roy d'Arragon, deussent commancer la guerre contre nostredit frère, le roy de France; auquel cas lesdits pape et roy d'Arragon ne s'eussent peu bonnement sitost retirer de la guerre, ny iceluy nostre frère, le roy de France, nous donner secours; car il eust eu assés affaire à l'encontre d'eulx, et partant entendoient de regagner tout ce que avons pris sur lesdits Vénissiens; car ils eussent mis toute leur puissance à l'encontre de nous.

Mais nous sommes advertis que ledit pape persévère en son bon vouloir, et est la chose encores en bon trahain pour nous faire avoir la paix; car il a mandé à l'ambassadeur desdits Vénissiens qui estoit près de Rome, de se haster et faire la conclusion de ladite paix, ou autrement luy et nostredit frère, le roy d'Arragon, mettront toute leur puissance à l'encontre d'iceux Vénissiens; ainsy que espérons dedeans quatre ou six jours au plus tard avoir ladite paix.

Et soit que ayons icelle paix ou non, si nous semble il que pour le bien, proufit et entretenement de nos maisons d'Autriche et de Bourgogne, nous devons entretenir en bonne amitié ledit roy de France, et à ce contendre par tous moyens; priant à tant nostre Seigneur qu'il, très chière et très amée fille, soit garde de vous.

Escrit en nostre cité de Lynts, le 19e jour de janvier, l'an 1511. *Per Regem.* — Plus bas, *Renner.*

356. — MAXIMILIEN A MARGUERITE.

Différer les alliances jusqu'à la conclusion de la paix avec les Vénitiens. Remerciements pour les soins que la princesse met à entretenir les garnisons de Brabant et de Hollande, et à recouvrer les aides. Prise de Wercken et du comte de Hornes. L'Empereur n'accepte pas la résignation que l'audiencier voudrait faire de son office. Affaire des Suisses avec la France. Si les Suisses veulent pénétrer en Bourgogne, il faut faire rentrer les sujets du comté avec leurs biens, dans les places fortes, et ne point avoir querelle avec ces Suisses qui sont *très mauvais villains.* — (*Original.*)

(Lintz, le 19 janvier.)

Très chière et très amée fille, nous avons receu la responce que nous avez faicte au contenu des lettres que vous avons escriptes par ung de noz paiges, laquelle nous prenons bien et nous en contentons.

Et quant au fait des aliances, nous sommes aussi bien d'oppinion de tenir la chose en suspens, jusques à ce que aurons une fin de la paix que attendons de jour à autre avoir avec les Vénissiens; et à celle cause retenons les articles que avez conceuz par delà sur le fait desdits aliances, lesquelz, après ladite paix faicte, vous renvoyerons et vous advertirons amplement comment vouldrons être fait en icelles aliances.

Depuis, nous avons encoires receu deux voz lettres: l'une du xve et l'autre du xxixe de décembre dernier passé.

Sur quoy nous vous mercyons grandement la peine que prenez à mectre ordre et bonne reigle sur le fait des garnisons en noz pays de Brabant et de Hollande, et de la bonne solicitude et diligence que faictes de recouvrer aydes des Estas d'iceulx pays pour l'entretenement des gens de guerre qui convient entretenir; et nous plaist très bien ce que en avez fait et ordonné jusques à oires, vous requérant y vouloir continuer et sur le tout adez pourveoir et ordonner avec l'ayde de ceulx de nostre conseil de par delà, comme trouverez estre affaire pour le mieulx, et que les affaires le requerront; car dez icy à grant peine vous y sçaurions donner conseil à propos ou grande assistence.

Quant à ce que nous escripvez que ne sçavez se avons receu aucunes lettres que, puis aucun temps ença, nous avez escriptes et mesmement touchant la prinse de Wercken et de nostre cousin, le conte de Hornes[1],

[1] Jacques III, comte de Hornes, chevalier de la Toison d'or, mourut le 7 août 1531, sans postérité de ses trois femmes, Marguerite de Croy, Claude, légitimée de Savoie, et Anne de Bourgogne. Son titre passa donc à son frère, Jean II, qui lui-même n'ayant pas d'enfants, adopta ceux de sa femme, Anne d'Egmont, veuve de Joseph de Montmorency, seigneur de Nivelle. C'est ainsi que le comté de Hornes fut dévolu à cette

nous vous advertissons que depuis ung mois ou VI sepmaines ença avons receu autres trois ou quatre voz lettres ausquelles vous avons adez fait responce à ce que faisoit à respondre et assez entendu, entre autres choses, par une d'icelle voz lettres la dessusdite prinse, laquelle avons prinse en patience, sans en faire autre semblant; car nous sçavons bien l'avez eue aussi à regrect que nous mesmes, et pourvéez à l'affaire dudit Worsken aux mieulx que pourrez, et que noz subgectz de par delà en reçoyvent le moins de dommaige qu'il sera possible.

Quant à l'assemblée de tous les Estas de noz pays de par delà en général, nous sommes bien de cest advis.

Au surplus, nous vous avons dernièrement escript que ne voulons point consentir à la résignation que nostre audiencier veult faire dudit estat d'audiencier, et encoires de rechief vous en advertissons; car nous voulons estre servy de luy en icellui estat [1].

Au regard des Suyches, il est bien vray qu'ilz sont retirez du duché de Millan et que nostre frère, le roy de France, leur a fait présenter LXXV^{m} florins d'or pour avoir appoinctement avec eulx; à quoy les aucuns sont esté enclins de prandre l'argent et les autres d'oppinion contraire, et sont ainsi retournez en Suyche; mais nous sommes au vray advertis qu'ilz ont eulx voulenté d'aller contre nostredit frère par la duchié de Bourgogne. Par quoy nous avons incontinent ce escript

maison illustre, circonstance que m'a rappelée M. le baron de Reiffenberg, et qui est omise dans *l'Art de vérifier les dates. Chronologie des Montmorency*.

[1] Voir ci-dessus la lettre du 16 décembre 1511.

à nostre cousin, le sieur de Vergy [1], à celle fin qu'il vueille à ce avoir bon regard.

Et s'il congnoist ou entend que lesdits Suyches vueille faire le dessusdit voiiaige, faire retirer tous les biens et bestials des subgectz dudit conté ès fortes villes et chasteaux d'icellui conté; car ilz ne seroient pas puissant de empeschier le passaige desdits Suyches; et sommes encoires d'oppinion que escripvez à nostredit cousin et à voz conseilliers oudit conté que, ou cas que lesdits Suyches vueillent passer par ledit conté, ilz y pourveoient tellement que iceulx subgectz ne puissent estre d'eulx guères adommaigez et se conduysent oudit affaire qu'ilz ne tombent en différendt avec lesdits Suyches; car ce sont très maulvais villains qui ne serchent que querelles, comme congnoissez bien journellement par effect. Priant à tant nostre Seigneur qu'il, très chière et très amée fille, nostre Seigneur soit garde de vous.

Escript en nostre ville de Lyntz, le XIXe jour de janvier, l'an XV^{c} XI. *Per Regem.* — Plus bas, *Renner.*

---

337. — MAXIMILIEN A MARGUERITE.

Guillaume Normant, omis sur l'ordonnance des offices de la maison du prince Charles, y est rétabli en qualité de contrôleur des finances. — (*Original.*)

(Lintz, le 19 janvier.)

Très chière et très amée fille, nous avons receu voz lettres du XXe jour de décembre, par lesquelles faictes mencion des remonstrances que Guillaume Normant, contreroleur de noz finances, vous a faictes à cause

[1] Guillaume de Vergy, maréchal du comté de Bourgogne.

qu'il a esté obmis mectre ès ordonnances que avons dernièrement faictes des offices de l'hostel nostre filz Charles et finances de par delà, oudit office de contreroleur à dix-huit solz par jour, selon les lettres qu'il a de nous dudit office, nous requérant à ce avoir regard et sur ce vous mander nostre bon plaisir, soit de le relever de l'obmission d'icelle ordonnance ou autrement le pourveoir. Sur quoy, très chière et très amée fille, vous advertissons que sommes bien content que pourvéez ledit Guillaume touchant ledit estat de contreroleur, comme vous et ceulx de nostre conseil de par delà trouverez estre affaire pour le mieulx. Et du tout vous en donnons entière puissance, si comme à celle qui désire le bien et prouffit de nous et noz très chiers et très amez enffans, et qui en sçaura bien ordonner. Priant à tant nostre Seigneur qu'il, très chière et très amée fille, soit garde de vous.

Escript en nostre ville de Lyntz, le XIXe jour de janvier, l'an XV^c XI. *Per Regem.* — Plus bas, *Renner.*

358. — MAXIMILIEN A MARGUERITE.

L'Empereur renouvelle l'ordre de délivrer à Philippe Lombart les lettres de collation d'un canonicat vacant par le décès du doyen de l'église Saint-Gomard, de Liere [1]. — (*Original.*)

(Wels, le 22 janvier.)

Très chière et très amée fille, nous vous avons naguères escript comment désirions que feissiez despeschier à nostre bien amé fourrier de nostre hostel, Philippe Lombart, noz lettres de collation de la chanonye

[1] Voyez ci-dessus, p. 459, une lettre du 15 décembre 1511.

de l'église Saint-Gomard, en nostre ville de Lyere, vacant à nostre disposition par le trespas du doyen d'icelle église, et appartenant audit Philippe par le tour de nostre roolle. Toutes voyes nous entendons que n'en avez encoires riens fait au moyen de quelque empeschement à ce fait à icellui Philippe par ung esleu audit doyenné. Et pour ce que voulons ledit Philippe estre entretenu en sondit tour de roolle, sans luy souffrir à ce estre fait ou baillier aucun empeschement au contraire par qui que ce soit, nous vous requérons bien acertes que, incontinent et sans plus de délay, vous faictes despeschier audit Philippe noz lettres de collacion de la dessusdite chanonye; et vous nous ferez chose agréable. Priant à tant nostre Seigneur qu'il, très chière et très amée fille, soit garde de vous.

Escript en nostre ville de Wels, le XXIIe jour de janvier, l'an XV^c^ XI. *Per Regem.* — Plus bas, *Renner.*

---

359. — MARGUERITE A MAXIMILIEN.

Marguerite prie son père de faire maintenir au rôle des prébendes de Mons, Courtray et Soignie, le frère du secrétaire Marnix, nonobstant la recommandation qu'elle lui avait adressée en faveur d'un bâtard du bailli de Stern. — (*Minute.*)

(Malines, le 28 janvier.)

Mon très redoubté seigneur et père, très humblement à vostre bonne grâce me recommande.

Monseigneur, combien que, à la grant poursuyte et importunité du bailly de Flern, je vous ay nagaires escript en faveur d'ung sien filz bastard, à ce qu'il vous pleust le préférer (inscrire) aux prébendes de Mons,

Courtray et Soygnie, nonobstant le rôle par vous fait de voz bénefices, vous supplie néantmoins, Monseigneur, en toute humilité, qu'il vous plaise que le frère de Marnix, vostre serviteur et mien, qui est premier en vostredit rolle et non aillieurs, demeure en icellui selon qu'il vous a pleu le faire inscrire. Quoy fesant, Monseigneur, me ferez honneur et plésir, et avec ce obligerez ledit Marnix et sondit frère, à autant mieulx vous servir et à prier Dieu pour vostre bonne prospérité, lequel de sa grâce il vulle toujours vous donner bonne vie et longhe.

Escript à Malines, le 28 janvier xv^c xi. Vostre très humble et très obéissante fille MARGUERITE.

360. — MAXIMILIEN A MARGUERITE.

Maximilien recommande à sa fille le bâtard de Bourbon pour être admis au nombre des gentilshommes de l'archiduc Charles. — (*Original.*)

(Geyselhernix, le 29 janvier.)

Très chière et très amée fille, pour ce que le bastard de Bourbon nous a bien et honnestement servy en nostre guerre contre les Vénissiens, nous vous requérons que le vueillez avoir pour recommandé, et le faire joyr de l'estat que luy avons ordonné vers nostre filz, l'archiduc Charles, comme les autres gentilzhommes de sa maison. En quoy faisant, nous ferez chose agréable. A tant, très chière et très amée fille, nostre Seigneur soit garde de vous.

Escript à Geyselhernix, le XXIXe jour de janvier, l'an xv^c xi. *Per Regem.* — Plus bas, *Renner.*

361. — MARGUERITE A MAXIMILIEN.

Condoléances sur la mort de l'impératrice Blanche-Marie. — (*Minute.*)

(Janvier.)

Mon très redoubté seigneur et père, etc.

Monseigneur, j'ay par voz lettres du IIIe de ce mois, qu'il vous a pleu m'escripre, entendu voz piteuses et lamentables nouvelles du trespas de feue madame mà belle-mère, qui m'ont esté fort desplaisantes pour la tristesse que sçay en avez souffert, et pour la grande affection que avoye à elle, avec ce que c'estoit une princesse tant vertueuse et extimée que je ne congnois cueur de pierre si inhumein qui n'en doise avoir regret et desplaisir. Toutes voyes, Monseigneur, veu et considéré que ce desplaisir n'y peult aucunement aydier, ains plustost procurer maulx et maladies incurables, et que c'est chose si naturelle de payer le tribut de nature que nul, seit grant ou petit, n'en peult eschapper, se convient avoir de la vertu de patience et, en postposant ce dueil corporel, venir à la consolacion céleste et remémorer la belle et saincte vie qu'elle a mené jusques à l'heure de son trespas, et la belle grâce que nostre Seigneur luy a fait d'avoir receu tous ses sacremens, et en si belle cognoissance et repentance de ses peschez, à l'heure de sondit trespas, que croyons clèrement son âme estre colloquée au royaulme de paradis, et pour plutôt y parvenir, se d'aventure, elle fust ès peines de purgatoire, ne reste que faire faire prières et oraisons pour le remède d'icelle. A quoy, Monseigneur, je me acquiteray de ma part en bonne et obéissante fille, et accompliray certainement ce que m'avez mandé, vous suppliant oster tout regrectz de vostre cueur et vous conformer à la voulenté divine et remercier nostre Seigneur de ce qui luy a pleu en faire, considérant qu'il fait toutes choses pour le mieulx.

---

362. — MAXIMILIEN A MARGUERITE.

Diverses affaires à traiter plutôt avec l'ambassadeur de France qu'avec le roi, son maître. Jean Venatoris, promu au titre de conseiller de l'archiduc Charles. Affaire des ducs de Clèves et de Juliers remise à la journée impériale. — (*Original.*)

(Nuremberg, le 6 février.)

Très chière et très amée fille, nous avons receu trois voz lettres du XIIIIe et XVe jour de janvier dernier passé.

Sur quoy, quant à vostre advertissement touchant le différend devers ceulx de Nevers et autres questions des hommaiges d'Oostervan, Waze, Riplemonde et autres parties mouvans de nostre empire, nous le prenons bien; mais il nous semble estre meilleur faire traictier ces matières par le maistre d'ostel, Rigault Doreilles [1], que d'en escripre à nostre frère, le roy de France. Par quoy nous luy ferons le tout communiquer pour en faire son rapport à nostredit frère et en besongnier avec luy, selon vostre advis, et que le désirez.

En tant qui touche la requeste à vous faicte, de la part de maistre Jehan Venatoris, licencié ès loix,

[1] Rigaut Daurelle était, dès 1509, ambassadeur de Louis XII auprès de l'Empereur. Voyez *Lettres de Louis XII*, III, 251.

pour l'estat de conseillier et solliciteur aux honneurs de nostre filz, l'archiduc Charles, en court de parlement, à Paris, attendant le premier lieu ordinaire, nous sommes bien contens que luy accordez ledit estat, se le trouvez à ce ydoine.

Au regard de noz cousins de Clèves et Juilliers, nous avons bien entendu, tant par vosdites lettres que autrement, les praticques que leur sont faictes; mais comme vous avons autreffois escript, nous avons remis leur affaire sur nostre journée impériale, où nous espérons y pourveoir de si bonne sorte qu'ilz auront cause eulx contenter, Dieu en ayde; qu'il, très chière et très amée fille, soit garde de vous.

Escript en nostre ville de Nuremberg, le VIe jour de février, l'an xxv. *Per Regem.* — Plus bas, *Renner.*

---

363. — MAXIMILIEN A MARGUERITE.

L'Empereur mande qu'il est venu à Nuremberg pour vider le différend qui existe entre l'archevêque de Mayence et le duc de Saxe. Il est informé que les Vénitiens diffèrent le traité de paix le plus qu'ils peuvent. S'ils persistent, le pape fera une ligue avec l'Empereur et le roi d'Aragon. — (*Original.*)

(Nuremberg, le 7 février.)

Très chière et très amée fille, depuis que vous avons dernièrement escript, nous sommes venuz en ceste ville, en intencion de appaiser le différend estant entre l'archevesque de Mentz [1] et nostre cousin, le duc Frédéric de Zaxssen; car se délaissions icelluy sur nostre

[1] Uriel, dit le Hardi, occupa le siége de Mayence depuis l'an 1508 jusqu'à sa mort, arrivée le 9 février 1514.

journée impériale, il empescheroit beaucoup nostre affaire. Et ce fait, sommes délibérez nous tirer à ladite journée impériale.

Nous avons aussi eu nouvelles de Romme, comment les Vénissiens délayent l'appoinctement tant qu'ils peuvent. Parquoy nostre saint Père le pape nous a fait escripre que s'ils ne se condescendoient à ladite paix, qu'il et nostre frère, le roy d'Arragon, feront une ligue avec nous contre lesdits Vénissiens; et espérons avoir brief nouvelles de l'un ou de l'autre. Dont de ce qui nous en surviendra vous advertirons, Dieu en ayde, qu'il, très chière et très amée fille, soit garde de vous.

Escript en nostre ville de Nurembergr, le VIIe jour de février, l'an XV^c et XI.

---

364. — MAXIMILIEN A MARGUERITE.

Élection des échevins du Franc de Bruges. Matière délicate. — (Original.)

(Nuremberg, le 7 février.)

Très chière et très amée fille, nous avons receu les lettres que nous avez escriptes, du XXIIIIe de novembre dernier passé, touchant aucune requeste et remonstrance à vous faictes par les bourgmaistres et eschevins de nostre terroir du Franc, à celle fin que leur vueillions accorder que toutes et quanteffois que aucun desdits eschevinaiges escherra vacant, lesdits bourgmaistres et eschevins nous donront et envoyeront par escript les noms et surnoms de quatre francs-hostes dudit terroir les plus ydoines et souffisans qu'ilz sauront trouver et aviser à l'exercice dudit eschevinage, pour d'iceulx personnaiges ainsi envoyez et dénommés prandre l'un et le pourveoir de l'eschevinaige ainsi vacant, ou lieu du trespassé, comme il dient autreffois avoir fait en vertu d'un prévilége de feu monseigneur le duc Jehan, et d'un autre accord de feu nostre filz, le roy dom Philippe, dont Dieu aient les âmes.

Sur quoy, très chière et très amée fille, vous advertissons que, pour ce que trouvons ceste matière grandement touchant à l'auctorité et prehéminence de nous et noz très chiers et très amez enffans, et que ne voulons faire aucune chose à ce préjudiciable, nous ne sommes point en voulenté de faire le dessusdit accord; mais vous povés bien advertir lesdits bourgmaistres et eschevins de nostredit terroir du Franc que sommes bien en intencion de pourveoir ausdits eschevinaiges, quant ilz escharront decy en avant vacant, de gens ydoines et si souffisans qu'ilz auront bien cause eulx en contenter. Priant à tant nostre Seigneur qu'il, très chière et très amée fille, soit garde de vous.

Escript en nostre ville de Nuremberg, le VIIe jour de février, l'an XV^c XI. *Per Regem.* — Plus bas, *Renner.*

---

365. — MAXIMILIEN A MARGUERITE.

Mauvaises nouvelles de l'armée. Venue du duc de Saxe et d'autres princes vers l'Empereur, qui désire entendre leur avis sur les affaires de l'empire et les siennes. — (*Original.*)

(Nuremberg, le 11 février.)

Très chière et très amée fille, nous avons puis naguères receu aucunes voz lettres, datées des XXVIIIe et dernier de janvier passé avec une petite lettre escripte sur vostre main et la dernière du premier de février, et par lesdites dernières entendu la desfortune qu'est advenue aux nostres, dont il nous en desplaist amerement; mais puisqu'il est ainsi advenu, il nous en fault avoir la pacience et recommander les choses à Dieu.

Et pour ce que nostre cousin, le duc de Saxchsen, avec aucuns autres princes viendront icy devers nous, nous voulons avoir en toutes choses concernant les affaires de l'empire et les nostres aussi leur bon advis; et cependant nous espérons avoir bonnes nouvelles de Romme et aussi de noz conseilliers qui sont présentement à Ysbroug, traictant avec les ambassadeurs du roy de France; et alors vous déclairerons nostre intencion sur vosdites trois lettres et mesmement sur la petite escripte de vostre main. Car après ce nous nous pourrons tant mieulx régler en tous noz affaires et vous signiffier nostre résolucion sur le tout. A tant, très chière et très amée fille, etc.

Donné en nostre ville de Nuremberg, le xie jour de février, l'an mil v^{c} et xi. *Per Regem*. — Plus bas, *Renner*.

---

366. — MAXIMILIEN A MARGUERITE.

Assaut donné avec perte à la ville de Bologne par l'armée du pape et du roi d'Aragon. Le duc de Nemours en a fait lever le siége. Brescia prise par les Vénitiens. Défaite des Vénitiens près de Lescale. Le pape et le roi d'Aragon veulent obliger les Vénitiens à faire la paix avec l'Empereur. — (*Original.*)

(Vintser, le 22 février.)

Très chière et très amée fille, hier nous sont venues nouvelles comment l'armée de nostre saint Père le pape et de nostre frère, le roy d'Arragon, a esté par l'espace de douze jours devant la cité de Boulongne et icelle batue d'artillerye jusques à y donner l'assault; ce qu'ilz ont assayé par aucunes fois; et à ce faire sont bien demeurez cent hommes mors; mais les gens de nostre frère, le roy de France, estans deans ledit Boulongne, y ont obvier et résister qu'ilz n'ont riens prouffité ausdits assaulx [1]. Aussi, nostre cousin, le duc de Nemours, a rassemblé tous les gens d'armes de nostredit bon frère, le roy de France, qui estoient ou duché de Millan, et atout iceulx s'est approuché dudit Boulongne, en intencion de, avec les gens d'armes qui estoient desjà en icelle cité, lever ledit siége et combatre la dessusdite armée; de quoy icelle armée a esté advertye; et considérant qu'ilz ne povoient riens prouffiter audit Boulongne se sont retirez d'illec à leur avantaige.

Et ce pendant que les gens de nostredit frère, le roy de France, venoient audit Boulongne, comme dit est, nostredit cousin de Nemours a eu nouvelles comment les Vénissiens avoient gangnié la cité de Bresse [2] par aucune intelligence qu'ilz avoient deans icelle cité; sur quoy, icellui nostredit cousin et les gens de nostredit frère ont esté en deux propositions à sçavoir, si devoyent suyr la dessusdite armée ou retourner secourir les gens d'icellui nostre frère qui s'estoient retirez ou chasteau dudit Bresse avec ceulx d'icelle cité tenans leur party.

[1] Le dernier et principal assaut eut lieu le 28 janvier, suivant une lettre latine d'André de Burgo à Marguerite, en date du 5 février suivant.

[2] Brescia, qu'occupaient les Français, fut reprise par les Vénitiens, qui avaient mis dans leurs intérêts divers habitants notables de la ville, à la tête desquels s'était mis le comte Ludovic Advogado.

Et pour résolution, leur a semblé que de suyr la devantdite armée ilz n'y sçauroient guères prouffiter; car ilz se retiroient tousjours à leur avantaige et eussent eu grant disette de vivres à canse de l'yver; et ont conclu de aller audevant par derrier desdits Vénissiens pour les surprandre et enclorre contre ledit Bresse; et en ce faisant et eulx venus prez de Lescalle, trois lieues d'Allemaigne prez de Véronne, ont rencontré VI^{c} lances desdits Vénissiens avec un grant nombre de leurs piétons desquelz ilz ont tué et desfait, comme il nous a esté escript, environ III^{c} lances et la pluspart de leursdits piétons et gaingnié XX pièces de leur artillerye; et les autres II^{c} lances se sont mis à la fuyte et en y a beaucop de nyez sur la rivière nommée Ladiesse (?), et sont passez oultre les gens de nostredit frère, le roy de France, pour desfaire lesdits Vénissiens qui sont demeurez audit Bresse, secourir leurs gens qui sont ou chasteau d'illec et prandre six grandes pièces d'artillerye que iceulx Vénissiens avoient desjà envoyé pour batre et gaingnier ledit chasteau; dont de ce que nous en surviendra vous advertirons plus au long.

D'autre part, nous avons nouvelles de Romme comment nostredit saint Père et l'ambassadeur de nostredit frère, le roy d'Arragon, on fait le concept de la paix qu'ilz vueillent que les Vénissiens facent avec nous, et icellui envoyé ausdits Vénissiens par ung secrétaire de nostredit saint Père, auquel ilz ont donné charge de présenter icellui concept, et attendu que lesdits Vénissiens ont, passé a trois mois, toujours dilayé ladite paix, ordonné de non sur ce attendre leur responce et finale résolution plus hault de quatre jours;

et que, ce icenlx passés, ilz n'aceptent ladite paix, faire protestation que par leur reffus et deffault, icelle paix demeure à faire, et que par ce ilz rompent la ligne qui est entre eulx et ne leur sont en riens plus obligé; ainsi nostredit saint Père et frère, le roy d'Arragon, pour ce se déclairent dès là en avant à l'encontre d'eulx et de leur faire la guerre avec nous jusques à ce que nous raurons d'eulx ce que par le traictié de Cambray nous doit appartenir.

A ceste cause, nous ne vous povons bonnement faire responce sur les lettres que nous avez escriptes dernièrement jusques à ce que aurons la fin dudit présent affaire que espérons de avoir bien brief; et selon ce, vous advertir de toutes choses amplement, Dieu en ayde, qu'il, tres chière et tres amée fille, soit garde de vous.

Escript en nostre ville impériale de Vintzer, le XXIIe jour de février, l'an XV^c XI. *Per Regem.* — Plus bas, *Renner.*

---

367. — MAXIMILIEN A MARGUERITE.

Maximilien demande l'avis de sa fille sur ce qu'il y a à faire au sujet de la demande du jeune duc de Clèves pour l'investiture des duchés de Juliers et de Berg. Ligue à redouter en cas de refus. Prétentions de la maison de Saxe sur lesdits duchés. — (*Original.*)

(Wiertboorg, le 24 février.)

Très chière et très amée fille, pour ce que par pluiseurs fois nous avez escript que voulsissions bailler l'investiture au jeune duc de Clèves[1] des duchiez de Juil-

[1] Jean, fils aîné du duc de Clèves, né en novembre 1490, avait des

le duché des Mons[2], et que aviez entendu qu'il y avoit praticqué sur main pour, à nostre reffuz, faire une ligue entre le roy de France, ledit duc de Clèves, l'évesque de Liége et messire Charles de Gheldres, aussi que par aventure ledit duc de Clèves pourroit donner sa soeur audit messire Charles, que seroit à nous et nostre filz, l'archiduc Charles, à grans et insuportables dommaiges.

Nous vous advertissons que depuis naguères ledit jeune duc de Clèves a envoyé devers nous ung de ses conseilliers nous requerre pour avoir ladite investiture. Sur quoy nous lui avons fait responce que avons remis le fait d'icelle investiture jusques à la prochaine journée impériale qui se doit tenir, et à ce propos, donné toutes bonnes et gracieuses parolles pertinentes; mais nous avons bien apperceu dudit conseillier que ledit jeune duc, son maistre, ne se contentera guères de nostredite responce et que pour ladite investiture il ne vouldra attendre sur ladite journée impériale, ains concluroit l'avantdite ligue avec les François et autres dessusnommés, sans point avoir de fiance à nosdites parolles ne se vouloir submectre desdits duchiés sur aucuns articles ou faire quelque appoinctement amiable et par justice; car il doubte bien qu'il n'y ait guères de droit. Par quoy nous avons sur le tout bien pensé et considéré que se ledit duc de Clèves concluoit ladite aliance, comme dit est, elle nous pourroit estre bien dommaigeable en pluiseurs manières.

droits sur les duchés de Berg et de Juliers, à cause de sa femme Marie, fille et héritière universelle du duc Guillaume VIII.

[2] Les mots Berg et Mont ont la même signification. Dans les titres latins, le duché de Berg est toujours nommé *Montensis ducatus*.

D'autre part que les ducz de Zaexssen ont parcidevant euz, de feu nostre seigneur et père, l'empereur Frédérich, que Dieu absoille, promesse et l'investiture dedits duchiez, au cas qu'elles advinssent et escheyssent à l'empire, comme il est advenu; laquelle promesse nous avons confermée; aussi qu'ilz sont bien puissans et ont beaucop d'amis et adhérans par toutes les Allemaingnes, à raison de quoy nous ne les sçaurions bonnement habandonner ne leur faire tort en leur droit.

Et pour ce que ces matières sont de grande importance, nous vous requérons que semblablement y vueillez bien panser, et à ceste cause envoyer devers nous ung de voz conseilliers ou secrétaires privez, par lequel nous vueillez amplement advertir de vostre bon advis sur ce, et s'il vous semble que l'on y pourroit trouver quelque appoinctement au contentement desdites parties, avec lequel vostredit conseillier ou secrétaire disputerons aussi lesdites matières et lui en déclairerons nostre advis pour vous en faire le rapport, Dieu en ayde qu'il, très chière et très amée fille, soit garde de vous.

Donné en nostre ville de Wiertzbourg, le XXIIIIe jour de février, l'an XVc XI. Vostre bon père Maxi. — Plus bas, *Renner*.

368. — MAXIMILIEN A MARGUERITE.

Succès devant Hueckelein. Avantages remportés par le duc de Nemours en Italie. S'informer de ce que l'ambassadeur d'Angleterre va faire auprès du pape.— (*Original.*)

(Francfort, le 1er mars.)

Très chière et très amée fille, nous avons receu voz lettres du xxie de février dernier passé, et entendu la bonne fortune qui est advenue devant Hueckelein, dont avons esté bien joyeulx, espérant que, Dieu en ayde, elle se retournera de nostre cousté de bien en mieulx.

Et ensuivant ce que vous avons dernièrement escript, nous avons aussi eu nouvelles de nostre cousin, le duc de Nemours, du xiiie jour dudit mois, où entre autres choses il nous advertist que, après avoir mis bonne provision à Bouloigne, il se partist d'illec avec la reste des gens d'armes qu'il avoit de nostre bon frère, le roy de France, pour venir devant Bresse, et que en chemin lui sont venues nouvelles que messire Jehan Paule Baillon avec cincq cens hommes d'armes, iim piétons à pied, une bende de chevaulx légiers et quelques pièces d'artillerye légière estoient sur chemin pour aller deans Bresse avec les autres gens des Vénissiens qui y estoient desjà. Sur quoy il se voulsist retirer et passer par Ysolle de l'Escale, et incontinent envoya une bende de gens d'armes devant pour veoir que c'estoit; lesquelz rencontrèrent lesdits ennemis vénissiens, les rompirent et tuèrent d'eulx environ ii ou iiic hommes de pied, xxx ou xl hommes d'armes et pluiseurs prins, d'entre lesquelz fut prins le conte Guy Rangon et ung capitaine de chevaulx légiers; et s'il ne luy eust convenu de partir pour la nuyt qui les surpruist, ilz eussent pourté plus grand dommaige ausdits Vénissiens.

Et deslà s'est tiré nostre cousin le duc de Nemours pour aller audit Bresse [1] et. . . . . et gaingnier messire Andrieu. . . . . . qui est celle part atout III[c] hommes d'armes, une bende de chevaux légiers et de gens à pied, de sorte qu'il n'en retournera point ung d'iceulx; dont de ce qu'il nous en surviendra vous advertirons. A tant, très chière et très amée fille, nostre Seigneur soit garde de vous.

Donné en nostre ville de Franckefort, le premier jour de mars, l'an XV[c] XI. Vostre bon père MAXI. — Plus bas, *Renner*.

P. S. Et pour ce que par vosdites lettres nous advertissez comment ung ambassadeur de nostre bon frère, le roy d'Angleterre, doit aller devers nostre saint Père le pape, nous vous requérons que, par tous les meilleurs moyens que sçaurez, vous sachiez de luy la charge qu'il a devers nostredit saint Père ou ailleurs, et de ce nous en advertissez incontinent.

369. — MAXIMILIEN A MARGUERITE.

Maximilien invite sa fille à lui envoyer un gentilhomme ou secrétaire pour résider auprès du duc de Nemours, au nom de l'Empereur, et tenir celui-ci au courant des événements qui surviendront en Italie. — (*Original.*)

(Francfort, le 1er mars.)

Très chière et très amée fille, pour ce que désirons avoir auprez de nostre cousin, le duc de Nemours,

[1] Le duc de Nemours reprit Brescia d'assaut le 18 février; et, entre autres prisonniers qu'il y fit, se trouvait le comte Advogado qui avait livré la ville aux Vénitiens.

quelque personnaige qui nous advertisse des affaires et occurrances qui journellement surviennent ès Ytales, et qui saiche traicter et communicquer avec nostredit cousin des affaires que lui ordonnerons, nous vous requérons que vueillez adviser de envoyer incontinent devers nous quelque honneste gentilhomme ou secrétaire pour faire la charge dessusdite; et à sa venue nous lui ferons délivrer noz instructions comment il se aura à conduire. A tant, très chière et très amée fille, nostre Seigneur soit garde de vous.

Donné en nostre ville de Franckfort, le premier jour de mars, l'an xv^c xi. *Per Regem.* — Plus bas, *Renner.*

---

370. — MAXIMILIEN A MARGUERITE.

L'Empereur invite sa fille à faire dresser, pour être présenté au pape, un mémoire en latin concernant les droits du prince Charles sur le duché de Gueldre, en y marquant que Charles de Gueldre a violé le traité de Cambrai, en dépit de la ligue dont le pape est le chef. — (*Original.*)

(Wisbaden, le 3 mars.)

Très chière et très amée fille, pour ce qu'avons intencion de donner à congnoistre au pape le droit et action que nostre très chier et très amé filz, l'archiduc Charles, a et lui doit appartenir au duché de Gheldres et le requérir de à ce vouloir baillier son assistence spirituelle par le ban papal, nous vous requérons que incontinent vueillez faire faire par ceulx de nostre conseil de par delà bonne et ample déclaration en latin dudit droit et des tiltres y servans, mesmement comment il a rompu le traictié fait à Cambray, au despit de la saincte ligue apostolique, de laquelle ledit pape est chief, et de tous autres roys et princes de la mesme ligue, et le tout nous envoyer pour nous en aydier à l'intencion dicte. A tant, très chière et très amée fille, nostre Seigneur soit garde de vous.

Escript en nostre ville impérialle de Wysbaden, le IIIe jour de mars, l'an xve xi. *Per Regem.* — Plus bas, *Botechou.*

---

371. — MAXIMILIEN A MARGUERITE.

L'Empereur annonce qu'il écrit aux États afin de les rendre plus favorables à la proposition qui leur a été faite. — (*Original.*)

(Koquem, le 8 mars.)

Très chière et très amée fille, nous avons receu les lettres que nous avez dernièrement escriptes avec le double de la proposition qu'avez fait faire à ceulx des Estas de tous noz pays de par delà, et le tout bien entendu; et affin que lesdits des Estas soient plus enclins de faire bonne responce sur ladite proposition, nous, ensuyvant icelle, escripvons présentement à iceulx des Estats, et à noz villes de par delà particulièrement, comme entendrez par le double d'icelles que, ensemble lesdites lettres, vous envoyons avec cestes, et vous requérons de incontinent les faire envoyer par tout nosdits pays et tousjours tenir la main au bien et effect de ladite journée, comme trouverez estre nécessaire; vous merciant chièrement du bon devoir et diligence que jusques à oires y avez fait qui, avec vostredite besongnye, nous plaist très bien.

Escript en nostre logis de Koquem, le VIIIe jour de mars, l'an xve xi. *Per Regem.* — Plus bas, *Renner.*

372. — MAXIMILIEN A MARGUERITE.

Prise de Worcken. L'Empereur ne peut, quant à présent répondre à certaines questions de sa fille. Affaire du seigneur de Rœux. — (*Original.*)

(Trèves, le 12 mars.)

Très chière et très amée fille, nous avons dernièrement receu voz lettres faisant mencion de la bonne délibération qu'aviez prinse pour enclorre et gangnier la ville de Worcken, et comment ceulx qui estoient deans ledit Worcken se sont retirez et ont habandonné icelle ville; dont avons esté bien joyeulx et vous mercyons de vostredite bonne délibération. Et pour ce que par vosdites lettres, nous requérez que vous vueillons faire responce aux lettres que nous avez depuis naguères escriptes mesmement à celles escriptes de vostre main, nous vous advertissons que de xv jours nous ne vous povons bonnement sur ce faire responce, à cause que nous n'avons pas encoires certaines nouvelles et responces de noz affaires, tant de nostre saint Père le pape, de nostre frère, le roy de France, que des Vénissiens; pendant lequel temps espérons que d'un des cousté ou l'autre aurons ample responce de nosdites affaires et de en iceulx, avec les princes de nostre saint-empire qui sont icy assemblez, prandre une bonne et finale conclusion et vous faire entière responce à vosdites lettres, Dieu en ayde qu'il, très chière et très amée fille, soit garde de vous.

Escript en nostre cité de Trèves, le XIIe jour de mars, l'an XV^c XI.

P. S. Nous escripvons à nostre conseillier, messire André de

Bourgo, pour l'affaire de nostre cousin, le sieur du Rœulx, comme nous requérez, et en ensuivant autre ordonnance qui desjà il en a de nous, comme verrez par la copie que vous envoyons avec cestes, affin que selon ce faictes aussi solliciter cest affaire, ainsi que bon vous semblera.

Per Regem. — Plus bas, *Renner.*

---

373. — MAXIMILIEN A MARGUERITE.

L'Empereur mande à sa fille de lui envoyer l'état qu'elle a dressé pour la maison de l'archiduc, et de ne pas le faire publier jusqu'à ce qu'il lui ait notifié ses intentions. — (*Original.*)

(Trèves, le 13 mars.)

Très chière et très amée fille, nous entendons que faictes par delà ung autre estat pour nostre filz, l'archiduc Charles, que celuy que vous avons dernièrement envoyé et que le voulez incontinent faire publier [1]. A ceste cause nous vous requérons que par ung de voz secrétaires nous vueillez envoyer ledit estat, sans icelluy publier ne y touchier plus avant, jusques à ce que vous soyez advertye de nostre vouloir et intencion sur ce; car nostre plaisir est tel. A tant, très chière et très amée fille, nostre Seigneur soit garde de vous.

Escript en nostre cité de Trèves, le XIIIe jour de mars, l'an XV^c XI. Vostre bon père MAXI. — Plus bas, *Renner.*

[1] L'Empereur, quand il signa cette lettre, ne savait pas encore que l'état dont il s'agit était publié. Ce fut le même jour, après l'avoir appris, qu'il s'en expliqua plus sévèrement par la lettre suivante.

374. — MAXIMILIEN A MARGUERITE.

L'Empereur est blessé de ce que sa fille a réglé et publié un nouvel état de la maison du prince Charles, sans l'avoir consulté. Il lui fait défense d'y donner suite sans avoir reçu ses ordres. — (*Original.*)

(Trèves, le 13 mars.)

Très chière et très amée fille, nous avons receu voz lettres du xe de ce mois par lesquelles nous signiffiez comment, pour contenter pluiseurs gentilz-hommes et autres noz subgectz qui ont servy à la guerre de Gheldres, vous, par l'advis de ceux de nostre conseil privé de par delà, avez fait un nouveaul estat à nostre filz, l'archiduc Charles, à demi an; dont nous donnons merveilles, mesmement que l'avez fait publier sans nostre sceu; car nous eussions bien cuidyer que vous nous eussiez fait cest honneur de premier nous en advertir, avant ladite publication.

Puisque ainsi est, nous désirons et vous requérons bien acertes que ne recepvez le serement de personne qui soit oudit estat, ne aussi leur en faictes despeschier lettres de retenue, jusques à la venue d'aucuns noz conseilliers que à ceste cause envoyerons devers vous, et par lesquelz vous ferons sur ce sçavoir nostre vouloir. A tant, très chière et très amée fille, nostre Seigneur soit garde de vous.

Escript en nostre cité de Trèves, le XIIIe jour de mars, l'an XV^c^ XI.

P. S. Et nous despescherons deans deux jours ou trois nosdits conseilliers pour aller devers vous.

Vostre bon père MAXI. — Plus bas, *Renner*.

375. — MAXIMILIEN A MARGUERITE.

L'Empereur consent à accorder un sauf-conduit aux députés du duc de Gueldre, et à envoyer les siens pour traiter de la paix avec le duc, bien qu'à son avis toutes ces pratiques ne soient qu'abusion et tromperie. — (*Original.*)

(Trèves, le 13 mars.)

Très chière et très amée fille, sur la despesche de la présente poste, nous avons receu lettres de vous par lesquelles nous advertissez comment messire Charles de Gheldre vous a requis d'avoir saulf-conduit pour envoyer ses depputez à Weert[1] ou à Vienne[2], pour entendre à quelque bonne paix, en lui rendant son patrimoisne, ainsi que par la copie de ses lettres, avons entendu plus au long, et que, par l'advis de ceulx de nostre conseil privé de par delà, lui avez accordé ledit saulf-conduit et d'envoyer aucuns conseilliers au jour et lieu que les depputez dudit messire Charles se vouldront trouver, pour entendre d'eulx quelle chose ilz vouldront dire ne mettre en avant de la part d'icellui messire Charles.

Et combien que nous n'eussions jamais esté dudit advis; car ce n'est que toute abusion et tromperie que ledit messire Charles serche et praticque pour nous empescher en noz affaires et donner occasion à ceulx des Estaz de noz pays de par delà de riens accorder et mesmement de ce crainté (crédité) au roy de France pour avoir de luy argent, touteffois, puisque ainsi est, nous sommes contens que envoyez pour ceste fois lesdits

[1] Petite ville du comté de Hornes, résidence du comte.

[2] Viane, sans doute, ville de Hollande, au sud d'Utrecht.

conseilliers illec..... et incontinent nous advertissez de ce qu'ilz [1]....

Trèves, le XIIIe de mars XV^{c} XI.

---

376. — MAXIMILIEN A MARGUERITE.

Simon François est nommé gentilhomme du prince Charles; et Jehan de Lusy, en compensation, obtient une pension viagère de cent florins. — (*Copie.*)

(Trèves, le 15 mars.)

Très chière et très amée fille, depuis le partement de noz conseilliers de par delà, qui l'année passée furent devers nous à Fribourg, nous vous avons fait sçavoir par noz lestres comment, pour pourveoir Simon François et Jehan de Lusy, tous deux noz bons et vielz serviteurs, nous avions à leur requeste et pour aucunes bonnes raisons à ce nous mouvans, appoinctié et accordé que ledit Simon François auroit l'estat de gentil-homme que ledit Jehan de Lusy devoit avoir vers nostre filz, l'archiduc Charles et icellui Jehan de Lusy, les cent florins de pension par an, sa vie durant. que par l'estat que feismes à ceulx de noz finances de par delà, avions ordonné audit Simon François, comme nosdites lettres sur ce contiennent plus à plain; et combien que ledit Simon François soit selon ce à présent pourveu et joysse dudit estat de gentil-homme, toutesvoyes ledit Jehan de Lusy nous a remonstré que obstant qu'il a adez depuis esté en nostre service contre les Vénissiens, il n'a peu recouvrir ses lestres patentes de ladite pension et ne joyst point d'icelle pension, nous requérant pour ce de rechef vous en escripre. Parquoy, nous, ce considéré, et

[1] Le reste est illisible.

que icellui de Lusy de long temps a bien mérité ladite pension, car il nous a tousjours bien et léalment servy; à ces causes, escripvons présentement devers vous et vous requérons très acertes que, ensuivant nostredit accord, vous faictes despeschier audit Jehan de Lusy nosdites lettres de pension, comme dit est, sans y faire aucune difficulté, et au demeurant l'avoir pour recommandé et lui faire donner par delà quelque charge et entretenement avec noz autres gens de guerre, ainsi que le trouverez à ce estre propice et convenable. A tant, très chière et très amée fille, nostre Seigneur soit garde de vous.

Donné en nostre cité de Trèves, le xve jour de mars xv^c^ xi. *Per Regem.*

P. S. Ayés ly pour recommandé.

Plus bas, *Renner.*

---

377. — MAXIMILIEN A MARGUERITE.

L'Empereur demande que Marguerite lui envoie un capitaine expérimenté qui puisse lui donner des notions certaines sur la situation des opérations militaires dans la Gueldre. — (*Original.*)

(Trèves, le 18 mars.)

Très chière et très amée fille, nous désirons et vous requérons que vueillez incontinant envoyer devers nous en nostre cité de Trèves quelque capitaine, dont l'on se puisse légièrement passer, qui sayche et congnoisse bien le pays de Gheldres et qui nous puisse bien et emplement informer à la vérité de la conduicte et manière de guerre que noz gens y ont faict jusques à oires; de quoy servent les VIII^m^ payes qu'il y convient entretenir, et quel exploit de guerre ilz font; aussi que (quelle) fortiffication ont fait ceulx de Worken, quel nombre de gens il y a deans; se les ennemys font samblent de vouloir tenir et deffendre et si on les attempteroit de assaillyr ne pratiquer de gaigner par force ou autrement, et sur ce savoir donner bon advertissement, mesmement desdites fortiffications et comment icelle ville seroit à présent à recouvrer.

Pareillement qu'il nous saiche à dire comment le boleuwart qui estoit fait devant Boemel a esté prins; quel nombre de gens il y avoit deans; et semblablement. . . . . ceulx de nostre ville de Boisleduc tant de leurs bourgeois que gens de guerre, comment ilz voulsirent donner. . . . . et combien il y a demouré de gens tuez desdits bourgeois et gens de guerre et qui sont esté prisonniers. . . . . nous ferez chose bien agréable. Ce scet nostre Seigneur, qu'il, très chière et très amée fille, soit garde de vous.

Escript en nostre cité de Trèves, le dix VIII de mars, l'an XV^{c} XI.

---

378. — MAXIMILIEN A MARGUERITE.

Maximilien recommande de faire inscrire, au rôle des bénéfices, Jean Spirinck, fils du fourrier de l'hôtel de l'archiduc Charles. — (*Original.*)

(Luxembourg, le 25 mars.)

Très chière et très amée fille, en faveur des bons et loyaulx services que nostre bien amé fourrier de l'ostel de nostre très chier et très amé filz, l'archiduc Charles, Andrieu Spirinck, nous a parcidevant faiz et à feu nostre filz, le roy dom Philippe, que Dieu absoille, à icellui Andrieu avons accordé de mestre ou roolle de noz bénéfices de par delà Jehan Spirinck, son filz, en deux lieux sur telles chanonyes qu'il vouldra choisir et après ceulx qui sont desjà inscript en nostredit roolle; dont vous advertissons et requérons de, selon ce, faire inscripre oudit roolle ledit Jehan Spirinck; car nostre plésir est tel. A tant, très chière et très amée fille, nostre Seigneur soit garde de vous.

Escript en nostre ville de Luxembourg, le xxve jour de mars, l'an xv^c et xi. *Per Regem.* — Plus bas, *Botechou.*

---

379. — MAXIMILIEN A MARGUERITE.

L'Empereur recommande de nouveau d'inscrire sur le rôle des bénéfices, Clays Liévin, pour la troisième prébende qui vaquera à Ziriczée [1]. — (*Original.*)

(Luxembourg, le 25 mars.)

Très chière et très amée fille, en la faveur et requeste de nostre receveur général des finances, Jehan Mycault, avons donné et accordé à Clays Liévin, son beau-frère, la iiie prébende qui escherra vacant à Zéerixée, et entendions que fust ainsi inscript et mis ou roolle de noz bénéfices. Et pour ce que entendons que, par faulte de clerc ou autrement, il a esté obmis à inscripre oudit roolle, et que voulons le don à luy fait sortir effect, vous requérons l'inscripre et faire mectre oudit roolle le iiie, ainsi que luy avons accordé par noz lettres closes que de ce vous avons escriptes de nostre ville de Halle, le xiie de juing xv^c unze dernier, et, la

[1] Voyez ci-dessus, p. 410, la lettre du 12 juin 1511.

vacation advenant, luy en faictes despeschier noz lettres de collation en tel cas pertinentes, non obstant et sans avoir regard à ce qu'il n'est inscript oudit roolle, comme l'entendions que ne luy voulons préjudicier, et sans pour ce attendre autre ne plus ample ordonnance de nous que cestes; car nostre plaisir est tel. A tant, très chière et très amée fille, nostre Seigneur soit garde de vous.

Escript en nostre ville de Luxembourg, le xxv[e] jour de mars, l'an xv[c] xi. *Per Regem.* — Plus bas, *Botechou.*

---

380. — MARGUERITE A MAXIMILIEN.

Les États de Brabant se montrent mal disposés pour accorder les subsides exigés par la guerre de Gueldre. Placards séditieux contre Marguerite. Épuisement des finances. — (*Minute.*)

Monseigneur, j'ai receu les letres qu'il vous a pleu m'escripre de vostre main du xvi de ce mois, par lesquelles m'escripvés comment renvoiés de par deçà le duc de Brunsvich mon cousin, à ceste fin qu'il puist mectre en subgection messire Charles de Gheldres et les autres rebelles gheldrois, et aussi comment vous désirés qu'il soit entretenu par les Estatz de Brabant et Hollande, et autres choses contenues en vosdites lettres. Monseigneur, je vous promects que, si vous le désirés, je n'en ay pas moindre désir et voulenté, congnoissant que c'est vostre bien et honneur et le mien, et aussi le bien et seurté du pays. Touteffois, Monseigneur, nostre peuple desdits Estas est d'une si maulvaise nature, que il ne me semble point que il soit conduysable en manière quelconque, si ce n'estoit au moyen de vostre venue, qu'est toujours plus que nécessaire; car à l'assemblée que lesdits Estas firent à Breda devers mondit cousin, ilz conclurent de non le vouloir entretenir, et contendent unanimement à vouloir avoir paix, quelle qu'elle soit; et ont desjà, ceulx de Bosleduc, mys en avant aux aultres villes de Brabant de la conduyre et passer, demandant leur consentement. A quoy a esté obvié jusques icy. Monseigneur, j'avoye fait assembler lesdits Estas pour furnir au paiement des gens d'armes, qui ont par leur advis esté mys aux frontières de Brabant, cuydant qu'ilz n'y deussent mectre difficulté. Touteffois, ilz ont absolutement reffusé de le faire, assavoir les villes de Lovain et Bruxelles, et par conséquent les autres. Et en se partant de moy, lesdits Estas dirent qu'ilz leur convenoit avoir une paix; et que ce pendant qu'ilz baillieroient argent ou paieroient gens d'armes, jamès n'auroient paix. Monseigneur, je leur ay remonstré et fait communicquer le devoir en quoy vous estiés mis pour ledit affaire de Gheldres, et prié de vouloir autrement conduyre les affaires pour le bien de leur prince et pour leur honneur; et ay fait reprendre nouvelle journée à Bruxelles ou IIIIe d'avril, pour veoir si l'on pourra riens faire, quant au paiement desdits deux mois. Et au surplus de ce que désirés et pour dire vérité, Monseigneur, je n'y ay pas grant espoir, veu le maulvais vouloir dudit peuple. Je croy bien, Monseigneur, que Anvers, Bosleduc et ceste ville seroient aucunement maniables; mais des aultres je ne voy le moien; et si ne vous seroie dire à cuy il tient; car ce sont choses qui ne se font ou traictent publiquement pour le savoir.

Monseigneur, pour ce que le peuple m'a trouvé tousjours conforme à vostre désir et preste à vous obéir de mon povoir, tant en cest affaire de Gheldres que aultres choses, il commence, par l'enhort d'aucuns maulvais espritz, comme il fait à croire, à murmurer sur moy, disant que je ne demande que la guerre et les destruyre, comme vous avés fait çà devant, et plusieurs aultres maulvaises parolles tendans toutes à commocion de peuple; et que pys est, la nuyt du vendredy saint s'avancèrent secrètement de planter aucuns billietz ès portes de l'esglise de ceste ville, à ma dérision et contemnement; que sont, Monseigneur, toutes maulvaises choses, èsquelles par vostre venue pourrés remédier, et verrés en quel train sont les affaires qui ont bien besoing de vostre conduicte; car je ne sçay plus quel tour y donner, veu la petite assistance que j'ai d'ung chacun et la povreté des finances. Et si tout se devoit perdre pour mil florins, le trésorier dit n'avoir moien de les trouver. Par quoi, Monseigneur, povés assés comprendre l'extrémité desdits affaires. Si vous supplie, Monseigneur, très humblement avancer vostredite venue; aultrement tout viendra bref en si grande confusion qu'il n'y aura remède y bien pourveoir. Monseigneur, il me déplait que suis contrainte vous escripre tousjours choses tristes et desplaisantes; mais je ne puis aultrement faire, et en ay après vous plus d'ennuy et de regrect que personne qui vive. Et néantming, moyennant vostre venue, suis preste à reprendre cueur pour y faire le mieulx que possible me sera; et si puis ma venue par deçà n'ay espargnié ma painne, encoires ne suis-je délibérée l'épargnier, ayns de tout mon povoir faire tout ce que me sera possible pour le bien et l'honneur de vous et de monsieur mon nepveur. Aydant, nostre Seigneur, auquel je prie, etc.

381. — MARGUERITE A MAXIMILIEN.

Coadjuteur demandé par l'évêque de Cambrai. — (*Minute.*)

Mon très redoubté seigneur et père, etc.

Monseigneur, j'ay receu les lettres qu'il vous a pleu m'escripre, touchant la porsuyte que l'évesque de Cambray [1] fait en court de Rome pour avoir ung coadjuteur en son évesché, dont me ordonnés me informer et vous en escripre ce que en trouveray.

Monseigneur, il est vérité que j'ay eu encoires nouvelles de court de Rome, assçavoir de l'archidiacre de Besançon [2], comme ledit évesque avoit consenty et requis avoir pour coadjuteur en icelle éveschié le cardinal d'Alebret [3], et, à ce que despuis j'ay peu entendre, c'est aux fins de conduyre que icelle éveschié, cy après par succession de temps, puisse venir ès mains de M. de Renty [4], nepveur de M. de Chièvres; dont

[1] Jacques de Croy, mort en 1516, âgé de quatre-vingts ans. La ville de Cambrai avait été érigée pour lui en duché par lettres patentes de Maximilien, du 28 juin 1510.

[2] Ferry de Carondelet qui, étant devenu veuf, entra dans les ordres en 1504, et mourut abbé de Mont-Benoît en 1528.

[3] Amanieu, deuxième fils d'Alain-le-Grand, sire d'Albret, mort en 1520. Cette coadjutorerie, *cum spe futuræ successionis*, avait été révoquée par Jules II, à la prière de l'Empereur qui voulait disposer à son gré de l'évêché en cas de vacance; mais Léon X, dans un consistoire tenu le 1er juillet 1513, y restitua le cardinal d'Albret, lequel, du reste, n'en prit pas possession.

[4] Guillaume et Robert de Croy, surnommés de Renty, succédèrent en effet tour à tour à leur oncle, Jacques de Croy.

pourrés plus à plain estre averty par ledit archidiacre, et selon ce y pourveoir et remédier à vostre bon plésir.

Mon très redoubté seigneur et père, je prie, etc.

---

382. — MARGUERITE A MAXIMILIEN.

Marguerite recommande à son père un médecin italien pour remplacer, en cas de mort, celui de l'archiduc et de ses sœurs, qui est caduc et très malade. — (*Minute.*)

Mon très redoubté seigneur et père, etc.

Monseigneur, mon cousin, le duc de Millan, m'a fait très instamment requérir que, advenant le trespas de maistre Nycolas, médecin de monseigneur mon nepveur et de mesdames mes nyepces, lequel est fort vieulx, caducque et opressé de maladie, je voulsisse pourveoir oudit estat, en son lieu, ung sien médecin ytalien qu'il a de très bonne extimation et renommée. Et pour ce, Monseigneur, que vouldroie bien en ce complaire à mondit cousin, moyennant que ce fust vostre bon plésir, je luy ay fait responce que vous en escriproie très voulentiers, en faveur de sondit médecin, à ce que vostre plésir fust en ce l'avoir pour recommandé, ledit cas advenant; dont, Monseigneur, je vous supplie, et que sur ce il vous plaise m'en mander vostre bon plésir pour l'acomplir de mon povoir, Dieu en ayde, ouquel je prie, mon très redoubté seigneur et père, etc.

FIN DU PREMIER VOLUME.

www.ingramcontent.com/pod-product-compliance
Lightning Source LLC
Chambersburg PA
CBHW051126230426
43670CB00007B/702
9782011332301